Märkischer Dichtergarten

Herausgegeben
von
Günter de Bruyn und Gerhard Wolf

Theodor Fontane

Die schönsten Wanderungen durch die Mark Brandenburg

Herausgegeben,
mit Anmerkungen und einem Nachwort
von
GÜNTER DE BRUYN

Buchverlag Der Morgen
Berlin

ISBN 3-371-00139-3

Vorwort

»Erst die Fremde lehrt uns, was wir an der Heimat besitzen.« Das hab ich an mir selber erfahren, und die ersten Anregungen zu diesen »Wanderungen durch die Mark« sind mir auf Streifereien in der Fremde gekommen. Die Anregungen wurden Wunsch, der Wunsch wurde Entschluß.

Es war in der schottischen Grafschaft Kinroß, deren schönster Punkt der Leven-See ist. Mitten im See liegt eine Insel, und mitten auf der Insel, hinter Eschen und Schwarztannen halb versteckt, erhebt sich ein altes Douglas-Schloß, das in Lied und Sage vielgenannte Lochleven-Castle. Es sind nur Trümmer noch, die Kapelle liegt als ein Steinhaufen auf dem Schloßhof, und statt der alten Einfassungsmauer zieht sich Weidengestrüpp um die Insel her; aber der Rundturm steht noch, in dem Queen Mary gefangensaß, die Pforte ist noch sichtbar, durch die Willy Douglas die Königin in das rettende Boot führte, und das Fenster wird noch gezeigt, über dessen Brüstung hinweg die alte Lady Douglas sich beugte, um mit weit vorgehaltener Fackel dem nachsetzenden Boote den Weg und womöglich die Spur der Flüchtigen zu zeigen.

Wir kamen von der Stadt Kinroß, die am Ufer des Leven-Sees liegt, und ruderten der Insel zu. Unser Boot legte an derselben Stelle an, an der das Boot der Königin in jener Nacht gelegen hatte, wir schritten über den Hof hin, langsam, als suchten wir noch die

Fußspuren in dem hochaufgeschossenen Grase, und lehnten uns dann über die Brüstung, an welcher die alte Lady Douglas gestanden und die Jagd der beiden Boote, des flüchtigen und des nachsetzenden, verfolgt hatte. Dann umfuhren wir die Insel und lenkten unser Boot nach Kinroß zurück, aber das Auge mochte sich nicht trennen von der Insel, auf deren Trümmergrau die Nachmittagssonne und eine wehmütig-unnennbare Stille lag. Nun griffen die Ruder rascher ein, die Insel wurd ein Streifen, endlich schwand sie ganz, und nur als Phantasiebild noch stand eine Zeitlang der Rundturm vor uns auf dem Wasser, bis plötzlich die unstete Phantasie weiter in ihre Erinnerungen zurückgriff und ältere Bilder vor das Bild dieses Sees und dieser Stunde schob. Leisen Tones klang es herüber. Es waren Bilder aus der Heimat, ein unvergessener Tag.

Auch eine Wasserfläche war es; aber nicht Weidengestrüpp faßte das Ufer ein, sondern ein Park und ein Laubholzwald nahmen den See in ihren Arm. Im Flachboot stießen wir ab, und sooft wir das Schilf am Ufer streiften, klang es, wie wenn eine Hand über knisternde Seide fährt. Zwei Schwestern saßen mir gegenüber. Die ältere streckte ihre Hand in das kühle, klare Wasser des Sees, und außer dem dumpfen Schlag des Ruders vernahm ich nichts als jenes leise Geräusch, womit die Wellchen zwischen den Fingern der weißen Hand hindurchplätscherten. Nun glitt das Boot durch Teichrosen hin, deren lange Stengel wir (so klar war das Wasser) aus dem Grunde des Sees aufsteigen sahen; dann lenkten wir das Boot bis an den Schilfgürtel und unter die weit überhängenden Zweige des Parkes zurück. Endlich legten wir an, wo die Wassertreppe ans Ufer führt, und ein Schloß stieg auf mit Flügeln und Türmen, mit Hof und Treppe und mit einem Säulengange, der Balustraden und Marmorbilder trug. Dieser Hof und dieser Säulengang, die Zeugen wie vieler Lust, wie vielen Glanzes waren sie gewesen? Hier über diesen Hof hin hatte die Geige Grauns geklungen, wenn sie das Flötenspiel des prinzlichen Freundes begleitete; hier waren Le Gaillard und Le Constant, die ersten Ritter des Bayard-Ordens, auf und ab geschritten; hier waren in buntem Spiel, in heiterer Ironie, fingierte Ambassaden aus aller Herren Länder erschienen, und von hier aus endlich waren die heiter Spielenden hinausgezogen und hatten sich bewährt im Ernst des Kampfs und auf den Höhen des Lebens. Hinter dem Säulengange glitzerten die gelben Schloßwände in aller Helle des Tags, kein romantischer Farbenton mischte sich ein, aber Schloß und Turm, wohin das Auge fiel, alles trug den breiten historischen Stempel – die Fundamente der Romantik lagen da. Von der andern Seite des Sees her grüßte der Obelisk, der die Geschichte des Siebenjährigen Krieges im Lapidarstil trägt.

So war das Bild des *Rheinsberger* Schlosses, das, wie eine Fata Morgana, über den Leven-See hinzog, und ehe noch unser Boot auf den Sand des Ufers lief, trat die Frage an mich heran: So schön dies Bild war, das der Leven-See mit seiner Insel und seinem Douglas-Schloß vor dir entrollte, war jener Tag minder schön, als du im Flachboot über den Rheinsberger See fuhrst, die Schöpfungen und die Erinnerungen einer großen Zeit um dich her? Und ich antwortete: *nein.*

Die Jahre, die seit jenem Tag am Leven-See vergangen sind, haben mich in die Heimat zurückgeführt, und die Entschlüsse von damals blieben unvergessen. Ich bin die Heimat durchzogen, und ich habe sie reicher gefunden, als ich zu hoffen gewagt hatte. Jeder Fußbreit Erde belebte sich und gab Gestalten heraus, und wenn meine Schilderungen unbefriedigt lassen, so werd ich der Entschuldigung entbehren müssen, daß es eine Armut war, die ich aufzuputzen oder zu vergolden hatte. Eine Fülle, ein Reichtum sind mir entgegengetreten, denen gegenüber ich die bestimmte Empfindung habe, ihrer niemals auch nur annährend Herr werden zu können; denn das immerhin Umfangreiche, das ich in Nachstehendem biete, ist auf wenig Meilen eingesammelt: am Ruppiner See und vor den Toren Berlins. Und sorglos hab ich es gesammelt, nicht wie einer, der mit der Sichel zur Ernte geht, sondern wie ein Spaziergänger, der einzelne Ähren aus dem reichen Felde zieht.

Es ist ein Buntes, Mannigfaches, das ich zusammengestellt habe: Landschaftliches und Historisches, Sitten- und Charakterschilderung – und verschieden wie die Dinge, so verschieden ist auch die Behandlung, die sie gefunden. Aber wie abweichend in Form und Inhalt die einzelnen Kapitel voneinander sein mögen, darin sind sie sich gleich, daß sie aus Liebe und Anhänglichkeit an die Heimat geboren wurden. Möchten sie auch in andern jene Empfindungen wekken, von denen ich am eignen Herzen erfahren habe, daß sie ein Glück, ein Trost und die Quelle echtester Freuden sind.

Berlin, im November 1861 Th. F.

Über das Reisen in der Mark

Lieber Freund. Ob du reisen sollst, reisen in der Mark? Die Antwort auf diese Frage – eine Frage, die ich noch dazu heraufbeschworen habe – ist nicht eben leicht. Und doch würde es mir nicht anstehn, »nein« zu sagen. So denn also »ja«. Aber »ja« unter Vorbedingungen. Wer es wagt, muß allerlei mitbringen. Laß mich Punkt für Punkt aufzählen, was ich für unerläßlich halte.

Wer in der Mark reisen will, der muß zunächst Liebe zu »Land und Leuten« mitbringen, mindestens keine Voreingenommenheit. Er muß den guten Willen haben, das Gute gut zu finden, anstatt es durch krittliche Vergleiche totzumachen.

Der Reisende in der Mark muß sich ferner mit einer feineren Art von *Natur-* und *Landschaftssinn* ausgerüstet fühlen. Es gibt gröbliche Augen, die gleich einen Gletscher oder Meeressturm verlangen, um befriedigt zu sein. Diese mögen zu Hause bleiben. Es ist mit der märkischen Natur wie mit manchen Frauen. »Auch die häßlichste« – sagt das Sprichwort – »hat immer noch sieben Schönheiten.« Ganz so ist es mit dem »Lande zwischen Oder und Elbe«; wenige Punkte sind so arm, daß sie nicht auch ihre sieben Schönheiten hätten. Man muß sie nur zu finden verstehn. Wer das Auge dafür hat, der wag es und reise.

Drittens. Wenn du reisen willst, muß du die *Geschichte* dieses Landes *kennen* und *lieben.* Dies ist ganz unerläßlich. Wer nach Küstrin kommt und einfach das alte graugelbe Schloß sieht, das, hinter Bastion Brandenburg, mehr häßlich als gespensterhaft aufragt, wird es für ein Landarmenhaus halten und gleichgültig oder wohl gar voll ästhetischem Mißbehagen an demselben vorübergehn; wer aber weiß:

»hier fiel Kattes Haupt; an diesem Fenster stand der Kronprinz«, der sieht den alten unschönen Bau mit andern Augen an. – So überall. Wer, unvertraut mit den Großtaten unserer Geschichte, zwischen Linum und Hakenberg hinfährt, rechts das Luch, links ein paar Sandhügel, der wird sich die Schirmmütze übers Gesicht ziehn und in der Wagenecke zu nicken suchen; wer aber weiß, hier fiel *Froben*, hier wurde das Regiment Dalwigk in Stücke gehauen, dies ist das Schlachtfeld von *Fehrbellin*, der wird sich aufrichten im Wagen und Luch und Heide plötzlich wie in wunderbarer Beleuchtung sehn.

Viertens. Du mußt nicht allzusehr durch den Komfort der »großen Touren« verwöhnt und verweichlicht sein. Es wird einem selten das Schlimmste zugemutet, aber es kommt doch vor, und keine Lokalkenntnis, keine Reiseerfahrung reichen aus, dich im *voraus* wissen zu lassen, wo es vorkommen wird und wo nicht. Zustände von Armut und Verwahrlosung schieben sich in die Zustände modernen Kulturlebens ein, und während du eben noch im Lande Teltow das beste Lager fandest, findest du vielleicht im »Schenkenländchen« eine Lagerstätte, die alle Mängel und Schrecknisse, deren Bett und Linnen überhaupt fähig sind, in sich vereinigt. Regeln sind nicht zu geben, Sicherheitsmaßregeln nicht zu treffen. Wo es gut sein könnte, da triffst du es vielleicht schlecht, und wo du das Kümmerlichste erwartest, überraschen dich Luxus und Behaglichkeit.

Fünftens und letztens. Wenn du das Wagstück wagen willst – »füll deinen Beutel mit Geld«. Reisen in der Mark ist alles andre eher als billig. Glaube nicht, weil du die Preise kennst, die Sprache sprichst und sicher bist vor Kellner und Vetturinen, daß du sparen kannst; glaube vor allem nicht, daß du es *deshalb* kannst, »weil ja alles so nahe liegt«. Die Nähe tut es nicht. In vielbereisten Ländern kann man billig reisen, wenn man anspruchslos ist; in der Mark kannst du es nicht, wenn du nicht das Glück hast, zu den »Dauerläufern« zu gehören. Ist dies nicht der Fall, ist dir der *Wagen* ein unabweisliches Wanderungsbedürfnis, so gib es auf, für ein Billiges deine märkische Tour machen zu wollen. Eisenbahnen, wenn du »ins Land« willst, sind in den wenigsten Fällen nutzbar; also – Fuhrwerk. Fuhrwerk aber ist teuer. Man merkt dir bald an, daß du fort willst oder wohl gar fort mußt, und die märkische Art ist nicht so alles Kaufmännischen bar und bloß, daß sie daraus nicht Vorteil ziehen sollte. Wohlan denn, es kann dir passieren, daß du, um von Fürstenwalde nach Buckow oder von Buckow nach Werneuchen zu kommen, mehr zahlen mußt als für eine Fahrt nach Dresden hin und zurück. Nimmst du Anstoß an solchen Preisen und Ärgernissen – so bleibe zu Haus.

Hast du nun alle diese Punkte reiflich erwogen, hast du, wie die Engländer sagen, »deine Seele fertig gemacht« und bist du zu dem Resultate gekommen: »Ich *kann* es wagen«, nun denn, so wag es getrost. Wag es getrost, und du wirst es nicht bereuen. Eigentümliche Freuden und Genüsse werden dich begleiten. Du wirst Entdeckungen machen, denn überall, wohin du kommst, wirst du, vom Touristenstandpunkt aus, eintreten wie in »jungfräuliches Land«. Du wirst Schloß- und Klosterruinen auffinden, von denen höchstens die nächste Stadt eine Ahnung, eine leise Kenntnis hatte; du wirst inmitten alter Dorfkirchen, deren zerbröckelter Schindelturm nur auf Elend deutete, große Wandbilder oder in den treppenlosen Grüften reiche Kupfersärge mit Kruzifix und vergoldeten Wappenschildern finden; du wirst Schlachtfelder überschreiten, Wendenkirchhöfe, Heidengräber, von denen die Menschen nichts mehr wissen, und nur Sagen und Legenden und hier und da die Bruchstücke verklungener Lieder werden »auf der Heide« und ihren Dörfern zu dir sprechen. Das Beste aber, dem du begegnen wirst, das werden die Menschen sein, vorausgesetzt, daß du dich darauf verstehst, das rechte Wort für den »gemeinen Mann« zu finden. Verschmähe nicht den Strohsack neben dem Kutscher, laß dir erzählen von ihm, von seinem Haus und Hof, von seiner Stadt oder seinem Dorf, von seiner Soldaten- oder seiner Wanderzeit, und sein Geplauder wird dich mit dem Zauber des Natürlichen und Lebendigen umspinnen. Du wirst, wenn du heimkehrst, nichts Auswendiggelerntes gehört haben wie auf den großen Touren, wo alles seine Taxe hat; der Mensch selber aber wird sich vor dir erschlossen haben. Und das bleibt doch immer das Beste.

Berlin, im August 1894 Th. F.

Wanderungen durch die Ruppiner Schweiz

Die Ruppiner Schweiz

Ist's norderwärts in Rheinbergs Näh',
Ist's süderwärts am Molchow-See?
Ist's Rottstiel tief im Grunde kühl,
Ist's Kunsterspring, ist's Boltenmühl?

Die Schweize werden immer kleiner. Der Entdekkung der sächsischen Schweiz ist die der märkischen Schweiz auf dem Fuße gefolgt, und bei dem vorherrschenden Hange, immer mehr zu lokalisieren, sehen wir die Tage herannahen, wo wir in unserer Mark, also in dem vielleicht unschweizerischsten Lande der Welt, wenigstens ebenso viele Schweize besitzen werden, wie das alte, etwas mißbräuchlich behandelte Original Kantone umschließt. Es gibt schon jetzt eine Freienwalder, eine Neustädter, eine Buckower Schweiz (dies sind die drei alten Kantone), zu denen sich neuerdings, der Schweizen in der Uckermark und Neumark zu geschweigen, nunmehr auch die *Ruppiner Schweiz* gesellt hat. Als einer Art Pitschner dieser Gegenden, der die Sturzbäche derselben passiert und ihre Kulme erklettert hat, geziemt es mir wohl, einen kurzen Bericht über dieselben zu geben.

Die Ruppiner Schweiz, halben Wegs zwischen Ruppin und Rheinsberg gelegen, trägt ihren Ruhm zur Hälfte auf Kosten des nachbarlichen Rheinsbergs, und wir würden uns nicht wundern, diesen landschaftlichen Stolz der Grafschaft eines Tages von Seiten der benachteiligten Nachbarstadt wenigstens teilweise reklamiert zu sehen. Vorläufig ist der Ruppiner

Besitztitel – vielleicht weil er mehr Grafschafts- als Stadt-Charakter hat – noch unbestritten.

Wodurch sich die Ruppiner Schweiz von ihren andern märkischen Schwestern unterscheidet, das ist ihr Wasserreichtum, *ihr Reichtum an Seen.* Während Freienwalde dieses Schmuckes beinah völlig entbehrt und Buckow, den großen See zu Füßen der Stadt abgerechnet, in seinen eigentlichen »Gebirgs-Partien« nur zwei kleine Edelsteine (allerdings vom reinsten Wasser) aufweist, sind Fluß und See das eigentliche Lebenselement der Ruppiner Schweiz. Diese Wasserfülle, abgesehen von der Schönheit, die sie unmittelbar der Landschaft leiht, hat auch das Kind des Sandes, die *Fichte,* verdrängt; – kostbare Buchen steigen zu beiden Seiten der bald schmalen, bald breiten Wasserflächen auf, und der Fuß des Touristen, statt auf Kiennadeln auszugleiten, freut sich des saftigen Mooses oder raschelt behaglich im abgefallenen Laub.

Die Ruppiner Schweiz hat mehr Länge als Tiefe; – eigentliche Dörfer gehören ihr nicht zu, und nur Weiler und Kolonistenhäuser, hier und da dorfartig gruppiert, ziehen sich am Ufer der verschiedenen Wasserbecken entlang. Alle diese Seen – in der Reihenfolge von Nord nach Süd: der Kalk-, der Tornow-, der Zermützel-, der Tetzen- und Molchow-See – hängen durch eine schmale Wasserstraße untereinander zusammen, und diese Wasserstraße, vielfach ihren Charakter wechselnd, heißt der *Rhin**. Aus dem

* Vom Zermützel-See aus, in den sich, von Osten her, der aus den Rheinsberger Seen kommende *Hauptarm* des Rhins ergießt, ist es unbedingt der Rhin, der die *südlich* vom »Zermützel« gelegenen Wasserbecken durchfließt. Ob andererseits die Bäche und Wässerchen, die *nördlich* vom »Zermützel« die Verbindung zwischen den oberen Seen herstellen, auch als Rhin zu bezeichnen sind, ist fraglich. Die Leute nennen diese Wässerchen »die Beck« (Bach), andere hingegen bezeichnen es als den *West*-Arm des Rhin.

Kalksee kommend, zunächst über Steingeröll hinplätschernd (ganz nach Art eines Bergwassers) zieht er von See zu See, bis er an der Südspitze des Molchow-Sees die Heimat seiner Berge aufgibt und nach kurzem Schlängellauf in das große Wasserbecken eintritt, das zu Füßen der Ruppiner Schweiz sich ausdehnt. Dics Wasserbecken ist der Ruppiner *See.* Hier streift er – ähnlich wie sein hochdeutscher Namensvetter im Bodensee – den Rest seiner Jugend von sich, und, ruhig geworden bis zum Stillstand, windet er sich von nun an durch die Lücher und Brücher hin, die den Namen *Linum* als Mittelpunkt haben. In Poesie geboren, hat er kaum noch eine andere Bestimmung, als den *Torfkahn* auf seinem Rücken zu tragen.

Wenn dieser der prosaische Genoß seiner reiferen Jahre ist, so sind Förstereien und Wassermühlen die Gefährten seiner Jugend. Überall wo sein Wasser über ein Wehr fällt, wo hochaufgeschichtete Bretterbohlen an seinem Ufer liegen, da ist er jung, da sind die Stätten seiner Schönheit. Jede dieser Stätten, zwischen zwei Seen gelegen, dürfte die Hand nach dem stolzen Namen »Interlaken« ausstrecken, aber, im Bewußtsein eignen Wertes, verschmähen sie es, mit vornehmen Anklängen zu prunken, und geben sich lieber, ohne jegliche Prätension und nur auf sich selber gestellt, als *Rottstiel* und *Pfefferteich,* als *Boltenmühle* und *Kunsterspring.* Und wie sie selber klug auf alles verzichten, was die Quelle lästiger Vergleiche werden könnte, so verzichten auch wir darauf, untersuchen zu wollen, wem unter ihnen der Preis der Schönheit gebührt. Wie unter schönen Schwestern die Streitfrage nie gelöst wird »wer eigentlich die schönere sei«, weil es heute diese ist und morgen jene, je nach der Kleidfarbe, die sie tragen, oder nach dem Bande, das zufällig an ihrem Hute flattert, so ist auch hier die Frage nach der größeren Schönheit eine bloße Frage der Beleuchtung, der Stimmung, des Schmucks.

Wenn heute Boltenmühle in Malven siegt, so siegt morgen Kunsterspring in roten Ebereschen, und ein helleres oder dunkleres Abendrot, ein schmaleres oder breiteres Band, das der Regenbogen über die Landschaft spannt, entscheidet darüber, ob Rottstiel über Pfefferteich oder Pfefferteich über Rottstiel triumphiert.

Auch die »Historie« ist leisen Fußes durch diese Gegenden hingeschritten, und in *Binenwalde*, am Ufer des Kalksees, gehen die Geschichten davon von Mund zu Mund. Es sind Geschichten aus der Zeit von »Kronprinz Fritz«. Von Rheinsberg aus herüberkommend und nach dem »Försterhaus im See« (seitdem verfallen; die Insel selbst zum Weideplatz geworden) das wohlbekannte Zeichen gebend, glitt ein Kahn aus dem Schilfgürtel hervor und der Stelle zu, wo der Prinz, unter den Zweigen einer überhängenden Buche, die schöne Sabine, das »Insel- und Försterkind«, erwartete. Die schöne Sabine stand lächelnd-aufrecht im Kahn, das Ruder mit raschem Schlage führend, bis im nächsten Moment das Ruder an's Ufer und sie selbst dem Harrenden entgegenflog.

Aber diese Tage (und auch sie mehr Idyll als Historie) liegen weit zurück. Die alte Waldesstille ist wieder drüberhin gewachsen, und nur die Sage davon klingt noch leise nach, wie denn alles leise an dieser Stelle klingt. Eine ewige Sonntagsruhe liegt über diesen Gründen; lautlos die Natur, wenn, wie in diesem Augenblick, die nachbarliche Mühle schweigt.

Ausgestreckt am Hügelabhang, den Wald zu Häupten, den See zu Füßen, so träumst du hier bis die immer wachsende Stille dich erschreckt. Mit angespannten Sinnen lauschest du, ob nicht doch vielleicht ein Laut, ein leisester nur, zu hören sei. Da endlich beginnt das Klingen des Waldes, die Rätselmusik der Einsamkeit. Der See ist glatt und sonnenbeschienen, aber es ruft aus ihm; die Bäume rühren sich nicht, aber es zieht durch sie hin; aus dem Walde klingt es, als würden Geigen gestrichen; nun schweigt es und ein fernes, fernes Läuten beginnt. Ist es Täuschung oder ist es mehr? Ein wachsendes Bangen kommt über dich, bis plötzlich das Klappern der Mühle neu beginnt, und der schrille Ton der Säge den Mittagszauber zerreißt.

Wer will sagen, wenn er die Ruppiner Schweiz durchwandert, wo dieser Zauber am mächtigsten wirkt.

Und fragst du *doch*: »den vollsten Reiz
Wo birgt ihn die Ruppiner Schweiz?
Ist's norderwärts in Rheinsbergs Näh'?
Ist's süderwärts am Molchow-See?
Ist's Rottstiel tief im Grunde kühl?
Ist's Kunsterspring, ist's Boltenmühl?
Ist's Boltenmühl, ist's Kunsterspring?
Birgt Pfefferteich den Zauberring?
Ist's Binenwalde?« – nein, o nein,
Wohin du kommst, da wird es sein,
An jeder Stelle gleichen Reiz
Erschließt dir die Ruppiner Schweiz.

Am Molchow- und Zermützel-See

»An jeder Stelle gleichen Reiz«, aber doch mit der *einen* Einschränkung, daß wir uns in der Helvetia propria dieser Gegenden halten und von dem *westlichen* Ufer des Rhin und seiner Seenkette nicht auf das *östliche* hinübertreten. Tuen wir diesen verhängnisvollen Schritt (wie wir es vorhaben) nichtsdestoweniger, so sind wir aus unserer eigentlichen Schweiz heraus und wandeln nur noch an ihrer Grenze hin. Mit andern Worten: das östliche Ufer hat keinen andern Reiz mehr als den, welchen es seinem Gegenüber, der Nachbarschaft des westlichen Ufers, entnimmt. Aber Ausnahmen auch hier, und unter diesen Ausnahmen zunächst das alte Dorf Molchow, das wir, über eine Schmalung des gleichnamigen Sees hinweg, zu erreichen trachten. Der Blick von der hochgewölbten Brücke aus läßt noch nicht erkennen, daß wir auf dem Punkt stehen, von dem schönheitsreichen Westufer auf das schönheitsarme Ostufer überzutreten, denn noch ist alles Poesie, und ein weißes Segel, bewegungslos, wächst wie ein tropisches Blumenblatt aus der blauen Fläche des Sees zu unsrer Linken auf, und der Himmel und sein weiß Gewölk, als wäre es eine Spiegelung des Bildes unten, steht ausgespannt darüber.

Und malerisch wie die Auffahrt, so das Dorf selbst; die einzelnen Häuser eingesponnen in Gärten und Laub. Die Studentenblume blüht, der Kürbis hängt im Gezweig, und der Hahn begrüßt uns vom Gartenzaun und kräht in den lachenden Morgen hinein. Alles hell und licht; ein rechter Gegensatz zu dem finster klingenden Molchow, das an alle Abgrunds-Schrecken des Schillerschen »Taucher« mahnt.

Alles hell und licht, nur nicht ein rondellartiger Grasplatz inmitten des Dorfs. Hier wird begraben, mehr in Unkraut als in Blumen hinein, und aus der Mitte dieses Platzes wächst ein Turm auf, der aussieht, als habe ihn ein Schilderhaus mit einer alten Windmühle gezeugt. Von beiden etwas. Und wie der Turm, so die Glocke, die in ihm hängt. »Ave Maria, gratia plena« steht an dem obern Rand, aber die Glocke selbst ist geborsten. Die Inschrift war kein Talisman. Zweihundert Jahre jetzt, da fanden die Molchower von 1670 auf einer halb Heide gewordenen, halb waldbestandenen Feldmark eine Glocke zwischen zwei Bäumen aufgehängt; das aufgeschossene Unterholz hatte sie bis dahin ihren Blicken verborgen. Das war die Glocke von Eggersdorf, das im Dreißigjährigen Kriege, wie hundert andere Dörfer, wüst geworden war und es auch geblieben ist. Die Molchower aber erbarmten sich des Findlings und bauten ihm den Glockenturm. Eine Leiter führt nun hinauf, die glücklicherweise von denen, die dort oben regelmäßig wohnen, entbehrt werden kann; denn nur Dohlen sind hier zu Haus. Wenn die geborstene Glocke gezogen wird, fliegen sie auf. Manche von ihnen – wenn es wahr ist, was man sich vom Raben- und Krähen-Alter erzählt – mag die Glocke kennen aus ihren Eggersdorfer Tagen her und Betrachtungen anstellen zwischen damals und heut.

In der Stelle, wo der Molchow-See nach Norden zu in den Zermützel-See übergeht, liegt das gleichnamige Dorf (Zermützel); ihm fahren wir jetzt zu. Ehe wir es indes erreichen, streifen wir zuvor ein altes Waldrevier, »die Stendenitz«, das unter George Wilhelm der gelegentliche Schauplatz von Wildschweinsjagden war. Noch früher hatte hier ein gleichnamiges Dorf gestanden, das, um die Mitte des vorigen Jahrhunderts, lediglich noch in dem Namen des *Revieres* fortlebte. Um 1750 aber, wo es unter dem großen König hieß »nur Menschen« und die Verwirklichung dieses Grundsatzes eine Massenkolonisation herbeiführte, die vielleicht selbst die großen Kolonisationstage unter Albrecht dem Bären in den Schatten stellte, mochte man sich auch entsinnen, daß hier zwischen dem Molchow- und Zermützel-See einst ein Dorf Stendenitz gestanden habe, und vier Büdner wurden hier hergesetzt, um an dieser wüsten, weltvergessenen Stelle eines jener Kolonistenetablissements zu bilden, wie sie damals zu Hunderten aus der Erde wuchsen.

Die Kärglichkeit unserer märkischen Scholle, – die Ausnahmen kümmern uns hier nicht – kann man nicht leicht besser studieren als an diesen »Etablissements«. Hundert Jahr Arbeit sind gewesen wie ein Tag, und eine Ziege, ein Kirschbaum und ein Streifen Roggenland, über das der alte Beherrscher dieser Gegenden, der Strandhafer, immer wieder Lust zeigt, siegreich herzufallen, diese drei sind nach wie vor der einzige Reichtum dieser und ähnlicher Ansiedelungen. Wenn ein Zweifel daran wäre, so würde ihn die Begräbnisstätte lösen, die zu dem Etablissement Stendenitz gehört.

Da wo der Wald hart an den See tritt, ist die Ecke eben dieses Waldes abgeschnitten und von vier tiefen Furchen quadratisch umzogen worden. Die vier Furchen vertreten die Stelle einer Mauer oder eines Zaunes. Auf dieser abgeschnittenen Waldecke wird nun begraben; die alten Kiefern sind stehengeblieben und tuen ihren Dienst nicht schlechter als Zypresse und Trauertanne. In hundert Jahren stirbt sich etwas zusammen, auch wenn die Lebendigen nur vier Büdnerfamilien sind; und so drängen sich denn hier die Gräber, die meisten freilich schon wieder zu bloßen Moosplätzen geworden, auf denen verspätete Erdbeeren blühen. Nur zwei Grabtafeln ragen noch auf, schräg gedrückt vom Winde und regenverwaschen, aber die Inschriften nichtdestoweniger ohne sonderliche Mühe zu entziffern.

»Hier ruht in Gott« – so lautet die eine – »der Schneidergesell Andreas Laudon, Kanonier von der 3. Garde-Compani, Attollerie-Bregarde, gest. 3. April 1836«. Daneben die Grabtafel eines siebzehnjährigen Mädchens, Namen und Datum und darunter:

Vielgeliebte, weinet nicht,
Seht mir nach und lebt in Segen,
Gott ist euer Trost und Licht, –
Ich habe mich zur Ruh geleget.

Ich habe auf manchem Begräbnisplatz gestanden, auf wenigen, die mich tiefer erschüttert hätten. Welche Mischung von groteskem Humor und erschütternder Poesie, erschütternd in ihrer Simplizität! Hier Schneidergeselle Laudon, Kanonier, und daneben:

Gott ist euer Trost und Licht,
Ich habe mich zur Ruh geleget.

Zur Ruhe *hier*! Die Bahre, die diesem Begräbnisplatze dient, hing an dem abgebrochenen Ast einer alten Kiefer, Bahre und Baumstamm waren gleichmäßig mit Flechten überdeckt. Unten am See gurgelte das Wasser im Röhricht, über uns in den Kronen der Bäume ging der Wind.

Alles Klage. Und doch wie schön! Zwischen den hohen Bäumen hindurch blickten wir in das Blau von See und Himmel.

Zwischen Zermützel- und Tornow-See

Bald hinter Stendenitz liegt Zermützel. Der Weg dahin führt am gleichnamigen See vorüber, aber in einer gewissen Höhe am Abhang hin. Der Ackerstreifen zwischen Weg und See ist überall von gleicher Gestaltung, schmal, zum Ufer hin sich senkend; nur an einer Stelle hebt er sich wieder, springt etwas vor und blickt mit soviel Kühnheit, wie ihm seine Mittel erlauben, auf die Wasserfläche nieder. Ein Vorgebirge im Backofenstil; der »Totenberg«; man muß sagen, er macht seinem Namen Ehre. Die Wirkung, die er übt, wird übrigens wie es immer beim Gruseligen sein muß, durch die einfachsten Mittel erzielt. Ackerfurchen in beinahe peinlich gewissenhafter Ausnutzung des Bodens durchziehen das ganze Terrain; nur den »Totenberg« meiden sie und umkreisen ihn, wie Parallelen eine belagerte und gefürchtete Festung. Eine dieser Linien, vielleicht von einem dörfischen Freigeiste gezogen, rührt schon an den Zauberkreis des Hügels, und tiefer eingeschnitten als die andern, erkennt man deutlich, wie der innere Kampf zwischen Trotz und Furcht die Hand des Pflügers an dieser Stelle energischer führte, als an jeder andern; aber man erkennt auch, daß ihm das Gefühl kam: nun ist es genug! Ausgegraben darf hier werden, nicht geakkert. Eine alte Kiefer hält Wacht; so weit ihre Nadeln fallen, ist verbotener Grund. Schädel liegt da an Schädel, natürlich aus der »Schwedenzeit«. Wo das Dunkel beginnt, fangen Torstenson und Wrangel an. Was dem steckenbleibenden Schauspieler die Tabaksdose ist, das ist der steckenbleibenden Forschung unserer Dorfhistoriker die Schwedenzeit; wenigstens in der Grafschaft Ruppin.

Vom »Totenberg« bis zum Dorf Zermützel sind nur noch wenige hundert Schritt. Es liegt entzükkend, den Blick auf zwei Wasserflächen und eine mächtige Waldkulisse gerichtet, die die Landschaft nach Westen hin begrenzt.

Unser Weg ging nordwärts geradeaus, um am Abhange hin auf immer gleichem Terrain zunächst eine Waldecke, dann um diese herum die östliche Buchtung einer *dritten* Wasserfläche, des Tornow-Sees, zu erreichen. Wo Wald und See sich treffen, steht ein weißes Haus, – ein »Etablissement«, wie im vorigen Jahrhundert der offizielle Ausdruck war, – halb noch von Kiefern und jungen Birken, halb von Obstbäumen überschattet. Ein Büdner wohnt darin, der seiner Arbeit nachgeht; aber aus alten Zeiten heißt dies Etablissement der »Teerofen«.

Jetzt liegt es friedlich da und glücklich, als strecke der segenspendende Herbst ihm beide Hände entgegen, denn der Apfelbaum streift die Fenster, während ein Birnbaum, wie müde vom Tragen, seine schweren Malvasier-Birnen auf das Dach des Hauses legt. Friedlich Bild; aber ich entsinne mich eines anderen Tages hier.

Es war im Januar; alles, was einen Pelz und eine Büchse hatte, war auf den Beinen, und seit Tagesgrauen knallte es im Wald und an den drei Seen hin, am Tornow-, Molchow- und Zermützel-See. Um zehn Uhr war Frühstück angesagt; Rendezvous am »Teerofen«. Ich darf wohl sagen, es fehlte keiner. Da waren die Förster und Oberförster: Berger von Alt-Ruppin, Conrad von Rottstiel, Kuse von Pfefferteich, dazu der ganze Adel von diesseit und jenseit des Ruppiner Sees, Offiziere der Garnison und die städtischen Nimrods, die an Billard und Kegelspiel nicht genug haben, und denen nicht wohl ist, wenn sie nicht unter den Zacken eines Sechzehnenders schlafen.

Das Frühstück war kalte Küche, aber desto heißer war der Grog. Über dem Herdfeuer hing ein Kessel, der brodelte und dampfte, und die Büdnersleute gingen auf und ab, um, wo Begehr danach war, mit ihrem kochenden Wasser auszuhelfen. Der Mischung besserer Teil floß aus den eigenen Flaschen. Pelze, Grog und Tabak schufen, noch ehe eine halbe Stunde um war, eine wunderliche Luft, und auf der dicken Wolke saß die Göttin der Jagdanekdote und orakelte in die Versammlung hinein. Nein, sie orakelte nicht, – ihren klassischen Aussprüchen fehlte jedes Dunkel.

Die Büdnersleute waren so ernst. Wie kam das nur? Sonst bei jeder Derbheit, die laut wurde, stimmte ihre Heiterkeit in den allgemeinen Jubel mit ein; heute ging kein Lächeln über ihre Züge. Endlich trat ich an die Alte heran, als sie eben wieder ein Scheit in das Feuer schob, und fragte leise: »Wo ist Hannah?« Sie schüttelte den Kopf; dann sich besinnend, nahm sie mich rasch bei der Hand, führte mich durch eine niedere Tür in den Hinterflur und öffnete eine Kammer, die gerade hinter dem Zimmer lag, in dem die Jäger ihren Imbiß nahmen. Einen Augenblick sah ich nichts, denn die Kammer empfing all ihr Licht von einer zweihandbreiten Öffnung her, durch die eben jetzt, vom Wind getrieben, der Schnee in kleinen Flocken hineinstiebte. Ich suchte mich zurechtzufinden. Die Frau war mittlerweile an ein Strohlager getreten, das ich jetzt rechts, unterhalb des Fensters, erkannte, und schlug ein Laken zurück, welches über das Strohlager ausgebreitet war. Da lag Hannah, die Augen geschlossen, in keinem andern

Schmuck als dem ihres langen Haares. Dann deckte die Alte das Laken wieder über und schlich aus der Kammer. Ich blieb wie angewurzelt stehen. Totenstille; daneben der Lärm; und der Schnee trieb heftiger durch das Fenster und schüttete, noch vor der Zeit, einen Hügel neben der Toten auf.

In zehn Minuten war unter den Gästen alles verändert. Einer hatte geplaudert. »Warum hielt er nicht den Mund?« brummten alle. »Was ich nicht weiß, macht mich nicht heiß.« – »Ich fahre nach Haus.« – »Ich bleibe.« So ging es hin und her. »Von Toten träumen bringt Glück«, getrösteten sich die meisten, ohne Rücksicht darauf, daß hier keiner geträumt hatte, und eine Stunde später knallte es wieder an den drei Seen hin. Aber das Bild Hannahs stand zwischen dem Schuß und dem Wild. Kein Hirsch mehr wurde getroffen. Oberförster Berger stieß mit dem Fuß an den Stecher seiner Büchse, die Kugel pfiff ihm am Ohre vorbei, und das Feuer sengte seinen Bart. Es war eine »wehvolle Jagd«, wie es in alten Balladen heißt.

Die Menzer Forst und der Große Stechlin

In der Nordostecke der Grafschaft liegt die Menzer Forst, 24 000 Morgen groß, und in ihr der sagenumwobene »Große Stechlin«. Hier waltet ein Leben, das weit abweicht von dem Tun und Treiben im mittleren und südlichen Teile der Grafschaft; der Pflug ist hier zur Ruhe gestellt, auch der Spaten, der den Torf gräbt; nur das Fischernetz und die Angel sind an dieser Stelle zu Haus, und die Büchse knallt tagaus, tagein durch den Wald. Hundert Jahre haben hier wenig geändert; alles blieb, wie es die Tage des großen Königs sahen, nur eines wurde anders: der Schmuggler fehlt, der hier sonst ins Mecklenburgische hinüber sein Wesen trieb. Denn die Menzer Forst trifft nicht nur hart an die Strelitzische Grenze, die Forst setzt sich auch jenseits derselben fort, und ein von abgefallenem Laub halb überdeckter Graben ist alles, was die Territorien scheidet. Nicht viel besser, wie jene ideelle Linie der Längs- und Breitengrade, über die der Reisende hingleitet ohne Ahnung davon.

Um die Mitte des vorigen Jahrhunderts oder ein wenig früher oder später wurde die Frage rege: »Was machen wir mit diesem Forst?« Hochstämmig ragten die Kiefern auf, aber der Ertrag, den diese herrlichen Holzbestände abwarfen, war so gering, daß er kaum die Kosten der Unterhaltung und Verwaltung deckte. Hirsche und Wildschweine in Fülle, aber viele Meilen in der Runde kein Haus und keine Küche, dem mit dem einen oder andern gedient gewesen wäre. »Was machen wir mit diesem Forst?« so hieß es wieder. Kohlenmeiler, Teeröfen wurden angelegt, fast von Viertelmeile zu Viertelmeile; aber wenig war damit geholfen: Kohle und Teer hatten keinen Preis. Die nächste, nachhaltige Aushülfe schien die Errichtung von *Glashütten* zu bieten, hatte man doch das Material dazu unter den Händen. Die Kiefern lieferten die Feuerung, das Laubholz gab die Pottasche, und der quarzene Sand war ja der Grund, auf dem die ganze Waldherrlichkeit ruhte. Also Glashütten! Es entstanden ihrer verschiedene, in Dagow, in Globsow, in Stechlin; ein Feuerschein lag bei Nacht und eine Rauchsäule bei Tage über dem Walde; aber auch die Glashütten vermochten nichts, der Wald brachte es nur spärlich auf seine Kosten.

Da erging Anfrage von Berlin her an die Menzer Oberförsterei: wie lange der Forst aushalten werde, wenn Berlin anfange, aus ihm zu brennen und zu heizen? Die Oberförsterei antwortete mit Stolz: *»Die Menzer Forst hält alles aus«*. Das war ein schönes Wort, aber doch schöner, als sich mit der Wirklichkeit vertrug. Das sollte bald erkannt werden. Die betreffende Forstinspektion wurde beim Wort genommen, und siehe da, ehe dreißig Jahre um waren, war die ganze Menzer Forst durch die Berliner Schornsteine geflogen. Was Teeröfen und Glashütten in alle Ewigkeit hinein nicht vermocht hätten, das hatte die Konsumtionskraft einer großen Stadt in weniger als einem Menschenalter geleistet. Hülfe war gekommen, die Menzer Forst *hatte* rentiert, aber die Hülfe war gekommen wie ein Sturm, der, während er das aufgefahrene Schiff flottmacht, es zugleich auch zerschellt. Abermals mußte Abhülfe geschafft werden, diesmal nach der entgegengesetzten Seite hin, und das berühmte, wenn auch unverbürgte Wort Friedrichs des Großen, das dieser einst in einer mißlichen Situation, als es »zuviel wurde« an Schmettau richtete, dasselbe Wort richtete jetzt die Königliche Verwaltung der Forsten und Domainen an den Oberförster von Groß-Menz: »Hör Er auf«. Und man hörte auf. Der Hauptstadt wurde durch dieses Halt nichts entzogen, was sie – unter veränderten Zeitverhältnissen – nicht hätte entbehren können; denn die Linumer Torfperiode war mittlerweile angebrochen. Die Menzer Forst aber stieg auf der tabula rasa ihres alten Grund und Bodens *neu* empor. Eichen, Birken, Kienen in buntem Gemisch, und der Wald, wie er jetzt sich präsentiert, ist das Kind jener stillen Epoche, die dem »Kriege à outrance«, der dreißig Jahre lang gegen diese Forstkulturen geführt worden war, auf dem Fuße folgte.

Es ist ein achtzigjähriger Forst, – also ein Jüngling noch, da das psalmitische: »Wenns *hoch* kommt, sinds achtzig Jahre«, für Wälder nicht gesprochen wurde, – und in diesen prächtigen Forst hinein, der ein Leben für sich führt, ein halbes Dutzend Wasserbecken mit grünem Arm umschließt und über Altes und Neues, über Teeröfen und Forsthäuser, über Glashütten und Fabriken gleichmäßig die Herrschaft übt, in diesen prächtigen Forst hinein wolle mich nun der Leser begleiten.

Es ist noch Platz auf dem Pürschwagen; vorn der Kutscher und der Herr, aber neben mir, auf der zweiten Bank, wartet seiner noch ein Kissen und eine Decke. Die Zeit für die letztere wird kommen, wenn die Sonne unter ist; aber die Zeit für das Kissen ist schon da, denn über Stubben und Wurzeln weg geht es bereits weglos, holterdiepolter in den Wald hinein. Die jungen Zweige fegen uns die Augen aus; nun links in den Moorgrund hinein, während rechts die Räder im Laube weiter rascheln; jetzt quer über den Graben hin und dann über den niedergestürzten Baum hinweg, dessen schon angefaultes Holz unter dem Druck der Räder zerbricht und in Moderstaub aufwirbelt. Entzückendes Steeplechase zu Wagen; das Gefühl der Fährlichkeit geht in der Wonne des Hindernisnehmens unter.

So still ist der Wald, und doch erzählt er uns auf Schritt und Tritt, freilich mehr Ernstes als Heiteres. Wo der Pascher ein Jahrhundert lang zu Hause war, wo Förster und Wildschütz ihre ewige Fehde führen, wo der Sturm die Bäume bricht und die tiefen Waldseen, die von alter Zeit her den Hang nach Menschenopfern haben, ihre schmalen Arme polypenhaft-phantastisch durch den Wald strecken, da sind immer »Geschichten« zu Haus. Tabellen wären hier anzufertigen, drei Rubriken nur: erschlagen, erschossen, ertrunken.

Eben haben wir eine solche Stelle passiert, die ihre Geschichte hat und von neuestem Datum dazu. Hier, wo das Büchen-Unterholz sich durch die Waldrinne zieht, gleich links neben der Weißbuche, da lag er, da fanden sie ihn, den Kopf nach der Tiefe zu, den einen Fuß im Gestrüpp verwickelt. Neben ihm die Büchse. Er war erst neunzehn Jahr. Der grüne Aufschlag des einen Ärmels war rot; man sah, er war mit der Rechten nach der Brust gefahren. Wessen Kugel hatte ihn getroffen? Wer sagt es? Einen Augenblick war man dem Geheimnis auf der Spur, oder glaubte es zu sein. In Herz oder Lunge des Toten hatte man das Kugelpflaster gefunden und an diesem, deutlich erkennber, acht scharfe, markierte, schwarze Strichelchen, die dem Kundigen deutlich verrieten, daß die Kugel aus einer Büchse mit acht Rillen geschossen war. Solcher Büchsen gab es am Rande der Menzer Forst hin nicht allzu viele. Man wies mit Fingern auf den und den. Aber die Sache kam eben dadurch zu früh in Kurs, und als an den verdächtigsten Stellen gesucht wurde, waren die achtrilligen Büchsen verschwunden. Ein groß Begräbnis war, groß wie die Teilnahme; aber das Geheimnis »Wer tat es?« hat der Tote mit ins Grab genommen.

So ging das Geplauder. Die Sonne stand schon schräg, als es plötzlich zwischen den Stämmen aufblitzte, und gleich darauf unser Auge einer weiten Wasserfläche ansichtig wurde, auf der, glänzend und blendend fast, die Nachmittagssonne lag. Das ist der »Stechlin«, so hieß es. Im nächsten Moment sprang ich aus dem Wagen; mein Begleiter folgte.

Wir standen auf einer Art Quai, die hohen Stämme des Waldes zu Häupten, eine weite Wasserfläche tief unter uns. Drüben wieder Wald, auch links und rechts, von überall her Halbinseln in den See hineinstreckend. Wasser, Himmel, Stille. Das Ganze von jener eigentümlichen Wirkung auf unser Gemüt, als befänden wir uns einem Stummen gegenüber, den es zu sprechen drängt; aber die ungelöste Zunge versagt den Dienst. Wir raten dies und das aus seinen Zügen; umsonst, was er sagen will, bleibt ungesagt.

Wir setzten uns an den Rand des Vorsprungs und horchten auf die Stille. Sie blieb, wie sie war. Kein Boot, kein Vogel, auch kein Gewölk. Nur Grün und Blau und Sonne.

Wie still er daliegt, der Stechlin, – hob mein Begleiter an, – aber er ist tückisch, und die Leute hier herum wissen von ihm zu erzählen. Er ist einer von den Vornehmen, die große Beziehungen unterhalten. Als das Lissaboner Erdbeben war, strudelte er in tiefen Trichtern, und stäubende Wasserhosen tanzten zwischen den Ufern hin und her. Er geht 400 Fuß tief, an einzelnen Stellen hat das Senkblei noch keinen Grund gefunden. Dazu ist er launenhaft; dies kann er leiden und jenes nicht; man muß ihn ausstudieren wie eine Frau; mitunter liegt das, was ihm schmeichelt, und das, was ihn ärgert, kaum Handbreit auseinander. Die Fischer, selbstverständlich, kennen ihn am besten. Hier dürfen sie ihr Netz ziehen, seine Oberfläche bleibt klar und heiter, und ein Goldfisch springt in die Luft, als grüß er mit goldenem Finger; aber zehn Schritt weiter will er das Netz nicht haben, sein Anlitz runzelt und verdunkelt sich, und ein Murren klingt herauf. Dann ist es Zeit, den Platz zu meiden und das Ufer aufzusuchen. Ist aber ein Waghals im Boot, der es ertrotzen und erzwingen will, so steigt nun rot und zornig der Hahn herauf, der unten am Grunde des Stechlin die Wache hält. Er schlägt den See mit den Flügeln, bis er schäumt und wogt, greift das Boot an und kräht, daß es die ganze Menzer Forst durchhallt, von Dagow bis Altglobsow.

Die Sonne war mittlerweile weiter hinabgestiegen und berührte mit ihrer Scheibe schon die Wipfel des Waldes, eine Mahnung, uns zu eilen. Der Erdwall, auf dem wir gesessen und geplaudert hatten, grenzte hart an die nördlichste Spitze des Sees, und ehe fünf Minuten um waren, hatten wir, immer hart am Ufer hin, die Biegung gemacht und fuhren wieder, auf der entgegengesetzten Seite des Stechlin, gen Süden zu.

Das Revier, das uns zunächst an dieser Stelle aufnahm, war das Revier der *Glashütten*; wie Squatter-Ansiedlungen lagen sie auf Waldwiesen oder ausgerodeten Stellen am Saum des stillen Waldes hin. Hütte neben Hütte, regungslos, von Bewegung nichts als der Rauch, der über die Dächer zog. Nur bei der

Globsower Glashütte, die hart an einer Buchtung des Großen Stechlin ist und einen weitverzweigten Handel treibt mit Retorten, Glaskolben und großen Ballons, nur *hier* herrschte Leben, insonderheit in der schattigen Allee, die von den Hütten aus zur Ladestelle am See hinunterführt. Hier spielten Kinder Krieg und fochten ihre Fehde mit Kastanien aus, die, zu vielen Hunderten, in halb aufgeplatzten Schalen unter den Bäumen lagen. Die einen retirierten auf den See zu und suchten Deckung hinter den großen Salzsäureballons, die in dichten Reihen am Ufer des Stechlin hin standen, aber der Feind gab seinen Angriff nicht auf, und die Kastanien fielen hageldicht auf die gläserne Mauer nieder.

Tausend Schritt weiter südwärts von der Globsower Glashütte, da wo sich mehrere Wege kreuzen und das ansteigende Terrain einen Überblick über die eben passierte große Waldwiese, zugleich auch über die Dagower Kolonistenhäuser und ein inmitten der Lichtung gelegenes kleines Wasserbecken gestattete, fiel uns eine parkartige Einfriedung auf, die von alten Eichen überragt wurde. Als wir in Front dieses Platzes hielten, lasen wir an zwei Pfeilern, die den Eingang bilden: *Metas Ruh*. Unsere Neugier wurde wach; wir stiegen ab und erkannten unschwer, daß wir uns auf dem Friedhofe der Glashüttenaristokratie dieser Gegenden befanden. Die Gitter und Kreuze hatten sich hinter dem Unterholze versteckt, das hier reichlich aufsproß; »Metas Ruh« aber, soviel leuchtete uns ein, konnte unmöglich als Bezeichnung für diese Begräbnisstätte überhaupt dienen, es konnte nur der Name jenes seltsamen Baues sein, der sich, einer Katakombe nicht unähnlich, inmitten dieses Eichenkampes befand. Halb schacht-, halb hohlwegartig, die Seitenwände gemauert, führte ein in leiser Schrägung absteigender Gang auf eine Gittertür zu, hinter der wir in das Dunkel einer rundgewölbten Gruft blickten. Drei, vier Särge waren sichtbar. Über diesen Tatbestand hinaus aber schien unsere Neugier nicht befriedigt werden zu sollen.

Wir hatten uns bereits ergeben, als ein Alter, den wir, seit zehn Minuten etwa, von Dagow her des Wegs kommen sahen, unsere Hoffnung neu belebte. Der wird es wissen. – Jetzt war er dicht heran.

Guten Tag, Papa. – Goden Dag. – Wie ist denn das hier mit Metas Ruh? – Ja, dat is, as dat so is. – Na, wie ist es denn? Wer ist Meta? Wer hat es gebaut? – Meta was sine erste Fru. – Aber von wem denn? Lebt er noch? – Leben deit he woll noch, äwer furt is he all lang. – Die Sache schien sich nicht allzu rasch entwickeln zu sollen; wir setzten uns also auf einen Grabstein und luden den Alten ein, auch Platz zu nehmen. Er blieb aber stehen und erzählte uns in dem plattdeutschen Dialekt, den die »Grenzer« zwischen dem Brandenburgischen und Mecklenburgischen sprechen, die Geschichte von Meta, – das alte Lied von Leid und Liebe.

Wir dankten dem Alten, und weiter ging es nun in den bereits dunkelnden Forst hinein. Willkommen waren jetzt die Stellen, wo sich's lichtete und auf den ausgerodeten graugelben Sandstrecken nichts sichtbar wurde als niederes Buschwerk, hier und dort aus dem Samen eines windverschlagenen Kienapfels aufgewachsen.

Eine solche Heidestrecke lag hinter uns, als wir in die namengebende Metropole dieser Gegenden, in *Groß-Menz*, einfuhren. Es fielen Worte wie: Burgwall, Ritter Menz, hohles Gemäuer und unterirdischer Gang, allerverlockendste Klänge also, die sechs Stunden früher mich in den Zirkel des Dorfes wie in einen Zauberkreis gebannt haben würden; aber bei dem schon herrschenden Zwielicht siegten die, in Fällen wie diese, nur immer allzu berechtigten kritischen Bedenken über die Forderungen wissenschaftlicher Neugier, und dem sonst so mächtigen Dachshund-Spüreifer ohne sonderliche Mühe entsagend, ging es über den beinah städtisch angelegten Dorfplatz hinweg, an der lindenumstandenen Oberförsterei vorbei, scharf westlich einbiegend in die immer reizloser werdende Landschaft hinein. Nicht nur Groß-Menz lag hinter uns, auch die große Menzer Forst.

Kühler wurde es; wir wickelten uns in die Plaids; niemand sprach mehr. Die Pferde prusteten und warfen den Schaum nach hinten. Acker, Sand, Schonung, immer schattenhafter schwanden sie, immer rascher die Fahrt, immer dunkler der sternlose Himmel. Jetzt Steindamm, lange Pappelreihen und jener wärmere Luftstrom, der uns die ersehnte Nähe menschlicher Wohnungen verhieß. Eine Biegung noch; da schimmerte Licht zwischen den Bäumen, und der Wagen hielt.

Eine halbe Stunde später und der hohe altmodische Kamin sah uns im Halbzirkel um seine Flamme versammelt. Die Scheite – echte Kinder der Menzer Forst – brannten hoch auf; auf uns nieder aber blickten die Ahnenbilder des weitverzweigten Hauses, der Neales, der Oettinger, der La Roche-Aymon, und zwischen ihnen das leuchtende Bildnis des »Saalfelder Prinzen«.

Die Rede ging von alter und neuer Zeit, beide mit gleicher Liebe umfassend. Märchenhaft verschwammen das Jüngsterlebte und das Längstvergangene, und die stille Wasserfläche, die, in unseren Plaudereien von Prince Henri und der schönen Gräfin La Roche-Aymon, noch eben dem Rheinsberger See geglichen hatte, über den es hinklang von Nixengekicher und Flötenspiel, dieselbe Wasserfläche, sie weitete sich jetzt zu einem buchtenreichen Haff, und der Hahn, der unten auf dem Boden des Großen Stechlin sitzt, er kam herauf und krähte, seinen roten Kamm schüttelnd, über den See hin. – Mitternacht war heran, die Scheite niedergebrannt; mitunter fiel noch ein Schein auf die Bilder. Sie lächelten.

»Der Blumenthal«

Und aber nach fünfhundert Jahren
Will ich desselbigen Weges fahren.
Cidher der ewig junge.

»Der Blumenthal« (d. h. der Blumenthal-*Wald*) ist der Name eines großen Forstreviers, das den östlichen Teil des Barnim von Westen nach Osten hin durchzieht und durch die Straße, die von Berlin nach Wriezen führt, fast seiner ganzen Länge nach durchschnitten wird.

»Der Blumenthal« ist schön und sagenreich. Etwas von dem Zauber Vinetas ist um ihn her, und die Sage von untergegangenen Städten, verschwunden in Wasser oder Wald, begleitet den Reisenden auf Schritt und Tritt. Wer um die Mittagsstunde hier vorüberzieht, der hört an See und Schlucht ein Klingen und Läuten aus der Tiefe herauf; und wer gar nachts des Weges kommt, wenn der Mond im ersten Viertel steht, der hat über Stille und Einsamkeit nicht zu klagen, denn seltsame Stimmen, Rufen und Lachen, ziehen neben ihm her.

Und ein *schöner* Wald ist »der Blumenthal«. Die vielen Seen, die ihn durchschneiden, auch wo sie nicht sichtbar werden, geben seinem Laub und seiner Luft eine duftige Frische, und ein Blühen ist ringsum, als woll es der Wald immer wieder beweisen: ich bin *»der Blumenthal*!«

Rapsfelder an den offenen Stellen, die sich breit in den Wald hineindehnen, würzen im Mai die Luft; dem Blühdorn folgt die Hagerose und dem Faulbaum der Akazienstrauch; die roten Erdbeeren lösen sich ab mit den röteren »Malinekens« (wie der Landmann, poetischen Klanges, hier die Himbeeren nennt), und wenn endlich der Herbst kommt, so lachen die Ebereschen-Beeren überall aus dem dunklen Laube hervor. Dabei ein Reichtum an Hölzern, wie ihn märkische Forsten wohl kaum zum zweiten Male zeigen. In reichstem Gemisch stehen alle Arten von Laub- und Nadelholz; Eiche und Edeltanne, Else und Kiefer, Buche und Lärchenbaum machen sich den Rang der Schönheit streitig; vor allem aber ist es die Birke, der Liebling des Waldes, die mit weißem Kleid und langem Haar vorüberfliegt und das Auge des Reisenden immer wieder entzückt.

Der Blumenthal ist fast 2 Meilen lang und ziemlich ebenso breit. Hier und dort aber, wie schon angedeutet, unterbrechen weite Ackerstrecken das Waldrevier und dringen, von rechts und links her, bis zur Chaussee hin vor. Ungefähr in der Mitte des Waldes treffen von Nord und Süd zwei solcher Einschnitte beinahe zusammen und teilen dadurch den Forst in zwei ziemlich gleiche Hälften, in eine westliche und eine östliche, oder in eine Werneuchensche und eine Prötzelsche Hälfte. Die erste ist die landschaftlich schönere, die andere die historisch interessantere.

Der schönste Punkt der westlichen Hälfte ist der *Gamen-Grund*, genau eine Meile östlich von Werneuchen gelegen. Dies war die Waldesstelle, wo *Schmidt* von Werneuchen Jahr aus Jahr ein die Sommer- und Familienfeste zu feiern liebte. Sein feiner Natursinn bekundete sich auch in der Wahl dieser Stelle. Sie ist von aparter Schönheit, und während sonst der Bau einer Chaussee wenig zum Reiz einer Landschaft beizusteuern pflegt, liegt hier ein Fall vor, wo das Landschaftsbild durch die durchschneidende Weglinie entschieden gewonnen hat.* Der Chausseebau machte nämlich, wenn überhaupt eine passierbare

* Das glänzendste Beispiel hierlandes, wie solche schnurgerade durch die Landschaft gezogene Linie die Schönheit des Bildes wesentlich erhöhen kann, ist die Glienicker Brücke, die sich unterhalb des Babelsberges über die Havel zieht. Der Blick von Babelsberg erhält erst dadurch seinen vollen Reiz.

und möglichst gerade Straße geschaffen werden sollte, die Überbrückung des Gamen-Grundes nötig, und da die Herstellung eines Dammes als passendstes Mittel dafür erschien, so wurde eine Art Viadukt quer durch die Schlucht geführt, der nun das Hüben und Drüben des Hügellandes verbindet. Von der Höhe dieses Viadukts aus blickt man nun nach links hin in die Wassertiefe des Gamen-*Sees*, nach rechts hin in die Waldestiefe des Gamen-*Grundes* hinab. Der Vorüberfahrende fühlt sich wie an diese Stelle gebannt, und der Eiligste hat es nicht eilig genug, um nicht ein paar Minuten an dieser Stelle zu verweilen. Beide Bilder sind schön, auch einzeln betrachtet; aber wie überall da, wo zwei Landschaftsbilder nebeneinander hängen, das eine die Wirkung des andern unterstützt und beide erst, wie Abend und Morgen, eine höhere Einheit herstellen, so schöpft auch hier jedes einzelne der beiden Bilder einen gesteigerten Reiz aus der Nachbarschaft des andern. Nach links hin Klarheit und Schweigen. Der Gamen-See, wie ein Flußarm, windet sich in leis gespanntem Bogen zwischen den Tannenhügeln hin, und nichts unterbricht die Stille, als ein plätschernder Fisch, den die Nachmittagssonne an die Oberfläche treibt. Nach rechts hin Dunkel und Leben. Aus dem Grunde herauf, bis an die Höhe des Dammes (beinahe greifbar für unsere Hände) steigen die ältesten Eichen des Waldes, und während sich die Stämme in Schatten und Waldesnacht verlieren, blitzt die Sonne über die grünen Kronen hin. Allerhand Schmetterlinge steigen auf und nieder, und die Vögel singen in einer Herzlichkeit, als wäre dies das Tal des Lebens und als wäre nie ein Falk oder Weih über den Gamen-Grund hingezogen. In der Ferne Kuckuckruf, und ein blauer Himmel über dem Ganzen, heiß und fest wie eine Glocke.

Die Westhälfte des »Blumenthals« ist der landschaftlich schönere Teil des Waldes; aber die Osthälfte ist reicher an Sage und Geschichte. Wir wandern dieser anderen Hälfte zu. Eine Meile östlich vom Gamen-Grund, den ich eben zu schildern versucht, liegt ein Vorwerk, hart an der rechten Seite des Weges. Der Wald hat uns bis dicht an die Stall- und Wirtschaftsgebäude desselben begleitet, und jenseit desselben, wo das Vorwerk aufhört, fängt der Wald wieder an. Das Ganze erscheint fast nur wie ein Steintor mitten im Walde, wie eine Auffahrt in die Hügellandschaft hinein, die sich, halb Wiese, halb Ackerland, unmittelbar hinter dem Vorwerk auszudehnen scheint. Dies ist die Stelle, die wir suchen. Die Passage dieses Hofes wird auf Ansuchen freundlich gestattet, und hinaustretend in die halb bebauten, halb brachliegenden Felder (die sich nicht nur im Rücken des Vorwerks, sondern auch hinter dem Waldsaume entlangziehen), halten wir uns jetzt links und marschieren etwa 500 Schritt am Rande des Waldes entlang. Wo wir eines Wasserpfuhls, »die Suhle« genannt, ansichtig werden, machen wir Halt und stehen nun vor einem mit Steinmassen überdeckten Terrain. Dies Steinfeld ist die sogenannte *»Stadtstelle«*.

Hier stand vor 500 Jahren die Stadt oder das Städtchen *Blumenthal*, das seitdem dem ganzen Walde den Namen gegeben hat. Verfolgen wir nunmehr die Schicksale dieser Stadt durch die Jahrhunderte hindurch.

Die älteste Nachricht über Stadt Blumenthal, die wir haben, reicht bis auf 1375 zurück. Das Landbuch der Mark Brandenburg (bekanntlich in genanntem Jahre entworfen) führt »Blumendal« noch unter den Ortschaften des Landes Barnim auf; der Umstand aber, daß nur das Areal des Städtchens angegeben, aber weder von Abgaben noch Hofediensten gesprochen wird, spricht dafür, daß die Feldmark bereits wüst und wertlos zu werden begann. Die Trefflichkeit der Äcker, so wie die Bedeutung, die »Blumenthal« bis dahin gehabt hatte, machen es zwar wahrscheinlich, daß im Laufe der nächsten Zeit verschiedene Versuche gemacht wurden, die wüst gewordenen Höfe neu zu besetzen und die Äcker neu zu bebauen, aber diese Absichten scheiterten an der Ungunst der Zeiten. 1348 war das große Sterben; 50 Jahre später, als neue Kolonisten mutmaßlich eben anfingen dem toten Orte ein neues Leben zu geben, fielen die Pommern ins Land, und wieder 30 Jahre später ging der Hussitenzug (der bei Bernau sein Ende fand) mit Mord und Brand über »den Blumenthal« hin. In 80 Jahren die Pest, die Pommern und die Hussiten, – das war zu viel für das Leben von Blumenthal. Ein Fluch schien über den Ort ausgesprochen zu sein. Er war nun wirklich tot, die Wiederbelebungsversuche blieben aus, und das Mauerwerk zerfiel. Der Wald mit Eichen und Schlingkraut zog in die offenen Tore ein, und die Malinekens rankten und blühten über Steintrog und Brunnen hinweg. Die Sage fing an, ihre Kreise um diesen Steinplatz zu ziehen, und ehe ein Jahrhundert um war, war es ein unheimlicher Ort, eine »verwunschene Stelle«. Jeder mied sie. Wie es Seen und Seestellen gibt, wo die Fischer nicht fischen, weil sie fürchten, daß eine Hand aus der Tiefe fahren und sie hernieder zerren wird, so berührte kein Jäger die Stelle, wo die alte Stadt gestanden hatte. Rundum tobte die Jagd, die Kurfürsten selbst jagten hier mit »Hund und Horn«; aber *vorüber* an der Stadtstelle zog der Zug. Und waren Kinder beim Himbeersuchen unerwartet unter das alte Mauerwerk geraten, so befiel sie's plötzlich wie bittere Todesangst, und sie flohen blindlings, durch Gestrüpp und Dorn, bis sie zitternd und atemlos die Ihrigen erreichten. Was gab es da nicht alles zu erzählen! So wuchs die Sage und zog immer festere Kreise um die »Stadt im Wald«. Immer gefürchteter wurde der Platz. Selbst das Wild schien die Stelle zu meiden, und nur Bache und Keiler hatten ihre Tummelplätze hier. An den tiefer gelegenen Stellen der

»alten Stadt«, wo aus moderndem Eichenlaub und sikkerndem Quellwasser sich Sumpflandstücke gebildet hatten, kamen die Wildschweinsherden aus dem ganzen »Blumenthal« zusammen, und wenn sie dann in Mondscheinnächten ihre Feste feierten, klang ihr unheimliches Getös bis weit in den Wald hinein und mehrte die Schauer des Orts.

So vergingen Jahrhunderte. Die Eichen wurden immer höher, das Gestrüpp immer dichter, – die alte Stadt schien verschwunden. Nur um die Winterzeit, wenn alles kahl stand, wurden die Reste alten Mauerwerkes sichtbar. Aber wer war, der ihrer geachtet hätte? Es waren die Zeiten des 30jährigen Krieges und der Jahre, die folgten; – so viele Dorf- und Stadtstellen lagen wüst, so viel *neue* Herde waren zerstört; wer hätte Lust und Zeit gehabt, sich um alte, halbvergessene Zerstörung zu kümmern?

So kam das Jahr 1689 und mit diesem Jahre tritt die alte Stadt, die bis 1375 ein Stück wirklicher Geschichte gehabt hatte und dann erst sagenhaft geworden war, aufs neue in die Geschichte ein. 1689 besuchte Bürgermeister Grüwel aus Kremmen die Stadtstelle und fand noch Feldsteinmauern, die den Boden in Mannshöhe überragten. Von da ab folgten weitere Besuche in immer kürzeren Zwischenräumen: Bekmann um 1750, Bernouilli um 1777; beide fanden Mauerreste und hielten sie für die Überbleibsel einer alten Stadt. Noch andere Reisende kamen; aber ausführlichere Mitteilungen gelangten erst wieder zur Kenntnis des Publikums, als im Jahre 1843 der Prediger Lehmann (Geistlicher in dem benachbarten Dorfe Prötzel) einen auf genaue Forschung gegründeten Bericht veröffentlichte. In diesem heißt es: Die merkwürdige Stadtstelle Blumenthal ist *unstreitig** in

* Dies »unstreitig« bezieht sich auf die Klödenschen Auslassungen über die »Stadtstelle«, die es bestreiten, daß hier eine Stadt gestanden habe. Er nimmt an, daß es eine *heidni-*

alten Zeiten ein menschlicher Wohnort gewesen. Man sieht noch jetzt Spuren von Feldsteinmauern. Vor einigen Jahren sind von den Waldarbeitern mehrere Werkzeuge, Hämmer, Sporen u. dergl. gefunden worden, die, den Kindern dann zum Spielen gegeben, leider wieder verloren gingen. Kalk wird noch jetzt dort gefunden. Die Stadt soll von den Hussiten auf ihrem Zuge nach Bernau zerstört worden sein. Einige meinen, daß die Zerstörung älter sei. Der große platte Stein innerhalb der »Stadtstelle« (der sogenannte Mark- oder Marktstein) ist vielleicht ein Denkmal aus der heidnischen Zeit. Es ist nicht undenkbar, daß hier, mitten im Urwalde, schon die Semnonen einen Volksversammlungsplatz oder eine Opferstätte hatten, und daß die Städte erbauenden Wenden (oder vielleicht auch erst die Sachsen), als sie an dieser Stelle einen Wohnort gründeten, den heidnischen Opferstein liegenließen, wo er lag, weil es unmöglich war, ihn fortzuschaffen. Dieser Markstein wird hier auch noch liegen, wenn von den Feldsteinmauern ringsumher längst die letzte Spur verschwunden ist. Sollen diese Spuren gewahrt werden, *so ist es die höchste Zeit*. Schon hat die Pflugschar ganze Strecken der »Stadtstelle« in Äcker umgewandelt, und der Eichenwald ist hin, der diese Stelle so lange in seinen Schutz nahm.

Soweit der Bericht von 1843. Ich suche nun in Nachstehendem zu schildern, wie ich beinahe 20 Jahre später (1862) die Stadtstelle gefunden habe.

Von dem Hügelrande aus gesehen, der die schon genannte »Suhle« einfaßt, hat man nach Osten (nach

---

sche Begräbnisstätte gewesen sei und findet in den Steinreihen nichts als Art Feldstein-Umzäunung oder Einfriedigung dieser Stätte. Er irrt darin ganz unbedingt. Hätte er die Stelle gesehen, wie sie *jetzt* daliegt, so hätte er sich auf den flüchtigsten Blick von seinem Irrtum überzeugen müssen.

Prötzel) hin ein wellenförmiges, hier und da angebautes Stück Land vor sich, das an einzelnen Stellen von lose aufgetürmten, sehr niedrigen Steinmauern eingefaßt, an anderen Stellen mit großen Feldsteinen wie besäet ist. Wer viel in der Mark gereist ist, dem fällt der Anblick zunächst nicht auf, denn es gibt unendlich viele solcher mit Feldsteinmassen übersäter Felder, deren Feldsteinblöcke – um das Feld doch einigermaßen nutzbar zu machen – die Menschenhand bei Seite geworfen, sozusagen an den Tellerrand gelegt und dadurch ein freies Feld mit einer steinernen Einfriedigung geschaffen hat.

Dies ist der nächste Eindruck; nichts was auf den ersten Blick an Stadtüberreste erinnerte, und man tritt (ohne es zu merken) in die alte Umwallung ein, völlig überzeugt, daß Klöden Recht gehabt habe, als er die Existenz einer Stadtstelle bestritt. Aber dieser Eindruck ist nicht von Dauer. Unser kundiger Führer (der Meier auf dem obengenannten Vorwerk) führt uns an ein Gestrüpp von Elsbusch und Brombeerstrauch und sagt dann, auf eine Steinlinie zeigend, die kaum fußhoch aus der Erde hervorragt: *Dies ist die Kirche.* Wir antworten zunächst mit einem halb verlegenen Lächeln. »Hier können Sie den Kalk sehen«, fährt der Führer fort, ein Stück Mörtel aus den Fugen losstoßend, und indem wir uns nunmehr niederbeugen und das Kalkstück in die Hand nehmen, erkennen wir mit so großer Bestimmtheit, wie sie nur irgendwie der Augenschein geben kann, daß wir hier nicht eine aufgeschüttete Einfriedigung, sondern ein in die Tiefe gehendes, *gemauertes* Fundament vor uns haben. Auf einen Schlag sind wir überführt. Wir verfolgen nun die Steinlinie, kommen an die Ecksteine, endlich an einen zweiten und dritten, überblicken das Oblong und sind mit einem Male orientiert. Aller Zweifel schwindet und wir sehen klärlich: hier hat ein Gebäude gestanden, die Fundamente liegen da; ob Kirche oder Rathaus, ist gleichgültig; höchstwahrscheinlich eine Kirche. Unser Führer erkennt sehr wohl die Umwandlung, die in uns vorgegangen. »Ich werde Sie nun zu dem großen Brunnen führen«, murmelt er mit erkünstelter Gleichgültigkeit (denn diese »Stadt-Stelle« ist sein Stolz) vor sich hin und geht, hügelanwärts, voraus. Inmitten eines Stück Roggenlandes, dessen Halme erst handhoch aus der Erde ragen, stehen wir alsbald vor dem Brunnen, und zwar unzweideutig vor einem jener Ziehbrunnen, wie wir deren noch jetzt in den Dorfgassen begegnen. Wir sehen eine Rundung von 5 bis 6 Fuß Durchmesser, die Rundung selbst mit Feldsteinen ausgemauert und die Höhlung, wiewohl mit Geröll locker zugeworfen, noch jetzt über 5 Fuß tief. Auf unsere Fragen erfahren wir, daß vor 20 Jahren alle diese Dinge noch viel deutlicher waren: das Mauerwerk der Kirche ragte noch mannshoch auf, die Brunnenhöhlung war noch gegen 15 Fuß tief, und die innere Umkleidung, der Mantel des Brunnens, erwies sich noch deutlich als eine Art Lehm-Zylinder, in dem die Steine kreisförmig übereinander steckten.

So vor 20 Jahren, also zur selben Zeit, als der Prötzler Geistliche schrieb. Aber was da ist, genügt auch jetzt noch völlig zur Beweisführung. Wir schreiten nunmehr von der »Brunnenstelle« zu der benachbarten »Backofenstelle«. Sie liegt mitten im Roggenland und gibt sich zunächst durch nichts Besonderes zu erkennen. Die Roggenhalme stehen hier ebenso wie rundum. Erst bei genauerer Einsicht gewahren wir, daß sich mitten in dem schwarzbraunen Boden eine kreisrunde, etwa 6 Fuß im Durchmesser habende Lehmstelle scharf markiert. »Hier stand ein Backofen; Sie werden unten (in dem tiefer gelegenen Stadtteil) bessere sehn«.

Von der Backofenstelle geht es zum »Marktstein«, der an höchster Stelle der Stadtstelle gelegen, bis diesen Tag von einer alten Eiche überschattet wird. Aber diese Eiche, alt wie sie ist, ist keine von den ältesten. Sie ist eine von dem *Nachwuchs*, der, als die Stadt zerstört war, durch die offenen Tore hier einrückte. Die *wirklich* alte Eichengeneration, die, zu Lebzeiten der Stadt, den Marktplatz hier einfaßte und beschattete, ist hin und zeigt nur noch an einzelnen Wurzelstubben (von 7 Fuß Durchmesser), wes Schlages und Umfangs sie war.

Weit mehr aber als diese Eichenstubben ist der Markstein selbst eine Sehenswürdigkeit. Es ist derselbe, über den wir schon den Prötzler Geistlichen berichten hörten. Er mißt etwa 8 Fuß im Quadrat, ragt nur wenig aus dem Erdreich hervor und gleicht einer großen, granitnen Tischplatte. Seine Wurzeln gehn sehr tief, so daß man bei Nachgrabungen, die vor einiger Zeit angestellt wurden, noch auf 14 Fuß Tiefe nicht das Ende des Steins erreicht hatte. Natürlich hat nicht Menschenhand diesen Stein hierher gelegt, und die Annahme hat nichts Gezwungenes, daß er ein Opferstein der Ureinwohner war. Auf diesem Stein zu schlafen, müßte mindestens ebenso unheimlich wie unbequemlich sein.

Von dem Markstein aus, – nach den Detail-Studien, die man auf dem Wege dahin an Fundamenten, Brunnen- und Backofenstellen gemacht hat, – überblickt man nunmehr die »Stadtstelle«, wie man auf eine Reliefkarte blickt; man ist durchaus orientiert und hat alles in völliger Klarheit vor sich. Man erkennt die Stadtmauer, die Tore, die Hauptstraße, die Kirche, die einzelnen Häuser und Gehöfte, – und ungerufen, wie eine Vision, steigt die alte Stadt wieder vor unserem Auge auf. Gewiß ist das Bild ein vielfach falsches; aber die Umrisse liegen übersichtlich da, und die Fehler, die wir machen, sind nur die, in die wir verfallen, wenn wir uns mit Hülfe eines Plans eine Stadt im Geiste auferbauen. Die Dinge selbst sind nicht richtig, aber *wir geben den Dingen ihren richtigen Platz*.

Nachdem wir Umschau gehalten, traten wir nunmehr den Rückweg an. Unser Nächstes war, den Umfang von Stadt und Kirche auszumessen. Die Kirche mißt 50 Fuß zu 40; die ganze Stadt ist 600 Schritt lang und ziemlich ebenso breit. Unten am Hügel-Abhang, in der Nähe der »Suhle«, blickten wir noch einmal auf das Steinfeld, das nun nicht länger ein Chaos für uns war, zurück; – dann trennten wir uns zögernd von dieser Stelle, über der ein eigener Zauber waltet. Die Natur wuchs einst wild in diese alte Stelle der Kultur hinein und wucherte darin; nun hat eine andere Kultur den Wald gefällt und breitet ihre Saaten darin aus. Im Mai blüht und duftet hier der Raps; im Juni wogen die Kornfelder. Städtische Kultur von ehemals und Ackerkultur von heut reichen sich über dem vierhundertjährigen Wald-Interregnum die Hand. Aber an Unheimlichem fehlt es noch immer nicht. Das Wildschwein hat es nicht vergessen, daß Jahrhunderte lang ihm diese Stelle gehörte, und in Sommernächten, wenn der Rapsduft vom Feld her in den Wald zieht, dann brechen sie in ihr altes Land ein, erst in die »Suhle«, dann in die Saat und treten nieder und wirbeln auf. Wer dann im »Blumenthal« seines Weges kommt, der hört ein Lärmen und Johlen, ein Grunzen und Quietschen wie in alter Zeit, und weiß nicht, ist es ein Hexen-Sabbat oder die wilde Jagd.

Malchow. Eine Weihnachtswanderung

Der Herbst färbte schon die Blätter, und die Störche, wenn ich ihre Flugkraft nicht überschätze, mochten sich eben auf die Lehmhütten der Fellahs niedergelassen haben, als mir ein gelbes Buch zu Händen kam, das auf seinem Umschlag, außer dem zum Licht emporstrebenden Adler der Firma Duncker und Humblot, auch noch den Titel führte: »Paul von Fuchs, ein brandenburgisch-preußischer Staatsmann vor zweihundert Jahren. Biographischer Essay von F. von Salpius«. Und auf S. 159 besagten Buches hieß es, nicht dem Wortlaute, wohl aber dem wesentlichen Inhalte nach, wie folgt:

»Am 7. August 1704 verschied Paul von Fuchs, Geheimrat und Etatsminister, auf seinem Gute Malchow bei Berlin, das er schon 1684 durch Tausch an sich gebracht und allwo er ein ›artiges Haus‹ für sich und seine Familie hergerichtet hatte. Der König pflegte ihn von dem nahe gelegenen Niederschönhausen aus häufiger auf diesem seinem Landsitze zu besuchen. Auch an jenem 7. August war ein solcher Besuch beabsichtigt, aber unterwegs schon erfuhren Ihre Majestät den Tod Ihres treuen Dieners. Paul von Fuchs war in seinem vierundsechzigsten Jahre verstorben. Johann Porst, dazumalen Pfarrer zu Malchow – später Dompropst und Beichtvater der Königin, bekannt als Herausgeber des Porstschen Gesangbuches –, hielt eine Predigt zum Gedächtnis des Heimgegangenen, darinnen es hieß, daß er ›seine dauerhaften Kräfte und beständige Gesundheit zum Heil des Landes und Wohlsein der Kirche aufgeopfert habe‹. Bald darauf wurde der Sarg in der Gruft zu Malchow beigesetzt und steht ebendaselbst zwischen den Särgen seiner vor ihm gestorbenen Schwiegertochter und seiner zweiten Frau, ›née de Friedeborn‹. Das Fuchssche Wappen aber befand sich noch bis 1874 am herrschaftlichen Stuhl der Kirche.«

Wer sich auf Urnen und Totenköpfe versteht und überhaupt nur ein Äderchen von einem Sammler oder Altertümler in sich hat, begreift, daß diese Notiz eine gewisse Malchow-Sehnsucht in mir wekken und eine »Wanderung« dahin zu einer bloßen Frage der Zeit machen mußte. Mit dem ersten Maienschein, an grünen Saaten vorbei hofft ich den Ausflug unternehmen und nach »manch verborgenem Schatz« ausschauen, auch ein wenig »revidieren« zu können. Aber es war anders beschlossen: der »Bär«, in schmeichlerischer Weise (denn er ist ein Honigtier) bestand schon früher auf seinen Fuchs, und aus einer Wanderung bei Finkenschlag und Apfelblüte wurde eine Wanderung bei Nordwest und Schneegestöber: eine *Weihnachtswanderung*.

Eine Wanderung nach Malchow ist eine Etappen-Tour und gliedert sich in drei gleiche Teile: *Omnibusfahrt* bis auf den Alexanderplatz, *Pferdebahn* bis Weißensee, und *per pedes apostolorum* bis nach Malchow selbst. Und so vollzog es sich auch. Auf dem Alexanderplatz regierten bereits die fliegenden Söhlkes mit dem »Schäfchen« und dem »Schaukelmann«, dessen Birnen sich noch gerade so gelb und rot gesprenkelt zeigten wie vor funfzig Jahren, in den Tagen meiner eigenen Kindheit, und in und auf dem Pferdebahnwagen war es alsbald, als ob der Weihnachtsmann selber seinen Einzug in Weißensee zu halten gedenke. Alle Plätze voller Kinder, die Schulmappen auf dem Rücken, und hinten und vorn im Wagen und vor allem obenauf ganze Büsche von Weihnachtsbäumen. Das war das Vergnügen an der Fahrt, viel vergnüglicher als die Vergnügungslokale, die mit ihren grasgrünen Staketenzäunen halb verschneit am Wege lagen und ohne sonderlich logischen Zusammenhang, aber desto mehr durch ihren farblichen Eindruck, mich an das bekannte Heinesche Wort erinnerten: »daß unser Berliner Sommer eigentlich nur ein grün angestrichener Winter sei.«

Und nun hielten wir am Ende des Dorfes, und der Umspannungsmoment war für mich da: Schusters Rappen mußt aus dem Stall. Er war's auch zufrieden, und willig und guter Dinge zog ich »fürbaß«, unangefochten von der Öde der Landschaft. Aus den Schneemassen, die die Felder zu beiden Seiten deckten, wuchsen nur ein paar vertrocknete Grashalme auf und zitterten im Winde, während die Chausseepappeln wie nach oben gekehrte Riesenbesen dastanden. Aber so trist und öde die Landschaft war, so voller Leben war die große Straße, auf der ich ging, denn in langer Reihe folgten sich die Gespanne, die von den benachbarten Seeflächen her, hoch aufgetürmte Eismassen zur Stadt fuhren.

»Nach Malchow?«

»Joa; 't nächste Dörp.«

Und nicht lange, so wurde der kurze Laternenturm zwischen den Pappelweiden sichtbar, und unter einem Schlagbaume fort, der hier noch aus den Tagen der Hebestellen her sein Dasein fristete, hielt ich meinen Einzug.

»Wo wohnt der Lehrer?«

Und ein junges Frauenzimmer, an das ich die Frage gerichtet hatte, trat, mit einer für märkische Verhältnisse bemerkenswerten Raschheit, von der Hausschwelle her auf den Damm und sagte: »Da; das rote Haus.«

»Gegenüber der Kirche?«

»Ja.«

Und damit schloß unser Gespräch. Ich dankte für gütigen Bescheid und schritt auf das rote Haus zu, freudig gehoben in meinem Gemüt und wie Ibykus »des Gottes voll«. Nicht gerade von Liedern, aber doch an Bildern. Und in der Tat, ich sah schon die verfallene Grufttreppe samt den drei Särgen vor mir und las dem alten Minister seine mit ins Grab genommenen Geheimnisse von der Stirn herunter. Entdekkungen schossen auf wie die Knospen nach einem Frühlingsregen.

Und so stand ich vor maison rouge.

»Kann ich den Herrn *Kantor* sprechen?« Ich griff absichtlich nach dieser höheren Titulatur. Ein Hin- und Herlaufen entstand, und alsbald erschien ein kleiner Herr mit intelligenten Augen und milzfarbenem Teint, um nach meinem Begehr zu fragen.

»Es handelt sich für mich«, hob ich, den Hut ziehend, mit aller mir zuständigen Artigkeit an, »um den Staatsminister von Fuchs. In der Gruft Ihrer Kirche.«

»Ist zugeschüttet.«

Ich war einen Augenblick décontenanciert, mehr noch durch den Ton als durch den Inhalt dieser zwei Donnerworte. Wer aber weiß, daß das Menschenherz nicht gerne von Lieblingsvorstellungen läßt und, beispielsweise nach dem Hinschwinden von Dingen und Ereignissen, sich schließlich auch mit Betrachtung ihres bloßen *Schauplatzes* zufriedengibt, der wird es begreiflich finden, daß ich nicht ohne weiteres das Feld zu räumen Lust hatte. Konnt ich nicht die Gruft haben, so wollt ich wenigstens die Gruft*stelle* haben, und so rekolligiert ich mich und sagte: »Wie schade. Dann bitt ich Sie, mir wenigstens die Kirche zeigen zu wollen.«

»Ich kann nur wiederholen«, klang es jetzt unter immer sichtbarer werdenden Zeichen von Ungeduld, »daß die Gruft zugeschüttet ist. In der Kirche selbst befindet sich nichts. Ein Besuch würde mithin ohne Resultat für Sie verlaufen. Auch hab ich Schule.«

»Sie mißverstehen mich. Es liegt mir fern, Sie persönlich inkommodieren zu wollen. Aber ich komme bei Wind und Wetter von Berlin und bitte Sie deshalb, mir durch irgend jemand die Kirchentür aufschließen zu lassen.«

»Durch wen?«

»Vielleicht durch ein Kind oder eine Magd.«

»Hab ich nicht.«

Und nach dieser Schlußbemerkung zog er sich intelligenter und milzfarbener als vorher in seine Schulstube zurück.

Mein *Erstes* war ein heißes Dankgefühl dafür, zu keiner Zeit, weder jetzt noch früher, auf der Malchower Schulbank gesessen zu haben; mein *Zweites*: Haß und Rache. Und wenn ich alle Schulmeister durchging, deren Bekanntschaft ich in Leben oder Dichtung je gemacht hatte, so konnt ich doch keinen finden, der mir – mit alleiniger Ausnahme des maître d'école in den »Geheimnissen von Paris« – gleich verabscheuungswürdig erschienen wäre. Ja, meine Neigung, zu generalisieren und vom Einzelfall aufs Ganze zu gehen, ließ mich, ach, zum wievielsten Mal in meinem Leben, sofort wieder die Frage stellen, ob ein solches, aus bloßem verschrobenen Dünkel hervorgegangenes Benehmen unter andern Völkern überhaupt möglich sei. »Nein«, sagt ich mir, »unter den Romanen gewiß nicht.« Aber inmitten aller meiner Verwünschungen mußt ich plötzlich des Wortes eines alle Wechselfälle des Lebens unter die statistische Lupe nehmenden Freundes gedenken, der mir einmal gesagt hatte: »Sehen Sie, auch in den Zufällen und Unglücksfällen waltet ein Gesetz. So verfolg ich beispielsweise die Theaterbrände. Alle funfzehn Jahre brennt ein großes Theater ab. Nicht öfter, aber auch nicht weniger oft.« Und nun entsann ich mich des nicht minder wichtigen Punktes, gerade funfzehn Jahre lang immer nur an *freundliche* Schulhäuser angeklopft zu haben. Was war es denn also groß? Der Ausnahmefall war in sein geheimnisvolles Recht getreten; das Gesetz vollzog sich. Die funfzehn Jahre waren um, und mein »Theaterbrand« war da. Das gab mir die gute Laune wieder, und ich beschloß, »in Sachen der Gruft« einfach an die höhere Instanz des Pfarrhauses zu appellieren.

Wenige Schritte führten mich auf den Hof desselben. Ein kleiner braunhaariger, übrigens ebenfalls intelligent aussehender Spitz, der um meine Stiefelschäfte herumbiß, ließ mich anfänglich in erzitterndem Herzen eine Wiederholung der Schulhausszene fürchten, aber kaum daß ich an dem kleinen, seiner dienstlichen Pflicht etwas zu streng obliegenden Wachtposten vorüber war, als mich auch schon das selten täuschende Gefühl durchdrang, in einen guten und sichern Hafen eingelaufen zu sein. Der Pfarrflur, des nahen Festes halber, war in eine große Plättkammer umgewandelt worden, in der eben die Bügeleisen über breite Gardinenflächen geschäftig hin und her gingen und den Raum mit einem warmen Wrasen füllten. Alles wirtschaftlich und wohltuend, vor allem auch die Temperatur. Ich fragte nach dem Pfarrer und schickte meine Karte hinein. Sehr bald kam Antwort, daß er beim Konfirmandenunterricht sei, mich aber bitten lasse, inzwischen in sein Zimmer einzutreten. Und hier war ich denn nun und wartete.

Unter Umständen nichts angenehmer als solche Warteviertelstunden, in denen man die Geschichte des Hauses oder den Charakter seiner Bewohner von den Wänden liest. Denn nichts spricht deutlicher als Zimmereinrichtungen, auch die nichtssagenden und modisch-indifferenten; sie weisen dann eben auf nichtssagende und modisch-indifferente Leute hin. In der Studierstube zu Malchow aber war nichts indifferent, und die Grecborte der Gardinen, der gotisch geschnitzte Schlüsselkasten mit Bild und Spruch, dazu der über dem Sofa thronende Thorwaldsensche Christus inmitten der abgestuften Schar seiner Jünger, alles stimmte zu den hohen Realen, auf denen die theologischen und die Fritz Reuterschen Schriften, an ihren Einbänden leicht erkennbar, friedlich beieinanderstanden. Und dazu die »Kreuz-Zeitung« auf dem Tisch, und ein Luftton, in dem die Morgenzigarre nachdämmerte, – das märkische Pfarrhaus in seiner anspruchslosen und doch zugleich von Kunst und Schönheit leise berührten Behaglichkeit hatte nie lebendiger zu mir gesprochen.

Und so sollt ich's bestätigt finden. Eine halbe Stunde später, und wir saßen um den Kaffeetisch, der freundliche Pfarrer und seine noch freundlichere Frau, und wieder ein Weilchen, und jener bekannte Begegnungspunkt war erreicht, wo plötzlich von sieben Seiten her alle Wege zusammenlaufen und man nur noch verwundert ist, sich nicht vorher schon getroffen und die Hände geschüttelt zu haben. Und dazu die tiefere Lebensbetrachtung: »Wie klein ist doch die Welt.«

Ich glaube fast, ich war es selbst, der sich bis zu diesem Satze steigerte, und wer weiß, welche weiteren Stufen der Erkenntnis ich erklommen hätte, wenn nicht der Pfarrer eben jetzt auf die hinter den kahlen Kirschbäumen niedergehende Sonne gedeutet und mich dadurch an den Kirchgang und die von Fuchssche Familiengruft erinnert hätte. So verabschiedeten wir uns denn bei der Frau Pfarrin und schlugen einen Richtweg ein, der uns erst über Gartenbeete, dann über verschneite Gräber fort bis an einen Seiteneingang der Kirche führte. Und nun öffnete sich die Tür, und der Zugwind trieb über unsre Köpfe weg einen breiten Schneestreifen in die Kirche hinein. Ein fahles Rot stand noch in den Scheiben, gerade hell genug, um uns alles rundum erkennen zu lassen. Die Wände zeigten sich frisch getüncht, Orgel und Altar blank und die Pfeiler mit vielen Bibelsprüchen bedeckt, aber das erste Gefühl, das ich angesichts dieser Herrlichkeit hatte, war doch das einer gewissen Aussöhnung mit dem maître d'école drüben. »Ihr Besuch würde resultatlos verlaufen«, waren seine Worte gewesen, und er schien recht behalten zu sollen.

Es mochte sich etwas von Enttäuschung in meinem Gesichte spiegeln, weshalb der Prediger, als wir den

Mittelgang halb hinauf waren, in freundlichstem Tone zu mir sagte: »Hier war die Gruft.«

Ich meinerseits hielt es für angezeigt, dieser Freundlichkeit durch eine gleiche zu begegnen, und erwiderte: »Ja, hier muß es gewesen sein. Man kann noch deutlich die neuen Fliesen von den alten unterscheiden.« Es war aber eigentlich nicht wahr.

»Und«, fuhr der Prediger fort, »hier war das Fuchssche Wappen.« Und dabei wies er mit dem Zeigefinger auf einen Punkt in der Luft, etwa vier Fuß hoch über der Brüstung eines niedrigen Chorstuhls. Es hatte durchaus etwa Gespenstisch-Visionäres, wie wenn Macbeth den Dolch sieht, und das bestimmt ausgesprochene »hier« ließ mich auf eine Sekunde ganz ernsthaft nach der Erscheinung suchen. Aber es blieb ein Punkt in der Luft, und ich fröstelte nur noch die Frage heraus: »Dies also ist alles?«

»Ich fürchte, ja. Wenn Sie sich nicht vielleicht für einen Spruch interessieren, den des alten Johann Porsts Nachfolger an die Sakristeitür geschrieben hat.«

»O, ich interessiere mich *sehr* für Sprüche ...« Und so las ich denn:

Printz, Markgraff Ludewig
Stifft' hier zu Gottes Ehren
Kirchfenster, Sakristei
Nebst zweien neuen Chören.
Gott sein sein Schild, sein Lohn,
Sein Schutz, sein Eigentum,
Er laß es feste stehn
Zu seinem ewgen Ruhm

Das Feuer, das aus diesem Spruch aufschlug, schien mir unausreichend, die Kirchentemperatur zu verbessern, und so schlug ich einen raschen Rückzug an die Herdplätze menschlicher Wohnungen vor. Der Pfarrer schien von demselben Verlangen erfüllt, und ehe fünf Minuten um waren, waren wir wieder daheim und stampften auf der Strohmatte seines Flurs den Schnee von unseren Füßen.

Drinnen brannte jetzt Licht, aus der Nebenstube klangen Kinderstimmen, und vom Flur her hörten wir das Klappern der Plätteisen, wenn neue Bolzen eingeschüttet wurden. An Wand und Decke hin aber huschten die Schatten der draußen an unserem Fenster Vorbeipassierenden. Der Thorwaldsensche Christus über dem Sofa schien in dem Widerspiel von Licht und Schatten zu wachsen, und während die Gestalten seiner Jünger mehr und mehr zurücktraten, war es, als stünd er freundlich segnend *uns* zu Häupten, der gute Hirt einer allerkleinsten Gemeinde. Die »Kreuz-Zeitung« war inzwischen sorgfältig zusammengefaltet worden, und statt ihrer lag das Malchower Kirchenbuch auf dem Tisch. Es waren Blätter von 1698 bis 1704, die wir nun überflogen, um vielleicht an der Hand des alten Porst, damaligen Predigers zu Malchow, einen Blick in die von Fuchssche Herrschaft jener Epoche tun zu können. Aus allem ging hervor, daß es der alte Gesangbuchmann mit Predigt und Seelsorge sehr ernst genommen hatte, was aber die Fuchsiana betrifft, so schien leider auch *diese* Quelle versagen zu wollen. Da beschloß ich, auch vor dem Letzten nicht zurückzuschrecken und die Taufregister auf Namen und Titel hin gewissenhaft durchzulesen. Und siehe da, der Moses-Stab, der den Quell aus dem Stein weckt, war auf der Stelle gefunden. Es tröpfelte zwar nur, aber die Kühle frischen Wassers labte doch meine Zunge. Sieben Jahre lang hatte Johannes Porst an ebendieser Stelle fungiert und in jedem dieser sieben Jahre siebenmal getauft; – auch darin also vollzog sich ein Gesetz. Und als ich nun mit allen neunundvierzig Taufen glücklich durch war, kannt ich Malchow in seinem damaligen Besitz- und Personalbestande so genau, als ob ich ein Katasterbeamter unter König Friedrich I. oder wohl gar der Dorfschulmeister von Anno 1704 gewesen wäre. Denn die Malchower, kluge Leute, wie sie schon damals waren, hatten sich bei der Auswahl ihrer Paten beinahe niemals auf ihresgleichen beschränkt, sondern waren immer bestrebt gewesen, in den christlichen Schutz des Herrenhauses, am liebsten und häufigsten in den des Beamten- und Dienstpersonals zu treten. Aus der Reihe der betreffenden Personen aber mögen hier, unter Anlehnung an die Taufregister, folgende Namen und Titulaturen stehn: Herr Schlichting, »Lustgärtner«; Monsieur Ernst, Lakai bei des Freiherrn von Fuchs Exzellenz; Monsieur Abraham Luckhold, Koch bei seiner Exellenz; Monsieur Peter Schultze, Kammerdiener bei Seiner Exzellenz; Mademoiselle Johanna Zollikoferin, Kammermädchen bei Madame la Baronne de Fuchs; Jungfer Anna Dorothea Philitzin, Mädchen bei der Freifrau von Fuchs; Jungfer Anna Maria Löschin, Mädchen bei der Frau Baronin. Alle diese Personen finden sich wiederholentlich. Der eigentlich große Taufakt jener Epoche scheint aber der im Hause des Dorfkrügers gewesen zu sein. Hier begegnen wir den »*großen* Namen« aus der Zeit von 1698 bis 1704. Und zwar: Paul Freiherr von Fuchs, Geheimer Etats- und Kriegsrat; Baron von Hertefeld, Oberforstmeister in Kleve; Johann Paul Freiherr von Fuchs, Hof- und ravensbergischer Appellationsgerichtsrat; Madame Luise de Fuchs, née de Friedeborn; Madame la Baronne de Hertefeld, née de Boetzlaer; Madame de Fuchs, née Boetzlaer. Nehmen wir noch die sich an andrer Stelle findenden Namen der Frau von Barfus aus dem benachbarten Blankenburg, der Frau Apotheker Zornin aus Berlin und des Christoph Hammer, Leibkutschers bei Seiner Durchlaucht dem Markgrafen Albrecht von Brandenburg, hinzu, so wird es uns unschwer gelingen, ein Bild des Malchower Lebens aus seinen historischen sieben Jahren aufzubauen. Es waren eben Gesellschaftsformen, auf die genau die Schilderung paßt, die F. von Salpius in seiner eingangs erwähnten

Paul von Fuchsschen Monographie von dem Leben der damaligen regierenden Klassen entworfen hat.

»Man kann«, so schreibt er, »von den brandenburgischen Landen behaupten, daß die Regierenden zu den Besitzenden gehörten und daß die Besitzenden wiederum in der Regierung saßen. Die Mitglieder des Geheimen Rates scheinen durchgängig im Wohlstande gewesen zu sein. Der Wege zu solchem gab es, abgesehen von Geburt und Heirat, verschiedene: Ausstattung mit heimgefallenen Lehngütern seitens des Kurfürsten, sogenannte Dotationen; in andern Fällen bedeutender Kriegsgewinn (wie denn beispielsweise dem General von Schöning eine auf 40 000 Taler *Lösegeld* zu veranschlagende Anzahl gefangener Juden zufiel) und endlich Vereinigung mehrerer Ämter in einer Person. So bezog Fuchs, als Oberpostdirektor, eine jährliche Zulage zu seinem anderweitigen Gehalt und außerdem den zwanzigsten Teil aller in Berlin aufkommenden Postgelder. Aus ebendiesen Erträgen war es, daß er in den Besitz von Malchow gelangte.«

So F. von Salpius. Und an anderer Stelle dann: »Der höhere Staatsdienst, und zwar aus den vorangeführten Gründen, war ein mehr lohnender Beruf als *jetzt*, und die Geheimräte vergaßen über den staatlichen Interessen nicht die ihrigen. Dazu gewährte der Fürsten- und Staatsdienst ein größeres Ansehen als heutzutage, wo der Ehrgeiz auch anderweitig sein Feld der Betätigung findet. Aber mit der Wahrnehmung des eigenen Vorteils ging doch immer zugleich auch die strengste Pflichterfüllung Hand in Hand. Sie lebten, wie der Große Kurführst selbst, der Überzeugung, daß sie vor allem zur Erhaltung der Machtstellung des Staates das Ihrige beizutragen hätten. Neben diesem Zuge springt vor allem ihre Vielseitigkeit und Findigkeit ins Auge. Dieselbe beruhte zum Teil auf der verhältnismäßigen Einfachheit der damaligen Zustände, nicht minder aber auf ihrer persönlichen Vorbildung, Spannkraft und Beweglichkeit. Die Mitglieder des Geheimen Rats hatten schon als Jünglinge auf Reisen mannigfache Kenntnisse gesammelt; im Staatsdienste tummelten sie sich bald hier, bald dort, arbeiteten sich bald in dieses, bald in jenes Fach ein. Das bewahrte sie vor jeder geistigen Verkümmerung, sie blieben stets frisch und *erfreuten sich fast immer eines guten Humors.* Hierfür sprechen ihre lebensvollen, mit anschaulichen Bildern durchwobenen amtlichen Berichte und Reden, welche den Charakter der Ursprünglichkeit, oft den der Naivität tragen. Ihren Gemeinsinn bewiesen sie nicht nur durch treue Arbeit, sondern auch als *fröhliche Geber.* In ihrer Heimat, in der Gemeinde ihres Wohnorts oder Gutes, verwandten sie beträchtliche Summen für gemeinnützige Zwecke. Der Feldmarschall von Sparr baute Kirchen und Türme, schenkte Glasmalereien und Glocken, Derfflinger ließ eine stattliche Dorfkirche aufführen, der ältere Schwerin tat ein Gleiches. Joachim Ernst von Grumbkow gründete ein Kloster für zwölf Jungfrauen, der jüngere Jena bestimmte 60 000 Taler für ein Fräuleinstift und ein Hospital. Ähnlich verfuhr auch unser Paul von Fuchs. Er ließ in Malchow ein Predigerwitwen- sowie ein Armen- und Waisenhaus herstellen.« – Ob diese Stiftungen noch existieren, hab ich an Ort und Stelle nicht in Erfahrung gebracht.

Der Abend war mittlerweile hereingebrochen, und mein freundlicher Wirt begleitete mich, bis die Lichter von Weißensee hell auf meinen Weg fielen. Dann schieden wir, hoffentlich nicht für immer, und abermals anderthalb Stunden später lagen die Schneefelder und die grünen Staketenzäune, la maison rouge und der maître d'école, das warme Pfarrhaus und die kalte Kirche, die Grecborten und das gespenstische Wappen derer von Fuchs – alles traumhaft hinter mir.

Ein entzückender Tag. Die Gruft hatte nichts herausgegeben, aber das Leben hatte bunt und vielgestaltig zu mir gesprochen. Und das bedeutet das Beste.

In den Spreewald

Vier Reisekapitel von Th. F.

I

Von Berlin bis Lübben. Lübbenau. Die Wenden. Wendischer Gottesdienst und wendische Kostüme

Der Ruf einer alten Firma hat etwas Langlebiges und Unverwüstliches, er sei nun gut oder schlecht. Die österreichische Landwehr könnte noch so rasch marschieren, sie hieße doch »langsam voran«. Diese Unverwüstlichkeit eines Renommées hat auch unsere arme Spree zur Genüge an sich erfahren müssen. Vergeblich fließt sie in blauer Stattlichkeit am Stralauer Kirchturm vorüber, vergeblich reiht sie – ähnlich wie ihre glücklichere Schwester, die Havel – See um See an ihrem Bande auf, sie bleibt was sie war, ein Gegenstand des Spottes, und wenig deutsche Dichter, vor und nach Rückert, hat es gegeben, die nicht schwach genug gewesen wären, an der ohnehin gedrückten Existenz der Armen ihr Mütchen zu kühlen. Sie hat oft die Streiche auffangen müssen, die dem Berlinertum galten, und Berlin, wie sich von selbst versteht, hat ihr's nicht gedankt. Unter ihren Spöttern und Verächtern steht der Spree-Athener obenan. Vielleicht, daß er in sich ginge, wenn er sich entschließen könnte, öfter zu »den Quellen und der Jugend seines Stromes« emporzusteigen. *Eine Reise in den Spreewald*, das ist's was wir meinen. Ein einziger Sommertag genügt, um alte Vorurteile zu beseitigen.

Eine Tag- und eine Nachtpost fährt zwischen hier und *Lübbenau*, der Haupt- und Residenzstadt des Spreewaldes. Es liegt auf der Hand, daß es geraten ist, sich der Nachtpost zu bedienen. Denn aller Lokalpatriotismus darf nicht verschweigen, daß der Weg über Lichtenrade und Zossen, über Baruth und Golssen führt, Namen, die auf einen Schlag jene »Streusandbüchse des Heiligen Römischen Reiches« vor uns hinrufen, die bis diese Stunde nicht bloß als Witzwort, sondern in aller sandigster Wirklichkeit fortexistiert.

Wir verlassen also Berlin am Abend. Mit der Sonne sind wir in Lübben und der Postwechsel gibt uns Gelegenheit, uns in dem freundlichen Städtchen, einem Vorläufer des Spreewalds, umzusehen. Alles hier ist *grün* und *rot*, nicht bloß die Lübbener Jäger, die eben zu einem Appell zusammentreten, sondern die Stadt selber. Jedes Haus nämlich versteckt sich hinter blühenden Oleanderbäumen, die hier in einer Pracht und Fülle sich durch die Straßen ziehen, daß die Berliner Kugelakazie in der Rückerinnerung fast noch steifer und häßlicher wird, als sie ohnehin schon ist. Unsere Bauherren und Baumeister, unsere städtischen Behörden und Straßenverschönerer par excellence (und wie wir es hatten – par force dazu) könnten sich an solcher Lübbener Straße ein Muster nehmen; sie könnten erkennen lernen, *worauf es ankommt,* und das mit Säulen, die nicht zu tragen und Karyatiden, die nichts zu stützen haben, die höhere Baukunst auch noch nicht landesüblich wird. Es fehlt bei all unseren Anlagen der Sinn für das Malerische, und wenn ein geschätzter Mitarbeiter dieser Zeitung an eben dieser Stelle hervorhob, daß man in Berlin einfach und selbst nüchtern zu bauen habe, weil die Bodenanlage so nüchtern sei, so ließe sich die Sache vielleicht umkehren und der Kunst die Aufgabe zuweisen, eben da zu helfen und zu lindern, wo die Natur allerdings einen Notstand etabliert hat.

Von Lübben bis Lübbenau ist noch eine gute Meile. Der Weg führt am Rande des Spreewalds hin, der zur Linken wie eine weite üppige Wiese sich dehnt, dicht mit Heuschobern und hier und da mit

Erlengebüsch bestanden. Den Lübbenauer Kirchturm glauben wir dicht vor uns zu haben, aber er spielt Verstecken mit uns, und immer, wenn wir ihm am nächsten sind, verbirgt er sich wieder, um scheinbar eine halbe Meile seitwärts wieder zum Vorschein zu kommen. Aber nun haben wir ihn wirklich und fahren durch den hochgewölbten Torweg eines Hauses, das nebenbei die Dienste eines Stadttors verrichtet, in Lübbenau hinein. Es ist Sonntag und die Stadt noch stiller als gewöhnlich. Trotzdem ist sie eine Hauptstadt, die unbestrittene Spreewaldresidenz, am Südrande desselben gelegen. An Erscheinung bleibt sie hinter Lübben zurück; die Jäger fehlen ganz und der Oleander tritt nur sporadisch auf. Es ist eine Garten- und Gärtnerstadt, ähnlich wie *Erfurt* oder *Bamberg*, bei deren Nennung nur dem Politiker sich Kongresse und Konferenzen aufdrängen, während das stille Bild der Backpflaume vor die Phantasie des gewöhnlichen Sterblichen tritt. Bei Lübbenau findet keine itio in partes statt und die Gedanken von hoch und niedrig nehmen dieselbe Richtung. Die Produkte des Spreewaldes haben hier ihren ersten Markt und Stapelplatz und gehen von hier aus in die Welt. In einer Zeit, die diesem dankenswerten Produkt ihren Namen verdankt, ist es vielleicht angebracht, daran zu erinnern, daß Lübbenau das Vaterland der *sauren Gurken* ist. Die Gurkenzucht blüht im Spreewald und mehrere Händler und Kaufleute leben von dem An- und Verkauf eines Artikels, den man ohne Frage mit zu den Attributen Berlins oder der Spreegöttin zählen kann. Im vorigen Jahre verkaufte ein einziger Händler 800 Schock pro Woche. Das würde nichts sagen in Hamburg oder Liverpool, wo man gewohnt ist nach Schiffsladungen zu rechnen, aber »jeder fahrt nach seiner Art« und »jede Stelle hat ihre Elle«. Dies erwogen sind die 800 Schock aller Ehren wert. Aber Lübbenau verweilt nicht einseitig bei dem Verkauf eines Artikels, der am Ende den Spott herausfordern könnte; *Kürbis* kommt hinzu, über dessen allgemeine Verdienstlichkeit die Meinungen freilich geteilt sind, dann aber Meerrettig und vor allem *Sellerie*, über dessen Reiz und Vorzüge nicht leicht zwei Ansichten auseinandergehen. Die Gelegenheit erscheint mir günstig, überhaupt die Bemerkung zu machen, daß unsere verschrieene Mark ein wahres Eldorado für Feinschmecker ist. Ich verweile nicht bei der mehligen, geplatzten Kartoffel, die in der ganzen Welt nur einmal in ihrer Vollendung vorkommt – das ist auf den Sandbergen der Mark; ich will nicht ein überhebliches Lächeln durch die bloße Nennung eines so trivialen Namens hervorgerufen haben; aber da gibt es viel andere Dinge noch: die Morchel, die Teltower Rübe, die Sellerie. Goethe, der so wenig von den Musen und Grazien in der Mark hielt, war über den Wert der Teltower Rübe mit Pastor Schmidt in Werneuchen durchaus einverstanden.

Wir halten nun vor dem Gasthof zum Braunen Hirsch und erhalten unsre Zimmer angewiesen. Das Amt eines großstädtischen Kellners mit kurzer Jacke und langer Serviette war durch eine Spreewald-Schönheit vertreten. Nachdem wir Toilette gemacht, wie sie den Anforderungen Lübbenaus entspricht, und einen Imbiß genommen haben, brechen wir auf, um keine der spärlich zugemessenen Stunden zu verlieren. Ein Leichenzug kommt über den Platz; acht Träger tragen den Sarg, die schwarze Sammetdecke mit dem Kreuz darauf hängt zu beiden Seiten tief herunter und dem stillen schwarzen Zuge nachblikkend, sehen wir ihn durch den Rundbogen jenes Hauses, das halb Haus halb Tor ist, verschwinden. Solch Anblick ist gerade Dämpfer genug, um den Reiseübermut zu einer Kirchgangsstimmung herabzudrücken. Wir treten (es ist etwa halb neun Uhr) in die Lübbenauer Kirche, um eine *wendische* Predigt zu hören und eine wendische Gemeinde versammelt zu sehen, lauter Bauern und Kätner aus dem Spreewalde. Allsonntäglich zwischen 7 und 9 findet in der Lübbenauer Pfarrkirche ein solcher *wendischer* Gottesdienst statt; die städtische Gemeinde versammelt sich zu einer späteren Stunde. Es war ein Reisemalheur, daß wir von dieser Zeiteinteilung nichts gewußt hatten und deshalb eine Stunde später in Lübbenau eintrafen, als es mit Rücksicht auf unsere Reisezwecke wünschenswert gewesen wäre. Der reizendste Anblick nämlich, den man haben kann (ein Anblick, der allein schon eine Reise in den Spreewald lohnen würde), ist *der*, wenn in aller Sonntagsfrühe die Kirchgänger und Kirchgängerinnen des Spreewalds auf 50 und 100 Böten die verschiedenen Spreearme herunterkommen und, im vollen Sonntagsschmucke vor- und nebeneinander herfahrend, endlich am Parkufer anlegen und unter den Laubengängen des Lynarschen Schlosses hin still und bedächtig der Stadt und Kirche zuschreiten. Diesen prächtigen Korso, bunter, charakteristischer, reizvoller vielleicht als irgendeiner, den man sehen kann, hatten wir versäumt und wir mußten uns mit dem begnügen, was noch die Kirche und der Ausgang aus derselben bot.

Ich nahm meinen Platz neben der Orgel. Männer und Frauen waren getrennt; die Frauen, etwa 70 an der Zahl, saßen unten im Schiff der Kirche; die Männer, kaum 40 oder 50, auf den Bänken des Chors. Die Tracht der Männer unterschied sich in nichts von dem, was im allgemeinen die Tracht des märkischen Bauern ausmacht. Mütze oder Hut und langer, blauer Rock mit besponnenen Knöpfen. Die Ottermützen, die mal eine Rolle gespielt haben mögen, existieren nicht mehr, oder sind Staats- und Extrakleid geworden. Für die tägliche häusliche Verrichtung, namentlich zur Winterzeit, existiert allerdings noch eine Art nationales Arbeitskostüm. Die Frauen, überall konservativer als die Männer (nur die kranken machen eine Ausnahme), sind auch hier sich selber treu geblieben und haben der Nivellierkunst unserer Zeit und großen Städten siegreich widerstanden. Sie haben noch ihr altes Spreewaldskostüm und halten es in Ehren. Genau anzugeben, worin die Eigentümlichkeiten dieses Kostüms bestehen, bin ich weder Schneider noch Professor Weiß genug. Der kurze, aber faltenreiche Friesrock, das knappe Mieder, das Busentuch, die Schnallenschuhe, selbst die bunten seidenen Bänder, die über die Brust fallen und mit denen ein großer Luxus getrieben wird, sind Dinge, denen man von gleichem Stoff und Schnitt auch an anderen Orten begegnet, und nur die Haube und Halskrause sind mir als abweichend von dem gewöhnlichen erschienen. Die Halskrause wird nicht allgemein getragen, wo sie aber vorkommt, erinnert sie lebhaft an den Maria-Stuart-Kragen; steife Chabots, die stolz und aufgeblasen wie ein Puterhahn ihr Rad schlagen. Das eigentlich Charakteristische aber bleibt die Haube. Es ist eine Mischung von Haube, Hut und Kopftuch und erinnert ebensosehr an die holländischen Tüllkappen, wie an die Kopftücher Schlesiens oder des Oderbruchs. Den letzteren stehen sie an Geschmack bei weitem nach; wie denn selbst der moderne breitkrempige Strohhut (hübsch wie er ist) an Kleidsamkeit mit jenem schwarzen Seidentuch nicht wetteifern kann, das die Oderbrücherin mit Hülfe eines wunderbaren Faltenknotens zu Hut und Haube graziös zusammenschürzt. Es bleibt das Ideal aller Kopfbekleidungen. Ich mag mich für die Richtigkeit meiner Angabe nicht völlig verbürgen, wenn ich folgende Beschreibung der Spreewaldshaube versuche. Eine Art Papier- oder Papphülse von etwas konischer Form bildet das Gestell; über dies Gestell legen sich Tüll und Gaze, Kanten und Bänder und stellen eine Art Spitzenhaube her. Ist die Trägerin eine Jungfrau, so hat die Kopfbekleidung hiermit ein Ende; ist sie aber verheiratet, so schlingt sich um diese Haube noch ein Tuch, das je nach Neigung und Vermögen die Haube halb oder völlig verdeckt. Diese Kopftücher sind von der verschiedensten Farbe, wie von verschiedenstem Werte. Junge und reiche Frauen schienen schwarze Seide zu tragen; die alten aber schlossen mit rotem Fernambukkattun und selbst mit Ockerfarbe ab. Um nichts zu vergessen, sei noch bemerkt, daß der traditionelle Friesrock nur noch mit Mühe das Feld behauptet; der weltbeherrschende Kattun dringt siegreich vor. Ein alter Spreewäldler, den wir kennenlernten, knüpfte daran die üblichen Betrachtungen über Sittenverderbnis und unausbleiblichen Verfall.

»Kleider machen Leute« auch noch in anderem Sinn, als dem gewöhnlichen, so sei Ihrem Berichterstatter das lange Verweilen bei diesem Gegenstande verziehen. Die *wendische* Predigt (wie mancher kirchenvisitatorisch geängstigte Geistliche mag auf den Spreewald wie auf eine Insel ungestörten Friedens blicken) entzieht sich natürlich unserer Kontrolle und wir glauben ehrlich an die Vollberechtigung jener vereinzelten Schluchze, die im Kirchenschiff laut werden. Die Gemeinde liebt und verehrt ihren Geistlichen, und wo dies Band der Liebe waltet, da ist leicht das Wort gesprochen, das eine Mutter, die gestern ihren Sohn begrub, oder eine arme Witwe zu ehrlichen Tränen hinreißt. Die Predigt ist aus und der Geistliche spricht das wendische Vaterunser; wir erkennen es an dem abwechselnden Rhythmus der kurzen und langen Sätze. Die Gemeinde folgt halb kniend, mit vorgebeugtem Kopf. Das Amen ist gesprochen und eine kurze Pause tritt ein. Der Geistliche blättert in seinen Papieren, dann beginnt er die *Aufgebote,* die *Geburts-* und *Todesanzeigen in deutscher Sprache* zu *lesen.* Das ist sehr charakteristisch. Man sieht deutlich, daß das Wendische nur noch wie was Überkommenes gepflegt und *geschont* wird. Warum sollte man's ihnen nehmen? sie lieben es (und mit Recht) und halten fest daran wie an ihren Hauben und Halskrausen. Aber sowie es sich um praktische

Dinge handelt, die aufhören speziell spreewäldisch zu sein, sowie festgestellt werden muß, was im Spreewald lebt und stirbt, was drin heiratet und was getauft wird, so geht es mit dem Wendischen nicht länger. Der Staat, der bloß mit *deutschen* Ohren hört und nicht Zeit hat, in aller Eile noch wendisch zu lernen, tritt mit der nüchternsten Polizeimiene dazwischen und verlangt *deutsche* Aufgebote und *deutsche* Entbindungsanzeigen. Und er hat *auch* recht. Bei diesen Begegnungen respektive Konflikten zwischen Staat und Spreewald spielt der »Herr Oberpfarrer«, der eben mit milden, freundlichen Worten von dem Tode eines Jüngstdahingeschiedenen spricht, die allerwichtigste Rolle. Er ist nicht bloß der Seelsorger der Spreewäldler, sondern ihr »Sorger« überhaupt. Er ist ihr Dolmetsch, ihr Vermittler mit der draußenliegenden deutschen Welt. Bei Gerichtsverhandlungen ist er so unerläßlich wie bei einer Taufe oder Trauung, und wo sich's um die Entzifferung alter Dokumente, wendischer Freibriefe und Privilegien handelt, muß er zugegen sein, wenn die Verhandlung nicht Schiffbruch leiden soll. Der Oberpfarrer ist ein hoher Sechziger. Wenn Gott ihn abruft, früher oder später, wird Not und Sorge sein, den Mann, den alle kennen und dem alle vertrauen, zu ersetzen. In der Oberlausitz (namentlich in dem sächsischen Teil) wird das Wendische zwar noch gepflegt und Lehrstühle existieren, um diejenigen, die später zum Volke sprechen sollen, auch mit der Sprache des Volks vertraut zu machen; aber der Kreis, aus dem eine Wahl sich nur ermöglicht, ist notwendig ein kleiner und beschränkter, und die Befürchtung mag gerechtfertigt sein, die nicht leicht an einen Ersatzmann für den Oberpfarrer glaubt.

Der Gottesdienst ist aus. Steif und stattlich gehen Männer und Frauen an uns vorüber. Das beste Teil ihrer Erscheinung ist eine feste und würdevolle Haltung. Die Köpfe sind charaktervoll, aber nicht hübsch; einzelne fielen mir auf durch eine vornehme Herbigkeit ihrer Züge. Ein männlicher Ausdruck ist vorherrschend, auch bei den Frauen. Mager, streng, lederfarben, in Ausdruck und Haltung voll Würde, erinnerten sie mich an die Unkas und Chingachgooks, womit die Cooperschen Romane vor fast 30 Jahren unsere Phantasie bevölkerten.

Wir kehrten nun in unseren Gasthof zurück, wo uns Kantor C., der mit dem Oberpfarrer die Liebe und Achtung der Gemeinde teilt, empfing. Wer den Spreewald bereisen will (und es ist Zweck dieser Darstellung, dazu aufzufordern), der suche sich zuvor eine Empfehlung an den Herrn Kantor zu verschaffen. Scheitert er damit, so wird ein Besuch ex abrupto auch zum Ziele führen, wenn nur der Reisende ein aufrichtiges Herz für den Spreewald mitbringt und nicht zufällig Hochzeit oder Begräbnis im Städtchen ist. Ist *das* der Fall, so kann ihn der Kantor nicht retten und alle Gastlichkeit und Humanität desselben scheitert an seinem Amt und der unerbittlichen Gesangslust der Wenden. *Gesungen muß werden.* Sterben und geboren werden sind nur Erscheinungen innerhalb des Zeitlichen, Musik aber ist das Ewige und umfängt wie ein Zirkel jenen Wechsel der Dinge, den wir Leben nennen. Wo die Musik eine solche Rolle spielt, muß es mit einem Kantor natürlich etwas auf sich haben; er ist das Salz der Speise, die Würze jedes Festes und sein Name und seine Lieder sind Haushaltworte in jedem Wendendorf.

Im Spreewald mußt du springen können,
Von Boot zu Boot dich schwingen können
Und singen können, *singen* können
Mußt du vor allen Dingen können.

Und soll ein Glück gelingen können,
Muß deine Seele *klingen* können,
Ja singen können, singen können
Mußt du vor allen Dingen können.

Wir wurden dem Herrn Kantor (durch den Mentor und Alterspräsidenten unseres Kreises) vorgestellt, gaben ihm sofort unser Vertrauensvotum, ernannten ihn zum Diktator des Tages und folgten von nun ab seiner Führung. »Spreewald« Losung und Feldgeschrei.

II

Die Spreewaldsfahrt. Lehde, ein Dorf-Venedig. Der Kanal. Der Ur-Spreewald. Frau Schenker und das Wirtshaus Zur Eiche

Zunächst durch die Stadt, dann durch den Lynarschen Park hindurch, gelangten wir in fünf Minuten an den Hauptspreearm, wo unsre Gondel im Schatten eines Buchenganges, der seine Zweige weit über das Ufer hinaus erstreckte, bereitlag. Es war schwer zu sagen, was mehr einlud, die Landschaft oder die Gondel. Drei Bänke mit Polster und Rückenlehne versprachen möglichste Bequemlichkeit und ein Tragekorb von bemerkenswertem Umfang, aus dem rotgesiegelte Flaschen hervorlugten, wenn der Wind die Serviette ein wenig zur Seite wehte, deutete unverkennbar an, daß sich allerhand Luxusanfänge mit im Gefolge des Komfort befanden. Am Stern des Boots, das lange Ruder in der Hand, stand Bootführer Birkig, seines Zeichens ein Nachtwächter, heut aber engagiert, über Wohl und Weh dieses Tages zu wachen.

Wir stiegen ein und die Fahrt begann. Gleich die erste halbe Meile, einschließlich des Dorfes Lehde, das wir bald erreichen werden, ist ein landschaftliches Kabinettsstück und übertrifft insofern alle andern Bilder, die der Tag uns bringen wird, als es die Eigentümlichkeiten der Spreewaldlandschaft am klarsten und übersichtlichsten zeigt. Der Spreewald ist nämlich ein Wassernetz, das aus unzähligen Spreearmen und Spreekanälen geflochten wird, und diejenigen Stellen desselben, die diesen Netz- und Inselcharakter am deutlichsten zeigen, müssen, wenigstens landschaftlich, das Hauptinteresse in Anspruch nehmen. Denn man würde sich irren, wenn man glauben wollte, daß dieser Inselcharakter einem überall unverkennbar entgegenträte; nur derjenige, der in einem Luftballon über dieses vieldurchschnittene Terrain hinwegflöge, würde die blauen Fäden des Netzes und die unzähligen Inselmaschen in aller Deutlichkeit zu Füßen haben. Wer aber im Kahn diese Wasserlinien hinauf- und hinunterfährt, wird nur an wenigen Stellen dieser Vieldurchschnittenheit gewahr und findet die Eigentümlichkeiten des Spreewalds nicht überall so musterkartenartig vor sich ausgebreitet, wie auf dem Wege, den wir jetzt passieren.

Das Inselland zu beiden Seiten verrät ebensosehr die Fruchtbarkeit des Bodens, wie die Hand der Kultur. Zwischen den Heuschobern und Wiesenflächen, die sich wie zwei einander drängende Generationen den Rang steitig zu machen scheinen, dehnen sich weite Gurkenfelder, auch in einem Drängen von Blüte und Frucht. Der Boden dieser Felder ist kultiviert wie Gartenerde. Der reiche Viehstand der Dörfer schafft eine Düngererde, die über Meilen hin das Fundament, den goldnen Unterbau dieses Bodens bildet. Nun folgen die Mischungen und Verdünnungen, aus denen sich dann die verschiedenen Erdreiche ergeben, wie dieses oder jenes Produkt des Spreewalds sie erheischt.

Die Wassergewächse, die uns stromauf begleiten, bleiben dieselben; Butomus und Sagittaria lösen sich untereinander ab, nur hier und da gesellt sich ein Vergißmeinnicht hinzu. Es ist Sonntag, die Arbeit ruht und die große Fahrstraße ist verhältnismäßig leer; nur selten treibt ein Kahn an uns vorüber, mit frischem Heu beladen oder mit Fischnetzen umstellt. Burschen und Mädchen handhaben das Ruder mit gleichem Geschick. Sie sitzen nicht auf der Ruderbank oder schlagen taktmäßig ins Wasser, sondern nach Art der Gondoliere stehen sie aufrecht am Hinterteil des Boots und treiben es vorwärts, nicht durch Schlag, sondern durch *Stoß*. Dies Aufrechtstehen, gepaart mit einer beständigen Anstrengung aller Kräfte, hat dem ganzen Volksstamm eine Haltung und Straffheit gegeben, die man bei unseren Dorfbewohnern nur allzuoft vermißt. Der Knecht, der vornüber im Sattel hängt, oder, den Schwamm seiner Pfeife anpinkend, mit einem schläfrigen Hoi die Pferde antreibt, kommt nicht in die Lage, seine Schulterblätter zusammenzuziehen und sein halb krummgebogenes Rückgrat wie eine Weidenrute wieder geradezubiegen; der Spreewäldler aber, dem nicht Pferd nicht Wagen die Arbeit seiner Füße abnimmt, steht immer auf dem qui vive, tätig, angespannt und hat nur die Wahl zwischen Anstrengung oder zu Hause bleiben. Die halbwache Halbarbeit kennt er nicht.

Wenn es schon ein reizender Anblick ist, diese schlanken und stattlichen Leute in ihren Booten vorüberfahren zu sehen, so steigert sich dieser Reiz im Winter, wo jeder Bootfahrer ein Schlittschuhläufer wird. Das ist dann die eigentliche Schaustellung ihrer Kraft und Geschicklichkeit. Dann sind Fluß und Inseln eine gemeinschaftliche Eisfläche und ein paar Bretter unter den Füßen, die halb Schlitten halb Schlittschuh sind, dazu eine sieben Fuß lange Eisstange in der Hand, schleudert sich jetzt der Spreewäldler mit mächtigen Stößen weit über die blinkende Fläche hin. Dann tragen sie auch ihr nationales Kostüm: kurzen Leinwandrock und leinene Hose, beide mit dickem Fries gefüttert, und Spreewaldstiefel, die fast bis an die Hüfte reichen.

Noch einmal, es ist Sonntag und die Arbeit ruht. Aber an Wochentagen ist diese Straße, die wir jetzt still hinauffahren, von früh bis spät belebt, und alles nur Denkbare, was sonst auf Landstraßen geht und läuft und fährt und kreucht, das gleitet dann auf dieser Wasserstraße hinauf und hinab. Selbst die reichen Herden dieser Gegenden wirbeln keinen Staub auf, sondern werden ins Boot getrieben und machen die Wasserreise. So ist der tägliche Verkehr auf diesem Wasserstraßennetz; nur unterbrochen, wenn auf blumengeschmücktem Kahn, Musik vorauf, die Braut zur Kirche fährt, oder wenn still und einsam, von Leidtragenden gefolgt, ein schwarzverhangenes Boot stromabwärts gleitet. Der Glanz und Ehrentag dieser Gegenden aber war, als König Friedrich Wilhelm IV. (1842) auch diesen Landesteil besuchte und die Spreewaldboote, bunt und zahlreich wie die Fische, hinter der königlichen Gondel herschwammen.

Einzelne Häuser werden sichtbar; wir haben Lehde, das erste Spreewalddorf, erreicht. Es ist ein bäuerliches Venedig, die Lagunenstadt in Taschenformat; ein Venedig, wie es vor 1500 Jahren gewesen sein mag, als die ersten Fischerfamilien auf seinen Inseln Schutz suchten. Man kann nichts Lieblicheres sehen, als dieses Inseldorf, das aus ebenso vielen Eilanden besteht, als es Häuser hat. Die Spree bildet die große Dorfstraße, allerhand Arme und Kanäle die Gassen. Wo sonst ein Heckenzaun sich zieht, um die Stelle zu markieren, wo ein Grundstück aufhört und das andere anfängt, ziehen sich hier Kanäle und Kanälchen, und jedes Bauernhaus ist ein abgeschlossenes Ganzes, das in der Umzäunung seiner Gräben daliegt wie eine Friedensburg. Die einzelnen Höfe, untereinander in kleinen Zügen verschieden, sind in der Grundanlage alle gleich. Dicht an der Spreestraße steht das Wohnhaus, ziemlich nah daran die Stallgebäude und klafterweis aufgeschichtetes Erlenholz umzirkelt mehr oder weniger den Kreis des Inselchens. Obstbäume und Düngerhaufen, Blumenbeete und Fischkasten teilen im übrigen das Terrain und geben in ihrer Gedrängtheit die reizendsten Bilder. Jedes wie fertig um gemalt zu werden. Das Wohnhaus selbst ist ein Blockhaus. Spreewaldeichen, horizontal übereinandergelegt, werden zusammengefugt und geben das alte, traditionelle Haus. Die Fugen werden mit Lehm verschmiert, dazu kleine Fenster und dem Ganzen ein tüchtiges Schilfdach aufgesetzt, so ist das Haus fertig. Seine Schönheit besteht in seiner Ornamentik. Fischnetze und Gurkenblüte legen den Grund, und Geißblatt und Convolvulus schlingen sich mit allen Farben hindurch. Zwischen Haus und Fluß liegt ein Grasplatz, dessen letzter Ausläufer ein Holzsteg ist. Um ihn herum gruppieren sich die Kähne, klein und groß, immer dienstbereit, sei es nun um einen Heuschober in den Stall zu schaffen oder einem Liebespaar bei seinem Stelldichein behülflich zu sein.

Die letzten Häuser von Lehde liegen hinter uns, und wieder dehnen sich Wiesen zu beiden Seiten, nur hier und da durch Erlengruppen oder eine einzelne alte Eiche unterbrochen. In südöstlicher Richtung geht es stroman, jetzt eine Biegung, eine zweite noch, und unser Kahn gleitet in einen geradlinigen Kanal hinein, der die Hauptverbindungsstraße zwischen den zwei Hauptarmen der Spree bildet. Dieser Kanal, mindestens eine halbe Meile lang, zählt mit zu den Schönheiten und Sehenswürdigkeiten des Spreewaldes. Im allgemeinen darf man wohl mit einigem Recht behaupten, daß es nichts Langweiligeres gibt, als einen langen, geradlinigen Kanal. Zieht er sich durch Wiesen und Niederungen, so wird die Sache noch schlimmer; nur ein norddeutscher Schienenweg, der daliegt, als sollte man direkt von Berlin bis Hamburg sehen, geht noch darüber.

Jede Regel aber hat ihre Ausnahme, und der Kanal, in den wir eben einbiegen, ist eine solche. Ein Vergleich mag ihn beschreiben. Jeder kennt die geradlinigen, langgestreckten Laubengänge, die sich unter dem Namen der Poeten- und Philosophensteige in allen Le Notreschen Parkanlagen vorfinden. Auch unser Tiergarten hat dergleichen. Ein solcher Poetensteig ist der Kanal, der jetzt in seiner ganzen Länge vor uns liegt. Statt des Fußpfades ein Wasserstreifen, das gewölbte Laubdach über uns, so gleiten wir die Straße hinauf, die, wie eine Düte sich zuspitzend, an ihrem äußersten Ende ein phantastisch verkleinertes, halb erkennbares, halb verschwommenes Pflanzenleben zeigt, als begänne dort unten das Reich der Feen und Geister.

Wir erreichten endlich diese äußerste Spitze, statt aber ins Reich der Geister einzufahren, biegen wir nur in einen breiten, zu beiden Seiten mit Erlenwald umstandenen Spreearm ein, der uns in etwa einer Stunde nach »Der Eiche«, einem mitten im Spreewald gelegenen Wirtshaus, führt. Diese Partie des Spreewaldes, die wir nun teils durchfahren, teils durchwandern, ist der *eigentliche* Spreewald, der Spreewald wie er *war,* der Ur-Spreewald. Die Forst zur linken Seite des Wassers ist königlich, die zur rechten gräflich Lynarsches Eigentum, beide Besitzer aber sind übereingekommen, hier im Herzen des Spreewaldes eine Strecke von etwa einer halben Quadratmeile intakt zu erhalten, um Kind und Kindeskindern wenigstens eine Probe davon zu geben, was der Spreewald in seinen guten, alten Tagen war. Daß diese Musterstelle, hinsichtlich ihres Alters und ihrer Echtheit, ein gut gewähltes Spezimen ist, habe ich kein Recht zu bezweifeln; daß es aber mit der Schönheit und selbst der Apartheit dieser Stelle etwas Besonderes auf sich habe, darf ich entschieden in Abrede stellen. Es ist ein voll- und dichtbestandener Erlenwald, wie es ihrer in sumpfigen Niederungen allerorten gibt. Auch der Flußarm, der sich in ziemlicher Breite hindurchwindet, bietet nichts Besonderes. Überhaupt stehe hier die Bemerkung, daß der Spreewald nur dort reizend und eigentümlich ist, wo sich Leben und Kultur ihm zugesellt. Die Dörfer und ihre Felder, die Menschen und ihre Trachten sind sein Reiz, *nicht* jene Wiesen und Waldflächen, die, so wohl sie den Augen des Städters tun mögen, doch nichts bieten, was über das Gewöhnliche weit hinausginge. Eines sei freilich nicht vergessen. Wir machten unsere Reise um zwei Monate zu spät. Der Herbst weht früh über den Spreewald hin und nimmt ihm die Attribute des Frühlings: die Blumen und die Vögel. Das Grün der Wiesen und des Laubholzes hält sich bis tief in den Oktober hinein, aber alle anderen Farben verblassen früh. Fast noch früher stirbt der Klang. Ende Juni singt kein Vogel mehr. Es mag zugegeben sein, daß es im Ur-Spreewald anders aussieht, wenn die Pfingstsonne im Wasser tanzt und Klang und Farbe diese grünen Büsche beleben und durchziehen.

Eine Stunde sind wir gefahren (dann und wann ans Ufer springend und uns durchschlagend durch allerhand *Schlangen*kraut, das hier seinen Namen mit doppeltem Rechte führt) und »Die Eiche« ist endlich erreicht. Das Gasthaus, das uns aufnimmt, ist ein Haus in echtem Spreewaldstil und unterscheidet sich in nichts von den Blockhäusern des Dorfes Lehde. Deutsche indes und nicht Wenden scheinen von alten Zeiten her hier heimisch gewesen zu sein, denn nicht nur daß die »Schenkers« (ein unverkennbar deutscher Name) schon in der dritten Generation hier haushalten, auch ein alter, mühsam zu entziffernder Spruch über der Haustür läßt über die deutsche Abstammung keinen Zweifel. Dieser Spruch lautet:

Wir bauen oftmals feste
Und sind nur fremde Gäste;
Wo wir sollten ewig sein,
Da bauen wir ja wenig ein.

Das sind nicht nur deutsche *Worte,* es ist deutsch im Innersten.

Frau Schenker ist eine freundliche Frau und eine stattliche Großmutter. Ob deutsch oder wendisch, gleichviel, sie hängt am Spreewald und liebt alles, was zu ihm gehört. Besonders die Spree und ihr Wasser. Wenn man im Geiste gegenwärtig hat, was *unsre* Spree auf ihrem kurzen Laufe zwischen Ober- und Unterbaum an Unbilden ertragen muß, so errötet man unwillkürlich, wenn man Frau Schenker über ihre Freundin, die Spree, und ihren Freund, das Spreewasser, sprechen hört. Ich kam in Scham und Verlegenheit, wie wenn man einen unscheinbaren Menschen unwürdig oder rücksichtslos behandelt hat und hinterher erfährt, daß er brav und gut und der Liebling seines Kreises sei. Zum Glück bemerkte Frau Schenker nicht, was in mir vorging, und ich hatte Zeit, den Kampf mit meinem Gewissen durchzukämpfen, während sie ruhig fortfuhr und mir erzählte, daß alle Spreewaldrekruten, die nach Berlin kämen, monatelang krank würden von unserem Brunnenwasser. Es widerstände ihrem Magen, und ihre Haut würde rauh und brüchig, als herrsche die bitterste Kälte.

Inzwischen ist die Tafel gedeckt worden und unser Spreewaldsmahl beginnt. Kann man reizender dinieren! Der Tisch mit dem weißen Linnen steht unter einer mächtigen Linde, vor uns haben wir das Haus, hinter uns die Spree und den Wald. Neben uns zwischen dem Haus und den Stallgebäuden wölbt sich eine hohe Laube von Pfeifenkraut und in dem Eingang zur Laube, wie Puck auf einem Pilz, sitzt Frau Schenkers jüngste Enkelin auf einem Erlenstumpf und sieht, das lachende Gesicht unter dem roten Kopftuch halb verborgen, neugierig-verschämt zu uns herüber. Und nun das Mahl selber! Das wäre kein Spreewaldsmahl, wenn kein Hecht auf dem Tische stände, und das wäre kein Hecht, wenn ihn nicht die berühmte Spreewaldssauce begleitete, die mir wichtig genug erscheint, um hier das Rezept in seinen äußersten Umrissen folgen zu lassen. Das Geheimnis dieser Sauce (die im übrigen dem landesüblichen Kochbuch folgt) ruht in der kurzen Formel: wenig Butter, aber viel Sahne. Probatum est.

Der Spreewaldhecht hat eine Leber wie andere ehrliche Hechte, und alsbald beginnen wir mit einem:

Die Leber ist von einem Hecht und nicht von einem Schleie,
Der Fisch will trinken, gebt ihm was, daß er vor Durst nicht schreie.

Mit diesem zeitgemäßen Leberreim ging es an die Entpuppung des Korbes, der bereits während der Fahrt mehr als einen interessierten Blick auf sich gezogen hatte. Das erste Glas galt, wie billig, der Wirtin:

Die Leber ist von einem Hecht und nicht von einem Lachse,
Frau Schenker und ihr ganzes Haus, es lebe und es wachse.

So ging es weiter und schloß endlich mit dem Jubelhymnus ab:

Die Leber ist von einem Hecht und nicht von einem Störe,
Herr Kantor C. von Lübbenau ist König der Kantöre.

III

Die Irrfahrt. Nixen im Sonnenschein. Kätner Post. Das Terzett. Dorf Leipe. Rückfahrt nach Lübbenau

Es war inzwischen Nachmittag geworden und wir schickten uns zur Weiterreise an. Noch viel war zu sehen: die Dörfer Burg und Leipe und in der Nähe des ersteren ein Stück Hügelland, darauf das Schloß des letzten Wendenkönigs gestanden haben *soll.* Dies »soll« stimmte unseren Eifer ein wenig herab und als uns der Bootführer vertraulich versicherte, daß eigentlich nichts zu sehen sei als ein Grasplatz, waren wir ziemlich entschlossen, die Geister der alten Wendenburg in ihrem Nachmittagsschlaf nicht zu stören.

In diesem Entschluß lag eine Mißachtung; vielleicht daß sie uns deshalb einen Streich spielten. Die Kanäle vor und neben uns wurden immer flacher und seichter; endlich saßen wir fest wie die Preußen auf dem Marsche nach Waterloo. »Es geht nicht«, murmelte der Bootführer. »Es *muß* gehen«, erwiderte der Kantor, wie Marschall Vorwärts, und sprang ans Ufer. Und siehe da, es ging.

Auf zehn Minuten war nun Rat geschafft, aber andere Nöte kamen. Die seichten Stellen waren glücklich passiert, wir hatten wieder Wasser unterm Kiel, aber die Richtung war uns verlorengegangen. Das ganze Terrain eine Terra incognita. Der Kantor, der eben noch Marschall Vorwärts war, war jetzt Kolumbus, Bootführer Birkig die meuterische Mannschaft und *wir* – geteilt in unseren Ansichten, wie ein Neutraler, der zwei Zeitungen liest. Der Kantor wies unerschütterlich gen Westen und sah sich in seiner Festigkeit belohnt. Wir kamen an einen Punkt, den ich am besten als einen Kreuzweg bezeichne. Nach vier verschiedenen Seiten hin dehnten sich Flußarme und Kanäle. Dieser Moment äußerster Not und Verwirrung war zugleich der Moment unserer Rettung. Just an der Stelle, wo zwei Arme in spitzem Winkel sich kreuzten, stand ein Bauernhaus, dessen weiße Wände aus Blumen und Fischernetzen freundlich hervorsahen. Und welch Leben um dies Haus her. In der Tür saß eine ältliche Frau mit einem Säugling auf dem Arm, dicht am Ufer aber, den einen Fuß bereits im Kahn, stand ein hoch aufgeschossener Mann von mittleren Jahren und dirigierte seine Kinder, die eben jubelnd und plätschernd ihr Nachmittagsbad im Flusse nahmen. Es waren ihrer sieben, das älteste elf, das jüngste kaum vier Jahre alt. Wäre man allein des Weges gekommen und hätte eine Wolke das Haus hinweggenommen, dessen Lehmwände zu sehr an die Schwere irdischer Dinge erinnerten, so hätte man glauben können, ein Märchen an hellem, lichtem Tage zu erleben. Aus blondem Haar und Sonnenschein, aus Lachen und Kinderunschuld wob sich hier ein Bild, das auf uns alle den tiefsten Eindruck machte und uns auf Minuten sprachlos dastehen ließ, als starrten wir wirklich in eine feenhafte Welt. Und wir störten diese Welt nicht, das war ihr höchster Zauber. Ungeängstigt und von keiner Scham überkommen, die das Bekenntnis unsrer Sünde ist, spielten die Kinder weiter und tauchten unter und prusteten das Wasser in die Höh, wie junge Delphine, die am Ufer spielen. Das älteste Mädchen war wie eine Nixe, die Augen lachten, und das lange aufgelöste Haar schwamm wie Sonnenschein neben ihr her.

Bootführer Birkig rekolliierte sich zuerst. Wer ein Amt hat, ist immer am schußfestesten gegen die Geister. Uns berührte es fast wie Profanation, als er plötzlich in einem Patois von deutsch und wendisch zu dem Mann am Ufer hinüberrief: »ob es noch weit sei bis zur Wendenburg«. Der Mann am Ufer, der in unserer Seele gelesen haben mußte, antwortete mit einem Ausdruck, als ob es sich um die Antipoden handelte, »sehr weit«. Wie ein Stein fiel es von uns; auch die letzte Chance des historischen Grasplatzes erlag diesem Schlage. Nachdem der Kantor und der Bootführer ein kurzes Gespräch geführt hatten, dessen Inhalt uns nicht lange ein Geheimnis bleiben sollte, klang jetzt eine zweite Frage über das Wasser hin. Sie hatte, wie wir gleich sehen werden, keinen historischen Hintergrund und lautete, da die Wahrheit nicht länger verschwiegen werden kann, »ob er uns Kaffee kochen wolle«. Das bereitwilligste »Ja« schallte zurück und nach fünf Minuten schon sprangen wir ans Ufer, hinter dessen Büschen die Kinder noch in allen Stadien der Toilette standen und lagen. Der jüngste Blondkopf war noch immer ein bloßer Delphin, aber ans Land geworfen. Kätner *Post,* so hieß der Besitzer, machte die Honneurs des Hauses und forderte uns auf, einzutreten. Wir zogen begreiflicherweise einen Platz im Freien vor und machten's uns auf einem Rasenplatz, der schattig zwischen Haus und Garten lag, nach Möglichkeit bequem. Was an Tisch und Bänken im Hause war, stand bald draußen und auf dem Tische klapperten alsbald die Tassen, die an bessere Zeiten mahnten. Kätner Post war nämlich aus einer alten Spreewälder Kantorenfamilie, selbst Geistliche waren sporadisch in ihr aufgetaucht, und ein unverkennbarer Unmut lag auf dem Gesicht des Mannes über sein Zurückgebliebensein hinter den historischen Rangverhältnissen seiner Familie. Er sprach es auch unumwunden aus und zuckte dabei mit den Lippen. Überhaupt verriet sein ganzes Wesen eine intelligente Nervosität, wie man ihr bei Leuten seines Standes nur selten begegnet.

Es war ein kostbarer Nachmittag und wir sprachen von Krieg und Frieden. An einer Stelle, wo nur das Dzień dobry zu Haus war, flogen jetzt Magenta und Solferino wie Haushaltworte umher und der Name Villafranca wurde in fünf Minuten häufiger genannt, als dieses Spreewaldinselchen von Anbeginn der Tage her ihn je gehört hat und vielleicht je wieder hören wird. Wer weiß, welche Zusatzparagraphen zu den Präliminarien wir in aller Eile noch redigiert hätten, wenn nicht plötzlich unsere Sinne von dem Kampf und Streit dieser Welt abgelenkt und in schlichter, aber rührender Weise an den Quell alles Friedens gemahnt worden wären. Neben Kätner Post standen zwei seiner Jungen und mit jener unwiderstehlichen Innigkeit, die Kinderstimmen eigen ist, klang es jetzt durch die stille Luft:

Jesu geh voran, auf der Lebensbahn,
Und wir wollen nicht verweilen,
Dir getreulich nachzueilen,
Führ uns an der Hand, bis ins Vaterland.

Hier machte der Alte eine Pause, wie um abzuwarten, ob er uns nicht lästig fiele, dann intonierte er wieder und die Kinderstimmen fielen ein:

Soll's uns hart ergehn, laß uns feste stehn
Und auch in den schwersten Tagen
Niemals über Lasten klagen,
Denn durch Trübsal hier geht der Weg zu dir.

Rühret eigner Schmerz irgend unser Herz,
Kümmert uns ein fremdes Leiden,
O so gib Geduld zu beiden,
Richte unsern Sinn auf das Ende hin.

Ordne unsern Gang, Jesu, lebenslang.
Führst du uns durch rauhe Wege,
Gib uns auch die nötige Pflege,
Tu uns nach dem Lauf deine Türe auf.

Das Lied hätte zwanzig Strophen haben können, wir wären willig gefolgt. Text und Musik klangen noch in unserer Seele nach und niemand hatte recht den Mut, mit einem »Sehr hübsch« den Zauber zu unterbrechen oder gar unvermittelt bei Solferino wieder anzuknüpfen. Endlich räusperte sich der Mentor unseres Kreises (dem als dem Anreger und Urheber unserer Spreewaldsfahrt der pflichtschuldigste Dank nicht länger vorenthalten sei) und sprach etwa wie folgt: »Sie sind alle ergriffen, ich bin es doppelt. Daß Ihnen dies Lied hier begegnet, ist – in aller Demut sei es gesagt – zum guten Teile mein Verdienst. Es sind jetzt gerade fünf Jahre, daß ich auf einer ähnlichen Reise, wie die ist, die wir heute machen, in eine Dorfschule trat und das schöne Lied ›Der Seelenbräutigam‹ in jener *rhytmischen Form* singen hörte, in der Sie es eben vernommen haben. In dieser Form, der niemand eine besondere Schönheit absprechen wird, wirkte das längst bekannte Lied wie etwas völlig Neues auf mich und riß micht fort durch Kraft, Innigkeit und Frische. Unmittelbar nach meiner Rückkehr nahm ich Veranlassung, dies Lied in seiner neuen rhythmischen Form zu veröffentlichen und wählte dazu das *Schulblatt für die Provinz Brandenburg.* Ich weiß, daß es seitdem vielfach Eingang gefunden hat; hier zum ersten Male trat es lebendig an mich heran. Sie sehen, man streue nur gute Körner aus und sorge nicht, was aus ihnen wird; irgendwo gehen sie auf und wenn es im stillsten Winkel des Spreewalds wäre.«

Die Sonne neigte sich und mahnte zum Aufbruch. Noch reizende Partien kamen, weite Wiesenflächen rundum mit Erlen und Eichen bestanden, aber der Höhepunkt des Festes lag hinter uns. Bei guter Zeit noch erreichten wir Leipe, ein zweites Dorf-Venedig, das uns den Wunsch auf die Lippen legte, »wenn man nicht Lehde wäre, möchte man Leipe sein«. Die größte Sehenswürdigkeit Leipes ist seine schöne Wirtsfrau, die vor vier oder fünf Jahren auch in Berlin war und, in ihrem wendischen Kostüm den Krollschen Garten besuchend, ein halbes Hundert junge Berliner aus dem Häuschen gebracht haben soll. Wir fanden sie nett und nicht anmaßlich, wie sonst wohl solche Triumphe zu machen pflegen. Auch Gesellschaft fanden wir in Leipe – Landsleute und Maler, die, wie uns, der wachsende Ruf des Spreewalds ins Grüne gelockt hatte. Mit ihnen fuhren wir heim, Boot an Boot. Wort und Lachen klang herüber und hinüber. Ein kalter Grog, der aus Rum und Spreewasser gebraut wurde, hielt die Abendkühle von uns fern. Aber nicht auf lange; die Nebel wurden dichter, und Kleid und Paletot forderten endlich ihr Recht. Die Unterhaltung schwieg, und lautlos glitten die beiden Boote nebeneinanderher. Nichts unterbrach die Stille als der taktmäßige Ruck der Ruderstöße und das leise Plätschern des Wassers. Der Lübbenauer Kirchturm, der schwarz wie eine Feueresse dastand, schlug zehn, als wir im Schatten der Parkbäume wieder anlegten. Der Braune Hirsch nahm uns in seinen gastlichen Betten auf, Bootführer Birkig aber (Gott segne es ihm) ging seinem Dienste nach, um mit Horn und Spieß für Lübbenau und seine Spreewaldgäste zu wachen.

IV

Der Lynarsche Park. Warwick-Castle und Schloß Lübbenau. Die Prophezeiung. Das Wappen der Lynars und das Märchen vom Schlangenkönig. Schluß

Wir wachten auf, so frisch und gekräftigt als hätten wir noch im Traume den Kätner Post und seine Blondköpfe singen hören. Keiner von uns konnte sagen, wie oft Bootführer Birkig die Stunde gerufen und die Lübbenauer aufgefordert hatte, »das Feuer und das Licht zu bewahren«. Vielleicht wußt' er's selber nicht.

Der nächste Morgen brachte uns noch ein Reisedessert: den *Besuch des Lynarschen Parks.* Er liegt, wenn ich mich recht orientiert habe, auf einer Halbinsel, die durch zwei Spreearme gebildet wird. Schöne Baumpartien ziehen sich an beiden Längsseiten hin und gewähren an einzelnen Stellen, durch das Laub der Bäume hindurch, reizende Blicke in die Wiesenlandschaft hinein. Man übersieht, je nach der Aufstellung, die man nimmt, zwei ganz verschiedene Teile des Spreewalds: nach Norden hin die reichen Felder, die zwischen Lehde und Leipe liegen, nach Westen hin das Wiesenterrain zwischen Lübben und Lübbenau. An dieser seiner nördlichen Lisière ist der Park von ganz besonderer Schönheit, und die Edeltannen und moosbewachsenen Steinbänke, vor allem die Spree selbst, die wie ein tiefer Wallgraben mit Schilf und Schlingkraut und Erlengebüsch uns unmittelbar zu Füßen lag, erinnerten mich an den Park von Warwick-Castle, wo sich, wie hier die Spree, so dort der Avon an moosigen Steinbänken vorüberzieht und durch die Erlenbüsche hindurch einen Einblick in die Wiesengründe »des Herzens von England« gestattet.

Freilich, im selben Augenblick, wo wir uns zur Linken wenden und statt der grauen Wände von Warwick-Castle die gelbgetünchten Wände eines modernen Schloßbaues erscheinen sehen, schwindet die Möglichkeit eines ferneren Vergleichs, und wir sind wieder in der Lausitz, an der Grenze unserer heimatlichen Mark. Damit aber sei kein Tadel ausgesprochen. Es ist ein mäßiger Vorwurf, nicht so schön zu sein, wie die Venus von Milo. Der moderne Bau vor uns ist kaum 30 Jahre alt. Bis dahin stand hier ein altes Schloß, an dessen Niederreißung sich folgende liebliche Sage knüpft: Die Lynars, so heißt es, waren von alten Zeiten her nicht glücklich in ihrer Ehe. Friede wurde Unfriede, Segen wurde Unsegen, man trug es von Geschlecht zu Geschlecht wie einen

Fluch. Als der jetzt lebende Graf dem Tage seiner Vermählung nahe war und voll innigster Liebe zu seiner Braut des harten Geschicks gedachte, das auch *ihrer* warten möchte, trat eine Zigeunermutter an ihn heran und sagte: »Begrab das Schloß, so begräbst du euren Fluch.« Der Graf, ein frommer Mann, übersetzte sich das Zigeunerwort in *seine* Sprache. Das Opfer ist Quell alles Segens, so dachte er. Der alte Bau fiel und das junge Paar zog ein in neue Räume. Da steht das Schloß jetzt, eine Mahnung, daß die Liebe das höchste Gebot sei. »Und hat es geholfen?« *Ja, es hat.* Die Freudigkeit des Opfers ist mächtiger gewesen als die Ungunst des Geschickes. Friede zog ein und Glück und Segen. Die Gräfin ist tot jetzt. »Sie war ein Engel«, sagte mein Erzähler.

Das neue Schloß ist ein stattlicher Bau, der gewinnen wird, wenn er erst seinerseits ein paar hundert Jahre auf dem Rücken trägt. Zwei lange Flügel stoßen beinahe rechtwinklig aufeinander; die Linie, wo sie sich berühren, ist abgestumpft und bildet nun ein schmales Mittelstück (Corps de Logis). Der ganze Bau wird von zwei abgestumpften Türmen überragt, die sich an die Rückenfront des Corps de Logis anlehnen und mit ihren Fundamenten die Einfassung einer Freitreppe bilden. Die Vorderfront, der es an Ornamentik fehlt, zeigt als einzigen Punkt, worauf das Auge ausruhen kann, daß *Lynarsche Wappen,* zwei Felder mit blühendem Lein, zwei andere mit einer gewundenen Schlange. Die Schlangen und das Haus Lynar leben seit alter Zeit auf einem guten Fuß. Ob man aus Liebe zu den Schlangen die Schlangen ins Wappen aufgenommen oder, umgekehrt, aus Liebe zum Wappen sich mit den Schlangen befreundet hat, laß ich dahingestellt sein; nur das Faktum bleibt, daß die beiden Schlangen im Wappenschilde der Lynars kaum fester und treuer an ihnen hängen, als die leibhaftigen Schlangen die unten im Park herumspazieren. Ich fürchte, daß manche meiner Leserinnen schon beim bloßen Hören dieser Mitteilung von einem ähnlichen Gefühl beschlichen wird, wie die Königstochter im Märchen, als der Frosch tapp tapp die Treppe heraufkam und sich neben ihr auf den Stuhl setzte. Bei dieser kleinen Überrieselung muß es nun freilich sein Bewenden haben, aber ein wirkliches Angstgefühl, das sich etwa mit hineinmischen möchte, bin ich in der glücklichen Lage beseitigen zu können. War doch auch der Frosch ein verwunschener Prinz. Wenn nämlich die Klapperschlange den einen äußersten Flügel bildet, so bildet die Spreewaldschlange den andern. Alles Gift und alle Schrekken dort, alle Unschuld und Harmlosigkeit hier. Welche bangen Vorstellungen knüpfen wir nicht an den Namen »Alligator«, diesen jüngeren Bruder des Krokodils, und doch ist er Haustier in allen Staaten, die dem Mississippi zunächst gelegen sind. So die Schlange im Spreewald. Bunt und schillernd und – harmlos wie die Lazerten in den Felsschluchten von Sorrent, hat sie noch das eine vor ihnen voraus, daß sie die Nähe des Menschen liebt und ihn aufsucht, statt vor ihm zu fliehen.

Der Lynarsche Park ist noch immer reich an Schlangen, aber er war es einst viel viel mehr. Das ist die Geschichte vom *Schlangenkönig*, ein Beitrag zur Sagenbildung und Märchenentstehung unserer Zeit.

Vor 70 Jahren (die Lübbenauer wissen es noch von ihren Großeltern her) lebte ein Kaufmann in Lübbenau, den es Tag und Nacht quälte, wie er recht reich werden könnte. – Aber es wollte nicht vorwärts mit ihm. Da hörte er von dem Schlangenkönig sprechen, der täglich im Parkgarten erschiene und auf dem schönen Rasen desselben sich zu sonnen liebe. *Wer dessen Krone habe, der werde unermeßlich reich.* Das ging dem Kaufmann zu Herzen. Er beschloß die Krone zu rauben, es koste was es wolle. Oft schlich er sich in den Garten und sah das schöne Tier im Grase liegen; aber der Schlangenkönig, als ahne er die Gefahr, duckte sich in das Grün des Rasens nieder, sooft er des Kaufmanns ansichtig wurde. Da bat dieser um die Erlaubnis, auf dem Schloßrasen ein Stück Leinwand bleichen zu dürfen und breitete nun das weiße Gespinst auf dem sonnigen Platze aus. Als der Schlangenkönig mit seinem Gefolge wieder erschien, um an alter Stelle seinen Hof zu halten, war auch der Kaufmann da. Er saß auf einem kleinen schwarzen Pferde, verborgen hinter dem Busch- und Baumwerk des Parks. Die Sonne schien hell auf das weiße Linnen und der König glitzerte darauf in seiner ganzen Pracht. In diesem Augenblick brach der Kaufmann aus seinem Versteck hervor und den Hals des Pferdes mit seinem linken Arm umklammernd, während seine rechte Hand dicht über den Erdboden hinfuhr, riß er jetzt, wie ein plötzlicher Windstoß, dem Schlangenkönig die Krone ab. Im nächsten Augenblick war er verschwunden. Der Kaufmann wurde reich, aber Lübbenau – wurde arm. Der Schlangenkönig und sein Gefolge kamen nicht mehr in den Park. Sie rächten sich nicht, aber sie blieben aus. Im Schloß fragte man ängstlich hin und her, »wo sind unsere Schlangen?« Endlich erfuhr man, was geschehen. Seitdem mühen sich die Lynars wiedergutzumachen, was die Habsucht jenes Kaufmanns verbrochen hat. Man schont den Rasen und pflegt mit Vorliebe jene sonnige Stelle. Und siehe da, die dauernd ausgestreckte Hand scheint endlich zur Versöhnung geführt zu haben. Die Schlangen sind wieder da. Sie sonnen sich auf dem Rasen; besonders aber – als wollten sie zeigen, sie kämen um der Lynars und nicht um der Stadt willen, – lagern sie auf den Steintreppen des Schlosses und ringeln sich um seine Türklinken und Klingelgriffe. Eine erste Begegnung der Art mag ihr Mißliches haben; im übrigen aber liegt ein besonderer Zauber darin, mit jenen Tieren auf einem Freundschaftsfuß zu leben, vor deren Berührung von alters her die Menschenhand erschrickt.

Man erscheint sich wie gefeit, daß man es wagen darf.

So plauderten wir auf der großen Steinbank, vor uns die Spree und ihre Wiesen, hinter uns die Edeltannen des Parks, die dann und wann, wie eine Mahnung, auch bei der Wahrheit zu bleiben, ein paar große Tannenäpfel auf unsere Köpfe niederschüttelten. Unser Erzähler hob eben mit einem neuen Märchen an, als ein Posthorn, das von der Stadt her zu uns herüberklang, seinem Vortrag ein rasches Ende machte. In Staub und Mittagshitze, wenig verbessert durch den bekannten Lederduft eines preußischen Postwagens, ging es durch die Wüstenei von Golssen und Baruth wieder zurück, um heimgekehrt den Berlinern zu verkünden, daß die Dorf-Venedigs keine Mythe seien. In diesem Sommer freilich ist es zu spät, unserem Beispiel zu folgen. Im nächsten Juni aber, wenn das Wasser wieder hoch ist und die Vögel wieder singen, dann – auf, in den Spreewald!

Schloß Kossenblatt

Der Weg nach Kossenblatt führt über Fürstenwalde und Beeskow. Fürstenwalde ist allerliebst und verdient ein Kapitel für sich; heut aber erreichen wir es spät und begnügen uns mit dem Eindruck, den die halb im Dunkel liegende Stadt und die freundlich erleuchtete Passagierstube auf uns machen.

Passagierstuben sind ein selten trügender Barometer für die Stimmung, das »Wetter«, das geistige Leben, das in den verschiedenen Städten herrscht, und es hat eine Bedeutung, ob »Schwerins Tod« oder ein altes Postreglement über dem Sopha hängt. Die Fürstenwalder Passagierstube zeigt noch auf »schön Wetter«. Die Bilder (lauter Porträts) ziehen sich an der Wand entlang wie eine Prinzenstraße, und neben dem Ofen hängt ein selten gewordenes Blatt: König Friedrich Wilhelm III., wie er hinter dem Vorhang seiner Theaterloge hervorlauscht, den halben Oberkörper noch hinter der roten Gardine versteckt. Es herrscht etwas Anheimelndes in dem Zimmer überhaupt, und die gute Stimmung wächst im Hinblick auf eine Gruppe von älteren Männern, die, ein Glas Bier vor sich, am Sophatische Platz genommen haben.

Es sind ihrer drei, zwei Bürger und der Wirt. Der letztere bestreitet wie billig die Kosten der Unterhaltung und bemerkt mit freundlicher Würde: »Sie glauben nicht, was alles vorkommt, meine Herren. Bahnhof ist Bahnhof und Post ist Post, aber die Menschen tun immer, als ob *Bahnhof* und *Post* all ein und dasselbe wäre. Schreibt mir vorgestern ein Mann aus Dresden, er habe seinen Überzieher hier liegen lassen, 'über einer Stuhllehne', schreibt er. Ich lache und sage zu Spilleken (der jetzt die Post fährt): 'Spilleke, sag ich, wenn Sie rauskommen, fragen Sie doch auf'm Bahnhof.' Er fragt auch, und am Abend ist der Überzieher hier. Wo war er gewesen? 'Über einer Stuhllehne'. Alles ganz richtig, meine Herren, aber – auf'm *Bahnhof*. So geht es immer.«

Die beiden Zuhörer antworteten durch ein Gemurmel, das halb ihre Übereinstimmung mit dem Sprecher, halb ihre Mißbilligung des Dresdners ausdrükken sollte. Ich aber, um auch meinesteils jede Gemeinschaft mit dem letzteren abzulehnen, fuhr mit Ostentation in den neben mir liegenden Überzieher, empfahl mich und stieg in den bereits draußen stehenden Postwagen.

In demselben fand ich einen Reisegefährten, einen jungen Beeskower, der also dieselbe Tour mit mir machte. Während der Wagen über das Pflaster rasselte und von rechts und links her das helle Licht großstädtischer Gaslaternen in unser Fenster fiel, wandte ich mich, halb überrascht, mit der Frage an meinen Gefährten:

»Fürstenwalde hat Gas?«

»Ja, und aus *Stubben*«, lautete die Antwort.

»Aus Stubben?«

»Ja, aus Stubben.«

Nun erfuhr ich ein Langes und Breites über den Fürstenwalder Stadtforst, über Holzhandel und Wohlhabenheit und zuletzt auch über die »Stubben«, die in einer städtischen Gasanstalt auf Gas verarbeitet würden. Ich gestehe, daß ich Respekt bekam. Wer unsere kleinen Städte kennt, weiß am besten, wie abgeneigt sie sind, auf spekulative Neuerungen einzugehen. Staatsneuerungen, – ja; Stadtneuerungen, – nein. Die Fürstenwalder haben ein Stück städtischen Lebens gezeigt; die meisten unserer Ackerstädte sind tot.

Beeskow erreichten wir um Mitternacht. Ich schlief in einem alten Hause, dessen Hinterwand die Stadtmauer bildet, und erfuhr en passant, daß dies Haus ein Ursulinerinnen-Kloster gewesen sei und dann und wann von nicht Ruhe habenden Äbtissinnen und Nonnen besucht werde. Auch der übliche »unterirdische Gang« wurde mir nicht erlassen. Ich war aber zu müde, um dadurch besonders gestört zu werden, und schlief, bis die Sonne ins Zimmer schien. Eine Stunde später schlenderte ich durch die Stadt.

Beeskow hat zwei Sehenswürdigkeiten: das »Amt« und die Kirche.

Das »Amt« auf einer Spreeinsel unmittelbar vor der Stadt gelegen, war in alter Zeit ein Schloß (Schloß Beeskow), dann später, seit 1519, ein bischöfliches Haus, das die Bischöfe von Lebus – die die Herrschaft Beeskow zu Anfang des 16. Jahrhunderts erwarben – gelegentlich bewohnten. Viele der noch jetzt vorhandenen alten Mauern reichen bis in die Zeit von Schloß Beeskow zurück, das im 15. Jahrhundert (also vor den Bischöfen) ausbrannte. Dies erwies sich 1828, als wegen Baufälligkeit das dritte Stockwerk des alten Amtsgebäudes abgetragen wurde. An vielen Stellen fand man doppeltes Mauerwerk. Die Zimmerwände zeigten nach innen zu die Bischofsmütze, waren also nicht älter als 1519; beim Niederreißen dieser Zimmer- oder Innenwände aber stieß man alsbald auf ältere Außenwände, halb verbrannt und hier und da mit Moos und Asche bedeckt. Diese Außenwände waren Überreste des alten Schlosses. In den untern Stockwerken steckt noch einzelnes davon.

Die Bücher berichten wenig über »Schloß Beeskow« und nicht viel mehr über das »bischöfliche Haus«, das sich später an gleicher Stelle erhob. Nur der Umfang und die Festigkeit der Bauten zeigt, daß es eine bevorzugte Stelle war; und mit Recht. Die Lage auf einer Insel, die nicht flach, sondern wie eine natürliche Hügelfestung sich aus der Spree erhebt, ist fest und malerisch zugleich, und in diesem Augenblick vielleicht malerischer, denn je zuvor. Das alte, dunkelfarbige Mauerwerk ist überall von Grün umrankt; braun und grün, die so schön zueinander stimmen, mischen sich hier in allen erdenklichen Schattierungen, und Baum und Strauch wachsen von Wall und Gräben aus in die Gitterfenster hinein oder über das Portal hinweg. Jenseits des Amtshofes, auf dessen Tümpel und Pfuhl die helle Morgensonne fällt, steigt der Brennereischornstein aus dem Refektorium des alten Bischofssitzes auf; aber wo Tod und Leben, Poesie und Prosa so dicht beieinander wohnen wie hier, stört auch die Rauchfahne nicht, die eben jetzt über dem Refektorium weht.

Die Liebfrauenkirche zu Beeskow, ein schöner gotischer Bau aus dem 13. Jahrhundert, war längst eine Zierde der Stadt, eh die Lebuser Bischöfe als Neubesitzer und Neuerbauer in Schloß Beeskow einzogen. Sie war dreihundert Jahre vor dem Bischofhause da und hat es nun ebenso lange überlebt. Diese schöne Kirche zählt zu den schönsten in der Mark, und der Epheu, der sich an einigen Fenstern bis in den Spitzbogen emporrankt, scheint zu wissen, was er an ihr hat. Der massive Turm geht in seinem zweiten Stockwerk sehr gefällig aus dem Viereck ins Achteck über, und eine pyramidenförmige Spitze schließt den ganzen Bau gefällig ab.

Eine 82jährige Küsterfrau führte mich in die Kirche ein, plauderte mit mir, stieg Treppen auf und ab, und ich bin ihr das Zeugnis schuldig, daß ich nie einen besseren Führer gehabt habe. Sie zeigte mir Großes und Kleines, Andacht und Stadtklatsch flossen gleichen Tones über ihre Lippen; sie sprach bereits – sie war eben 82 Jahre alt – mit jener unterschiedslosen Ruhe, die so sehr verdrießt, wo man Partei ist, aber so wohltut, wo der Hörer mit über den Parteien steht. Sie zeigte mir den Gekreuzigten und den einen Schächer, die »wegen Unschönheit« in einen Seitenraum geschafft worden waren, und erklärte mir die Grabsteine vorm Altar. Der eine war *hellbraun* und sehr abgetreten. »Das ist unser Pfefferkuchenmann«, sagte sie ruhig, und wirklich, das alte Ratsherrnbild konnte nicht treffender bezeichnet werden. An einem der Pfeiler blieb sie stehen. »Da war früher ein Bild: ein Schachbrett und ein Mohr darüber; es hing da zum Gedächtnis an eine vornehme Frau, die alles verspielt hatte, bis auf ihr Schachbrett und ihren Mohren.« Dann ging es treppauf und ab. Wir stiegen in einen Keller, wo dieselbe Küsterfrau vor 56 Jahren mit ihrem Mann (der auch noch lebt) ein tiefes Loch gegraben und die Kirchengüter vor Feindeshand gerettet hatte. »Wir fanden beim Graben nichts wie Knochen und Schädel.« Sie sagte nicht »Knochen und Schädel von heimlich Verscharrten«, aber sie meinte es so; das Volk hierlandes denkt sich nun einmal die katholische Zeit als eine Mordzeit; es ist das ein seltsamer Teil unserer Volkspoesie.

Dann stiegen wir wieder aufwärts, eine hohe schmale Treppe hinauf, und waren auf einem Chor oder einer Empore, die man zu einer Art Kunstkammer umgeschaffen hatte. Allerhand Raritäten waren hier ausgestellt; aber es war doch schon der Übergang von der Kunstkammer zur Rumpelkammer. Es hing da z. B. ein Bild der Lutherstatue in Wittenberg, mit der Wartburg als Hintergrund. Die Geschichte des Bildes interessierte mich noch mehr als das absonderliche Bild selbst. Eine reisende Schauspielergesellschaft, deren »erster Liebhaber« es gemalt hatte, hatte es auf Groschenlose ausgespielt, und der Gewinner war es durch »Schenkung« an die Kirche losgeworden. Daneben hingen drei Porträts, lebensgroß, die Bildnisse dreier Brüder, die einst bei Stadt und Kirche geglänzt hatten. Das Ratsherrnbild trug folgende Inschrift:

Der Bürger Dankbarkeit und der Zuhörer Pflicht
Hat uns drei Treueren dieß Denkbild aufgericht'.
Dort jenes graue Paar stirbt in der Kirche Würde,

Mich macht das Rathaus alt und schwerer Zeiten Bürde.
Was jene bei der Kirch' den Seelen Gut's gebracht,
Das hab' ich bei der Stadt nach Menschen Treu in Acht.
Urtheilt uns nach dem Ambt in dem geführten Leben,
So wird ein gutes Lob man uns im Tode geben.

Von Beeskow nach Kossenblatt sind noch anderthalb Meilen. Ein leichter Wagen nahm mich auf, und in brennender Sonnenhitze machte ich den Weg. Die Landschaft ist trostlos, und die Dörfer sind arm. Überall mahlender Sand und Kiefernheide, dazwischen Brach- und Fruchtfelder, die letzteren so kümmerlich, daß man glaubt die Halme zählen zu können. Auf Meilen hin eine reizlose Öde. Und doch hat der märkische Sand auch seinen Zauber. Ich werde des Wellenterrains zwischen Biesenthal und Prenden nicht leicht vergessen: in den Taleinschnitten ein Wassertümpel und Binsengestrüpp; auf der Höhe hüben und drüben eine Fichte, ein Kieferbusch; der Boden gelb, der Himmel grau und am Wege ein Stein, ein verwehter Tannenapfel; über dem allen aber nichts Lautes und Lebendiges als eine Krähe und die Schläge der Biesenthaler Turmuhr, die beide langsam über die Öde hinziehen. Wer solchem Bilde begegnet, der hat die Poesie des märkischen Sandes kennengelernt.

Aber auf dem Sandwege, den wir heute passieren, empfinden wir nichts davon, vielleicht weil die Öde nicht *vollkommen* ist und das Sandfeld vielfach den Anlauf nimmt, ein Fruchtfeld zu werden. Solche Anstrengungen haben immer etwas Tristes. Es sind dies die Gegenden der Mark, die ihr den Namen der »*Streusandbüchse* des heiligen römischen Reiches« eingetragen haben, ein Name, der mutmaßlich nie entstanden wäre, wenn die Reisenden »aus dem Reich«

noch etwas anderes von der Mark kennengelernt hätten, als eben jenen breiten Sandgürtel, den sie auf ihrem Wege von Dresden nach Berlin notwenig passieren mußten.

Der Weg war reizlos, aber er wurde mir durch eine Begegnung wert, die ich unterwegs hatte. Etwa eine halbe Meile vor Kossenblatt bemerkte ich einen Knaben, der auf einem Feldstein am Wege saß und augenscheinlich sehr ermüdet war. Er mochte zwölf Jahr alt sein. Ich ließ halten, und es entspann sich folgendes Gespräch zwischen ihm und mir: »Willst du mit?« – »Wo wüllen Se denn hen?« – »Nach Kossenblatt.« – »Da will ick ooch hin.«

Nun stieg er auf und setzte sich bescheiden an den Rand des Wagens. Mich beschäftigte der kleine Vorfall, weil er mir so recht wieder jene nüchterne und mißtrauensvolle *Vorsicht* zeigte, die unsern Stamm im Guten und Schlechten so sehr charakterisiert. Müde wie er war, sprang er doch weder auf, noch bezeugte er irgend welche Freude; er beantwortete meine Frage durch eine andere Frage, und erst als ich diese meinerseits zu seiner Zufriedenheit erledigt hatte, nahm er freundlich an, was freundlich geboten war. Es war übrigens ein allerliebster Junge, der mich von Seidenbau und Seidenzucht sehr verständig unterhielt, was ich besonders hier erwähne, um dabei auf die Vorliebe aufmerksam zu machen, mit der die Seidenzucht von den ärmeren Leuten unserer Provinz betrieben wird. Sie sind mit einer Art Passion dabei, und es früge sich, ob diese Art der Industrie nicht noch energischer zu unterstützen wäre.

Wir sind nun in *Kossenblatt* (mein junger Freund hat mich am Eingang des Dorfes bescheidentlich verlassen), und wenige Minuten später halten wir vor der Einfahrt des Amtshofs, wo alle Sehenswürdigkeiten Kossenblatts, auf einen engsten Raum zusammengedrängt, wie zur Auswahl vor uns liegen. Alles liegt rechts von der Dorfstraße, und wir unterscheiden: *Herrenhaus* (jetzt Amtshaus), *Schloß* und *Kirche.* Unser nächster Besuch aber gilt dem in Weinlaub versteckten Predigerhause, das von der andern Seite der Dorfgasse her wie eine Laube zu uns herüberblickt. Freundlich wie das Haus sind seine Bewohner, und Platz nehmend über dem grünen Dach, den Blick auf Herrenhaus und Schloß und Kirche gerichtet, plaudern wir von Kossenblatt und seiner Geschichte.

Kossenblatt war immer ein reicher und ausgedehnter Besitz, auch ehe ein Schloß hier stand und Feldmarschälle und Fürsten hier residierten. In sumpfiger Niederung gelegen (Cossinbloth heißt »Krummensumpf«) unterschied es sich immer vorteilhaft von den Sanddörfern der Höhe, und lange bevor es »königlich« war, hatte es ein Ansehen in der Gegend um seiner Äcker und Wiesen willen. Die Besitzer wechselten oft; im 16. Jahrhundert hatten es die von Weilsdorf. Ein Bruder erstach den andern im Zweikampf, aber auch dieser Vorgang – übrigens eine immer wiederkehrende Geschichte* – fesselt uns nicht, und wir beginnen mit dem Jahre 1581. Die Geschichte Kossenblatts teilt sich seit der Zeit in drei bestimmte Epochen: in eine *Oppensche,* eine *Barfussche* und eine *königliche* Zeit.

Über die Oppensche Zeit (von 1581–1699) gehen wir schnell hinweg. 1581 kam der brandenburgische Oberkammerherr, Georg von Oppen, in Besitz von Kossenblatt. Es blieb bei der Familie durch drei Genera-

* Der ganze mittelalterliche Sagen- und Geschichtenschatz tritt überall vielleicht, sicherlich aber in der Mark, völlig typisch auf. Es gibt Gruppen, Rubriken. Jede Rubrik hat ihre bestimmte Anzahl von Nummern. Rubrik »Teufelssee« acht Nummern, »heiliger See« acht Nummern. Dazu gesellen sich noch folgende Rubriken: schwarze Frau, weiße Frau, erstochener Bruder, stummer Mönch, frommer Abt, der über den See schreitet usw. Die Rubriken »unterirdischer Gang« und »vergrabener Schatz« haben, wie überall, die meisten Nummern.

tionen hindurch bis 1699. Vom Schloß war damals noch keine Spur vorhanden, vielmehr bewohnten die Oppen das alte Herrenhaus, dessen Kellergewölbe bis diesen Augenblick vorhanden sind und eine Art Sehenswürdigkeit des jetzigen, im übrigen völlig modernen Amtshauses bilden. Diese hohen Kellergewölbe, im einfachen Rundbogen, sind aus unbehauenen Feldsteinen aufgeführt, und Sachverständige pflegen hervorzuheben, daß die Baumeister damals einen andern, rasch fest werdenden Mörtel benutzt oder die Gewölbe jahrelang gestützt haben müssen. Diese gewölbten Fundamente gehen bis in die Oppensche Zeit zurück, vielleicht sind sie noch viel älter. Wir lassen aber diese Fundamente samt einer Anzahl alter Bilder, die ebenfalls der Vorgeschichte Kossenblatts angehören, und wenden uns nunmehr seiner eigentlichen historischen Zeit zu, die mit Feldmarschall von Barfus beginnt.

Im Jahre 1699 kaufte Hans Albrecht von Barfus, wie wir bereits in seiner Lebensgeschichte (siehe das vorige Kapital: Prädikow) bemerkt haben, die Herrschaft Kossenblatt und zahlte dafür die für die damalige Zeit ziemlich beträchtliche Summe von 32 000 Talern und hundert Dukaten Schlüsselgeld. Das Oppensche Herrenhaus, das er vorfand, genügte ihm nicht, und er beschloß das Jahr darauf (1700) die Aufführung eines Schlosses.

Die Arbeiten begannen sogleich; da aber selbst der mittlere und älteste Teil des Schlosses, der Flügelbauten aus noch späterer Zeit ganz zu geschweigen, erst im Jahre 1712 beendet wurde, so ist es nicht wahrscheinlich, daß der Feldmarschall, der bereits 1704 starb, jemals einen Teil des Schlosses bewohnt habe. Das Herrenhaus mußte genügen.

Die Witwe des Feldmarschalls, Eleonore, geborene Gräfin von Dönhoff (wie wir wissen, seine zweite Gemahlin), übernahm laut testamentarischer Bestimmung die Verwaltung der Güter und führte den

Schloßbau glücklich hinaus. Sie war eine stolze Frau, und es geht die Sage von ihr, daß sie ihrem einzigen überlebenden Sohne (sie starb 1728), da sie ihm sein Erbe nicht nehmen konnte, dieses Erbe wenigstens nach Möglichkeit schädigen und verringern wollte. Sie ließ einen holländischen Baumeister kommen, befahl ihm, unterhalb der Keller des Schlosses einen zweiten Keller zu graben und zu wölben, tat dann alles hinein, was sie an Gold und Kostbarkeiten besaß, und ließ die Gruft in ihrer Gegenwart schließen. Sie nahm dem Baumeister alsdann einen Eid ab, die Stelle niemandem zu verraten. Voll Zweifel aber, ob er den Eid auch halten werde, zog sie, als er schon fort war, das Sichere vor und ließ ihn auf der Rückreise nach Holland verschwinden. Der »Schatz« war bei Seite gebracht, dem Erben entzogen; aber die Bilder und Möbel waren noch da, die ganze Einrichtung eines reichen Schlosses. Auch das mußte fort. Als sie fühlte, daß es mit ihr zum Letzten ging, ließ sie alles, was das Schloß an kostbarem Hausrat hatte, auf den Schloßhof tragen, und vergoldete Stühle und Tische, Spiegel und Konsolen, Divans, Kommoden wurden zu einer Pyramide aufgetürmt. In einem Rollstuhl ließ sie sich an die offene Tür des Gartensaales führen, gab dann Ordre, zwei Fackeln anzulegen, und starrte eine Stunde lang befriedigt in die aufschlagende Flamme. Sie fühlte das Feuer mehr, als daß sie es sah, denn die helle Mittagssonne stand über dem Schauspiel. Als alles niedergebrannt war, saß sie tot in ihrem Rollstuhl.

So erzählt sich das Volk. Die erste Hälfte der Geschichte, das Vermauern des Schatzes, ist das immer Wiederkehrende; aber die zweite Hälfte hat neue Züge, die auf wirklich Vorgekommenes hindeuten. Anhaltepunkte sind da. Ich finde in dem Nachweis über die Söhne des Feldmarschalls von Barfus folgendes: »Die beiden älteren starben jung, der älteste an Wunden, die er in der Schlacht bei Belgrad erhalten hatte. Der dritte und jüngste Sohn war Karl Friedrich Ludwig. Er war der einzige, der seine Mutter überlebte, und es scheint fast, daß seine Erziehung absichtlich vernachlässigt wurde, da seine nächsten Verwandten nach dem Besitz des reichen Erbes trachteten.«

Diese Zeilen, so unbestimmt sie gehalten sind, oder vielleicht weil sie es sind, lassen sich unschwer mit der eben erzählten Sage in Einklang bringen. Der Sohn, so darf man annehmen, wurde nicht von der Mutter, sondern von den Verwandten erzogen, und eingesponnen in die Netze der letzteren, traf ihn leicht möglich ein Teil des Hasses mit, den die alte Reichsgräfin gegen die habgierig Wartenden unterhielt. Alles dies indes will nichts weiter sein als eine Hypothese, als ein Versuch, mit Hülfe von Sage und Tradition, dem Historischen um einen Schritt näher zu kommen.

Im Jahre 1728 starb die alte Reichsgräfin, und ihr einziger Sohn, der obengenannte Karl Friedrich Ludwig, folgte im Besitz von Kossenblatt. Aber nur acht Jahre blieb es in seinen Händen; 1736 erstand es König Friedrich Wilhelm I. und machte es zu einem Teil seiner Herrschaft Königswusterhausen. Über die Umstände, die den Ankauf des Gutes begleiteten, spreche ich weiter unten.

Hundert Jahre und darüber sind seit jenem Ankauf vergangen und Schloß Kossenblatt ist seitdem ein hohenzollernscher Besitz geblieben, bis auf diesen Tag. Die Barfus, für die der alte Feldmarschall hier eine Stätte bereiten wollte, betraten die Schwelle des Schlosses nicht wieder, das – des sagenhaften Schatzes ganz zu geschweigen – Schätze an Gold verschlungen hatte, um es aufzubauen. Da, während der fünfziger Jahre dieses Jahrhunderts, trat wieder ein Barfus in das alte Barfusschloß ein. Der Eintretende war ein Urenkel des Feldmarschalls; er kam nicht als Herr, er kam als Gast. Sei es ein romantischer Herzenszug, oder sei es Pietät gegen die Stätte, wo sein Ahnherr gelebt und einen Denkstein seines Ruhms und seines Reichtums hinterlassen hatte, gleichviel, der Enkel hatte das Ansuchen an den König gestellt, einen Sommer lang in Schloß Kossenblatt residieren zu dürfen, und Friedrich Wilhelm IV., dessen Königs- und Poetenherz historischen Sinn und romantisches Empfinden in jeder Gestalt zu schätzen wußte, hatte dem Ansuchen gern willfahrt.

General Barfus, selbst ein alter Soldat, zog ein in das alte Feldmarschallsschloß. Ein Wagen hielt vor der Steintreppe, die rostigen Angeln gaben halb widerwillig nach, und der Enkel stand, ein Gast, ein Fremder, im Haus seiner Väter. Niemand war mit ihm als seine Frau und deren Dienerin. Er bezog die Eckzimmer im Schloß, und das Nötigste an Hausrat wurde herbeigeschafft; aber es war nicht möglich, die Öde des Orts in Wohnlichkeit zu verwandeln. Der Regen fuhr durch die morsch gewordenen Fenster, und selbst das heitere Sonnenlicht lieh diesem Ort keine Heiterkeit, denn ungemildert fiel es durch die großen Fenster und sprang heiß und blendend von den kahlen weißen Wänden zurück. Zu dem bedrükkenden der Öde gesellte sich der Mangel an allem, was das Leben, selbst ein einfaches Leben, an Unterhalt erfordert. Die Stadt war weit, und das Dorf war arm. Die Frauen litten schwer; aber das romantische Herz des Generals trug die Entbehrungen, die ihm Schloß Kossenblatt auferlegte, mit Freudigkeit; sie hoben ihn mehr als daß sie ihn niederdrückten. Er war nicht nach Schloß Kossenblatt gekommen, um zu bankettieren; es lag ihm nicht an lustiger Gesellschaft und an lautem Gespräch über den Tisch hin; es lag ihm an stiller Zwiesprach mit denen, die nicht mehr waren, und da war kein Zimmer, das nicht leise zu ihm gesprochen hätte. Ihm waren diese weiten Räume nicht öde, und wenn er nachts oder am hellen Mittag sie durchschritt, hört ers flüstern und stand still, ob ers erlauschen könnte. Umsonst hingen die Augen der Frau an ihm und baten um Rückkehr zu den Menschen; da endlich kam Hülfe, ehe sie erwartet war. Es war Hochsommer und die Hitze des Tags hatte den General in die Wald- und Wiesengründe geführt, die den Kossenblatter See an seinem Südrande umziehen. Es wurde drückend schwül, und um die vierte Stunde brach das Unwetter los. Als die ersten Donner heraufzogen, war es, als rollten schwere Wagen durch alle Säle und Korridore. Einzelne Windstöße fuhren gegen das Schloß, und die entsetzten Frauen hörten, wie in allen Teilen des Schlosses ein gespenstisches Klappen von Fenstern und Türen begann. An hundert Stellen zugleich wollte der Böse herein. Das Blitzen wurde immer heftiger; Herrin und Dienerin flohen aus ihren Zimmern in den Korridor hinaus, der unten auf den Schloßhof niederblickt. Der Flügel gegenüber stand wie in Nacht. Plötzlich aber war es, als fiele ein Feuer vom Himmel, der Schloßhof stand wie in Flammen, und die Dienerin schrie auf: »Dort sitzt sie!« Es war ihr, als habe sie die alte Reichsgräfin gesehen, im Rollstuhl unter der Balkontür sitzend und in die Flammen des Hofes starrend.

Dieser Nachmittag entschied; die Gäste verließen Schloß Kossenblatt, und alles war wieder wie zuvor. Die Spinnen begannen ihre stille Wirtschaft und niemand anders sprach ein, als der Wind im Kamin. Die Barfuse waren vergessen an derselben Stelle, an der der alte Feldmarschall sich selbst und seinem Namen eine Art Ruhmeshalle hatte errichten wollen; Schloß Kossenblatt wußte nichts mehr von den Barfusen, und viele Barfuse wußten nichts mehr von Kossenblatt. Aber aus der Geschichte unserer Tage haben wir noch einmal zurückzugehen in die Tage des letzten Grafen Barfus und in aller Kürze jener *dritten* Epoche Schloß Kossenblatts zu gedenken, der Zeit Friedrich Wilhelms I.

Im Jahre 1735 kam König Friedrich Wilhelm I. auf einer Jagd von Königswusterhausen aus in die Gegend von Kossenblatt, sah das schöne Schloß und trug dem Besitzer, dem mehrgenannten Grafen Karl Friedrich Ludwig von Barfus, an, ihm Kossenblatt käuflich zu überlassen. Als dieser Antrag abgelehnt wurde, setzte der König alles in Bewegung, um seine Absicht dennoch zu erreichen. Es fand sich auch bald ein Weg, da er sich durchaus finden *sollte.* Der Verlauf war folgender. Nur um den wiederholten Zumutungen des Königs zu entgehen und letzteren durch eine möglichst hochgegriffene Summe abzuschrekken, äußerte der Graf gegen den Unterhändler des Königs, »daß er die Güter (Kossenblatt, Briescht, Werder und Wiese) für 180 000 Taler überlassen wolle.« Dies genügte. Der König erklärte nunmehr: »da der Graf sich geäußert habe, die Güter verkaufen zu wollen, so hänge es nicht mehr von dem freien Willen desselben ab, den Preis der Güter zu bestimmen, vielmehr müßten dieselben *taxiert werden.*« Hiernach kam der Kauf im Januar 1736 zu Stande, ohne daß die belehnten Agnaten befragt worden wären. Der König bewilligte 125 000 Taler, schlug Kossenblatt zur Herrschaft Königswusterhausen und überwies es gleich nach der Übergabe seinem zweiten Sohne, dem Prinzen August Wilhelm. Ob dieser jemals dort residiert hat, ist mindestens zweifelhaft. Der Prinz, zu Spandau in Garnison, hatte eine ausgesprochene Vorliebe für das nachbarliche Oranienburg, dessen Park allein ausgereicht haben würde, es über das beinah baumlose und jedenfalls weitab gelegene Kossenblatt zu erheben. Nichts erinnert mehr daran, daß das letztere jemals im Besitz des Prinzen war, außer der Namenszug A. W. (August Wilhelm) am großen Frontbalkon.

Prinz August Wilhelm residierte nicht in Schloß Kossenblatt, aber der König selbst scheint, während seiner letzten Lebensjahre, wochen- und monatelang daselbst zugebracht zu haben. Wenn der Ausdruck gestattet ist: er saß hier seine Gicht ab, und Schloß Kossenblatt wurde der Schauplatz jener Kunstübungen, deren Resultate die bekannte Inschrift tragen: in tormentis pinxit.

Die Bilder, die sich noch gegenwärtig in Kossenblatt befinden, tragen zwar zufällig diese Inschrift *nicht*; sie sind aber nichts destoweniger in tormentis gemalt und sehen auch danach aus.

Nach diesen historischen Vorbemerkungen schikken wir uns nunmehr, unsern Plauderplatz unter der Weinlaube des Predigerhauses aufgebend, zum Besuch des Schlosses selber an.

Die Lage desselben ist nicht günstig. Ein Schloß, ein Herrenhaus, wo die Natur nicht Berg, nicht See geboten hat, muß entweder, nur wenig zurücktretend, sich in gleicher Linie mit der Dorfgasse erheben, oder aber inmitten eines Parks liegen, hinter dessen Bäumen es sich halb versteckt. Das Kossenblatter Schloß tut weder das eine, noch das andere. Der Platz an der Dorfgasse war schon vergeben (das alte Herrenhaus nahm diesen Platz ein), und so erhebt sich das Schloß hinter dem jetzigen Amtshof, dessen Wirtschaftsgebäude zugleich die Auffahrt zum Schlosse bilden.

Dehnte sich nun unmittelbar hinter dem Amtshof ein Park, ein Wald aus, aus dem das blendend weiße Schloß hier und da hervorschimmerte, so würde durch die sonderbare Art der Auffahrt nicht viel verloren sein, ja sie könnte vielleicht einer poetisch malerischen Wirkung Vorschub leisten; aber dieser Wald fehlt, und wie auf einer Tischplatte, über die man ein graugrünes Tuch gelegt hat, steht das Schloß da, unvermittelt, ohne Vor- und Hintergrund, wie eine Tempelruine in der Wüste. Dieser Ausdruck aber soll nur das Unvermittelte des Aufsteigens bezeichnen, denn Schloß Kossenblatt, wie viel ihm im Übrigen fehlen mag, ist jedenfalls keine Ruine, vielmehr liegt es in einer gewissen Stattlichkeit und Wohlerhaltenheit da, die auf den ersten Blick überrascht. Erst ein Eingehen in die Details zeigt, daß dies letztere mehr scheinbar als wirklich ist.

Wir stehen nun in Front des fast wie Kreide in der Sonne blitzenden Schlosses, das aus einem Corps de Logis und zwei Flügeln besteht. Der erste Eindruck, wenn wir von dem Unmalerischen der Lage absehen, ist architektonisch kein ungünstiger, und erst die Rückfront des Baues zeigt uns seine Schwächen: die Flügel sind zu lang und der Zwischenraum zwischen denselben, der Schloßhof, ist viel zu schmal. Der ganze Bau erhält dadurch etwas Gefängnishaftes. Die Rückseite des Schlosses hat die Aussicht auf einen schmalen Spreearm und zugleich auf eine kümmerliche Baumanlage am andern Ufer des Flusses, die den Namen »Lustgarten« führt. Früher ging eine Brücke über den Spreearm, aber nur ein einziger Pfahl zeigt noch, wo sie stand.

Dieser Lustgarten war es, wohin sich König Friedrich Wilhelm I. in seinem Rollwagen fahren ließ, und die sorglich zugeschrägte Doppelrampe, die sich in Hufeisenform an die Schloßflügel anlegt, zeigt am deutlichsten, mit welcher Sorglichkeit verfahren werden mußte, um die schlechte Laune des von Gicht und Wassersucht geplagten Königs nicht noch schlechter zu machen.

Wir haben das Schloß umschritten und treten nun ein. Der Eindruck, den es in seinem Innern macht, ist der des Stattlichen, aber zugleich der höchsten Trübseligkeit. Es ist ein imposantes Nichts, eine vornehme Öde, eine würdevolle Leere, – die Dimensionen eines Schlosses und die Nüchternheit einer Kaserne. Wir steigen zunächst treppan. In den Zimmern der Bel-Etage erreicht die Öde den höchsten Grad. Die hechtgrau angestrichenen Türen tragen in Manneshöhe allerhand gelbe Ölfarbe-Inschriften, und den Korridor des linken Flügels hinunterschreitend, lesen wir, nach der Analogie von Kasernenstube Nr. 3, Nr. 4: »Ihro Hoheit Kronprinzessin«, »Ihre Hoheiten Prinzessin Ulrike und Amalie«, »Ihre Königl. Hoheiten Prinz Heinrich und Ferdinand«, »Oberhofmeisterin«, »Fräuleins-Kammer« usw. Das Zimmer der beiden jungen Prinzen, Heinrich und Ferdinand, sieht aus wie ein Gefängnis. Dazwischen immer »Garderobe-Zimmer«, aber alles in dieselbe weiße Tünche getaucht.

Wir kehren nun aus dem ersten Stock in die Zimmer des Erdgeschosses zurück. Hier in den Zimmern des linken Flügels wohnte der König, und mancherlei erinnert noch an ihn, an seinen holländischen Geschmack, an seine Neigungen und seine Tätigkeit. Im großen Eckzimmer sind die Wände bis zu der Höhe, in der sonst Paneele laufen, mit kleinen holländischen Kacheln bekleidet, glasierte Täfelchen mit kleinen blauen Figuren darauf. Dies war ersichtlich das Staats- und Empfangzimmer während der »Tage in Kossenblatt«; denn über dem Kamin hängt ein Porträt Ludwig XIV. im weit nachschleppenden Hermelin. Die Farben des Bildes sind halb abgefallen, und doch ist der haftengebliebene Rest das einzige, was in dem ganzen weiten Schloß an Kunst erinnert, an Genius mahnt.

In demselben Zimmer befindet sich noch ein Dutzend anderer Porträts, aber es sind die in tormentis gemalten Bilder des Königs selbst. Das Mildeste, vielleicht auch das Zutreffendste, was man von ihnen sagen kann, ist: sie verleugnen die Stunde ihres Ursprungs nicht. Freilich haben auch *sie* ihre Verehrer gefunden, und wenn man so will, mit Recht. Einige unbedingte Friedrich-Wilhelms-Bewunderer haben die ganze Frage auf das Gebiet des Charakters, der Kraft, der Energie gespielt und von ihrem Standpunkt aus mit Recht gesprochen: »So malte ein Mann, der nicht malen konnte; so malte er unter *Schmerzen,* und – jeden Tag ein Bild.«

Vor diesem Raisonnement verneigt sich die Kritik. Alle diese Bilder des Königs rühren aus den Jahren 1736, 1737 und 1738 her. Es sind sämtlich Porträts (Bruststücke), und zwar 41 an der Zahl, von denen sich 32 in den Zimmern, 9 aber im Korridor, alle in Rahmen von gebeiztem Eichenholz, befinden. So häßlich die Bilder sind und so unfähig, ein künstlerisches Wohlgefallen zu wecken, so wecken sie doch immerhin ein gewisses künstlerisches *Interesse.* Der Hang zum Charakteristischen ist unverkennbar. In dem einen Zimmer hängen z. B. zwei Judenköpfe nebeneinander. Man sieht deutlich, daß dem König der erste Kopf nicht jüdisch genug erschienen war, und das er sich zum zweitenmal an die Arbeit machte, um das Charakteristische entschiedener herauszuarbeiten. Einmal ist ihm sogar (cum grano salis) ein hübscher Kopf geglückt: die Frau seines ersten Kammerdieners.

Außer den Bildern des Königs bewahrt Schloß Kossenblatt auch die Staffelei, auf der diese Bilder gemalt wurden. Daneben steht ein schwerer Eichentisch und um den Tisch herum eine Anzahl schwerer Holzstühle, nach Art unserer jetzigen Gartenstühle. Alles höchst solid gearbeitet, besonders der Tisch, der wie auf Pfeilern ruht.

Wir durchschritten auch den Rest der Zimmer; sie waren im Erdgeschoß wie oben im ersten Stock, groß, öde, weiß; dazu hohe Fenster und hohe Kamine. Sie hatten nur *ein* charakteristisches Zeichen, und dieses Zeichen mehrte unser Grauen. In jedem Zimmer lag ein toter Vogel, in manchen auch zwei. In Sturmnächten hatten sie Schutz gesucht in den Rauchfängen, und tiefer nach unten steigend, waren sie in das Zimmer wie in eine Vogelfalle hineingeraten. Vergebens einen Ausweg suchend, hin und her flatternd in dem weiten Gefängnis, waren sie verhungert.

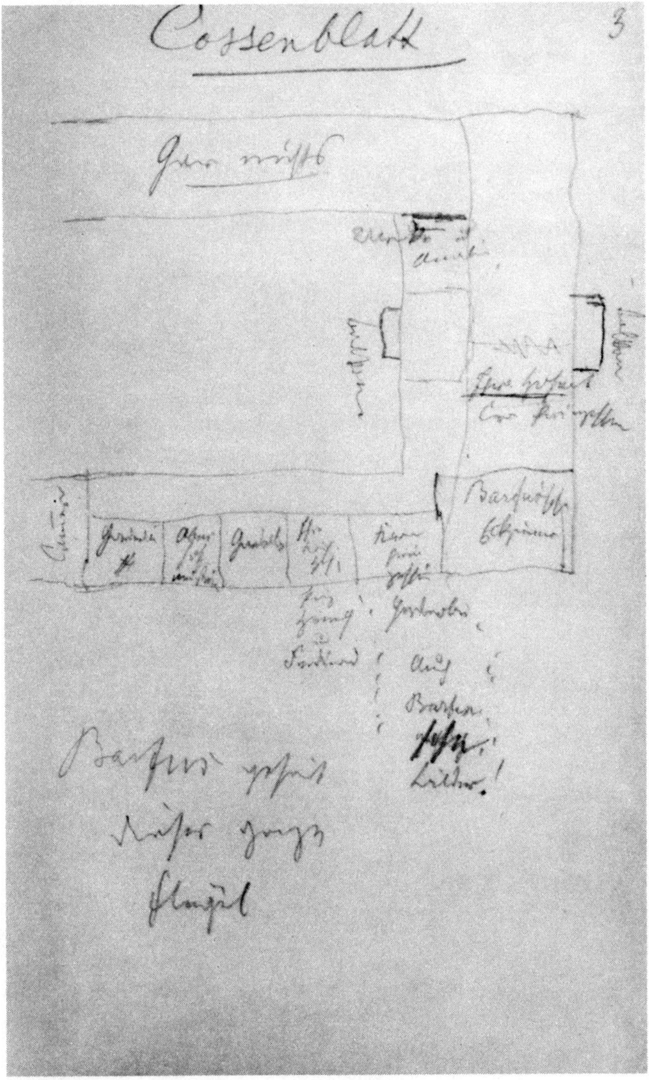
Cossenblatt
3

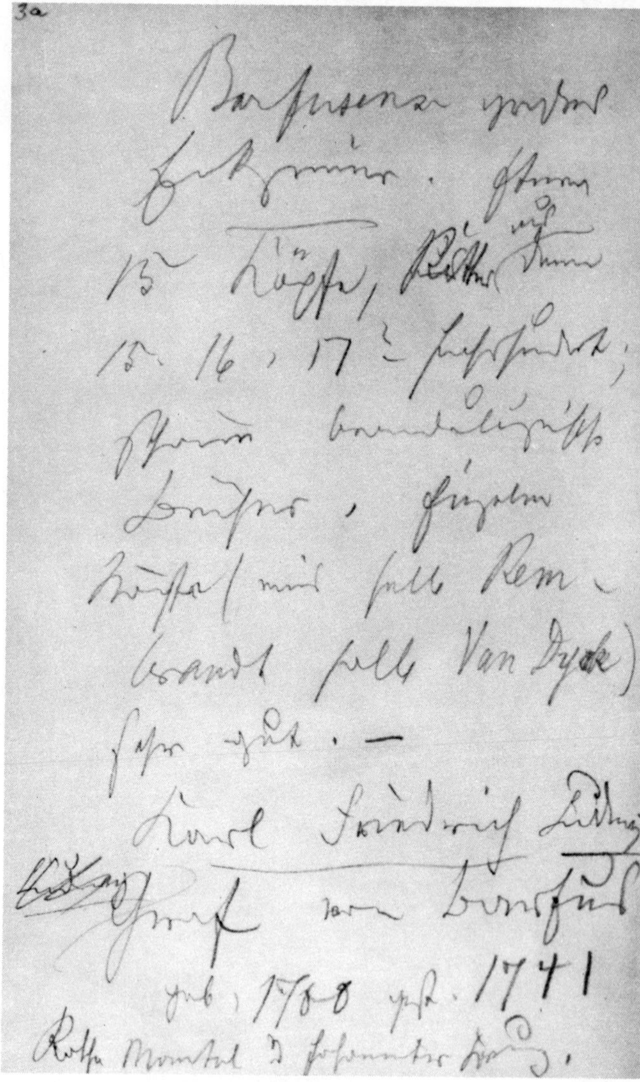
3a
15. 16. 17.
Van Dyck)
Karl Friedrich Ludwig
1741

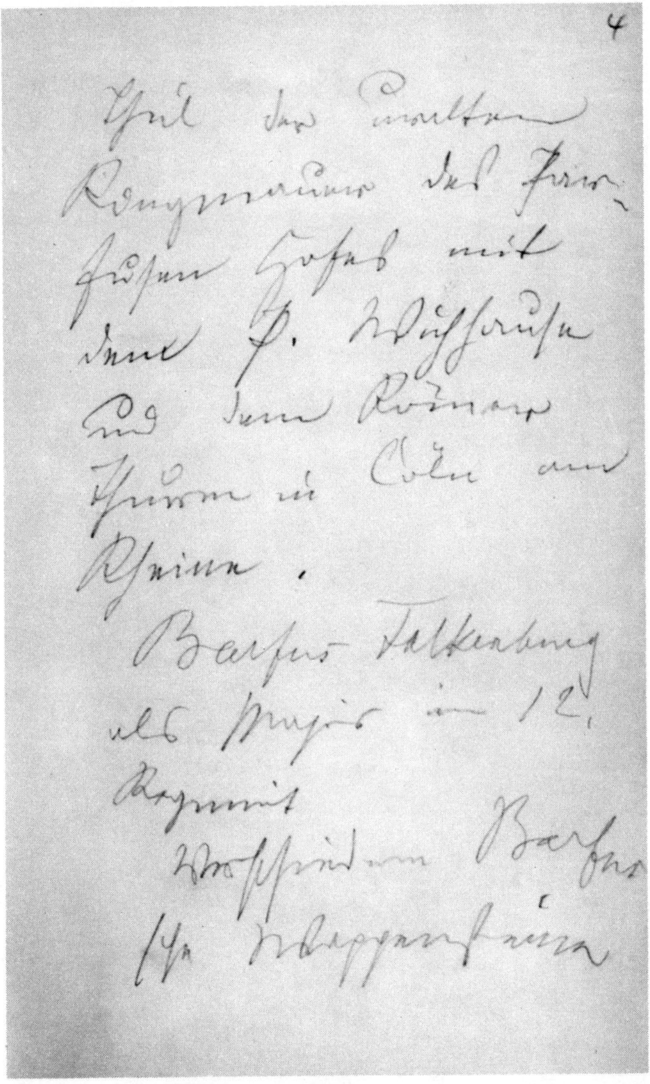
4

Theil der ersten
Regimenter des Fran-
zösischen Heeres mit
dem 5. Kürassiere
und dem Römer
Thurm in Cöln am
Rheine.

Baron Falkenberg
als Major im 12.
Regiment
[illegible] Baron
[illegible]

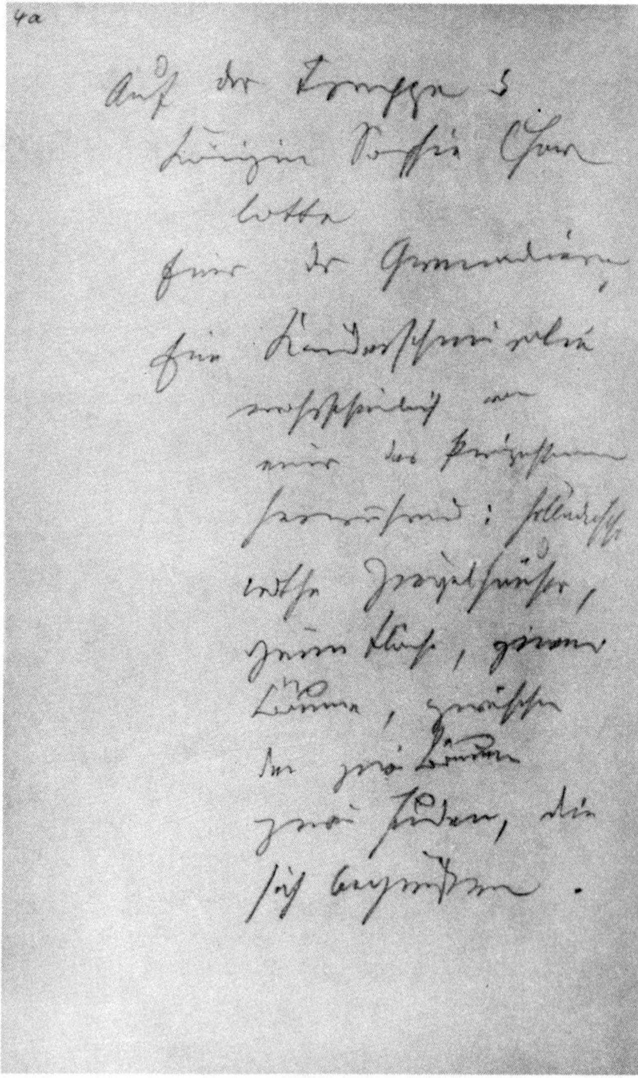
4a

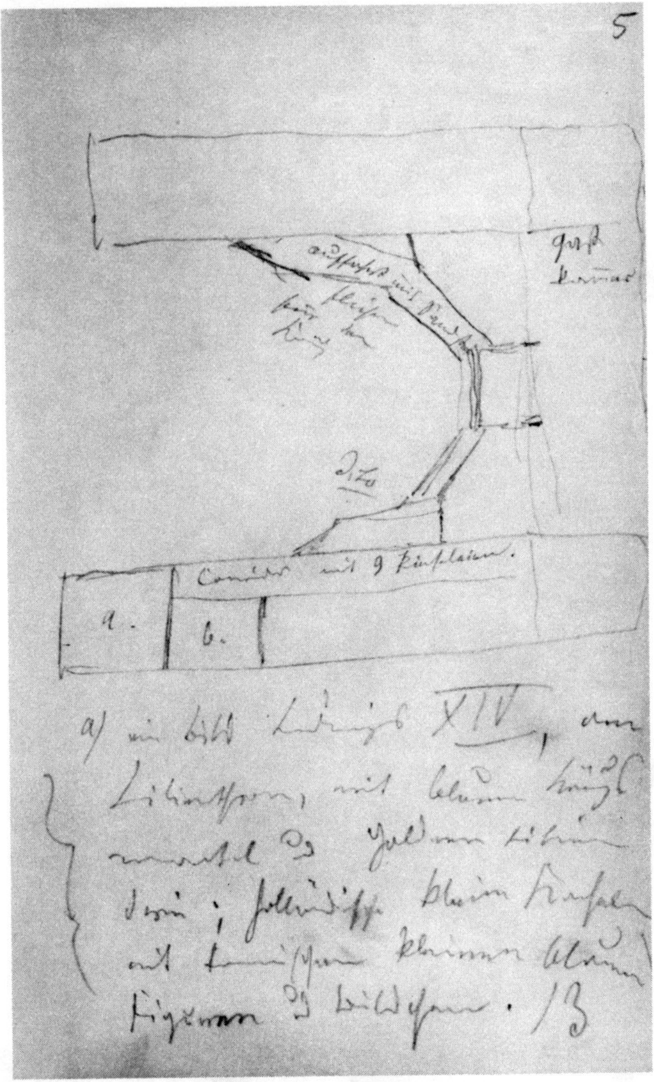
5
a.
b.

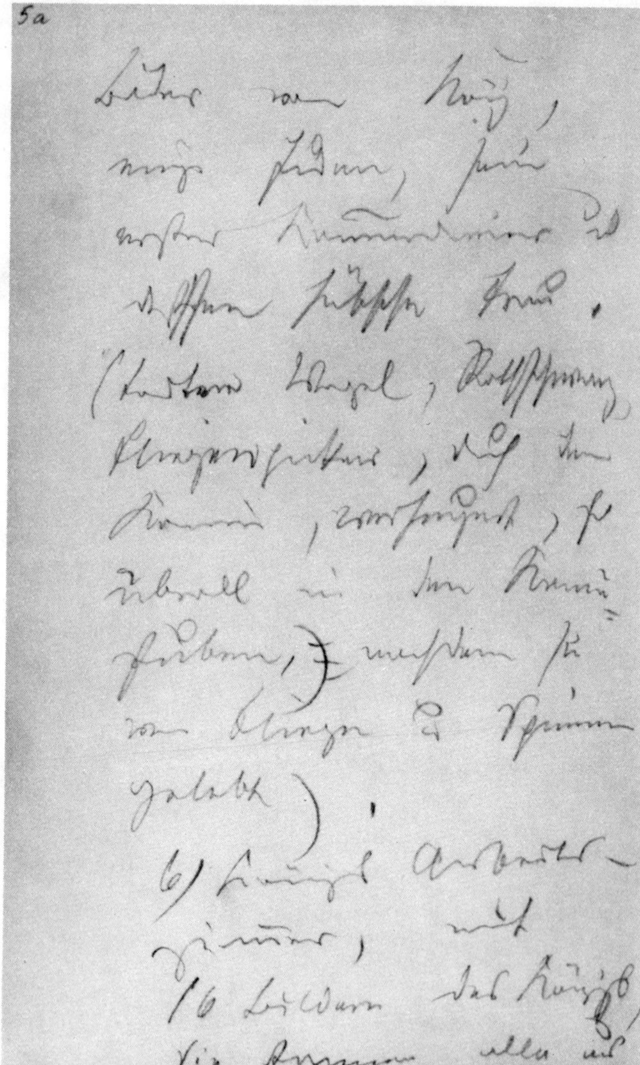
5a

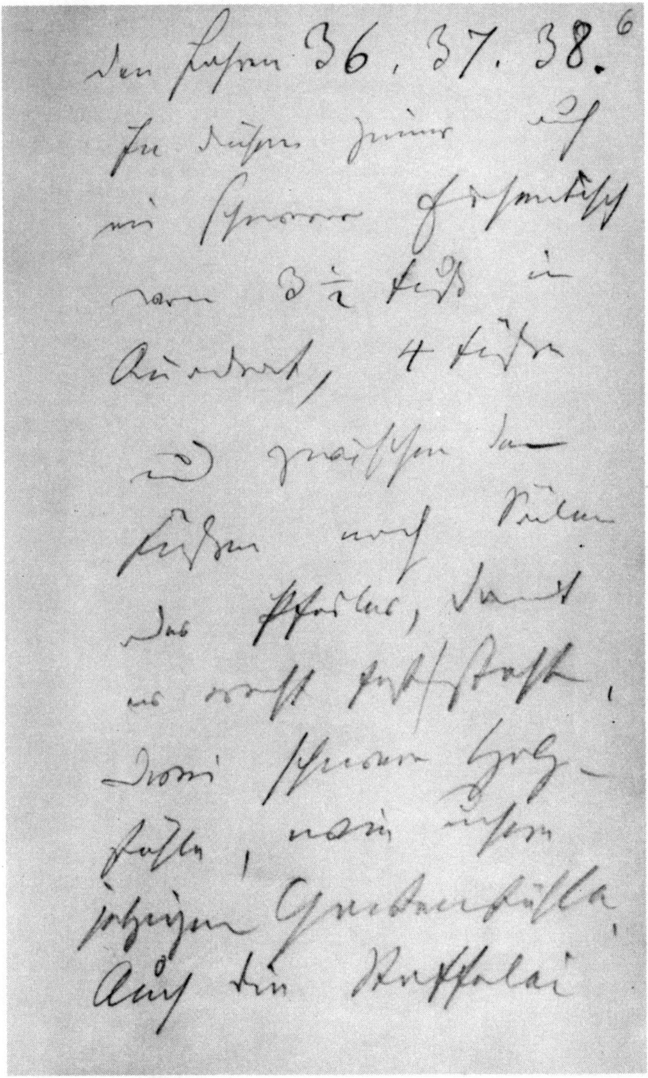

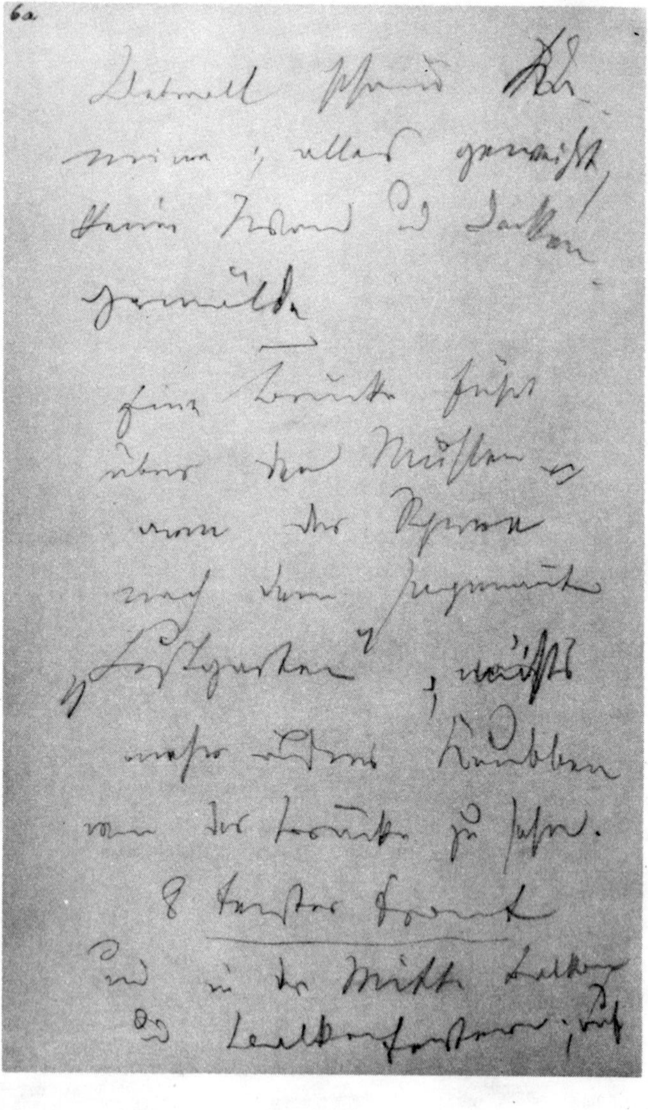

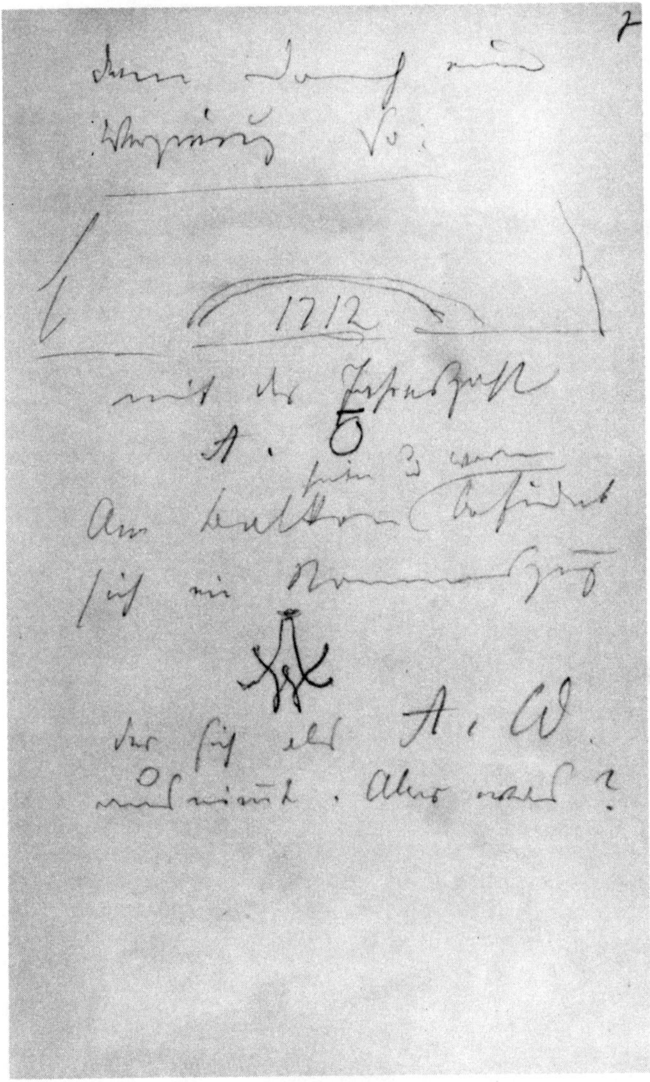

7

1712

A. W.

III

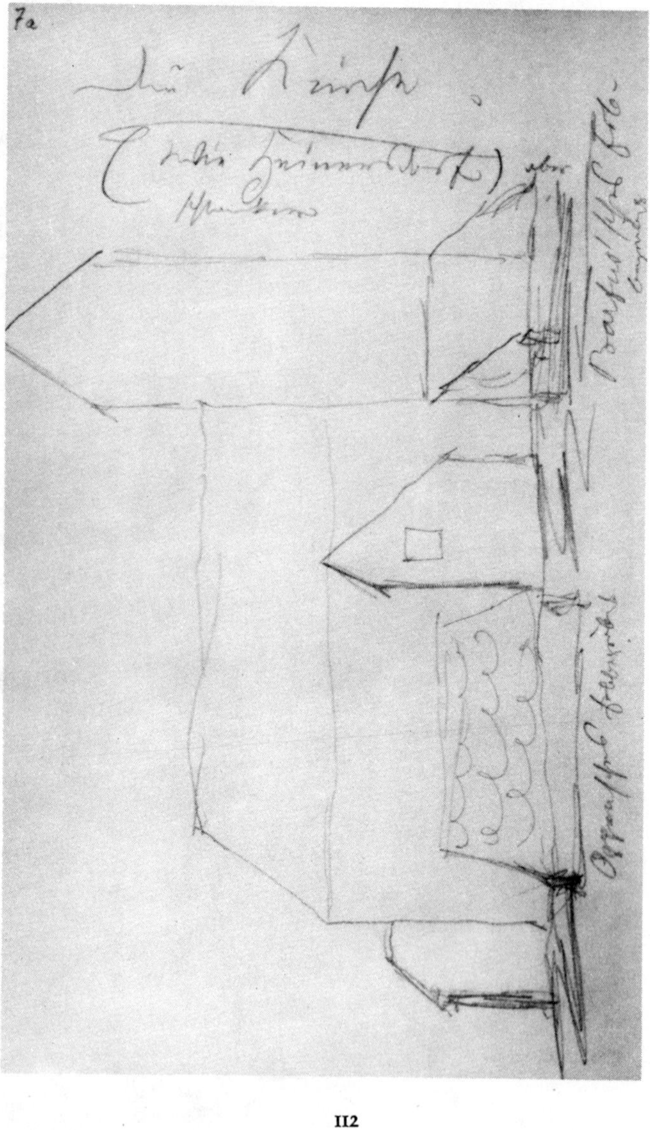
7a

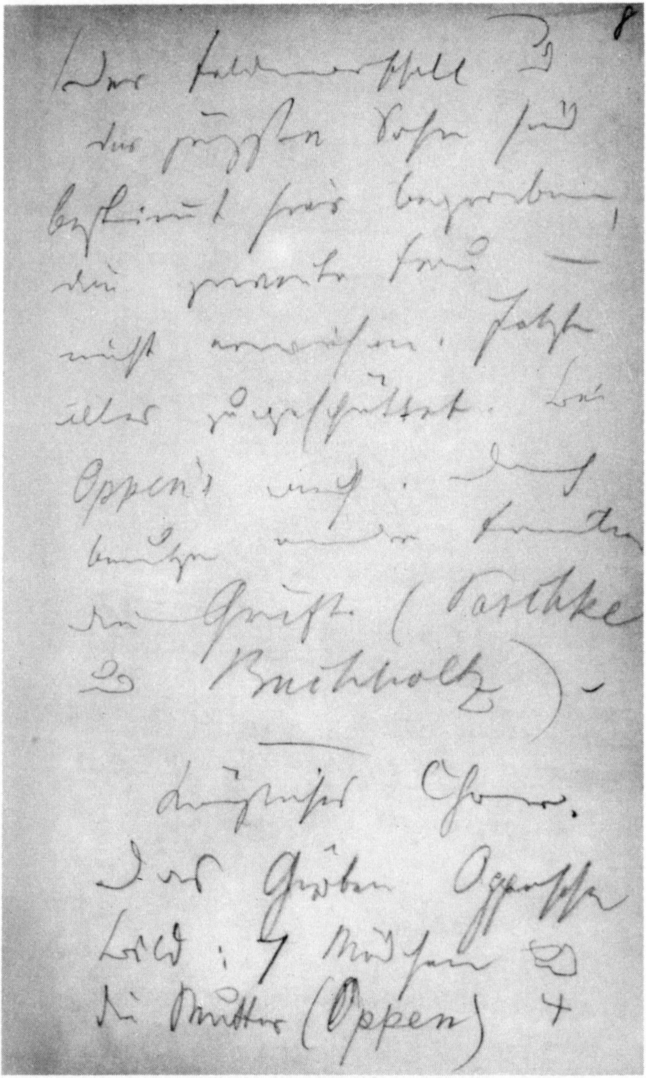

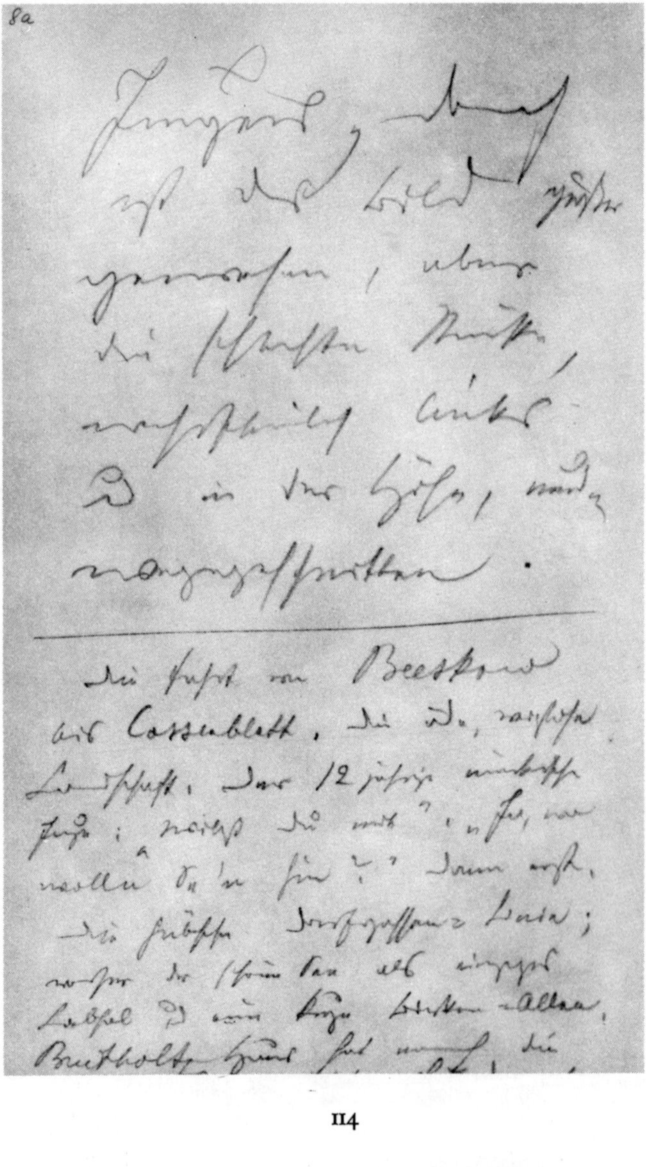
8a

[illegible]

[illegible] Beeskow

bei Cossenblatt. [illegible]

[illegible] 12 [illegible]

[illegible]

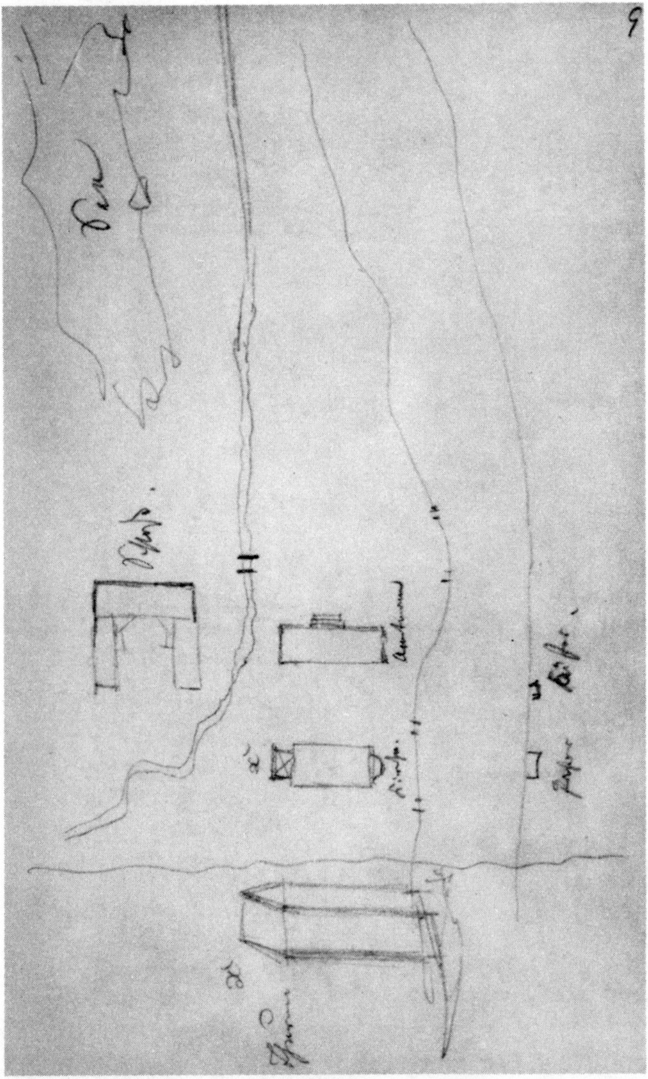

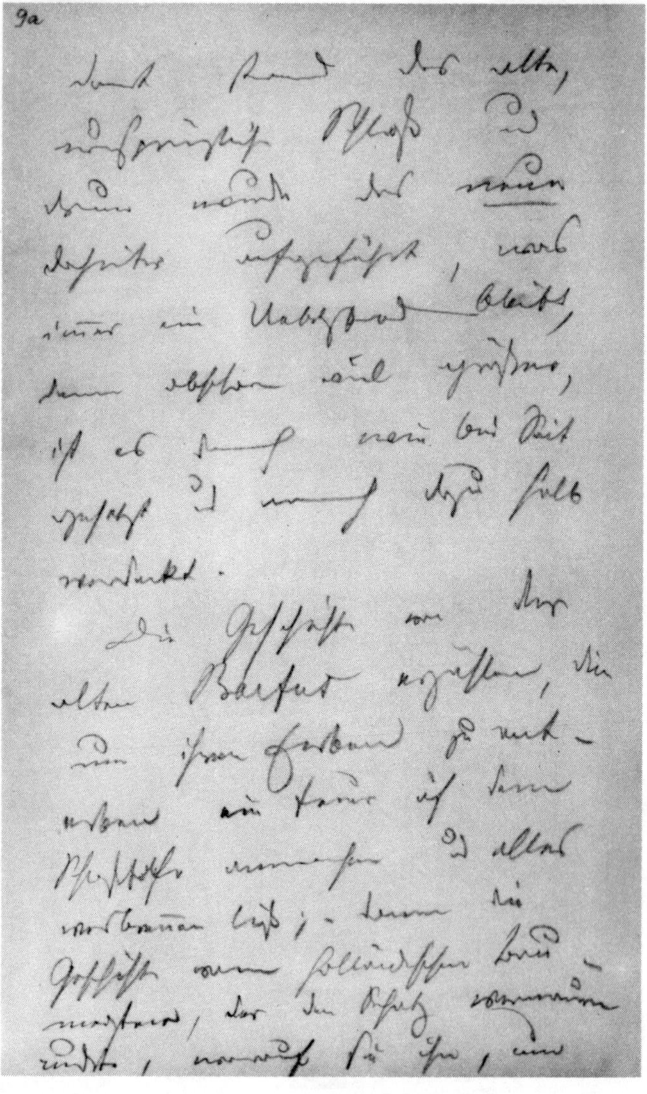

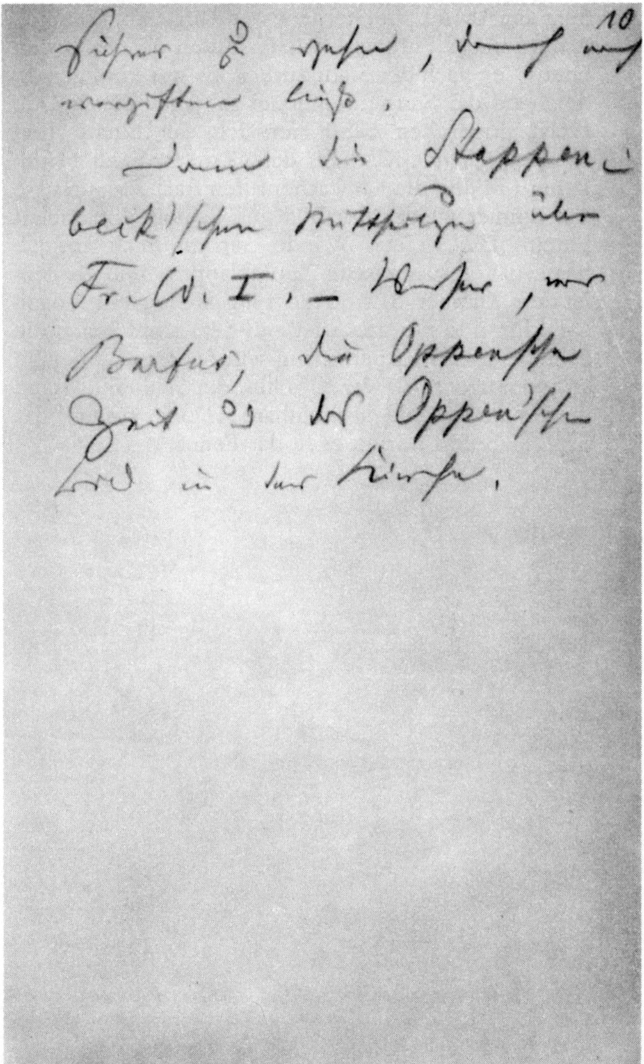
10
[illegible] zu sehen, [illegible] [illegible] [illegible].
Dann die Stappenbeck'schen Mittheilungen über Fr. W. I., — [illegible], von Barfus, die Oppen'sche Gruft u. das Oppen'sche Bild in der Kirche.

Spät am Abend, die Sterne waren längst am Himmel, mahlte unser Fuhrwerk wieder durch den Sand den öden Weg nach der Stadt zurück. Es war kühl geworden, und der Sternenhimmmel gab auch dieser Öde einen poetischen Schimmer. Ich sah hinauf und freute mich der Klarheit, des Glanzes; doch in die heitern Bilder, die ich wachzurufen trachtete, drängte sich immer wieder das Bild von Schloß Kossenblatt hinein. Die weißen Wände starrten mich an, ich hörte das gespenstische Türenklappen, und in dem letzten Zimmer des linken Flügels flog ein Vögelchen hin und her und stieß mit dem Kopf gegen die Scheiben; sein Zirpen klang wie Hülferuf. Aber im selben Augenblick war alles hin, der Schloßhof stand in Flammen, und unsichtbare Hände trugen das Schloß ab und warfen es in das Feuer.

Königswusterhausen

Es reist sich schön an einem Pfingstsonnabend in die Welt hinein, es sei wohin es sei. Die Natur, die Dinge, die Menschen, alles lacht; die Sonne geht in Strahlen unter, die Rapsfelder blühen, und selbst die Windmühlenflügel schwenken Maienbüsche durch die Luft.

Rixdorf rüstete sich zum Fest. Die Mägde, aufgeschürzt und kurzärmlig, standen auf den Höfen und wuschen und scheuerten; die kupfernen Kessel blinkten wie Gold, und einige Kinder, die eben aus dem Tümpelbade kamen, liefen nackt über die Straße und wirbelten den Staub auf. Der Tümpel blieb ja noch und erlaubte ein *zweites* Bad.

In *Rudow* schnitten die Jungen Kalmus; über *Waltersdorf* spannten die Linden ihren Schirm, während sich der Kirchhof in Holunderbüschen versteckte; *Kiekebusch* aber (so ändern sich die Zeiten) kuckte nicht mehr aus Busch und Heide, sondern aus hohen Roggenfeldern hervor.

Nun Heiderevier, dann wieder freies Feld, bis plötzlich die Höhe, auf der wir bis dahin fuhren, steil abfällt und eine Niederung, zunächst ein Kesseltal, vor uns liegt, in das wir hinunterrollen. Die Postillone blasen (wir haben drei Beichaisen), die ersten Häuser schimmern hinter Bäumen hervor, die Leute vor den Türen richten sich auf und grüßen, und die Jungen werfen ihre Mützen und schreien Hurra. Es ist ein Lärm, der einer Residenz zur Ehre gereichen würde, und doch ist es nur *Wusterhausen*, freilich – zu *Pfingsten*.

Wir halten vor der Post; drüben ist ein Gasthof mit Staubrouleau, Waschtoiletten und Klingelzügen, alles großstädtisch, und während mir zwei Lichter auf den Tisch gesetzt werden, richt' ich unwillkürlich die

Frage an mich: ist dies dasselbe Wusterhausen, von dem wir jene klassische, aber freilich wenig schmeichelhafte Beschreibung haben, die eine Seite in den Memoiren der Markgräfin von Bayreuth, der Lieblingsschwester Friedrich des Großen, füllt? Laß doch sehen, was sie schreibt.

Ich war wohlweislich nicht ohne dies Buch aufgebrochen, (das, wenn man so will, der »älteste Fremdenführer von Wusterhausen« ist), und las wie folgt:

»Mit unsäglicher Mühe hatte der König an diesem Orte einen Hügel aufführen lassen, der die Aussicht so gut begrenzte, daß man das verzauberte Schloß nicht eher sah, als bis man herabgestiegen war. Dieses sogenannte Palais bestand aus einem sehr kleinen Hauptgebäude, dessen Schönheit durch einen alten Turm erhöht wurde, zu dem hinauf eine hölzerne Wendeltreppe führte. (In der ersten Ausgabe heißt es von diesem alten Turm: »Er war ein ehemaliger Diebeswinkel, von einer Bande Räuber erbaut, denen dies Schloß früher gehört hatte.«) Das Gebäude war von einem Erdwall und einem Graben umgeben, dessen schwarzes und fauliges Wasser dem Styxe glich. Drei Brücken verbanden es mit dem Hofe (in Front des Schlosses), mit dem Garten (zur Seite desselben) und mit einer gegenüberliegenden Mühle. Der nach vornhin gelegene Hof war durch zwei Flügel flankiert, in denen die Herren von des Königs Gefolge wohnten. Am Eingang in den Schloßhof hielten zwei Bären Wacht (beiläufig gesagt sehr böse Tiere), die auf ihren Hintertatzen umherspazierten, weil man ihnen die vorderen abgeschnitten hatte. Mitten im Hof befand sich ein kleiner Born, aus dem man mit vieler Kunst einen Springbrunnen gemacht hatte. Er war mit einem eisernen Geländer umgeben, einige Stufen führten hinauf, und dies war der Platz, den sich der König abends zum Tabakrauchen auszuwählen pflegte. Meine Schwester (Charlotte; später Herzogin von Braunschweig) und ich, hatten für uns und unser ganzes Gefolge nur zwei Zimmer, oder vielmehr zwei Dachstübchen. Wie auch das Wetter sein mochte, wir aßen zu Mittag immer im Freien unter einem Zelte, das unter einer großen Linde aufgeschlagen war. Bei starkem Regen saßen wir bis an die Waden im Wasser, da der Platz vertieft war. Wir waren immer 24 Personen zu Tisch, von denen drei Viertel jederzeit fasteten; denn es wurden nie mehr als sechs Schüsseln aufgetragen und diese waren so schmal zugeschnitten, daß ein nur halbwegs hungriger Mensch sie mit vieler Bequemlichkeit allein aufzehren konnte.* ... In Berlin hatte ich das Fegfeuer, in Wusterhausen aber die Hölle zu erdulden.«

So die Markgräfin, die frühere Prinzessin Wilhelmine. Ich schlug das Buch zu und trat an das offene Fenster, durch das der heitere Lärm schwatzender Menschen zu mir heraufdrang. Das Zimmer lag im ersten Stock, und die Kronen der abgestutzten Lindenbäume ragten bis zur Fensterbrüstung auf, so daß

---

* Prinzessin Wilhelmine (die Markgräfin) erzählt an einer anderen Stelle ihrer Memoiren: »Ich war all die Zeit über so leidend, daß ich versichern darf, zwei Jahre lang von nichts anderem als Wasser und trocken Brot gelebt zu haben«. Es scheint fast, daß sie die Entsagung, die ihr ihr Krankheitszustand auferlegte, der Kärglichkeit der Königlichen Tafel zur Last legen will. Es ist nicht sehr wahrscheinlich, daß es so *knapp* in Wusterhausen hergegangen sein sollte. Der König war ein sehr starker Esser, und alle Personen von gutem Appetit haben die Maxime: »Leben und leben lassen«. Außerdem liegen glaubhafte Berichte vor, aus denen sich ganz genau ersehen läßt, was an Königs Tisch gespeist wurde. Es gab: Suppe, gestovtes Fleisch, Schinken, eine Gans, Fisch, dann Pastete. Dazu sehr guten Rheinwein und Ungar. In *Wusterhausen* kamen noch (weil es die Jahreszeit mit sich brachte) Krammetsvögel, Leipziger Lerchen und Rebhühner hinzu, besonders auch Früchte zum Dessert, darunter die schönsten Weintrauben. Das klingt schon einladender, als die Beschreibung der Prinzessin.

ich meinen Kopf in ihrem Blattwerk verstecken konnte. An der andern Seite der Straße (etwas zurückgelegen) zog sich der eine Cavalierflügel des Schlosses hin. Die ganze mir zugekehrte Front steckte in weißen und roten Rosen, die Oberfenster waren geöffnet und Licht und Musik drangen zu mir herüber. Hinter dem Flügel, in schräger Richtung nach rechts hin, standen hohe Baumgruppen, und zwischen dem Laubwerk wurde das Schindel- oder Schieferdach des alten Schloßturms sichtbar, »des Diebeswinkels, von einer Räuberbande erbaut.« War es wirklich so arg mit ihm? Er stand da, mondbeschienen, mit der friedlichsten Miene von der Welt, seine Spitze (eine Art Flaggenstock) so krumm wie ein Elephantenzahn und das Ganze eher an Idyll und goldene Zeit, als an Erzfeuer und Hölle mahnend.

Es war noch nicht spät und der Weg nicht zwei Minuten weit; so beschloß ich noch einen Abendbesuch zu machen und die, freilich dämmerumwobene Wirklichkeit des Schlosses mit der Beschreibung seiner ehemaligen Bewohnerin zu vergleichen. Ich trat in den weiten Schloßhof ein. Da lagen die Flügel rechts und links, vor mir Brücke und Graben, und dahinter, großenteils versteckt, das Schloß selbst. Die Bären fehlten, der Springbrunnen auch; keine Stufen da, auf denen irgendwer seine Abendpfeife hätte rauchen können; nur eine weiße Pumpe stand mitten in einem Fliederboskett und nahm sich besser aus, als Pumpen sonst wohl pflegen.

Ich näherte mich der Brücke und konnte nun die Fundamente des Schlosses in wenigstens dunklen Umrissen, die Giebel aber, auf die das Mondlicht fiel, in scharfen Linien erkennen; was zwischen Giebel und Grundmauer lag, war hinter Bäumen versteckt. Der »Styx« existierte nicht mehr; halb zugeschüttet war aus dem Graben ein breiter Streifen Wiesenland geworden; die blühenden Kräuter würzten die Luft, und im Rücken des Schlosses (die Notte fließt dicht daran vorüber) hört' ich, wie ein Wasser still, breit, melodisch über ein Wehr fiel.

Ich kehrte um und setzte mich unter die Linden des Gasthauses. Das war keine »Hölle«, die ich gesehen hatte, oder die *Beleuchtung* hatte Wunder getan.

Der Wirt setzte sich zu mir, und angesichts des Schlosses,dessen Turmdach uns argwöhnisch zu belauschen schien, plauderten wir vom *Schloß Wusterhausen.*

In alten wendischen Zeiten stand hier ein Dorf namens »Wustrow«, d. h. »umflossener Ort.« Die Bezeichnung findet sich vielfach in der Mark bis diesen Tag, z.B. das Zieten'sche Wustrau. Als die Deutschen in's Land kamen, gründeten sie ein Nachbardorf, das noch existierende *Deutsch* – Wustrow, zum Unterschied von *Wendisch* – Wustrow, schließlich aber wurden beide Worte (durch ein angehängtes »hausen«) germanisiert, und Deutsch- und Wendisch-Wusterhausen waren fertig.

Wendisch-Wusterhausen – nur mit diesem haben wir es zu tun – wurde eine markgräfliche Burg. Sie verteidigte, wie »Schloß Mittenwalde«, von dem wir im nächsten Kapitel sprechen werden, den Notte-Übergang, d.h. sie war Grenzburg zwischen der Mark und der Lausitz.

Wendisch-Wusterhausen blieb markgräfliche Burg bis gegen 1370. Es ist sehr wahrscheinlich, daß der alte Turm (der »Diebswinkel«) bis in diese markgräfliche Zeit zurückdatiert. Etwa 1375 kamen die *Schliebens* in Besitz der Burg, eine Familie, die damals in der Umgebung reich begütert war. Sie besaßen es ein Jahrhundert lang, also namentlich auch während der *Quitzow* – Zeit, ohne daß besondere Räubertaten der Burg Wendisch-Wusterhausen bekannt geworden wären. 1475 kauften es die Schenken von *Landsberg*, die damaligen Besitzer der Herrschaft Teupitz, aus deren Händen es (kleiner Mittelglieder zu geschweigen) 1683 in Besitz des Kurprinzen *Friedrich*, des späteren Königs Friedrich I. kam. Dieser schenkte es 1698 seinem damals 10 Jahre alten Sohne, dem späteren König *Friedrich Wilhelm I.*

Dieser (Friedrich Wilhelm I.) nahm Wendisch-Wusterhausen von Anfang an in seine besondere Affektion. Er hielt bei dieser Vorliebe aus bis zu seinem Tode. Was der Ort jetzt ist, verdankt er ihm, dem »Soldatenkönig«. Das Dorf wurde zum Flecken; die Straßen und Plätze, die Häuser und Bäume, alles ist sein Werk, und mit Recht hat der Flecken seinen Namen gewechselt und sich aus einem Wendisch-Wusterhausen zu einem *Königs* – Wusterhausen erhoben.

Königswusterhausen ist vielleicht mehr als ein anderer Ort (nur Potsdam ausgeschlossen) mit der Lebens- und Regierungs-Geschichte König Friedrich Wilhelms I. verwachsen. Hier ließ er als Knabe seine »Kadetten«, und einige Jahre später (von 1705 an, wo er ein Regiment erhalten hatte) seine »Leib-Kompanie« exerzieren. Hier übte und stählte er seinen Körper, um sich wehrhaft und mannhaft zu machen, und hier, zur Regierung gelangt, fanden jene Jagdszenen und waidmännischen Festlichkeiten statt, die Wusterhausen damals zum Jagdschloß par excellence erhoben.

Hier auf dem Schloßhof, den jetzt die friedliche Pumpe ziert, war es, wo jedesmal nach abgehaltener Jagd, den Hunden ihr »Jagdrecht« wurde. Dies »Jagdrecht« galt als eine Nachfeier zum eigentlichen Fest. Der *zerlegte* Hirsch wurde wieder mit seiner Haut bedeckt, an der sich noch der Kopf samt dem Geweih befinden mußte. So lag der Hirsch auf dem Hof, während hundert und mehr Parforce-Hunde, die durch ein Gatter von ihrer Beute getrennt waren, laut heulten und winselten und nur durch Peitsche und Karbatsche in Ordnung gehalten wurden. Endlich erschien der König, der Jägerbursche zog nun die Haut des Hirsches fort, das Gatter öffnete sich und die Meute fiel über ihr »Jagdrecht« her, während die Piqueurs im Kreise standen und auf ihren Hörnern bliesen.

Wenigstens zwei Monate alljährlich wohnte König Friedrich Wilhelm I. in Wusterhausen. Spätestens am 24. August traf er ein und frühestens am 4. oder 5. November brach er auf. Die ersten 8 Tage gehörten der Rebhuhnjagd (vorzüglich auf der Groß-Machenower Feldmark), später dann folgten, freilich zumeist erst im Dezember und Januar, die Jagden auf Rot- und Schwarzwild. Zwei stehende Festlichkeiten im größeren Stil gab es alljährlich während der Wusterhausner Saison: die Jahresfeier der Schlacht bei *Malplaquet* (am 11. September) und das *Hubertusfest* am 3. November. Bei Malplaquet war der König, damals noch Kronprinz, zum ersten Mal im Feuer gewesen, das erheischte, wie billig, ein Erinnerungsfest. Das Hubertusfest war zugleich das Abschiedsfest von Wusterhausen.

Bei diesen Festen ging es hoch her, zumal beim Hubertusfest. Nur einmal fiel es aus, am 3. November 1730. Am 28. Oktober, sechs Tage vor dem Hubertustag, hatte das Kriegsgericht in Schloß Köpenick gesessen, das über Katte und Kronprinz Friedrich Urteil sprechen sollte.

In Wusterhausen saß derweilen der erzürnte König und wartete auf »Tod«. Das Kriegsgericht sprach »Schuldig«, aber es verweigerte den Ausspruch »Tod«. Da griff der König selbst in den Gang des Prozesses ein, er stieß das Urteil um, und jene berühmte Kabinetsordre wurde erlassen, die da schließt:

»S. K. M. seynd in der Jugend auch die Schule durchgelauffen und haben das lateinische Sprüchwort gelernet: fiat justitia et pereat mundus. Also wollen Sie hiermit, und zwar von Rechts wegen, daß der Katte, ob er schon nach denen Rechten verdienet gehabt, wegen des begangenen crimen laesae Majestatis mit glühenden Zangen gerissen und auffgehänget zu werden, Er dennoch nur, in consideration seiner Familie, mit dem Schwert vom Leben zum Tode gebracht werden solle. Wenn das Kriegs-Recht dem

Katten die Sentenz publicirt, soll ihm gesagt werden, daß es S. K. M. leydt thäte, es wäre aber besser, daß er stürbe, als daß die Justiz aus der Weldt kähme.«

Diese Kabinetsordre trägt als Ort und Datum: *Wusterhausen*, d. 1. November 1730.

Hier in Wusterhausen spielten später die Intrigen zwischen Schwester und Schwester, (Prinzessin Wilhelmine und Prinzessin Charlotte) und Tochter und Mutter (Prinzessin Wilhelmine und Königin); hier schwankte noch zuletzt die Waage, ob der Erbprinz von Bayreuth oder der Prinz von Wales, wie so sehr gewünscht wurde, die Braut heimführen würde; hier endlich, nachdem die Ungewitter sich verzogen und ruhigeren Tagen Platz gemacht hatten, teilte der früh alternde König, wenn Gicht und Podagra das Jagen verboten, seine Zeit zwischen Rauchen und Malen, zwischen Pfeife und Pinsel. Es war dann in Wusterhausen wie in Schloß *Kossenblatt* (seinem eigentlichen Atelier), nur mit dem Unterschied, daß Kossenblatt der *auserwählte* Ort für Podagra und Malerei gewesen zu sein scheint, während in Potsdam und Wusterhausen nur gemalt wurde, wenn die Gicht wie von ungefähr d. h. ohne Anmeldung und unerwartet erschien. Dies ist auch der Grund, weshalb sich in Potsdam und Wusterhausen viel weniger Bilder von der Hand des Königs vorfinden, als in Schloß Kossenblatt. Man könnte vielleicht sagen, daß seine Malerei in Kossenblatt epidemisch, in Potsdam und Wusterhausen nur sporadisch geherrscht habe. Schon hier übrigens sei bemerkt, daß sich im Wusterhausener *Schlosse* zur Zeit keine Bilder des Königs mehr vorfinden, doch hängen einige auf dem Oberflur des nachbarlichen Posthauses, – Erinnerungsstücke, an die Kunst und die Gicht des königlichen Malers.

Bei diesem Geplauder war es spät geworden. Die Stille in den Straßen mahnte zur Ruh. Ein schwaches Wetterleuchten zuckte dann und wann am Himmel und versprach einen schönen Tag; so schlief ich ein.

Der andere Morgen war Pfingstsonntag. Ich brach früh auf, um das »verzauberte Schloß« in hellem Tageslicht zu sehen. Ich fragte nach dem Kastellan, – tot; nach der Kastellanin – auch tot; endlich erschien ein Mann mit einem großen alten Schlüssel, der mir als der »Exekutor« vorgestellt wurde. Dies ängstigte mich ein wenig. Es war ein ziemlich mürrischer Alter, der von nichts wußte, auch von nichts wissen *wollte*. Nur seine Nase spielte in's Rötliche. Wir traten durch eine Seitentür auf den Schloßhof. Es war schon heiß, trotz der frühen Stunde; die Sonne blendete, und die Bosketts samt der weißen Pumpe waren nicht ganz mehr, was sie am Abend vorher gewesen waren.

Wir umschritten zunächst das Schloß, dann nahm ich einen guten Stand, um mir die Architektur desselben einzuprägen. Es ist gewiß ein ziemlich häßliches Gebäude, aber es ist doch mehr originell als häßlich, und weil es (hübsch oder häßlich) so ganz apart ist, ist es nicht ohne Interesse. Der ganze Bau, bis zu beträchtlicher Höhe, ist aus Feldstein aufgeführt, woraus ich den Schluß ziehe, daß der König beim Ausbau des Schlosses die Grundform desselben (ein Viereck mit einem vorspringenden Rundturm) beibehielt und nur die Einrichtung und Gliederung völlig veränderte. Der Rundturm wurde Treppenturm. Von diesem Turm aus zog er eine Mauerlinie mitten durch das Feldstein-Viereck hindurch und teilte dadurch den Bau in zwei gleiche Hälften. *Jede* Hälfte erhielt ein Giebeldach, so daß jeder, der sich dem Schlosse nähert, *zwei* Häuser zu sehen glaubt, die mit ihren Giebeln auf die Straße blicken. In Front beider Giebel, an beide sich lehnend, steht der Turm.

Der Turm ist sehr alt; König Friedrich Wilhelm I. aber hat ihm einen modernen Eingang gegeben, eine Art griechisches Portal (in Mannshöhe), dessen Giebelfeld etwa ein Dutzend in Holz geschnittene Amoretten zeigt. Einige sind wurmstichig geworden, andere haben sonstigen Schaden genommen.

Beim Eintreten erblickt man zuerst verließartige Kellerräume, darin etwas Stroh liegt, wie eben verlassene Lagerstätten. Dann führt eine Treppe von zehn oder zwölf Stufen in's Hochparterre, dann eine zweite höhere Treppe in's erste Stockwerk. Wir verweilen hier einen Augenblick. Ein schmaler Gang scheidet zwei Reihen Zimmer voneinander, deren Türen sämtlich (mutmaßlich des besseren Luftzugs halber) kleine Gitterfenster haben, infolgedessen die Zimmer genau aussehen wie Gefängniszellen. Es sind dies ersichtlich dieselben Räume (»nicht besser als Dachstuben«), in denen die Prinzessinnen schlafen mußten, wenn sie nicht, was auch möglich ist, in den kleinen Giebelstuben untergebracht wurden. Die Gitterfenster gönnen überall einen Einblick. Nur eines der Zimmer schien benutzt; auf dem Boden desselben lagen Aktenbündel ausgebreitet, weiße, grüne, blaue, wohl 80 oder 100 an der Zahl; mutmaßlich eine alte Registratur der Herrschaft Königswusterhausen.

Wir stiegen nun in's Hochparterre zurück. Hier befindet sich die alte Herrlichkeit des Schlosses auf engstem Raum zusammen. Man tritt zuerst in eine Jagdhalle, die, wie oben der Flurgang, zwischen zwei Reihen Zimmern hinläuft.

In dieser Halle befinden sich, nach Art dieser Lokalitäten, 6 oder 8 Hirschgeweihe, an denen nichts Besonderes wahrzunehmen ist. Die frühere Sehenswürdigkeit dieser Halle ist ihr verloren gegangen. Es war dies (so geht die Sage) das 532 Pfund schwere Geweih eines Riesenhirsches, der 1636, also zur Regierungszeit George Wilhelms, in der Köpenicker Forst, 4 Meilen von Fürstenwalde, erlegt worden war. Es ist über dies Geweih, auch in neuerer Zeit noch, viel gestritten und obige Gewichtsangabe, wie billig, belächelt worden. Nichtsdestoweniger muß das Geweih etwas ganz Enormes gewesen sein, da Friedrich August II. von Sachsen dem Könige Friedrich Wilhelm I.

eine ganze Kompanie langer Grenadiere zum Tausch dafür anbot, ein Anerbieten, das natürlich angenommen wurde. Das Geweih existiert noch und soll sich auf dem Jagdschloß Moritzburg bei Dresden befinden.*

Rechts von der Halle sind zwei Türen. An der einen, zunächst der Treppe, steht mit Kreide angeschrieben: »Wachtstube der Artillerie«. Bei Manövern, Mobilmachungen usw. muß nämlich das Wusterhausener Schloß wohl oder übel mit aushelfen und erhält vorübergehend eine kleine Garnison, eine Benutzung, gegen die der »Soldatenkönig« vielleicht am wenigsten einzuwenden haben würde. Auch stehen die meisten dieser Räume (wenigstens in ihrer jetzigen Gestalt) durchaus nur auf der Stufe von Kasernenstuben. Das erste Zimmer hinter der mit Kreide beschriebenen Tür war ehedem das Schlafzimmer Friedrich Wilhelms I. Es befindet sich in demselben – fast das einzige, was diesem Schlosse aus jener Zeit her erhalten geblieben ist – das Waschbecken des Königs, eine Art festgemauertes Wasch*faß*. Das Ganze, aus Gips gefertigt, gleicht den Abgußsteinen, die man in unseren Küchen findet, und hat in der Tat eine Öffnung zum Abfluß des Wassers, in der ein steinerner Stöpsel steckt, halb so lang wie ein Arm und halb so dick. Beim Anblick dieses Waschfasses glaubt man, daß er einer der reinlichsten Menschen war und »sich wohl zwanzigmal des Tages wusch«.

Die andere Tür, ebenfalls zur Rechten der Halle, führt in den *Speisesaal*. Er mißt 15 Schritt im Quadrat, ist also ziemlich geräumig. In der Mitte ist ein hölzerner Pfeiler angebracht, der vielleicht mehr schmükken als stützen soll; ist aber zu beidem gleich unfähig. Ein großer Kamin und ein gegipster, steinartiger Fußboden vollenden die Einrichtung dieses Saales;

---

* An der Stelle (4 Meilen von Fürstenwalde), wo der Hirsch erlegt wurde, befindet sich noch jetzt ein steinernes Monument, welches den Hirsch in liegender Stellung darstellt.

neben dem Kamin sieht man die Überreste einer Treppe, die direkt in den Küchenanbau führte. Dies ist also der Saal, in dem an jedem 11. September der Tag von Malplaquet und an jedem 3. November das Hubertusfest gefeiert wurde. Es ging dann hier viel heiterer her, als man jetzt, beim Anblick dieser weißgetünchten Öde, glauben sollte. Frauen waren ausgeschlossen; es war ein Männerfest. Zwanzig bis dreißig Offiziers, meist alte Generals, die unter Eugen und Marlborough mitgefochten hatten, saßen dann um den Tisch herum, und Rheinwein und Ungar wurden nicht gespart. Der »starke Mann« mußte kommen und seine Kunststücke machen; zuletzt, während das Feuer flackerte und die Piqueurs auf ihren Jagdhörnern bliesen, packte der König den alten Generalleutnant *von Pannewitz*, der von Malplaquet her eine breite Schmarre im Gesicht hatte, und begann mit ihm den Tanz. Dazwischen Tabak, Brettspiel und Puppentheater, bis das Vergnügen an sich selbst erstarb.

Wir treten aus diesem Eßsaal wieder in die Halle zurück. Zur Linken derselben befinden sich ebenfalls zwei Zimmer, die Zimmer der *Königin*. Sie sind verhältnismäßig noch wohl erhalten und geben einem ein deutliches Bild, wie die »Eleganz« von Schloß Wusterhausen beschaffen war. Beide Zimmer sind durch eine einfache Eichentür miteinander verbunden, sowie auch niedrige Eichenholz-Paneele die Wände umziehen. In den Ecken der Decke sind vier Lyras angebracht, die aber so geniert aussehen, als befänden sie sich lieber woanders. Mit Unrecht: denn sie haben wenigstens Gesellschaft: zwei Basrelief-Bilder (in jedem Zimmer eins), die sich als Wandschmuck zwischen Decke und Kamin befinden. Das eine stellt eine »Toilette der Venus«, das andere eine »Venusfeier« dar. Das erste operiert mit dem alten, wohlbekannten Material: schnäbelnde Tauben, Amoretten, Rosen-Girlanden usw., das zweite aber tut ein Übriges. Nackte Gestalten, von ganz unglaublichen

Formen, umtanzen eine Venusstatue, während ein Satyr von hinten her eine Bacchantin umklammert hält und die Widerstrebende zum Tanze zwingt. An anderem Ort würde dieser lustige Heidenspuk weiter nichts zu bedeuten haben, hier in Schloß Wusterhausen aber nimmt er sich wunderlich genug aus und paßt seltsam zu dem Waschbecken drüben mit dem dicken steinernen Stöpsel.

Das erste dieser Zimmer, das sich mit der »Toilette der Venus« begnügt, führt durch eine Seitentür auf eine Art Rampe hinaus, die ziemlich steil nach dem Park hin abfällt. Diesen Weg machte wahrscheinlich immer der König, wenn er in seinem Gichtstuhl in den Garten hinein und wieder zurückgerollt wurde. Bekanntlich war Treppensteigen nicht seine Sache.

Wir treten jetzt, den Blick noch einmal auf die öden Räume gerichtet, ebenfalls in's Freie hinaus und atmen auf im Sonnenlicht und in dem Wiesenduft, den eine Luftwelle eben zu uns her trägt. Eine mächtige alte Linde, hart zu Füßen der Rampe, ladet uns ein, unter ihrem Zweigewerk Platz zu nehmen. Wir tun's und befinden uns mutmaßlich unter demselben Blätterdach, »unter dem (um noch einmal Prinzessin Wilhelmine zu zitieren) die Damen, wenn's regnete, bis an die Wade im Wasser saßen«. Die Parkwiese liegt vor uns, Hummeln und Käfer summen darüber hin, das Mühlenfließ, uns zur Rechten, fällt leise über das Wehr. Träume nehmen den Geist gefangen und führen ihn weit fort in südliche Länder, zu Tempeltrümmern und Götterbildern. Ein Satyr lauscht plötzlich hervor, es ist derselbe, der der tanzenden Bacchantin da drinnen im Nacken sitzt, und die Bilder von Schloß Wusterhausen schieben sich plötzlich wieder vor die Bilder klassischer Schönheit. Hatte die Memoirenschreiberin *doch* Recht? Ja und nein; ein prächtiger Platz für einen Waidmann und eine starke Natur, aber ein schlimmer Platz für ästhetischen Sinn und einen weiblichen esprit fort.

Die Wendische Spree
oder:
Von Köpenick bis Teupitz an Bord der »Sphinx«

Am 6. Juli vormittags empfing ich folgende vom Tage vorher datierten Zeilen: »Sehr geehrter Herr. Es würde mich außerordentlich freuen, Sie an einer Bootexpedition teilnehmen zu sehen, die seitens der ›Sphinx‹ am 7. früh von Köpenick aus unternommen und bis Teupitz ausgedehnt werden soll. Es handelt sich, nach vorgängiger Passierung befahrenerer Wasserstraßen, um ein Vordringen bis zu den See- und Quellgebieten der ›Wendischen Spree‹, Gebiete, die selbst Ihnen vielleicht auf ihren märkischen Wanderungen unerschlossen geblieben sind. Einer brieflichen Rückäußerung bedarf es nicht; ich und einige Freunde sehen Ihrem Eintreffen am 6. abends mit Bestimmtheit entgegen. Sie finden uns an Bord. Ihr Backhusen.« – In einer Nachschrift war hinzugefügt, daß die »Sphinx« bereits im Laufe des Tages an der Südspitze der Köpenicker Schloßinsel vor Anker gehen werde.

Diese Zeilen versetzten mich in eine Aufregung, als ob es sich um ein Vordringen bis zu den See- und Quellgebieten des Nils gehandelt hätte. Und so wird es immer sein. Die Erfüllung eines Lieblingswunsches, sei der Wunsch selber, wie er wolle, berührt uns wie Weihnachtsfreude. Das Herz bleibt ein Kind. Ich war sofort entschlossen, an der Expedition teilzunehmen, breitete den »Kreis Teltow« vor mir aus und schwelgte vorweg in den blauen Seeflächen, die, auf der bunten Rappardschen Karte, den ganzen Weg zwischen Köpenick und Teupitz ausfüllen. Hand in

Hand mit dem Kartenstudium ging ein Studium des *Berghaus*, Abschnitt »Hydrographische Beschaffenheit des Spreeflusses«. Was ich dadurch an Orientierung gewann, sei auch dem Leser nicht vorenthalten.

An der Brücke von Köpenick treffen zwei Flüsse beinahe rechtwinklig zusammen: die *eigentliche* Spree und die *Wendische* Spree, letztere auch »die Dahme« geheißen. Die Wendische Spree, mehr noch als die eigentliche, bildet eine große Anzahl prächtiger Seeflächen, die durch einen dünnen Wasserfaden verbunden sind. Ein Befahren dieses Flusses bewegt sich also in Gegensätzen, und während eben noch haffartige Breiten passiert wurden, auf denen eine Seeschlacht geschlagen werden könnte, drängt sich das Boot eine Viertelstunde später durch so schmale Defilees, daß die Ruderstangen nach rechts und links hin die Ufer berühren. Und wie die Breite, so wechselt auch die Tiefe. An einer Stelle Erdtrichter und Krater, wo die Leine des Senkbleis den Dienst versagt, und gleich daneben Pfuhle und Tümpel, wo auch das flachgehendste Boot durch den Sumpfgrund fährt. So diese Wasserstraße. An ihren Ufern hin, ähnlich wie im Spreewald, hielten sich, bis in unsere Tage hinein, die wendischen Elemente. Wer die Gegend kennt, nennt sie deshalb die »Wendei«. Sie hat wenig Dörfer, keine Städte; selbst der Eisenbahnzug geht nur wie eine Erscheinung durch sie hin.

So ungefähr waren die Resultate, die mir Buch und Karte bei flüchtigem Studium an die Hand gaben.

Vor Anker in Köpenick

(Reisevorabend)

Am 6. abends war ich in Köpenick. Ich hatte die Wahl, ob ich von der Land- oder Wasserseite an Bord gehen wollte, entschied mich aber für letzteres. Alle Dinge haben ihr Gesetz. Wer zu einer Parforcejagd geladen ist, muß in einem roten Frack kommen oder wegbleiben. Also zu Wasser. Ein Boot führte mich um die Schloßinsel herum bis an die Ankerbucht, in der die »Sphinx« still und friedlich unter einem Dach weit vorgestreckter Ulmenzweige lag. Ein leiser Rauch stieg anheimelnd aus ihrem Küchenschornstein auf. Nach kurzem Anruf faßte ich eines der zwischen Mast und Schiffswandung straff ausgespannten Taue und kletterte die Stufen, bloße angenagelte Brettstücke, hinauf. Ich fand die Reisegesellschaft bereits versammelt. Es waren: Kapitän Backhusen, Lieutenant Apitz, Supercargo Nettermann. Zu diesen drei Herren, die sich als Mitglieder des Seglerklubs bereits bei mancher Regatta bewährt hatten, gesellte sich, als einziger Nicht-Gentleman an Bord, das Faktotum Mudy. Er vereinigte in sich alle niedrigeren Schiffsgrade, vom Vollmatrosen bis zum Kajütenjungen, und führte jeden dieser Titel nicht nur als scherzhaften nom de guerre, sondern mit allervollster Berechtigung. Mit dem Stoßruder in der Hand hatte er sein halbes Leben auf Rüdersdorfer Kalk- und Linumer Torfkähnen zugebracht. Seine Dienste, wie immer die der Subalternen, waren unentbehrlich. Er war auch Koch.

Nach Begrüßung und Vorstellung durch den Kapitän baten alle drei Herren, sich auf eine gute halbe Stunde verabschieden zu dürfen, da eine meine eigenen Interessen mitberührende Frage, die der Verproviantierung, noch zum Abschluß zu bringen sei. Mudy werde mittlerweile die Honneurs machen, wenn ich es nicht vorzöge, mich im Köpenicker Schloßpark zu ergehen. Ich entschied mich für den Park. Mudy blieb mir immer noch; man hat nirgends so viel Zeit zu Personalstudien wie an Bord eines Schiffes. Eine schmale Falltreppe führte mich ans Ufer; dann, meine Richtung auf das Schloß zu nehmend, erreichte ich ein großes, von einem Kiesweg eingefaßtes Wiesenrondell. Um diesen Kiesweg herum, in weiter gespanntem Bogen, wuchsen Buschwerk und Unterholz auf, aus deren dichtem Gewirr einzelne alte Bäume, Eichen und Akazien, emporstiegen. Die Akazien füllten die Luft mit Wohlgeruch. Es war ein köstlicher Abend. In den Nischen des Buschwerkes standen halbzerbrochene Sandsteinfiguren, Urnen und trauernde Engel, anzeigend, daß hier in halbvergessenen Tagen irgendein prinzeßlicher Vorleser, irgendein Mitglied von Hofstaat oder Kapelle begraben worden sei. Nun schlugen die Nachtigallen darüber. Eine dieser Begräbnisstätten – nicht aus Pietät, sondern aus Gärtnerlaune – war von einem Blumenbeet umgeben. Alles Grün fehlte; nur Lilien, weiße und rote, drängten sich dicht durcheinander. Diese prätentiöse Pracht wirkte beinahe unheimlich. Ein junges Köpenicker Paar ging an mir vorüber, das vielleicht Auskunft geben konnte. »Wer liegt hier?« fragt ich. »Da liegt der Flötenspieler«, lautete die Antwort. Und dabei kicherten beide.

Ich schlenderte noch den Kiesweg auf und ab, als ich meine Reisegefährten von der Schloßbrücke her zurückkommen sah. Es folgten ihnen drei Paar Träger mit großen Deckelkörben, die den angekündigten Proviant herantrugen. Die Körbe über den schmalen Steg hin direkt an Bord zu schaffen war unmöglich; ihr Inhalt mußte also vom Ufer aus in Einzelstücken herübergereicht werden, etwa wie sich Bauarbeiter die Steine zureichen. Dies gab mir Gelegenheit, die Verproviantierung der »Sphinx« im Detail kennenzulernen. Der Eindruck, den ich davon empfing, war ein gemischter; alles Tröstliche, was er mit sich brachte, wurde durch ebensoviel Beängstigendes balanciert. Durch welche Gegenden mußten wir kommen, um zu solchen Vorsichtsmaßregeln gezwungen zu sein! Es wurden eingeschifft: 120 Flaschen Tivolibier, 120 Flaschen Sodawasser, 30 Flaschen Bordeaux, 3 Filets, 2 Schock Eier, 1 Butterfaß, 1 Zuckerhut, 1 Baumkuchen, 6 Flaschen Scharlachberger und 1 Dutzend Flaschen Champagner. Mehr noch als diese durch Zahl oder Gewicht bemerkenswerten Quantitäten imponierte mir die Liste der »Kleinigkeiten«; sie füllte einen halben Bogen und wies über hundert Nummern auf. Ich zitiere daraus nur folgendes: eine Muskatnuß, ein kleines Reibeisen dazu, Salveiblätter, um Aal, und Dilldolden, um Schlei zu kochen. Alle diese Dinge, groß oder klein, verschwanden ohne Schwierigkeit in dem Rumpf des Schiffes; die Butter, das Fleisch erhielten ihren Platz auf großen Eisblökken, und eh eine halbe Stunde um war, war auch die letzte Flasche »gestaut«.

Damit hatten die Vorbereitungen ihr Ende erreicht; Ruhe trat an die Stelle der Arbeit, und während Mudy im Vorderraum des Schiffes sich um den Tee bemühte, saßen wir auf der Rundbank zwischen dem Steuer und dem Kajüteneingang und plauderten.

Es war um die elfte Stunde; in der dunklen breiten Wasserfläche spiegelten sich die Sterne, zugleich auch die Lichter aus Häusern und Villen, die, im Grünen halb versteckt, das Ufer des Flusses einfassen.

Ich fragte nach dem Schiff, nach seiner Bauart, nach seinen Schicksalen, vor allem auch nach dem Seglerklub, dem die »Sphinx« als eines der schönsten Boote angehört. Kapitän Backhusen, im allgemeinen kein Mann der Rede, war plötzlich in seinem Element und nahm gern das Wort.

»Ich weiß nicht, um welche Zeit der Klub ins Leben trat, aber seit einer Reihe von Jahren ist er da. Er hat wohl an hundert Mitglieder oder mehr, und die Zahl seiner Boote wird nicht geringer sein. Zwischen Treptow und dem Eierhäuschen ankert seine Flottille, die eine Musterkarte schöner und lieblicher Namen aufweist: Sturmvogel und Greif, Komet und Blitz, Libelle und Forelle, Undine und Albatros. Wir haben Korsos und Regatten, Preisrichter und Preisverteilungen, Chronometer, Flaggen und Becher. Der große Ehrenbecher muß von Jahr zu Jahr immer neu erworben werden; da dies selten glückt, so wandert er meist von Hand zu Hand. Aber das weckt keinen Neid; es herrscht eben ein kameradschaftlicher Geist.«

»Die Folge gemeinschaftlich überstandener Gefahren.«

»Was Sie scherzhaft aussprechen, trifft doch schließlich im Ernste zu. Aller Sport, der sonst nur Spiel wäre, hat seine Gefahr, aber keiner mehr als der Segelsport. Ob es an uns liegt oder an der Perfidie unserer Gewässer, laß ich dahingestellt sein; nur soviel, es vergeht kaum ein Jahr, wo nicht die Spree hierherum ihr Opfer fordert. Und immer nimmt sie uns die Besten. Ein solcher war auch Heinecke, der auf Neu-Spreeland wohnte, unser Seglerveteran. Dazu aller Menschen Freund. Er hatte ein neues Boot bauen lassen, fuhr hinaus, kenterte und ertrank. Das machte einen großen Eindruck. ›Wenn das *dem* passieren konnte‹, sagte sich jeder und sah einen Augenblick mißtrauisch auf die eigene Kraft.«

»Und der Unfall ereignete sich hier, auf der Spree selbst?«

»Nein, weiter aufwärts, auf der Müggel. Sie ist das tückischste unter allen Wässern. Geradeso tückisch, wie sie unschuldig aussieht. Plötzlich springt ein Wind auf, wirft sich in die Segel und legt das Boot auf die Seite. Wer sich dann an Mast und Planke hält, der mag gerettet werden; wer es aber durch eigene Kunst ertrotzen will, der ist verloren. Er verfitzt sich im Kraut und geht in die Tiefe. Die guten Schwimmer und die guten Segler, gerade *sie* sind es, die der Müggeltücke verfallen.«

»Aber muß es denn immer die Müggel sein?«

»Nein. Es ist freilich die schönste Wasserfläche weit und breit, nicht zu sprechen davon, daß die Gefahr ebenso anzieht, wie sie schreckt. Aber dennoch ist das Ansehen der Müggel im Niedergehen. Sie muß mindestens die Herrschaft teilen. Wir bevorzugen jetzt die Wendische Spree. Dort finden auch unsererseits die Regatten statt, deren ich schon flüchtig gegen Sie erwähntc.«

»Man hört so selten davon.«

»Gewiß. Die Berliner haben keinen Sinn dafür. Man merkt ihnen nicht an, daß sie von den Fischerwenden abstammen. Aber was sie in ihrer Totalität vermissen lassen, das suchen die einzelnen wieder auszugleichen. Und diese einzelnen sind wir. Ich wollte, Sie wären einmal zugegen, wenn der Mai anbricht und an unseren Ankerplätzen alles Leben und Erwartung ist. Wir sind dann in derselben Erregung, wie wenn Oxford und Cambridge an der Brücke von Twickenham ihren Wettkampf führen.«

»Und der Schauplatz dieser Wettkämpfe ist jetzt die Wendische Spree?«

»Ja, oder doch zumeist. Es ist dasselbe Terrain, das Sie morgen kennenlernen werden. Trotz der Müggel eine pompöse Wasserfläche; die Themse bietet nichts Ähnliches. Bei Café Lubow, halben Wegs zwischen Köpenick und Grünau, beginnt unsere Segelbahn, durchschneidet der Länge nach den Langen See und läuft dann an der Krampenbaude vorbei auf unser Flaggenschiff zu, das, weithin sichtbar, im breiten Seddin-See das ersehnte Ziel aller unserer Anstrengungen bildet. Das Ziel und den Drehpunkt. Jetzt, mit seitwärts gedrücktem Steuer, die Biegung um das Flaggenschiff herum, und mit verdoppeltem Eifer geht es die Segelbahn bis Café Lubow zurück. Eine Strecke von rund drei Meilen. Ich darf sagen, es wird dabei mehr Kunst gezeigt, als mancher von uns Spreefahrern erwarten möchte.«

»Und wer entscheidet über Sieg und Preis?«

»Die Schiedsrichter. Und dieses Schiedsrichteramt ist nun freilich das Schwerste von allem. Es handelt sich nämlich immer wieder darum durch minutiöseste Rechnungen festzustellen, wie viele halbe und viertel Sekunden Vergütigung jedes Boot im Verhältnis zu seiner Größe zu empfangen oder zu gewähren hat. Nur nach dem Resultat dieser Berechnung werden die Preise verteilt, so daß es vorkommen kann, daß das drittschnellste Boot leer ausgeht und das drittlangsamste gewinnt.«

»Es würde mich freuen, an einer dieser Regatten teilnehmen zu dürfen.«

»Da lad ich Sie auf nächstes Jahr an Bord der ›Sphinx‹. Sie sollen uns willkommen sein. Ja, es ist ein Vergnügen, wie es kein größeres gibt, solche Wettfahrt mit vollen Segeln, zumal wenn es stark windet und nun allerhand Unberechenbarkeiten hier zu Havarien führen, dort Boot und Mannschaft mit Niederlage bedrohen. So das letzte Mal. Wir musterten einunddreißig Fahrzeuge, ein wundervoller Anblick; aber nur fünfundzwanzig erreichten das Ziel. Die anderen sechs hatten Schiffbruch gelitten. Der ›Elektra‹, unserem schönsten und größten Boot, brach der Mast glatt über Deck ab und stürzte samt der Takelage in den Seddin-See; der ›Styx‹ rannte fest; der ›Forelle‹ platzte von dem mächtigen Segeldruck die Wantenverbolzung und hob sich aus dem Schiffskörper heraus; der ›Sturmvogel‹ zog Wasser und mußte Gummiplatten auf die Lecks nageln, um sich zu halten. Ein nicht geringerer Unfall traf die ›Undine‹. Ihr riß der Leitwagen aus, der das Segel hält, und zwar gerad in dem kritischen Moment des Lavierens. Aber Willy Krüger, der sie führte, setzte sich als lebender Ballast auf den Leitwagen und ließ sich halb durch die Wellen schleppen. So glückte es ihm, die Regatta wenn nicht siegreich, so doch ruhmreich mit auszusegeln.«

»Das klingt gut. Es würde mich nach dem allen kaum wundernehmen, Ihren Seglerklub zu einer Vorschule für unsere Flotte heranwachsen zu sehen.«

»Ich sage dazu nicht nein. Ein jeder nach seinen Kräften. Wie sie wissen, haben die Mittelgrafschaften

Englands ihren vollen Anteil an dem Flottenruhm der Nation. Lord Nelson war ein Predigersohn. Das Binnenland hat die Sehnsucht nach der See, und aus dieser Sehnsucht erwächst immer das Beste. Nicht aus der alltäglichen Routine. Wollen Sie glauben, daß wir zwischen Café Lubow und der Krampenbaude mehr als einen Chinafahrer ausgebildet haben?«

»Sie scherzen.«

»Durchaus nicht. Ich nenne Namen. Einer dieser Chinafahrer war Viktor von Graefe, der, zu Mehrung des von Vater und Bruder her ererbten Ruhmes, das Seine getreulich beigetragen hat. Wenigstens nach unserer Vorstellung.«

»Und zwar als Chinafahrer?«

»Gewiß. Es mögen jetzt zwanzig Jahre sein, daß er in Stettin eine Brigg bauen ließ, sie befrachtete und mit ihr nach England ging. Er war Schiffsreeder und Kapitän zugleich. Mit ihm war unser alter Eichmann, ein Freund und Klubgenosse, der die Dienste eines Steuermanns versah. In England wurde die Fracht gewechselt; dann ging es in großer Tour erst bis Ceylon, dann von Ceylon bis Hongkong. In den ostasiatischen Gewässern verblieben die Freunde längere Zeit, wurden für die Linie Singapore-Kalkutta gechartert und befuhren dieselbe eine Reihe von Malen. Ihre Ladung war abwechselnd Tee und Reis. Sie verdienten ein bedeutendes Stück Geld und trafen nach Ablauf von dritthalb Jahren wohlbehalten an unserer pommerschen Küste wieder ein. Ihre Studien zu solcher Weltumsegelung aber – denn ich glaube fast, daß sie ihren Rückweg um das Kap Hoorn nahmen – hatten sie auf der Müggel und dem Seddin-See gemacht.«

Unter solchem Geplauder war Mitternacht herangekommen; die Lichter am Ufer hin erloschen, nichts leuchtete mehr als die Johanniskäfer im Gebüsch und die Sterne zu unseren Häupten. Die Frische des Abends steigerte sich zu nächtlicher Kühle, und ein

Frösteln überlief uns, trotzdem längst energischere Getränke an die Stelle des von Mudy präsentierten Tees getreten waren. Kapitän Backhusen mahnte zum Aufbruch. In der Kajüte drückte noch die Schwüle des Tages, so daß wir übereinkamen, die Tür nicht zu schließen. Zum Schutze gegen Mücken und Motten wurde dicht am Steuer ein Windlicht aufgestellt, das wir unmittelbar darauf von all den Unholden umschwärmt sahen, die ohne diese Vorsichtsmaßregel unsere Nachtruhe gestört haben würden. So aber schliefen wir unbelästigt unserem ersten Reisetag entgegen.

Von Köpenick bis Dolgenbrodt

(Erster Reisetag)

Als ich erwachte, war es heller Tag; die schon ziemlich hoch stehende Sonne füllte die Kajüte mit Licht, und an dem Lärm auf Deck, nicht minder an einer leichten Schaukelbewegung, ließ sich unschwer erkennen, daß unsere »Sphinx« bereits unter vollen Segeln war. Und so war es wirklich. Schloß Köpenick, selbst das preisrichternde »Café Lubow«, das am Abend vorher so oft genannt worden war, lagen längst hinter uns, und die Müggelberge links, die Spreeheide rechts, fuhren wir mit scharfer Morgenbrise den Langen See hinauf.

Der Nordwest, der blies, sosehr er unserer Fahrt zustatten kam, ließ es doch wünschenswert erscheinen, unser Frühstück in der Kajüte zu nehmen, deren etwa nur zehn Fuß im Quadrat messender Raum schnell gelüftet war. Mudy trug auf, ein Riesentablett vor uns niedersetzend. Wir verfügten noch über all jene Herrlichkeiten, die auf Seereisen trotz ihrer Einfachheit die größten Luxusartikel bilden: frisches Wasser, frische Milch und – frische Semmeln. Mit letzteren hatte uns Köpenick noch in aller Frühe versorgt.

Eine heitere halbe Stunde leitete den Tag ein, heiter und schönheitsvoll. In den Rahmen der offenstehenden Kajütentür stellten sich camera-obscura-artig die Veduten dieser Spree- und Müggelgegenden. Ruhig ging die Unterhaltung; wenn sie schwieg, vernahmen wir deutlich jenen unbeschreiblichen Gluck- und Murmelton, womit sich ein scharf durchschnittener Strom in nur halb gehobenen und unfertig bleibenden Wellen an die Planken eines Schiffes schmiegt.

Unser Auge richtete sich zumeist auf die wechselnden und doch dieselben bleibenden Landschaftsbilder, die jetzt in immer heller werdender Beleuchtung durch unsere Tür hereinschienen; nur von Zeit zu Zeit wandte sich der Blick auch unserer nächsten Umgebung, vor allem der Kajüte selber und ihrer kompendiösen Einrichtung, zu. Es fehlte nichts. Von der in Zapfen hängenden, alle Bewegungen des Bootes mitmachenden Lampenvorrichtung an bis zu der kleinen Druckmaschine herab, die die Zigarrenspitzen abschneidet, war alles da. Flaschen, Gläser und Flacons standen eingepaßt in ihren Behältern; überall Polster und Kissen, jeder Gegenstand des Komforts und der Toilette vertreten. Eß- und Spieltische konnten aufgeklappt oder ausgezogen werden. Das Ganze beständig an jene Karlsbader Etuis erinnernd, die in zwei zusammenpassenden Nußschalen eine Schere, einen Fingerhut, einen Bindlochstecher und eine Nadelbüchse enthalten, während man doch annehmen sollte, daß der Fingerhut allein schon ausreichen müßte, das Etui zu füllen.

Nach dem Frühstück, dem namentlich unser Supercargo durch allerhand kulinarische Aperçus eine höhere Weihe zu geben wußte, stiegen wir auf Deck und hatten nun die Wald- und Wasserlandschaft, die wir, während der letzten Stunde, nur in Ausschnitten kennengelernt hatten, in ihrer Totalität vor uns. Ein klarer, lichter Tag; blauer Himmel und Sonne, und doch ein feiner grauer Nebelschleier, der, über Wasser und Landschaft liegend, alles milderte und dämpfte. An den Ufern hin – ein seltener Anblick im norddeutschen Flachland – standen hoch aufgeschichtete Holzmeiler, bestimmt, zu Kohle verbrannt zu werden. Wie mir versichert wurde, eine Folge des Raupenfraßes, der nur noch diese Verwendung der geschädigten Kiefernwaldungen gestattet oder sie doch als die vorteilhafteste erscheinen läßt. Zwischen den Holzmeilern, und auf eine weite Strecke hin mit ihnen abwechselnd, erhoben sich die Kolossalbauten der Berliner Eiswerke, die halb wie Riesenschuppen einer Fabrikanlage, halb wie die Gradierwände einer Saline dreinschauten. Zu meiner Überraschung erfuhr ich, daß auch zuzeiten Feuer in ihnen ausbricht.

Eingesprenkelt in diese Meiler und Eiswerke, die auf weithin die Ufer beherrschen und ihnen den Charakter geben, präsentierten sich auch Villenanlagen, die in allen erdenklichen Spielarten, namentlich im italienischen und englischen Kastellstil, zu uns sprachen. Dicke und schlanke Flachtürme, mit Pfeilern, Sims und Balustrade. Alles in allem ein wunderbarer Anblick, der, nach mehr als einer Seite hin, zu denken gibt. Geflissentlich an den unübertroffenen Vorbildern Schinkels und seiner Schule vorübergehend, wie sie die Villenstraßen des Tiergartens aufweisen, gefällt sich der Bourgeois unserer östlichen Stadtreviere darin, seinen »Donjon« und, wenn es sein kann, selbst seinen »Belfroi« zu haben. Und dieser Schiefheit des Gedankens entspricht die Ausführung, die er erfährt. Eine geschäftsbefreundete »Firma«, die ein Ignorieren nicht wohl gestattet, empfängt den Bau in Entreprise, und tot und steif werden nun die Rund- und Spitzbögen aus dem Nürnberger Spielkasten genommen.

Eben wieder lag ein reichgegliederter »Tudor-Turm«, dessen hochaufgehißtes Banner allem Stolz von York und Lancaster zu trotzen schien, glücklich hinter uns, als die Wasserfläche des Langen Sees sich verbreiterte und unseren Architektur-Unmut, soweit er überhaupt an Bord unseres Schiffes geteilt wurde, in dem Imposanten des landschaftlichen Bildes untergehen ließ. Wir waren in das eigentliche Regattaterrain eingefahren und befanden uns in Nähe jener haffartigen Stelle, wo sich, angesichts der Schmöckwitzer Brücke, vier über Kreuz gestellte Seeflächen: der Lange See, der Seddin-See, die Krampe und der Zeuthener See, ein Rendezvous geben.

Der Nordwester wuchs, rascher ging die Fahrt, feuchter und erquicklicher wurde die Luft.

Das Bild nahm uns gefangen: wir waren begierig, es von einer Hochstellung aus besser überblicken zu können. Eine Strickleiter war nicht da, die wir hätten erklettern können; so festigten wir, rechts und links, ein Klammer- und Hakenbrett an die zwischen Mast und Wanten straff gespannten Schrägtaue und nahmen auf diesen Brettern hüben und drüben unseren Stand. Kapitän Backhusen, den Tubus in der Hand, gab nicht nur die Ordres, sondern auch die Informationen. »Das ist die Krampenbaude, das ist Philippshütte, das ist der Schmöckwitzer Turm; hier in Front aber, wo Sie die Rohrinsel schwimmen sehen, das ist ›Robins Eiland‹, wo unser Flaggenschiff an den Regattatagen zu liegen pflegt. Dahinter steigt der Müggelsheimer Forst an, und wo er sich wieder senkt, das ist Kahniswall.«

»Kahniswall?« fragte ich einigermaßen überrascht.

»Gewiß, Kahniswall. Kennen Sie es? Eine Kolonistenanlage; früher ein Fischerhaus.«

»Ja, dann kenn' ich es. Nicht von Ansehn, aber aus einer Erzählung. Und Robins Eiland, das dort im Rohrgehege mit den drei Pappelweiden schwimmt, muß dann just die Insel sein, wo meine Robinsonade spielt.«

Wir stiegen wieder auf Deck, und die Aufforderung erging an mich, zu erzählen, wobei es nicht an Zweifeln und scherzhaften Vorwürfen fehlte, ihnen, »den Halbautochthonen dieser Gegenden«, etwas Neues über die nördliche Wendei verraten zu wollen.

»Wir wissen hier Bescheid, wie in unserer eigenen Tasche; wir könnten Zivilstandsregister führen und Chroniken schreiben, und nun kommen Sie, um uns auf unserem eigenen Terrain eine Niederlage zu bereiten. Kahniswall, eine Robinsonade; was ist es damit?«

»Ich habe vor Jahren, als ich Geschichten aus dem Teltow sammelte, durch Güte eines Freundes davon erfahren. Es war eine briefliche Mitteilung und trug die Überschrift: ›Der Fischer von Kahniswall‹.«

»Nun, so lassen sie hören.«

»Gut denn.«

Der Fischer von Kahniswall

»Fischer Kahnis hielt eine Fähre, da, wo der Rahnsdorfer Spreearm in den Seddin-See eintritt. Das Häuschen, das er bewohnte, war des sumpfigen Untergrundes halber von ihm selber auf einem eigens hergerichteten Damm oder Wall aufgeführt worden, und weil alles damals noch ohne feste Bezeichnung war, erhielt diese Wallstrecke, wo sein Häuschen stand, den Namen Kahniswall. Die Kolonisten von Gosen und Neu Zittau, seine nächsten Nachbarn, vergaßen über diesen Ortsnamen sehr bald den Namen dessen, der Wall und Häuschen erst geschaffen hatte, und nannten ihn, nach seiner Schöpfung, den ›Fischer von Kahniswall‹. Diese Bezeichnung verblieb ihm auch sein lebelang, trotzdem er, bei jungen Jahren schon, die nach ihm benannte Heimstätte verließ. In der Geschichte jedoch, die Sie nun hören sollen, werd ich ihn, der Kürze halber, einfach bei seinem Namen nennen.

Kahnis hatte eine junge Frau, eine Kossätentochter aus Schmöckwitz, die sehr blond und sehr hüsch war, viel hübscher, als man nach ihrem Geburtsort hätte schließen sollen. Er war, bei Beginn unserer Erzählung, drei Jahre mit ihr verheiratet und hatte zwei Kinder, Krausköpfe, die er über die Maßen liebte. Seine Hanne aber liebte er noch viel mehr. Hatte sie doch, allem Dreinreden unerachtet, aus bloßer Neigung zu ihm – er war ein stattlicher Spreewende – eine Art Mesalliance geschlossen.

So kam der Oktober 1806. Eh der Unglücksmonat zu Ende war, waren die Schelmen-Franzosen in Berlin und drei Tage später auch in Köpenick. Hier sah sie nun unser Kahnis. Es waren Kürassiere von der Division Nansouty. Als er hörte, daß ein paar Schwadronen auch auf die umliegenden Dörfer gelegt werden sollten, überkam ihn ein eigentümlich schreckhaftes Gefühl, eine Eifersuchtsahnung, ein Etwas, das er bis dahin nicht gekannt hatte. Wer wollt es ihm verargen? Er war gerade gescheit genug um zu wissen, daß die Weiber, in ihrer ewigen Neugier, das Fremde und Aparte lieben, und sosehr er seiner Hanne unter gewöhnlichen Verhältnissen traute, sowenig glaubte er ihrer sicher zu sein, wenn es sich um einen Wettstreit mit den Nansoutyschen Kürassieren handelte, die alle sechs Fuß maßen und einen drei Fuß langen Roßschweif am Helme hatten. Ich muß sagen, daß er sich hierin, wie in vielen anderen Stücken, als ein einfacher, aber sehr verständiger Mann bewies.«

Kapitän Backhusen nickte zustimmend.

»Kahnis sann also nach, wie er der Gefahr entgehen könne, überschlief es und sagte dann anderen Tages früh: ›Hanne, komm; ich mag die Kerls nicht sehen. Sie haben keinen Herrgott und stehlen Kinder. Hier an der Straße sind wir nicht sicher vor ihnen. Ich weiß aber einen guten Platz, wo sie uns nicht finden sollen. Ewig wird es ja nicht dauern.‹

Daß er aus eifersüchtiger Furcht seinen Vorschlag machte, davon schwieg er. Er verfuhr wie immer die Ehemänner in ihrer Bedrängnis und tat alles ›um der Kinder willen‹. Hanne war eine gute Frau und zärtliche Mutter; zudem hielt ihre Erkenntnis gerade die Höhe von Schmöckwitz. Sie gab also unserem Kahnis einen herzhaften Kuß, zum Zeichen, daß sie mit allem einverstanden sei. Und das ist immer das Beste, was Frauen tun können.«

Kapitän Backhusen nickte abermals zustimmend.

»Gesagt, getan. Viel Zeit war ohnehin nicht zu verlieren. Unsere Fährleute gingen rasch ans Werk, und das Einschiffen ihrer Habseligkeiten begann. Das große Fährboot hatte ja Platz vollauf, Betten und Wiege, die Bibel und die Kuckucksuhr, die Kinder und die Ziege wurden geladen, und ehe die Sonne unter war, fuhren alle Insassen von Kahniswall, nichts weiter als die kahlen Wände zurücklassend, nach der Insel im Seddin-See hinüber. Da der Seddin-See nur eine Insel hat, so muß es Robins Eiland gewesen sein. Hier bezogen sie zunächst ein Camp, in dessen Mitte Kahnis aus Balken und Bohlen eine Wohnstätte zusammennagelte, die halb Blockhaus, halb Bretterhütte war. Der Winter setzte alsbald hart ein; aber wer wie Kahnis drei Jahre lang von dem Fährpfennig der Gosener Kolonisten und dem Marktertrage seines Fischkastens gelebt hatte, der war eben nicht verwöhnt. Zudem verstand er sich darauf, den Unbilden der Witterung zu begegnen. Schilf, das er in dichten Bündeln auf sein Block- und Bretterhaus packte, dazu ein darüber gebreitetes altes Segeltuch gaben Schutz gegen Regen und Kälte; eine Feuerstelle war bald aufgemauert, und lange bevor die Ostersonne im Seddin-See sich spiegelte, fand Kahnis, daß die alte Kuckucks-Wanduhr auf der Insel geradesogut schlüge wie daheim auf Kahniswall. Die Ziege gab Milch; an Fischen und Sumpfvögeln war Überfluß, und als die Brutzeit herankam, lagen die

Enten- und Kiebitzeier zu vielen Hunderten rings um die Insel her. Alsonnabendlich brachte er seine Fische nach Köpenick, kaufte Wochenbrot und beobachtete das politische Wetterglas, vor allem die Köpenicker und ihre Einquartierung. Was er da sah und hörte, machte ihn nur fester in seinem Entschluß, das Kriegswetter erst vorüberziehen zu lassen; das Franzosenzeug war gerade so, wie er es sich gedacht hatte, aber das Weiberzeug war viel schlimmer. Er beglückwünschte sich deshalb zu seiner Inseleinsamkeit und fuhr jedesmal fröhlich wieder heim.

Im Spätsommer Anno 8 hieß es: ›Jetzt ziehen sie ab.‹ Kahnis aber schüttelte den Kopf und sagte: ›Sie sind noch da; und wenn sie nicht mehr da sind, so kommen sie wieder; Hanne, wir wollen bleiben, wo wir sind.‹ Und darin war unser Robinson auf Robins Eiland klüger als mancher Allerklügste. Denn sie kamen wirklich wieder.

Kahnis freilich, als er so sprach, hatte nicht seine Klugheit, sondern nur seine Neigung befragt. Das Wahre von der Sache war: er wollte nicht mehr fort. Aus dem Schlupfwinkel, den er zwei Jahre früher als ein Flüchtling betreten und zunächst nur wie ein Lagerplatz eingerichtet hatte, war längst ein ansehnliches Gehöft mit Stube und Stall, mit Kammer und Keller geworden, das nicht mehr inmitten einer schilfüberwachsenen Insel, sondern im Zentrum eines von Garten- und Ackerstreifen durchzogenen und von einem Schilfgürtel nur eben noch eingefaßten Wiesenrondelles lag. Hier gruben und pflanzten Mann und Frau wie die ersten Menschen, und als endlich, nach zweimaliger Entscheidung, nach Leipzig und Waterloo, wirklich der große Frieden kam und Kahnis nun ehrenhalber sagen mußte: ›Hanne, jetzt ist es Zeit‹, da senkte diese den Kopf und erklärte, daß sie bleiben wolle. Das war es, was er zu hören gewünscht hatte. Nun gestand er ihr auch, daß er nicht aus allgemeiner Franzosenfurcht, sondern aus ganz besonderer eifersüchtiger Sorge vor den Nansoutyschen Kürassieren auf die Insel gezogen sei. Hanne machte kein Aufhebens von diesem Geständnis. Sie nahm nur das Schmeichelhafte heraus und entschlug sich aller tugendlichen Empfindsamkeit. Viel Nachdenken war überhaupt nicht ihre Sache.

So gingen die Jahre. Die Kinder wuchsen heran, verließen Haus und Insel; endlich starb auch die Frau. Kahnis stellte den Sarg auf sein bestes Boot und fuhr quer über den See, um der Toten auf dem Schmöckwitzer Kirchhof ein christliches Begräbnis zu geben. Denn in Lutheri Catechismo von Jugend auf fest, war er, der seit langen Jahren mehr mit Gott als mit den Menschen gelebt hatte, in seinem Glauben immer lebendiger geworden. Am Ufer warteten die Träger, Schmöckwitzer Kossäten. Als sie den Sarg niederließen, da, zum ersten Male, kam ein Schwanken in sein Herz, und er erschrak, wenn er an die Öde von Robins Eiland dachte; denn er war nun *ganz* allein. Aber die Anhänglichkeit an den Boden, den er sich errungen hatte, siegte auch diesmal, und guten Mutes kehrte er in seine Einsamkeit zurück. Die Insel war seine Welt geworden.

Sein Leben blieb dasselbe: allwöchentlich fuhr er zu Markt und bot seine Fische feil, wie er es vierzig Jahre lang getan hatte. Er war wohlgelitten in Köpenick, sie kannten ihn alle; und nur zuzeiten blieb er aus. Dann lebte er mit den Köpenickern in Fehde. Oft um kleiner Dinge willen, aber auch um großer. 1848 ließ er sich ein halbes Jahr lang nicht sehen und kam erst wieder, als ›Vater Wrangel‹, dessen Bild er damals mit einer breiten Goldborte an die Stubentür klebte, seinen siegreichen Einzug gehalten hatte. Die Köpenicker, als sie ihn wiedersahen, vergaßen allen politischen Hader und sagten nur: ›Alte Leute sind wunderlich.‹

Meine Geschichte geht zu Ende. – Es war am ersten Sonnabend des Monats Oktober 1850. Kahnis blieb aus. Die Köpenicker rechneten nach, worin sie's wohl wieder versehen haben könnten, konnten aber nichts finden. Daß Kahnis einmal eines von ihm und seiner Laune ganz unabhängigen Zwischenfalles halber fehlen könne, das fiel niemanden ein. Darin waren die Schmöckwitzer klüger. Diese, als er Tages darauf in ihrer Kirche fehlte, wußten, was geschehen war. Sie fuhren hinüber und fanden ihn neben der Schwelle seiner Tür, auf einem Bündel Schilf sitzend, das er sich seit lange, als seine Altersbank, zurechtgelegt hatte. Es war ersichtlich, daß er, die warme Herbstsonne suchend, an dieser Stelle eingeschlafen war, um nicht wieder zu erwachen. Die Verwandtschaft der Frau richtete ihm ein groß Begräbnis her; der Schmöckwitzer Küster schrieb an die beiden Söhne, die, mit sieben Enkeln und anderthalb Hand breitem Krepp um den Hut, von Berlin und Rathenow herüberkamen, die ganze Köpenicker Fischerzunft aber, die, schon zwei Stunden vor Beginn der Feierlichkeit, bei der Insel angefahren war, folgte jetzt in dreißig Booten nach Schmöckwitz hinüber. Der Prediger, der den alten Mann sehr geliebt und seiner Gemeinde als das Bild eines schlichten und frommen Christen oft empfohlen hatte, sprach über das Schriftwort: ›Ei, du frommer und getreuer Knecht, du bist über wenigem getreu gewesen, ich will dich über viel setzen; gehe ein zu deines Herren Freude.‹ Und denselben Spruch hat auch der Schmöckwitzer Tischler auf das Grabkreuz unseres Freundes geschrieben.«

»Dies Grab müssen wir besuchen«, rief jetzt Kapitän Backhusen mit Emphase; »das ist mein Mann; allein sein, nichts von der Welt wollen!« Und Lieutenant Apitz und unser Supercargo, trotzdem sie als Typen ausgesprochenster Gesellschaftsneigung gelten konnten, stimmten begeistert bei. Denn mit

Nachdruck ausgesprochene Sätze sind ihres Einflusses immer sicher.

Wir waren inzwischen bis in unmittelbare Nähe der Schmöckwitzer Brücke gekommen. Kapitän Backhusen gab ein Zeichen mit Horn und Sprachrohr, und gleich darauf, während die halbe Dorfjugend herzudrängte, hob sich eine der Brückenklappen und gestattete uns, unter Salut und Zoll, die Einfahrt aus dem Seddin-See in den Zeuthener See zu machen. Unsere erste Station war erreicht: *Schmöckwitz*. Die »Sphinx« legte an; wir stiegen ans Ufer, um auf eine halbe Stunde wieder terra firma unter den Füßen zu haben.

Schmöckwitz, eine Art Kapitale dieser Gegenden, wirkt doch ganz nur wie ein Dünendorf an der Ostseeküste. Öd und ärmlich. Hinter Sandhügeln versteckt, in tiefen Löchern und Einschnitten liegen einzelne Häusergruppen, während sich alte und junge Kiefern, oft mehr waagerecht als aufrecht stehend, an den sandigen, mit Strandhafer überwachsenen Abhängen entlangziehen. Inmitten des Ganzen die Kirche, ein trister Bau, aus dem Anfang dieses oder vielleicht auch des vorigen Jahrhunderts.

Sowenig einladend nun das Äußere derselben war, so drang ich doch, nach vielfacher auch auf diesem Gebiete gemachter Erfahrung, die jedes Vorwegurteil verpönt, auf Besuch des Inneren. Denn die trivialste märkische Dorfkirche kann immer noch das Rührendste und die häßlichste immer noch das Schönste verbergen. Hier freilich war ein solcher Ausnahmefall *nicht* gegeben. An weißgestrichenen Wänden hingen die üblichen Gedächtnistafeln; unter der Kanzel stand ein bestaubter Altar, beiden gegenüber aber, dicht gedrückt unter der Decke hin, blinkten die dünnen Röhren eines Harmoniums, dieses verkümmerten Enkelkindes der Orgel. In der Mitte der Kirche paradierte ein Kronleuchter, zum Andenken an die Jahre 13, 14 und 15 gestiftet. Er zeigte die Form einer

Kosakenmütze und war mit einem in Blech geschnittenen Eisernen Kreuz geschmückt. Derselben Zeit gehörte auch eine Landsturmfahne an, die auf ihrem roten Flanellappen einen schwarzen Adler und die Bezeichnung »1. Division, 1. Brigade« trug. Was hier so niederdrückend wirkte, war die melancholische Abwesenheit alles Freien und Selbständigen; die Armut kann poetisch sein, die Armseligkeit nie.

Wir traten auf den Kirchhof hinaus, dessen Gräber, wie die Häuser des Dorfes, gruppenweise versteckt in den Senkungen des Hügels lagen. Nur hier und dort ein Busch, ein Blumenbeet.

Um den Eindruck zu bannen, den das Innere der Kirche auf uns gemacht hatte, forschten wir nach Kahnis' Grab, freilich zunächst umsonst. Der Küster, der erst wenige Monate im Dorfe war, hatte den Namen nie gehört, zeigte sich indessen beflissen, in seiner Schulklasse zu fragen. Als er wieder zu uns trat, war er in Begleitung eines halbwachsenen Mädchens, dessen flachsblonde Zöpfe zu einer dichten Krone zusammengelegt waren. Sie begrüßte uns unbefangen, schritt auf einen abseits gelegenen, halbverwilderten Fliederbusch zu und sagte dann, indem sie die Zweige auseinanderbog: »Das ist Kahnis' Grab.« Auf einem eingefallenen Hügel, der mehr mit Moos als mit Gras überwachsen war, lag ein halb umgestürztes Kreuz; die Inschrift war längst vom Regen abgewaschen. Als wir neugierig fragten, »woher sie die Stelle so gut kenne«, zeigte sie, statt jeder anderen Antwort, auf ein Hänflingsnest, das sich in dem Gezweig versteckte. Die beiden Alten flogen auf, umkreisten aber die Stätte. Kapitän Backhusen, als er des geängstigten Pärchens ansichtig wurde, lüpfte den Hut und sagte dann: »Das sind wir dem Andenken Kahnis' schuldig, den Frieden dieses glücklichen Haushaltes nicht länger zu stören.« Damit traten wir unseren Rückzug an.

Eine Viertelstunde später waren wir wieder an

Bord der »Sphinx« und fuhren nun, unseren Cours wechselnd, auf die Südspitze des Zeuthener Sees zu. Auch hier noch ist der Segelklub zu Haus, dessen anwesende Mitglieder nicht ermangelten, mir »Hankels Ablage«, »Haches Gruß«, den »Gingang-Berg« und ähnlich wunderlich benannte Punkte vorzustellen. Aber der Zeuthener See ist doch schon Vorterrain; die Villen hören auf, der Einfluß der Hauptstadt schwindet, und die eigentliche »Wendei« beginnt. Die Ufer still und einförmig. Nur dann und wann ein Gehöft, das sein Strohdach unter Eichen versteckt; dahinter ein Birkicht, ein zweites und drittes, coulissenartig in die Landschaft gestellt. Am Horizonte der schwarze Strich eines Kiefernwaldes. Sonst nichts als Rohr und Wiese und ein schmaler Gerstenstreifen dazwischen; ein Habichtpaar in Lüften, das im Spiel sich jagt; von Zeit zu Zeit ein Angler, der von seinem Boot oder einem halbverfallenen Steg aus die Schnur ins Wasser wirft. Wenig Menschen, noch weniger Geschichte. Selbst der Feind mied diese Stelle. Darum fehlen hier auch die Schlachtfelder auf viele Meilen hin. In einer alten Chronik heißt es: »Der Dreißigjährige Krieg kam nicht hierher, weil ihm die Gegend zu arm und abgelegen war.« Er wußte wohl, was er tat. Wie ein Feuer ohne Nahrung wäre er in diesem See- und Spreegebiet erloschen.

Der Grundzug der Wendei, wenigstens an dieser Stelle, ist Trauer und Einsamkeit.

Um Mittag hatten wir die Südspitze des Zeuthener Sees erreicht; von fern her blickte der Königswusterhausener Turm zu uns herüber. Dann fuhren wir in die Neumühler Schmalung ein, die den Zeuthener See mit dem Krüpel-See verbindet, endlich aus dieser Schmalung in den Krüpel-See selbst.

Die Landschaftsbilder blieben dieselben und wechselten erst, als wir, bei Dorf Kablow, aus der bis dahin befahrenen Seenkette der Wendischen Spree in diese selbst gelangten. Nicht viel breiter als ein Torfgraben, zieht sie hier die Grenze zwischen dem teltowschen und dem beeskow-storkowschen Kreis, bis sie, nach einer Wegstrecke von kaum einer Meile, bei dem Dorfe Gussow abermals zu einem See sich breitet, dem Dolgen-See. Unsere Fahrt verlangsamte sich jetzt, da mittlerweile beinahe völlige Windstille eingetreten war; erst eine bei Sonnenuntergang aufspringende Brise führte uns glücklich über den See bis Dolgenbrodt.

Es war völlig dunkel geworden, und nur der Schein weniger Lichter bezeichnete die Stelle, wo, hinter Bäumen und Rohrgehegen, das Dorf zu suchen sei. Wir selber warfen Anker inmitten dreier Torfkähne, die schon vor uns an diesem Platz ein Unterkommen gesucht hatten. Zugleich wurde die Sturmlaterne ausgehängt. Als ich mein Befremden über diese Vorsichtsmaßregel ausdrückte, zeigte Kapitän Backhusen auf eine dunkle sternlose Stelle am Horizont, die ihm Sturm zu bedeuten schien, zum zweiten aber auf die Torfkähne, zwischen denen wir allerdings wie eingeklemmt lagen. »Zieht ein Wetter herauf und diese drei ›großen Christophs‹ reißen sich los, so werden wir zerquetscht wie ein Polarschiff im Eismeer. Die Laterne tut nicht alles, aber viel. Zum mindesten zeigt sie uns die Stelle, wo wir untergehen.«

Um diesen Trost reicher, suchten wir unser Lager. Müde von des Tages Last und Hitze, schliefen wir unbekümmert ein.

Von Dolgenbrodt bis Teupitz

(Zweiter Reisetag)

Mit dem frühesten war ich auf, zwischen drei und vier; die Sonne kündigte sich erst durch einzelne Strahlen an, die von Zeit zu Zeit am Horizonte aufschossen. Aber so früh ich war, so war ich doch nicht der Frühste. Lieutenant Apitz war mir zuvorgekommen und hatte, da er die Angelpassion mit der Segelpassion glücklich zu vereinigen wußte, seine Schnur seit länger als einer halben Stunde ausgeworfen. Mit ihm Mudy. Ein guter Frühfang hatte ihre Anstrengungen belohnt. In einer neben ihnen stehenden Wanne zappelte es bereits von Schlei und Hecht, von Giesen und Karauschen, die für unser Mittagsmahl einen vorzüglichen zweiten Gang in Aussicht stellten.

Es war ein erquicklicher Morgen; in dem fallenden Tau gab sich die Natur wie gebadet. Ein Flachboot strich hart an uns vorüber, in dem ein junger Dolgenbrodter, mit angehängtem Fischkasten, stromabwärts fuhr. Er sah ziemlich spöttisch zu unserer Angelrute auf und grüßte. Lieutenant Apitz aber war nicht der Mann, sich verwirren zu lassen. »Eingeborner Wende, was gelten die Fische?« Der Angeredete nannte eine beliebige Summe. »Da lasse ich sie billiger und gebe noch eine Bleiflinke zu. Damit griff Apitz in die Wanne und warf ihm die angekündigte Flinke ins Boot. In diesem Augenblicke stieg der Glutball der Sonne auf und durchleuchtete die dünnen Nebel. Wir sahen nun erst, wo wir waren.

Am Wasser hin zog sich eine schmale Wiese, von Huflattich eingefaßt, der hier und dort in grotesken Blattbildungen kleine vorspringende Inseln schuf. Hinter dem Wiesenstreifen, immer den Windungen des Flusses folgend, stand eine Reihe von Häusern, jedes einzelne durch ein blühendes Mondfeld von dem Nachbarhause geschieden. Die Bewohner schliefen noch oder hantierten in Küche und Kammer; nur ein paar Blondköpfe waren aus dem Bett in den Garten gesprungen und spielten in ihren roten Friesröcken unter dem weißen Mohn umher. Im Rücken der Häuser stieg das Erdreich an, fast einen Damm bildend, auf dessen Höhe der Hanf in dichten Stauden stand. Hinter dem Damm aber lief die Dorfstraße hin, wenigstens klang von dort her ein leises Läuten herüber. Ich glaubte die Herde zu sehen, trotzdem sie meinem Auge verborgen war.

Einsamkeit auch hier. Aber wenn sie am Tage vorher, an den Ufern des Zeuthener Sees, wie ein wendisches Volkslied elegisch geklungen hatte, so klang sie hier wie ein Idyll aus alten Zeiten und schuf dem Herzen ein süßes Glück, wo jene nur ein süßes Weh geschaffen hatte. Ich wurde des stillen Lebens, das aus diesen Bildern zu mir sprach, nicht müde. Immer Neues erschloß sich mir, das mein Herz bewegte. In Front jedes Hauses stand ein uralter Birnbaum, in der einen Hälfte abgestorben, aber in der anderen noch frisch und mit Früchten überdeckt. In dem hohlen Hauptast bauten die Bienen, an dem Stamm lehnte die Sense, zwischen den Zweigen hing das Netz; und in dieser Dreiheit lag ersichtlich das Dasein dieser einfachen Menschen beschlossen. Das Sammeln des Honigs, das Mähen der Wiese, das Fischen im Fluß, in so engem Kreislauf vollendete sich tagtäglich ihre Welt. Und so war es immer an dieser Stelle.

Wie die Menschen hier, in Pfahlbauzeiten, *im* Gezweige gewohnt hatten, so wohnten sie jetzt *unter* dem Gezweig; aber *in* ihm oder *unter* ihm, sie blieben wie die Vögel, die Nester bauen.

Und in diesem Berührtwerden von etwas Unwandelbarem, in der Wahrnehmung von dem ewigen Eingereihtsein des Menschen in den Haushalt der Natur, liegt der Zauber dieser Einsamkeitsdörfer.

Schon vor sechs Uhr war die »Sphinx« unter Segel. Aber der Wind ließ bald nach, so daß wir froh waren, inmitten einer eben zu passierenden Schmalung die großen Stoßruder benutzen zu können. Wir schoben uns nur noch von der Stelle. Dies dauerte Stunden. Erst bei Prierosbrück machte sich der Wind wieder auf und trieb uns nun in die »Schmölte« hinein, einen buchtenreichen, durch Schiebungen und Waldcoulissen ausgezeichneten See, der, zugleich mit dem ihm anliegenden *Duberow*-Forst (gemeinhin kurz »die Duberow« geheißen), den inneren Zirkel der *Wusterhausener Herrschaft*, dieses großen, dreizehn Quadratmeilen umfassenden, namentlich während der Regierungszeit Friedrich Wilhelms I. aus adligen Gütern der Schlieben, Oppen und Schenken von Teupitz zusammengekauften Jagdrevieres, bildet.

Mit der Einfahrt in die »Schmölte« waren wir, um es zu wiederholen, in den »inneren Zirkel« dieses Revieres eingetreten. Eine ausgestellte Schildwacht, wie sie nicht charakteristischer sein konnte, ließ uns keinen Zweifel darüber. Inmitten des Sees, auf einer wenig überspülten Sandbank, stand ein großer, ziemlich fremdartig dreinschauender Grauvogel und salutierte auf seine Weise, durch eingezogenen Hals und Fuß. Wir erwiderten seinen Gruß, das Geringste, was wir tun konnten; denn wir waren im selben Augenblicke, wo wir ihn in seiner Schildwachtstellung passierten, zu einem fremden Volke gekommen, zu dem Volke der *Reiher*, das in der »Schmölte« seinen Fang und in der »Duberow« seine Nester hat. Der ganze innere Zirkel der Wusterhausener Herrschaft eine große *Reiherherrschaft*! Diese kennenzulernen war seit lange mein Wunsch. In einer Bucht, die von zwei bastionsartig vorspringenden Waldstücken gebildet wird, gingen wir vor Anker.

Ein Besuch des nahe gelegenen Reiherhorstes entsprach unserem Programm. Nur der einzuschlagende Weg, den Lieutenant Apitz »querdurch« genommen wissen wollte, führe zu einer lebhaften Debatte.

Während diese noch schwankt, erzähl ich dem Leser von alten und neuen Reiherjagden, wie sie die »Duberow« sah.

Die Duberow, von der Natur dazu vorgezeichnet, ist alter Reihergrund. Alle Elemente sind da: Eichen, Sumpf und See. Schon der Große Kurfürst jagte hier, aber erst unter dem »Soldatenkönig«, der all sein Lebtag seiner Wusterhausener Herrschaft die noch aus kronprinzlichen Tagen herstammende Liebe bewahrte, erst unter König Friedrich Wilhelm I. kamen die Duberow-Reiherjagden, die damals Reiherbeizen waren, zu Flor und Ansehen. Bei einem zeitgenössischen Schriftsteller, der selber diese Jagden mitmachte, finde ich folgende Schilderung: »Im Frühling und im Herbst vergnüget sich der Hof, neben manchem anderen, auch mit der *Reiherbeize*, an der die Königin nicht selten teilnimmt. Der Schauplatz dieser Vergnügungen ist verschieden, zumal aber ist es Wusterhausen und der Duberow-Wald oder »die Duberow«, wie die Leute, der Kürze halber, den Wald zu nennen pflegen. Ich habe solchen Reiherbeizen öfter beigewohnt. Ist dergleichen angesaget, so begibt sich der König auf eine Höhe, die einen weiten Umblick gestattet. Seine Majestät reiten gemeiniglich und werden auch von vielen anderen zu Pferde begleitet. Indem werden zwei Wurstwagen angespannt, und es sitzen auf jedem derselben sechzehn bis zwanzig Personen. Auf der Waldhöhe ist ein Herd errichtet, auf dem ein gewaltiges Feuer brennt. Dieser ganze Herd ist ringsherum umgraben, so daß man sich dabei niedersetzen und, wer frieret, zur Genüge wärmen kann. Auch ist der Platz, an dem sich Herd und Feuer befinden, mit Maien umstecket. Unten in der Ebene halten die Falkoniers mit ihren Falken und sind an unterschiedene Posten verteilt. Wenn sich nun ein Reiher reget und in der Luft daherspazieret kommt, so lässet man einen, zwei, auch drei und vier Falken steigen. Sobald der Reiher des Falken, oder ihrer mehr, gewahr wird, fänget er entsetzlich an zu schreien und schwinget sich so hoch, als er nur immer kann. Aber der Falke machet dennoch, daß er weit über dem Reiher in der Luft zu stehen kommt. Alsdann schießet er wie ein Pfeil herab, gibet dem Reiher den Stoß, bringet ihn auf die Erde und hält denselben so lange, bis die Falkoniere kommen und ihn aufnehmen. Die Falkoniere aber bringen den Reiher dem Ober- oder Hofjägermeister, und dieser präsentieret ihn dem Könige, von dem er mit einem Ring gebeizet und sodann wieder in die freie Luft gelassen wird. Manchmal geschiehet es, daß der Reiher von zwei, drei und vier Falken in der Luft gestoßen und angefallen, dadurch aber die Lust desto größer wird. Ist der Tag glücklich, so werden fünf, sechs und noch mehr Reiher gefangen und gebeizet.«

So war es in den Tagen Friedrich Wilhelms I. An die Stelle dieser »Reiherbeizen« ist jetzt ein ebenfalls dem Mittelalter entstammendes Reiherschießen getreten, das weniger eine Jagd als eine Zielübung ist und im Bereiche moderner Erscheinungen am besten mit dem Taubenschießen auf unseren Schützenfesten verglichen werden kann. Nur mit dem nicht unwesentlichen Unterschiede, daß die Taube, wenigstens heutzutage, von Holz, der Reiher aber lebendig ist.

Diese Reiherjagden, die, statt mit den Falken, mit der Büchse in der Hand unternommen werden, finden jetzt alljährlich in der zweiten Hälfte des Juli statt. Dann ist die junge Brut groß genug, um einen jagdbaren Vogel von wünschenswerter Schußfläche abzugeben, und doch wiederum nicht groß, das heißt nicht flügge genug, um sich, gleich den Alten, der drohenden Gefahr durch Flucht entziehen zu können. So stehen sie dann aufrecht in den hohen Nestern, kreischen und schreien und werden heruntergeschossen. Ein sonderbarer, dem Gefühle des Nichtjägers widersprechender Sport, über den indes andererseits, wie über manches Ähnliche aus der Spähre des high-life, ohne Sentimentalitäten hinweggegangen werden muß. Es sind dies eben Überbleibsel aus vergangenen Jahrhunderten her, mit denen, weil sie einem ganzen System von Anschauungen angehören, nicht ohne weiteres aufgeräumt werden kann, Dinge des Herkommens, zum Teil auch der praktischen Bewährung, nicht des persönlichen Geschmacks. Tradition und Repräsentation schreiben immer noch, innerhalb des Hoflebens, die Gesetze.

Übrigens mag hier eingeschaltet sein, daß unser Kronprinz, ein passionierter Reiherjäger, das bequeme Schießen aus dem Neste verschmäht und es vorzieht, den um die Herbstzeit völlig flügge gewordenen Jungvogel aus der Luft herunterzuholen. Hier, wie in manch anderem, eine Modelung des Überlieferten.

Der Streit, welcher Weg uns am besten zu dem nahe gelegenen Reiherforst führen würde, war mittlerweile zugunsten von Lieutenant Apitz entschieden worden. Also »querdurch«. Wir erkletterten zunächst das Uferbastion, in dessen Schutze wir lagen, hielten kurze Umschau und schlugen uns dann, immer die Höhe haltend, waldeinwärts. Nach längerem Suchen und Irren, das zu den üblichen Bemerkungen über »Richtwege« führte, hatten wir endlich die Reiherkolonie, ihre Wohn- und Brutstätte vor uns und schritten ihr zu.

Dieser Reiherhorst, wie jeder andere, befindet sich in den Wipfeln alter Eichbäume, die, zu mehreren Hunderten, auf der plattformartigen Kuppe einer abermaligen Ansteigung des Waldes stehen. Eine Anzahl dieser Eichen, vielleicht die Hälfte, war noch intakt, die andere Hälfte aber zeigte jeden Grad des Verfalls, und zwar um so mehr, je länger sie des zweifelhaften Vorzuges genossen, im Reiherdienste zu stehen, das heißt also, ein Reihernest in ihren Wipfeln zu tragen. Die Zahl dieser Nester wechselt. Manche Bäume haben eins, andere drei und vier. Das letztere ist das gewöhnlichere. Aber ob eins oder mehrere, über kurz oder lang trifft sie dasselbe Schicksal: sie sterben ab, unter dem Einfluß der Reiherwirtschaft, namentlich der Reiher-Kinderstube, deren Details sich jeder Mitteilungsmöglichkeit entziehen.

Erst Mitte Juli pflegen die Jungen flügge zu werden. In diesem Jahre jedoch mußten sie kräftiger oder gelehriger gewesen sein; jedenfalls fanden wir alles ausgeflogen und sahen uns in der angenehmen

Lage, jede einzelne Wohnstätte aufs genaueste mustern zu können. Was die Wipfel der Bäume angeht, so bleibt dem Gesagten an dieser Stelle nichts hinzuzufügen; aber auch der Untergrund erzählt noch manche Geschichte. Hier und dort lag zu Füßen einer wie geschält aussehenden, ihrer Rinde halb entkleideten Eiche das Federwerk eines Jungvogels. Das erklärt sich so. Fällt ein junger Reiher vor dem Flüggewerden aus dem Nest, so ist er verloren. Ein freies, selbständiges Leben zu führen, dazu ist er noch zu jung, ihn wieder in das Nest hinaufzuschaffen, dazu ist er zu schwer. So bleibt er liegen, wo er liegt, und stirbt den allerbittersten Tod unter den Unbilden seiner nächsten Verwandten, die, ohne ihre Lebens- und Anstandsformen im geringsten zu ändern, erbarmungslos zu seinen Häupten sitzen.

Unter anderen Bäumen lagen herabgestürzte Nester. Sie gaben uns Veranlassung, ein solches zu untersuchen. Es ist einem Storchennest ähnlich, aber noch gröber im Gefüge, und besteht aus angetriebenem Holz der verschiedensten Arten: Kiefern-, Elsen- und Weidenzweige. Dazu viel trockenes Stechapfelkraut, lange Stengel, mit aufgesprungenen Kapseln daran. Ob sie für dies Kraut um Geruches willen, vielleicht auch als Arzneidrogue, eine Vorliebe haben oder ob es ihnen lediglich als Bindemittel zu festerer Verschlingung der dicken Holzstäbe dient, muß dahingestellt bleiben. Überall aber, wo ein solches Nest lag, sproßte wuchernd aus hundert Samenkörnern ein ganzer Giftgarten von weißblühender Datura auf, der übrigens, jede Ausschließlichkeit vermeidend, auch anderem Blumenvolk den Zutritt gestattete. Nur »von Familie« mußten die Zugelassenen sein: Wolfsmilch, Bilsenkraut, Nachtschatten. Das Harmloseste, was sich eingeschlichen hatte, war Brennessel.

Ein Erinnerungsblatt hier mitzunehmen verbot sich; so mußten die umherliegenden Federn aushelfen. Ein paar der schönsten an unsere Mützen stekkend, kehrten wir, nunmehr des Weges kundig, in kürzester Frist an Bord unseres Schiffes zurück.

Hier hatte sich mittlerweile Mudy nach mehr als einer Seite hin legitimiert. Der Tisch war unter einer ausgespannten Leinwand gedeckt; der weißeste Damast, das blinkendste Silber lachten uns entgegen. Selbst an Tafelaufsätzen gebrach es nicht. Neben dem großen Köpenicker Baumkuchen paradierten zwei prächtige, in hundert Blüten stehende Heidekrautbüschel, die Mudy, samt dem Erdreich, ausgeschnitten und in zwei reliefgeschmückte Weinkühler eingesetzt hatte. Aber Größeres war uns vorbehalten, was sich erst offenbaren sollte, als die Reihe der vorschrifsmäßigen Gänge, unter denen sich besonders das Fischgericht »Schlei mit Dill« auszeichnete, beendet war. Ob aus Nachklang oder Inspiration, aus Erinnerung oder geoffenbarter Weisheit, gleichviel, in Mudys Seele hatte die Vorstellung gedämmert, daß »das Dessert die Krone jedes Mahles sei«. Und dieser Vorstellung Ausdruck zu geben, hatte er sich beflissen gezeigt. Daß er dabei, in materiell eng gezogenen Grenzen verbleibend, über einen bloßen symbolischen Akt nicht hinausgekommen war, steigerte nur den Effekt. Der Leser urteile selbst. In ebendemselben Augenblicke, in dem der Kreis des Möglichen nach unser aller Ansicht geschlossen schien und auch in dem begehrlichsten Herzen nur noch Wunsch und Raum für Zigarette und Kaffee vorhanden war, erschien Mudy mit einem auf dem Menuzettel ungenannt gebliebenen Überraschungsgericht. Geheimnisvoll genug in seiner Einkleidung. Eine Glasschale war mit Kraut und Blütenzweigen gefüllt; in der Mitte dieser Schale aber, wie ein Ei in einem Neste liegt, lag ein Teesieb, in dem unser dienender Bruder, während wir auf der Suche nach dem Reiherforste waren, aus dem spärlichen Vorrat der nächsten Wald- und Uferstellen eine halbe Hand voll Erd- und

Blaubeeren mühsam gesammelt hatte. Die Wirkung dieser Aufmerksamkeit war eine enthusiastische und rang nach entsprechendem Ausdruck. Kapitän Backhusen fand ihn. Einen vor ihm stehenden Römer bis an den Rand mit Scharlachberger füllend, schüttete er den Inhalt des Schälchens hinein und sprach dann kurz: »Perle der Kleopatra, armselige Renommisterei; *hier*, in Erd-und Blaubeeren, spricht bescheiden eine schönere Tat. Es lebe Mudy.«

Die Luft stand. Es war noch zu früh zum Aufbruch; so beschlossen wir eine Waldsiesta. Unsere Plaids an schattiger Stelle ausbreitend, suchte sich jeder eine Ruhestätte. Libellen flogen, Käfer summten, und in mir klang es aus einem meiner Lieblingsdichter:

Hier an der Bergeshalde
Verstummet ganz der Wind;
Die Zweige hängen nieder,
Die blauen Fliegen summen
Und blitzen durch die Luft.

Einmal, zweimal wiederholte ich diese Zeilen, die den Klang eines Nachmittags-Schlummerliedes haben; dann schlief ich ein. Die Genossen hatten weniger gezögert.

Es war sechs Uhr, und die Sonne streifte schon von der Seite her die Wipfel des Waldes, als uns die Schiffsglocke, rasch anschlagend, mit zur Eile mahnendem Tone wieder an Bord rief. Kapitän Backhusen hatte früher als seine Gäste den Nachmittagsschlaf abgeschüttelt. Ein paar Kommandoworte, und die »Sphinx« löste sich leicht und gefällig von der Uferstelle, in deren Schatten sie sechs Stunden geankert hatte. Die Landzungen schoben uns immer neue, von Minute zu Minute prächtiger beleuchtete Coulissen in den Weg; in Schlängellinien umfuhren wir sie, ein paar Geleit gebende Reiher hoch über uns in Lüften. So kamen wir aus der Schmölte in den Hölzernen See.

Alles war bis dahin gut gegangen, und zu endgültiger Bewährung der »Sphinx« fehlte nur noch ein Zwischenfall, ein »Accident«. Auch dieser sollte nicht ausbleiben. Kaum in den Hölzernen See, nomen et omen, eingefahren, so saßen wir fest. Aber die Führung unseres Schiffes hätte nicht *die* sein müssen, die sie war, wenn sie sich in solchem Momente hätte ratlos erweisen sollen. Kapitän Backhusen, mit dem Tubus auslugend, erkannte, hinter Schilf und Werft versteckt, in nicht allzuweiter Entfernung ein Brückenwärterhäuschen, an das jetzt Mudy, die Schiffsjolle herablassend, mit der Anfrage deputiert wurde, ob man bereit sei, unseren aus dicken Eisenplatten bestehenden Ballast auf zwei, drei Tage zu beherbergen. In kürzester Frist war die bejahende Antwort da, die großen Barren wanderten aus dem Rumpf in die Jolle, und nach dreimaliger Fahrt zwischen Schiff und Zollhaus war unsere »Sphinx« wieder flott und frei. Unter dankbarem Hüteschwenken ging es, eine Viertelstunde später, an dem Brückenzollhaus vorüber. Aber dieses Hüteschwenken genügte uns nicht. Unserer Freude einen lauteren Ausdruck zu geben, holten wir aus der Waffenkammer ein paar Vogelflinten herbei, und auf unendliche Entfernungen hin, zwischen Dümpler und Krickenten hineinfeuernd, weckten wir das Echo, das, offenbar verdrießlich über die Störung, mit nur halber Stimme antwortete. Wir empfanden es und stellten die Flinten an ihren alten Platz.

Es begann zu dunkeln, als wir, zwischen Groß- und Kleinköris, in ein schwieriges, aus mehreren flachen Becken bestehendes Seegebiet einfuhren, das in seiner Gesamtheit den wenig klangvollen, aber bezeichnenden Namen der «Modder-See« führt. Die Karten unterscheiden einen großen und kleinen. Das Wasser in diesen Becken stand nur etwa fußhoch über einem aus gelbgrünen Pflanzenstoffen bestehenden Untergrund, der so weich war wie ein mit

Hülfe von Reagenzien eben gefällter Niederschlag. Unser Schiff durchschnitt diese reizlosen, aber für die Wissenschaft der Torf- und Moorbildungen vielleicht nicht unwichtigen Wassertümpel, die *vor* uns, unaufgerüttelt, in täuschend smaragdner Klarheit, *hinter* uns in graugelber Trübe, wie ein Quirlbrei von Lehm und Humus, lagen.

Es wurde still und stiller an Bord. Jene Schweigelust überkam uns, die nach einem schönen, an Bildern und Eindrücken reichen Reisetage auch den Heiter-Gesprächigsten anzuwandeln pflegt und, weder in Ermüdung noch in Verstimmung wurzelnd, ihren Grund in dem plötzlichen Berührtwerden von dem Ausgehen alles Glückes, von der Endlichkeit aller Dinge hat. Auch wir hatten diesen Tribut zu zahlen, stärker als bei mancher anderen Gelegenheit, da nichts da war, uns dieser Stimmung zu entreißen. Die Dörfer hörten auf; nur in einiger Entfernung lag *Sputendorf*. Es klang wie eine Mahnung, und wir ließen sie uns gegeben sein. Ein neues Segel bei! Der Wind setzte sich hinein, und plötzlich, wie aufatmend, fuhren wir aus einem Gewirr von Tümpeln und Schmalungen, die wir während der letzten zwei Stunden zu passieren gehabt hatten, in ein imposantes, beinah haffartig wirkendes Wasserbecken ein. Nur in sehr unbestimmten Umrissen erkannten wir die Ufer. Nach links hin, in langer Linie, blitzten Lichter und spiegelten sich in dem dunkelen See. An Bord drängte alles zu neuer Tätigkeit. Lieutenant Apitz, mit eigner Hand, feuerte den landeinwärts gerichteten Böller ab; Mudy, auf Befehl des Kapitäns, ließ eine Rakete in den Nachthimmel aufsteigen. In wenigen Minuten sahen wir unseren Zweck erreicht: Gestalten, hin und her laufend, sammelten sich an einer Stelle, die ein Landungsplatz, eine Anlegebrücke sein mochte. Stimmen klangen herüber. Gleich darauf fiel der Anker. – Im Angesicht von *Teupitz*, dunkel und rätselvoll, lag die »Sphinx«.

Eine Osterfahrt in das Land Beeskow-Storkow

Ein märkisches Kapitel

Zwischen dem Spreewald und der *Wendischen* Spree (der Dahme) liegt das Land Beeskow-Storkow, ein wenig gekannter Winkel, der nichtsdestoweniger seine Schönheit und seine Geschichte hat. Beiden beschloß ich nachzugehen und wählte dazu die Woche vor Ostern, eine Zeit, in deren greller, oft schattenloser Beleuchtung ich die märkische Landschaft noch nicht gesehen hatte. Von den alten Familien dieses ehemalig lausitzischen Landesteiles interessierten mich am meisten die Löschebrands, in betreff deren ich nur wußte, daß sie seit vielen hundert Jahren um den großen Schermützel-See herum ihre Sitze hatten. Ihr Name schon klang mir prächtig im Ohr, und ich sah eigentlich alles, was Löschebrand hieß, hoch zu Roß irgendeinen Brand mit geweihter Lanze löschend. Jeder ein Ritter Sankt Georg. O das mußte ein himmlischer Tag werden, und ich gab mich dieser Vorstellung um so voller und sichrer hin, als ich, ein paar Notizen abgerechnet, keinen »Wissenskram« in mir beherbergte, der meine Phantasie hätte zügeln können.

Der Abend vorher schon hatte mich nach Fürstenwalde geführt, von wo die Fahrt in aller Morgenfrühe beginnen sollte. Diese Morgenfrühe war nun da, der Wagen kam und hielt, und über das holprige Pflaster der ehemaligen Bischofsstadt hin ging es in das »romantische Land« hinein. In das romantische Land Beeskow-Storkow.

1. Rauen und die Markgrafensteine

Es ging, weil die Spree hier sieben Arme hat, über sieben Brücken, und als die letzte Brücke hinter uns lag, lag auch schon die weite Landschaft vor uns, hell und klar und sonnig, und so trocken, daß der Staub aufwirbelte, wie zur Sommerzeit. Aber ein Blick auf die Bäume zeigte zur Genüge, daß der Sommer noch ausstand und daß nichts heraus war als ein paar ärmliche Palmsonntagskätzchen.

Ich hatte gleich anfangs meinen Platz neben dem Kutscher genommen, der eigentlich kein Kutscher war, sondern ein Fuhrherr, und durch gute Haltung in jedem Augenblicke den Beweis führte, daß er bei den Potsdamer Ulanen gestanden. Er hieß *Moll*, entsprach durchaus seinem Namen und gab was auf Bildung, Bücher und Zeitungen. Aber er hatte sich seinen guten Verstand und sein eigenes Urteil nicht weggelesen und hielt vielmehr umgekehrt mit einem gewissen Eigensinn an seinen einmal gefaßten Ansichten fest. Selbstverständlich immer unter Wahrung artiger Formen. Er war gesprächig und mitteilsam, aber doch zugleich auch reserviert und lächelte viel.

Als wir aus der Flußniederung auf die Höhe gekommen waren, wies ich auf einen Hügelzug, der sich in geringer Entfernung vor uns ausdehnte: »Was sind das für Berge?«

»Die Rauenschen.«

»I, die Rauenschen. Wo die Braunkohlen herkommen?«

Er stimmte zu.

»Das ist mir lieb, die mal zu sehen, obwohl ich keine brenne: sie stauben zu sehr. Dann ist wohl auch Rauen selbst hier ganz in der Nähe?«

»Versteht sich. Der dicke Turm da. Das is es.«

»Na, dann vorwärts. Aber in Rauen müssen wir einen Augenblick halten. Ich glaube, da gibt es was.«

Er war einverstanden und zeigte nur dann und

wann mit dem Peitschenstock auf das eigentümliche Treiben an dem uns immer näher kommenden Hügelabhang. Ein einziges Pferd zog eine lange Reihe von Wagen und ließ mich erkennen, daß dort ein aus irgendeinem Bergstollen herausführendes Schienengeleise liegen mußte. Von der entgegengesetzten Seitc her kamen leere Wagen zurück, und in einem dem Höhenzuge vorgelegenen Sumpfstücke stand ein Storch und sah sich ernst und nachdenklich um. Es war, als such' er nach einem Wahr- und Erkennungszeichen und könne nicht einig mit sich werden, ob es auch die rechte Gegend sei.

Moll, dem ich meine Bemerkung mitteilte, fand es auch und verbreitete sich dann eingehender über Störche, namentlich aber darüber, daß es doch eigentlich ein merkwürdiger und zugleich auch höchst anspruchsloser Vogel sei, der immer wieder ins Beeskow-Storkowsche komme, während ihm doch die ganze Welt offenstehe.

All das sprach er in sehr gebildetem Deutsch, mit einem Dialektanklange, der weder märkisch noch berlinisch war, obwohl er von beiden einen Beisatz hatte. Dies fiel mir natürlich auf, und ich sagte: »Sie sprechen so anders, Moll; wo sind Sie eigentlich her?«

»Ich? Ich bin aus Hinterpommern.«

»Ist es möglich?«

»Ja, was will man machen.«

»Und von wo denn?«

»Von Köslin. Das heißt, ein bißchen ab, so nach 'm Gollenberg zu.«

»Da sind Sie ja Nachbar von Bismarck.«

»Nei, der liegt mehr rechts weg, so zwischen Rummelsburg und Schlawe. *Meine* Gegend ist doch noch anders. Und ich sag Ihnen, eine propre Gegend.«

»Ich dacht immer, es wäre da nicht viel los.«

»Ja, das haben mir schon viele gesagt. Aber es is

nicht so. Da is mehr los als hier. Denn was haben Sie denn hier? Eine Kussel und dann wieder 'ne Kussel. Und mal 'ne Kräh und, wenn's hoch kommt, 'ne Bockmühle.«

»Nu gut. Aber was haben *Sie* denn? Ist es denn besser bei Ihnen?«

»Nu, besser is es schon, denn schlechter is nich möglich. Und das macht alles der Charakter. Der Charakter is immer die Hauptsache. Sehen Sie, bei uns gibt es lauter orntliche Menschen.«

»Und alle zehn Schritt 'nen Edelmann.«

»Ach, lieber Herr, ein Edelmann is gar nich so schlimm. Ich bin auch für Freiheit; aber was so 'n richtiger Edelmann is, na, viel tut er woll freilich auch nich, aber er tut doch immer *was.* Und der Bauer is auch janz anders bei uns.«

»Ich hab immer gefunden, der Bauer ist überall derselbe. Der Bauer ist überall hart.«

»Is schon richtig. Aber doch alles mit 'n Unterschied. Un warum is er hier so hart, ich meine so schlimm-hart? Weil er selber nichts hat. Es is ja die reine Hungerleiderei. Sehen Sie sich doch diesen Weg und diese Schonung an. Der reine gelbe Sand. Und wo der reine gelbe Sand is, is auch immer der reine gelbe Neid. Und gönnt keiner dem andern was. Und von was geben oder helfen steht nu schon gar nichts drin.«

»Hören Sie, Moll, ich bin zwar selber ein Märker, aber ich glaube wahrhaftig, Sie haben ein bißchen recht.«

»I, freilich hab ich recht. Es is alles pauvre hier, und von's Pauvresein is noch nie nich was Gutes gekommen.«

Unter solchen Gesprächen waren wir bis in Rauen selbst hineingefahren. Auch dieses, wie der Hügelabhang draußen, zeigte den Bergwerkscharakter; alle Häuser sahen rußig und schmucklos aus, und nur eine modische Petroleumlampe mit blauem Ständer und weißer Milchglasglocke war überall als einziges Zierstück in die Fenster gestellt.

In der Kirche, die für das Fest geputzt und gesäubert wurde, trafen wir einen Ortsangesessenen, an den ich mich alsbald mit der Frage wandte: »was die rauensche Kirche denn wohl habe«.

»Wir haben gar nichts als den alten Grabstein vorm Altar. Alles, was in Schnörkelbuchstaben daraufstand, ist weggetreten; aber die Rauener sagen, es wär ein Bischof gewesen. Und ich denke mir, es wird wohl ein Bischof gewesen sein.«

»Ein Bischof? Hören Sie ...«

»Ja, warum soll es kein Bischof gewesen sein? Es waren ihrer ja so viele. Welche liegen in Fürstenwalde, welche liegen in Beeskow, und warum soll nicht wenigstens einer in Rauen liegen? Er kann ja 'ne Vorliebe für Rauen gehabt haben.«

»Glauben Sie?«

Diese letzten Worte waren schon vor dem vorerwähnten Altar gesprochen worden, und wir schoben jetzt eine längliche Strohdecke fort, unter der der angebliche Bischofsstein gelegen war. Er war wirklich ganz abgetreten, bis auf eine einzige, den Schriftzügen oder Buchstaben nach aus der Wende des fünfzehnten und sechzehnten Jahrhunderts herstammende Zeile, die durch einen schmalen, nur etwa zwei Zoll breiten Vorsprung der Altarstufe geschützt und gerettet worden war. Diese Zeile lautete: »v. Wulffen, Tempelb ...« Es war also ein Tempelberger Wulffen, der hier begraben lag, und kein Bischof dieses Namens. Wie denn solcher überhaupt nicht existiert hat, was sich aus dem vollständigen, uns von Wohlbrück in seinem Geschichtswerke gegebenen Verzeichnisse der Lebuser Bischöfe mit Sicherheit ersehen läßt.

Aus dem Dorfe Rauen fuhren wir abermals in eine Schonung ein, zwischen deren Krüppelkiefern eine Fahrstraße sich ängstlich hin und her schlängelte, fast als ob jeder einzelne Baum zu schonen gewesen wäre. Wo so wenig ist, ist auch eine Kiefer etwas. Endlich aber passierten wir eine halb offne Stelle, die durch mehrere hier sich kreuzende Waldwege gebildet wurde.

»Das ist er«, sagte Moll und hielt sein Fuhrwerk an.

»Wer?«

»Der große Stein.«

»Der Markgrafenstein?«

Er nickte bloß und überließ mich meinem Staunen, das weniger an den rechten Flügel der Bewunderung als an den linken der Enttäuschung grenzte. Wirklich, ich war enttäuscht und würde, wenn es Moll vorgezogen hätte, schlechtweg daran vorüberzufahren, im günstigsten Falle gedacht haben: »Ei, ein großer Stein.« Und das sollte nun einer der berühmten Markgrafensteine sein, eines der sieben märkischen Weltwunder! Ich hatte mir diese Steine halb memnonssäulenartig oder doch wenigstens als ein paar von der Natur gebildete Riesenobelisken gedacht und sah nun etwas Zusammengekauertes daliegen, das genau den Eindruck eines toten Elefanten auf mich machte. Nun sind Elefanten ja unzweifelhaft große Tiere, wenn ihnen aber obliegt, als Berg- und Felstrümmer landschaftlich zu funktionieren, so kommt die Landschaft und kommen sie selber zu kurz.

»Ist er es denn wirklich?« bracht ich endlich heraus. »Es ist wohl bloß der kleine; es sollen ja zwei sein.«

»Ja, zwei sind es, und der andre war auch größer. Aber den haben sie ja zersprengt, und was nu noch davon da is, das is nich viel, un is bloß Scheibenständer und Kugelfang, wenn die Rauener ihr Freischießen haben.«

»Aber im Granit kann sich doch keine Kugel fangen.«

»Is schon richtig. Aber das ist ja gerade das Gute. Sehen Sie, so 'n richtiger Kugelfang is eigentlich gar kein Kugelfang. Das heißt, er is es zu sehr.«

»Wie denn?«

»Ja, wie soll ich es sagen? Es is damit wie mit dem Schiffsjungen, dem der silberne Teekessel ins Meer gefallen war und der dann ängstlich und pfiffig fragte: ›Is *das* verloren, wovon man weiß, wo's is?‹ Und so kann man auch beim richtigen Kugelfang fragen. In 'n Sand stecken sie drin, und jeder weiß ganz genau, wo sie sind. Aber weg sind sie doch. Und nun sehen Sie sich die klugen Rauener an! An den Granit schlägt die Kugel, und klatsch, da liegt sie. Und wenn sie mit Schießen fertig sind, suchen sie die platten Kugeln wieder auf. Und liegen alle da, wie die Pflaumenkerne.«

»Hören sie, Moll, das gefällt mir. Können wir diesen Kugelfang nicht sehen? Ich meine den Stein.«

»O gewiß. Er liegt ja hier gleich nebenan. Und ich brauch auch nicht abzusträngen. In *den* Sand hier stehen die Pferde wie 'ne Mauer«

Diese prusteten und rieben sich vergnügt und wie zum Zeichen des Einverständnisses die Köpfe, Moll und ich aber gingen nach rechts in das Gehölz hinein, wo wir alsbald auch den andern Stein fanden, der mal der größere gewesen war. In seiner Front erkannt ich leicht die beiden Erdwandungen einer mehr als hundert Schritt langen Schießallee, während sich am Stein selber unzählige Kugelspuren zeigten.

»Und dies ist also der große Stein. War er *viel* größer als der andre?«

»Nein, ich hab ihn zwar nicht mehr gesehn, aber die Leute sagen es ja.«

»Was?«

»Nu, daß er *nich* viel größer war … Und so um die zwanziger Jahre rum wurd er in drei Stücke gesprengt, gerad so, wie Sie 'ne Birn in drei Stücke schneiden: links 'ne Backe un rechts 'ne Backe und in der Mitte das Mittelstück. Un aus 's Mittelstück haben sie ja nu die große Schale gemacht, die jetzt auf'n Berliner Lustgarten steht, und die linke Backe, das is das Stück, das wir hier sehen, un die rechte Backe, die werd ich Ihnen nachher zeigen.«

»Ist es nötig, sie zu sehen?«

»Ja, die müssen Sie sehen, Ich zeig Ihnen alles, wie sich's gehört. Und es heißt auch die ›Schöne Aussicht‹.«

Alsbald saßen wir wieder in unsrem Wagen und fuhren jetzt im Zickzack auf eine sandige Höhe hinauf. An höchster Stelle hielten die Pferde wie von selbst, und Moll sagte: »Hier ist es. Dies ist die ›Schöne Aussicht‹.«

»Und die Backe?«

»Die liegt *hier*.« Und dabei wies er auf ein sonderbares Granitmobiliar, das mich, auf den ersten Blick wenigstens, an Stonehenge erinnerte, jenen alten Druidenplatz in der Nähe von Salisbury, den man in Kunstatlassen und illustrierten Architekturgeschichten abgebildet findet. Im Quadrat standen vier Steinbänke, dazwischen präsentiert sich ein großer, runder Steintisch, alles aus dem Granitstück gefertigt, das man von dem Stein unten abgesprengt hatte.

Der Wagenplatz, auf dem ich saß, war höher als das Steinmobiliar und gönnte mir einen freieren Umblick. Alles in der Welt aber hat sein Gesetz, und wer auf der »Schönen Aussicht« ist, hat nun mal die Pflicht, sich auf den Steintisch zu stellen, um von *ihm* aus, und *nur* von ihm aus, die Landschaft zu mustern. Und so tat ich denn, wie mir geboten, und genoß auch von diesem niedrigeren Standpunkt aus eines immer noch entzückenden Rundumblicks, ein weitgespanntes Panorama. Die Dürftigkeiten verschwanden, alles Hübsche drängte sich zusammen, und nach Westen hin traten die Türme Berlins aus einem Nebelschleier hervor.

Aber mehr als die Fernsicht interessierte mich, was in verhältnismäßiger Nähe gelegen war, und ich rief Moll, auf daß er mir die Namen der bunt umhergestreuten Ortschaften nenne.

»Da der Turm hier hinter dem rauenschen«, hob er ciceronehaft an, »is der von Markgrafpiesk, und der hier unten, über die Pieskesche Heide weg, das ist der von Schermeuselpiesk.«

»Ich glaube, Sie spaßen.«

»I, wie werd ich denn! Es gibt hier lauter solche Namen, un is einem orntlich ein bißchen genierlich!«

»Und hier links der Turm zwischen den zwei Pappeln?«

»Das is Pfaffendorf; na, das geht doch. Aber das andere, gleich dicht daneben, das is Sauen, und hier rechtsweg is 'ne Kolonie von des Alten Fritzen Zeiten her und heißt Schweinebraten!«

»Aber Moll, ist es denn möglich?«

»Ach Gott, hier is alles möglich. Und warum heißt es so? Weil sie keinen haben. Und wollen sich wenigstens einen vorstellen oder dran erinnern.«

»Aber warum sich erinnern an *das*, was man nicht haben kann. Ich finde, das ist gegen die Lebensweisheit. Freilich, jeder hat so seine eigne. Und nun sagen Sie mir, das große Wasser hier vor uns, was ist *das*?«

»Das ist der Schermützel.«

»Ah, das ist schön. Und das daneben, das sind wohl die Güter, die die Löschebrands hier hatten?«

Er bejahte.

»Nun sehen Sie, da müssen wir hin. Ich denke mir, daß ich da vielerlei finden werde: Gräber und Türkenglocken und Denkmäler und Inschriften. Und vielleicht auch einen Pfeiler mit ein paar eingemauerten Nonnen, oder 'ne Sakristei mit 'nem vergrabenen Schatz.«

Er lachte. »Nei, so viel finden Sie nich. Un 'nen vergrabenen Schatz erst recht nich. Oh, du meine Güte ...«

»Nun, wir wollen sehen, Moll.«

Und damit fuhren wir weiter auf den Schermützel zu.

2. *Am Schermützel*

Nur von dem höchsten Punkte der »Schönen Aussicht« aus hatten wir den See vor Augen gehabt, als wir nun aber, am Hügelabhange hin, ihm direkt zufuhren, verschwand er wieder und überließ mich auf eine halbe Stunde nicht nur dem mahlenden Sande, sondern auch allerhand philosophischen Betrachtungen, in denen Moll so stark war. Er sprach unter anderm eingehend über das Glücksrad und den Wechsel aller Dinge, wovon auch der Schermützel, übrigens zu seinem und der Anwohner Vorteil, ein Lied zu singen wisse. Jetzt bring er zum Beispiel 2000 Taler *Pacht* und werd es bald noch höher bringen, um die Zeit aber, als die Franzosen im Lande gewesen seien, sei der ganze See, der damals dem Fiskus gehört, um die Summe von 2000 Taler an einen Meistbietenden *verkauft* worden. Und noch dazu wie? Der Meistbietende sei nämlich ein Herr von Löschebrand auf Saarow gewesen (nicht der alte Rittmeister, der jetzt auf dem Reichenwalder Kirchhof liege, sondern sein Vater oder Großvater), ein pfiffiger alter Junker, der sich denn auch einen richtigen Junkerspaß gemacht und die ganzen 2000 Taler in lauter ihm selber aufgezwungenen Bons und Lieferungsscheinen ausgezahlt habe. Natürlich seien die Scheine von dem Beamten untersucht und nachgezählt worden, und als sich bei der Gelegenheit ergeben, daß es nur 1998 Taler seien, habe der alte Saarowsche mit einem Gesicht, als ob es ihm nicht darauf ankomme, noch zwei blanke Taler zugelegt und dabei herzlich gelacht. Und so sei denn der ganze See damals für den tausendsten Teil von dem was er jetzt Pacht bringe, verkauft worden.

Unter solchem Geplauder waren wir, immer noch am Hügelabhange, bis an ein halb pavillon-, halb tempelartiges und zugleich völlig einsames Gebäude gekommen, das zwischen Kiefern und Laubholz hindurch auf den hier plötzlich wieder sichtbar werdenden See sah. Ich erfuhr, daß ein Herr von Bonseri dies Mausoleum (denn ein solches war es) errichtet habe, war aber unaufmerksam auf alles Weitre, weil die Schönheit des Schermützel und seiner Dörfer mich ausschließlich zu fesseln begann. Das nach rechts hin gelegene mußte *Saarow* sein. Ich erkannte deutlich das hohe rote Herrenhausdach, das über die Wirtschaftsgebäude wegragte, während ihm gegenüber, alles Pappelgestrüpps unerachtet, der kleine *Pieskower* Kirchturm immer deutlicher hervortrat.

Beide Dörfer lockten mich, das eine wie das andere, da das Fuhrwerk aber geschont werden mußte, so beriet ich mit Moll und proponierte, daß er mit den Pferden unmittelbar auf das an unsrer eigentlichen Reiselinie gelegene Pieskow fahren solle, während ich meinerseits erst nach Saarow marschieren und von dort aus in einem kleinen »Seelenverkäufer« über den See herüberkommen wolle. Das fand denn auch seine Zustimmung, wie jede den Weg kürzende Proposition, und während er sofort auf einem Schlängelwege bergab und auf die linke Schermützel-Seite zufuhr, hielt ich mich rechts, um auf einem am See hinlaufenden Wiesenpfade bis an den Fahrdamm und demnächst auf die große Saarower Dorfstraße zu kommen.

Es war ein wundervoller Weg; über dem blauen Wasser wölbte sich der blauere Himmel, und zwischen den spärlichen Binsen, die das Ufer hier einfaßten, hing ein ebenso spärlicher Schaum, der in dem scharfen Ostwinde beständig hin und her zitterte. Holz und Borkestücke lagen über den Weg hin zerstreut, andre dagegen tanzten noch auf dem flimmernden See, der im übrigen, all diesem Flimmern und Schimmern zum Trotz, einen tiefen Ernst und nur Einsamkeit und Stille zeigte. Nirgends ein Fischerboot, das Netze zog oder Reusen steckte, ja kaum ein Vogel, der über die Fläche hinflog. Oft hielt ich an, um zu horchen, aber die Stille blieb, und ich hörte nichts als den Windzug in den Binsen und das leise Klatschen der Wellen.

Und endlich auch die Schläge, die vom Pieskower Turm her zu mir herüberklangen. Ich zählte zwölf, es war also Mittag, und ehe der letzte noch ausgesummt hatte, war ich auch schon bis an die Stelle heran, wo mein Fußweg in die vorerwähnte Saarower Dorfgasse mündete.

Dicht am Eingang saß ein Mütterchen auf einem Strauch- und Reisigbündel, das sie sich aus der Heide geholt, und grüßte mich. Alte Weiber sollen kein Glück bringen, aber wenn sie freundlich sind und einem einen »Guten Tag« bieten, so hat es mit der ganzen Jägerweisheit nicht viel auf sich. Und so blieb ich denn auch stehen und sagte: »Na, Mutterchen, is wohl ein bißchen schwer? Und die Sonne sticht heut so. Sie müssen die Kinder in den Wald schicken. Oder haben Sie keine?«

»Woll, Kinner hebb ick un Enkelkinner ook. Awers se wulln joa nich. Un se *künn'* ook nich. Se möten joa all in de School.«

»Ja, ja. Alles muß in die Schule. Haben Sie denn auch 'ne Kirche in Saarow?«

»Nei, wi möten nach Reichenwald.«

»Richtig. Ich erinnere mich. Das ist da, wo sie den alten Rittmeister begraben haben. Haben Sie den noch gekannt?«

»O wat wihr ick nich? He wihr joa so in mine Joahr. Woll hebb ick em kennt.«

»Und wie war er denn?«

»Na, he wihr joa sowiet janz goot. Bloot man en beeten schnaaksch un wunnerlich un ok woll en beeten to sihr för de Fruenslüd. Awers nu is he joa dod.«

»Und hat wohl ein Denkmal? Ich meine so was von Stein oder Eisen. Eine Figur oder einen Engel mit 'nem Spruch oder Gesangbuchvers.«

»Nei. För *so* wat wihr he nich.«

»Und is sonst noch was in Saarow zu sehn?«

»Ick glöw nich. Veel is hier nich in Saarow. En nijen Kohstall ...«

»Aber drüben in Pieskow?«

»Joa, in Pieskow. O woll, versteiht sich. In Pieskow, da möt wat sinn.«

»Na, dann werd ich mal sehn. Ich dank auch schön, Mutterchen.« Und damit ging ich weiter in das Dorf hinein.

Wirklich, in Saarow war nicht viel, und als ich mich genugsam davon überzeugt hatte, hielt ich mich auf den See zu, wo nach meiner Meinung eine Fähre sein mußte. Nach einigem Suchen sah ich ein angekettel-tes Boot liegen und dicht daneben ein Häuschen, an das drei, vier Ruder angelehnt waren. Also hier war es mutmaßlich. Ich trat denn auch ein und fand eine Frau, die sich, auf eine Stuhllehne gestützt, von hinten her über ihren etwa zwölfjährigen Jungen bog und ein Exempel mit ihm rechnete, das diesem blutsauer zu werden schien. Als ich ihr mein Anliegen vorgetragen hatte, sagte sie kurz, aber nicht unfreundlich, »sie habe nur den Jungen zu Haus, ob ich mit dem fahren wolle«.

»Gewiß.«

Und so stieg ich denn ins Boot und setzte mich so, daß ich dem Jungen, der rückwärts saß, grad in die Augen sah. Als wir schon abstießen, kam auch noch seine jüngere Schwester, nahm rasch ein zweites Ruder und setzte sich neben ihn. Ich sah bald, daß der Junge seiner Sache vollkommen sicher war und den Schermützel ohne sonderliche Mühe bezwingen würde, trotzdem uns der Wind entgegenwehte.

Dieser, anstatt stärker zu werden, wurde schwächer, aber je mehr er sich legte, desto blendender wurde die Sonne, so daß ich im Sonnenlicht, das überallhin flimmerte, bald nichts weiter sah als das Eingreifen der Ruder und die klugen und energischen Köpfe der beiden Kinder. Es entging ihnen auch nicht, daß sie mir gefielen, aber ich sagte nichts, und wir waren schon bis über die Mitte des Sees, als ich endlich fragte:

»Wie tief ist denn eigentlich euer See?«

»Na, wie uns' Huus.«

»Oh, mihr, mihr«, flüsterte die Schwester.

»Und könnt ihr denn auch schwimmen? Oder *du* wenigstens?«

»Nei.«

»Ja, da kannst du ja mal ertrinken.«

»Oh, ick wihr doch nich.«

»Nu nimm mal an, wenn euer Boot umkippt.«

»Uns' Boot kippt nich.«

Und dabei sahen sie sich an und kicherten und ruderten weiter.

Eine Weile verging so, während der Junge nachzusinnen schien, was nun *er* wohl zur Unterhaltung beisteuern könne. Dann sah er mit eins in die Höh und sagte: »Dat 's 'ne Möw.«

»Freilich. Ich kenne Möwen. Aber woher kennst *du* sie? Sie sind ja nur selten hier.«

»Wi hebben een.«

»Lebendig?«

»Ne, utstoppt. Und wi hebben ook en Reiger, un is ook utstoppt un hat 'ne Schlang in 't Muul.«

»Aber Vögel ausstopfen ist nicht leicht. Wer macht denn das hier?«

»Mien' Vader sien Vader. De künn all so wat.«

»Ist er tot?«

Er nickte. Da wir aber bereits in der Nähe des dichten Schilfufers waren, an dem er den Einfahrtspunkt nicht verfehlen durfte, so schwieg er jetzt und sah bei jedem Ruderschlage nach rückwärts. Und nun war er heran, gab dem Boote geschickt eine Wendung und glitt zwischen dem knisternden Schilf hin auf die Pieskower Landungsstelle zu.

Das Ufer war nicht hoch und erkletterte sich leicht. Als ich oben war, grüßt ich noch einmal zurück und schlenderte dann zwischen zwei Heckzäunen hin auf einen Grasplatz zu, der allem Anscheine nach die Mitte des Dorfes bildete. Häuser und Gehöfte faßten ihn ein, unter denen ich gerade der Kirche gegenüber auch ein preußisches Schulhaus in seiner eigentümlichen Mischung von Backsteinsauberkeit und Stiljammer erkannte. Die Nachmittagssonne stand prall auf die Scheiben und sah stechend und inspektionsmäßig in die langweilig leeren Räume hinein.

Es kam niemand, als ich klopfte. »Wohnt hier der Lehrer?« fragte ich endlich eine vorübergehende Frau. »Geihen S' man in 'n Goarden.« Und richtig, da stand er in Front eines Bienenschobers und grub ein von ein paar kleinen Kirschbäumen eingefaßtes Stück Land um.

Ich fand einen freundlichen Mann, der auch gleich bereit war, mir das zu zeigen, um was sich's einzig und allein für mich handeln konnte: die Kirche. Diese war keine von den altehrwürdigen aus Feldstein, die stets einen Reiz und eine Schönheit haben, sondern ein Neubau, den man hier unter Benutzung der alten Fundamente vor länger oder kürzer errichtet hatte. Von rechts her lehnte sich ein Turm an, eigentlich nur ein Türmchen von *der* Art, wie man ihnen auf Weinbergen und Wirtschaftshöfen als Eingang in Sprit- oder Eiskeller begegnet.

Es war also mit nur geringen Erwartungen, daß ich die Kirche betrat. Aber freilich auch dies Wenige sollte kaum erfüllt werden. An der einen Wand hingen ein paar Totenkronen und Immortellenkränze, während über dem Altar ein Abendmahlsbild paradierte, darauf Judas um kein Haarbreit schlimmer aussah als die zwölf andern, Christus mit eingerechnet. Ich übersah rasch, daß hier wenig zu machen sei, wollt aber das Meine getan haben und sagte: »Sie wissen doch, daß es früher eine Löschebrandsche Kirche war und daß viele Löschebrands hier begraben wurden?«

»Ich habe davon gehört, unser alter Emeritus ...«

»Und da wundert es mich, hier nichts als kahle Wände zu finden. Einer aus der Familie war mit Feldmarschall Illo verschwägert, ein andrer fiel bei Fehrbellin, und ein dritter soll sich gegen die Türken ausgezeichnet und dem Köprülü die große Prophetenfahne mit eigner Hand entrissen haben. Ich nenne nur diese drei. Nach meinen Erfahrungen nun auf diesem Gebiete geht man in unsren märkischen Familien über solche Dinge nicht gleichgültig fort, und wenn auch selbstverständlich die großen Geschichtsbücher nicht Zeit und Platz haben, ein Aufhebens davon zu machen, so tuen es doch die Kirchen und Krypten überall da, wo solche Schwertmagen und Kriegsgurgeln zu Hause waren. Und da gibt es denn immer allerlei Fahnenfetzen und zerbröckelte Feldmarschallsstäbe, Kettenkugeln und Stulpstiefel, und unter Umständen auch wohl rostige Degen, mit denen ein Bruder den andern über den Haufen gestochen. Ist denn gar nicht so was hier? Es ist doch eigentlich gênable für eine berühmte alte Familie, wenn all dergleichen bei Toten und Lebendigen fehlt. Es *darf* nicht fehlen. Es *muß* dergleichen geben.«

»Und es *hat* auch dergleichen gegeben. Hier in dieser Kirche. Wenn ich sage ›dergleichen‹, so mein ich nicht Degen mit Brudermord, denn ich will mir nichts an den Hals reden. Aber Grabsteine mit Inschriften und Engelsköpfen, und einen kupfernen Sarg mit einem Kuckfenster oben, all das und manch andres noch war da. Darüber ist kein Zweifel.«

»Und Sie haben das alles selber noch gesehn?«

»Oh, nein. Es war das alles lange vor meiner Zeit, und das wenige, was ich davon weiß, weiß ich von unserm alten Emeritus und von der Mutter Rentschen, die noch die frühere Steinkirche gekannt hat und mal mit unten in der Gruft war, als sie die Särge schoben und zusammenrückten, um Platz für den letzten zu schaffen. Denn die Pieskowschen gingen eher ein als die Saarowschen. Und der mit dem Kuckfenster habe ganz bös ausgesehn und den Kopf geschüttelt, als ob er's nicht leiden wolle. Denn er sei schon bei Lebzeiten immmer sehr stolz gewesen und habe sich nicht gerne beiseite schieben lassen. Es ist natürlich alles Dummheit und ungebildet, aber die Leute machen sich nun mal solche Geschichten.«

»Und tuen auch recht daran. Es liegt doch immer was drin. Und ist denn die Gruft nicht mehr da? Den mit dem Kuckfenster säh ich gerne.«

»Nein, die Gruft ist nicht mehr da, sie haben sie zugeschüttet. Aber hier rechts neben dem Altar, wenn Sie mit Ihrem Stock aufklopfen wollen, da können Sie's noch deutlich hören. Es klingt alles hohl.«

Ich ließ auf diese Weisung hin meinen Stock auch wirklich fallen, und als ich mich überzeugt hatte, daß er recht habe, dankt ich ihm und verließ die Kirche mit dem Hoch- und Vollgefühle, die Löschebrandsche Gruftstelle nicht bloß hypothetisch ermutmaßt, sondern sie mit Hülfe des »hohlen Klanges« über jeden Zweifel hinaus historisch festgestellt zu haben.

Es war nun Zeit, mich nach unsrem Wagen umzusehn, und ich hatt auch nicht lange danach zu suchen. Er hielt drüben an der andern Seite des Kirchplatzes, vor einem sehr niedrigen Hause, von dessen Dache sich das Moos mit der Hand wegfegen ließ. Es war ganz ersichtlich der Krug, auch ein Schild schimmerte herüber, aber die Pferde waren nicht ausgespannt und fraßen einfach aus einer Stehkrippe. Neben der Tür bemerkt ich Moll, und als er mich kommen sah, kam er mir entgegen und lüpfte melancholisch den Hut.

»Ich dachte, Sie wollten ausspannen, Moll.«

»Ich wollt auch. Man bloß es ging nicht. Is *das* eine Gegend! In Saarow is nichts, das kenn ich, und hier in Pieskow is gar nichts.«

»Aber die Leute werden hier doch einen Stall haben?«

»Is schon richtig. Aber keinen Pferdestall. Alles, was sie haben, is 'ne Zieg un, wenn's hoch kommt, 'ne Kuh. Und wer ein paar Pferde hat, na, der hat auch ein bißchen Acker und krügert nich und hat nicht Lust, zu dienern und zu katzenbuckeln und einem groben Knecht einen doppelten Bittern einzuschenken.«

»Ich versteh. Aber wissen Sie, mich friert hier trotz aller Sonne. Kommen Sie, Moll, wir wollen es drin versuchen. Es wird doch wohl warm sein.«

Und so traten wir in die Krugstube.

Drinnen war es auch wirklich warm. Aber außer der dicken Luft rührte sich nichts, trotzdem sich drei Menschen in der Stube befanden. Auf einer Ofenbank, die Füße weit vorgestreckt, saß eine Frau von vierzig oder mehr und hatte beide Hände hoch unter ihre Schürze gelegt, als verberge sie was. Es war aber nur Angewohnheit. Ihr zur Seite rekelte sich ihre vierzehnjährige Tochter, ein hübsches, schlank aufgeschossenes Ding, und beschäftigte sich damit, einen blauen Wollfaden um ihren Zeigefinger herum- und dann wieder abzuwickeln. Am erfreulichsten war das jüngste Mitglied der Familie, das auf einer Hutsche ritt und einem hölzernen Pferde das wenige von Haaren auszog, womit des Bildners Hand es an Hals und Hinterteil ausgestattet hatte.

Mein »Guten Tag« war nicht unfreundlich, aber doch gleichgültig beantwortet worden, und es schien in der Tat nicht, als ob wir weiterkommen sollten. Endlich faßt ich mir ein Herz und sagte: »Die Sonne will auch gar kein Ende nehmen. Ich glaube, Regen wär gut.«

»I, Sünn is ook goot.«

»O gewiß. Aber alles zu seiner Zeit. Wir haben die Sonne nun schon vier Wochen, und nichts kommt 'raus, und eigentlich müßte doch alles schon in Blüte stehn.«

»Joa. Man blot in Pieskow nich.«

»Aber das klingt ja, liebe Frau, wie wenn hier überhaupt nichts blühte.«

»Na, binoah is et ook so.«

Moll mischte sich hier ins Gespräch und entwikkelte seine Lieblingsideen über den Segen des Kapitals und den Unsegen der Kapitalisten. Geld sei gut, das sei keine Frage, ja Geld sei sogar *sehr* gut. Ohne Geld ging' es eben nicht. Aber die reichen Leute, die *bloß* reich wären und kein Herz und kein Gewissen hätten und bloß immer reicher werden wollten, *die* verdürben alles und plünderten alles, und eh nicht ein richtiger Edelmann hier wieder ins Pieskowsche käm ...

»I wo«, unterbrach ihn die Frau heftig und zog ihre Hände von der Schürze weg. »I wo. Wat salln wi mit 'n Edelmann? Wat is Edelmann! In olle Tiden, na, doa gung dat, un doa wihr dat nich anners. Awers nu? Du mien Jott, de hebben joa alleen nix. Un *wenn* se wat hebben, na, denn hebben se wat, und denn sinn se groad so, as de *annern* sinn, de wat hebben.«

Moll wollte replizieren. Aber sie ließ ihn nicht dazu kommen und sagte: »Nei, nei, loaten S' man, wi weeten dat; 't is all dumm Tüg; un man blot Geld hebben is *nich* dumm Tüg. Un wenn wi so wat Adligs herkreegen, wat ook man ümmer upp Mosess'n passen deiht, na, *dat* helpt uns nich. *De* schinn uns blot. Glöwen S' man, ick weet dat ... Een von mine Schwistern is dröwen ...«

»In Saarow?«

»I wo. Dröwen in Amirika. *Doa* verstoahn se't. Un worümm? Wiehl se wat hebben. Un wo se wat hebben, doa *künn* se ook wat. Und ick woll, ick wihr ook all doa. Joa, min Seel. Un et kümmt ook noch so. Man blot, dat man ihrst röwer wihr. Nei, nei, mit Pieskow is nich veel.«

Und dabei steckte sie die Hände wieder unter die Schürze.

3. Groß Rietz

Eine halbe Stunde später verabschiedeten wir uns und fuhren aus dem unwirtlichen Pieskow, in dem nicht mal mehr ein Grabstein von besseren Zeiten redete (*wenn* es bessere Zeiten waren), in die sandig hügelige Feldmark hinaus.

»Hören Sie, Moll«, hob ich an, »das war 'ne forsche Frau.«

»Woll, forsch war sie. Man bloß zu sehr, un eigentlich wütig; un nahm ja gar keine Raison an.«

»Ja hören Sie, das sagen Sie wohl; Sie sind ein behäbiger Mann. Aber solch armes Volk, das jeden Tag seine Not fühlt, das wird eben wütend und mucksch und starrt vor sich hin. Übrigens lassen wir's, und sagen Sie mir lieber, was ist das mit dem alten Emeritus? Der pieskowsche Lehrer konnte ja gar nicht von ihm los. Ist er denn noch bei Wege?«

»Freilich. Und wir kommen sogar an dem kleinen Hause vorbei, das er sich aus Feldstein hat aufmauern lassen. Und hat selber mitgeholfen. Und wenn ich es so liegen seh in Kapperfolium und Efeu, muß ich immer an Robinson und Freitag denken.«

»Und da wohnt er? Und ist schon sehr alt?«

»Sehr alt und weiß alles. Er hat noch den Kaiser Napoleon gesehn, als er aus Rußland kam, und als Studente war er mit in Griechenland und ist auch mal mit in die Luft geflogen. Aber sie haben ihn wieder 'rausgefischt. Und ich hab ihn öfter sagen hören: ›Ein jeder hat so sein Schicksal, und wer Pastor in Pieskow werden soll, an den kann kein Türke 'ran. Und Feuer und Wasser auch nich.‹«

»Ei, das muß ja ein reizender alter Herr sein, und wohl sehr aufgeklärt und freisinnig. Oder vielleicht auch ein bißchen zu sehr. Ist es so was? He?«

Moll lächelte vor sich hin und schien ausdrücken zu wollen: auf eine so feine Frage laß ich mich nicht ein.

Eine kleine Weile danach erreichten wir einen Wald, über dessen schmalen Fahrweg von rechts und links her eine Menge Wurzelwerk gewachsen war. Das gab nun ein entsetzliches Geholper und Gestolper, und ich flog hin und her, aber ich freute mich doch, aus Wind und Sonne heraus zu sein.

Es waren hochstämmige Kiefern und Tannen gewesen, womit der Wald begonnen hatte; bald aber kam Laubholz und inmitten desselben eine moorige Lichtung, auf deren höher gelegenen Stellen allerlei vertrocknete Büsche von Besen- und Heidekraut standen. Auch Elsen- und Birkenholz lag hier in Klaftern am Wege hin, und auf einer dieser Klaftern, die schon bis auf wenige Kloben abgefahren war, saß ein alter Herr mit Käpsel und Starbrille, neben sich ein Kind, eine zehnjährige Kleine, während ein großer Bastard-Neufundländer, dem die Schäferspitzkreuzung noch ein Erhebliches an Intelligenz und Entschlossenheit zugelegt hatte, zu Füßen beider sich ausstreckte. Die Kleine war reizend und schien dem Alten etwas zuzuflüstern.

Als wir vorüber waren, sagte Moll mit halblauter Stimme: »Das war er.«

»Wer?«

»Nu, der Emeritus. Er geht hier öfter ...«

Aber eh er noch aussprechen konnte, war ich schon vom Sitz herunter und lief die paar Schritt zurück, um dem Unbekannten und doch bereits so Bekannten unter Entschuldigungen über meine Zudringlichkeit einen Platz auf dem Wagen anzubieten, immer vorausgesetzt, daß er denselben Weg mit mir habe.

»Danke«, sagte der Alte. »Das Aufsteigen ist mir zu schwer und zu gefährlich; ich sehe schlecht, und die scharfe Brille hilft auch nicht viel. Aber die Beine sind noch in Ordnung. Ist es Ihnen recht, so gehen wir ein Stück zusammen und plaudern ein bißchen. Ich plaudere gern. Irme steigt auf den Bock, das Kind kennt nichts Lieberes, und wir marschieren auf dem Fahrdamm hinterher.«

Er schien meine Zustimmung als selbstverständlich vorauszusetzen, erhob sich also und nahm meinen Arm, und als gleich danach auch Irme zu dem artig beiseite rückenden Moll hinaufgeklettert war, setzte sich unser Zug in eine langsame Bewegung. Eine Fühlung zwischen dem Emeritus und mir war rasch gewonnen, und so nannt ich ihm meinen Namen und den Zweck meiner Fahrt.

»Ach, das freut mich, daß jemand in unsere wenig gekannte Gegend kommt. Es ist ein eigen Land, ich kenn es und lieb es und möcht es für die Tage, die mir noch beschieden, mit keinem andern vertauschen; aber es ist arm und unfruchtbar in jedem Betracht, und ich fürchte fast, daß es auch an Historischem Ihnen nicht viel herausgeben wird.«

»Es ist leider, wie Sie sagen. Ich war ein paar Stunden in Pieskow und dachte da wenigstens von den Löschebrands allerlei zu hören. Aber die Gruft ist zugeschüttet, und die Grabsteine sind fort. Und es muß doch seinerzeit eine berühmte Familie gewesen sein.«

»Gewiß, gewiß, und ich habe sie selber noch in guten Umständen gekannt, wenigstens unsre pieskowsche Linie, trotzdem es schon auf die Neige ging. Und das alles seit Anno 93.«

»Ei, das klingt ja gerad, als ob wir in Frankreich wären. In Frankreich, wie Sie wissen, datiert alles von quatre-vingt-treize. Steht es damit in irgendeinem Zusammenhange?«

»Nicht in dem geringsten. Es handelt sich bei diesem Anno 93 um nichts mehr und nichts weniger als um die pieskowsche Glocke, von der eine alte Prophezeiung sagte: ›Solange *die* klingt, so lange dauert der Löschebranden Glück.‹ Und die Prophezeiung hielt auch Wort, und die Löschebrands waren nicht bloß die Herren hier um den Schermützel herum, sie waren auch große Herren überhaupt und galten bei Hof und waren versippt und verschwägert mit allem, was reich und vornehm im Lande war. Ihr Liebstes aber war der ›Dienst‹, und weil es immer schöne, stattliche Leute waren, so waren ihnen auch die schönsten und stattlichsten Regimenter immer nur gerade gut genug, und alles, was als Löschebrand in der saarow-pieskowschen Taufliste stand, stand zwanzig Jahre später in der Rangliste der Garde du Corps und Gendarmes. Es waren echte Junkers, eigensinnig und hochmütig, und ließen die Leute reden, und trotzdem sie nach Sitte jener Zeit über ihre Mittel hinaus lebten und eine wunderliche Wirtschaft führten, erhielten sie sich doch in einem guten und zuletzt wenigstens in einem leidlichen Vermögenszustande, weil sich in alten Familien immer wieder was zusammenerbt.«

»Aber freilich ...«

»... Der Krug geht so lange zu Wasser, bis er bricht, und als Pfingsten 93 kam und am Abend vorher das Fest eingeläutet werden sollte, da klapperte die Glocke, die beim Volke seit lange nur ›der Löschebranden Glück‹ hieß und sieben Menschenalter lang über den Schermützel hin geklungen hatte. Das gab nun ein Kopfschütteln im Dorf und allerlei Sorg und Furcht im Schloß, aber Sorg und Furcht konnte den Spuk nicht bannen, und obwohlen der alte Gottlob Ernst von Löschebrand, der erst Anno 19 starb und den ich selber noch gekannt habe, die Glocke mit sechs Pferden und einer schwarzen Decke darüber (als ob es ein Leichenzug wäre) nach Berlin fahren und einen frommen Spruch mit eingießen ließ – einen frommen Spruch, an den er nicht recht glaubte –, so war es doch von dem Tag an vorbei mit der ›Löschebranden Glück‹ und ist seitdem auch nicht mehr aufgekommen.«

All die Zeit über war mir der Neufundländer unausgesetzt zur Seite gewesen und nur ein paarmal bis an den Wagen vorgesprungen, um nach Irme zu sehn. Der Emeritus aber öffnete mir immer mehr das Schatzkästlein seiner Erinnerungen, und als er hörte, daß ich zunächst nach Groß Rietz wollte, riet er mir, bei seinem alten Freunde, dem Kantor, vorzusprechen und ihm Grüße zu bringen, »der werde mir mit Rat und Tat behülflich sein und mir zeigen, was zu zeigen sei«.

Dabei waren wir aus dem Walde heraus und bis in die Front eines etwas zurück gelegenen und hinter Efeu halb versteckten Steinhäuschens gekommen, über dessen Heckenzaun fort ein kleiner Pfirsichbaum blühte.

»Wie schön«, sagt ich. »Wem gehört dies Idyll an der Heerstraße?«

Der Alte lächelte vor sich hin. »Es wird wohl das des alten Emeritus sein.« Und wirklich, es war es.

Eine Minute später schritten Großvater und Enkelin auf das Häuschen zu. Der Neufundländer folgte, verstimmt über die zu rasch abgebrochene Bekanntschaft. Irme drehte sich noch einmal um und nickte; dann verschwanden alle drei hinter dem Heckenzaun, und Moll und ich waren wieder allein.

»Er ist auch nur arm«, sagte mein Philosoph in ernster Betrachtung. »Und dabei neunundsiebzig. Es is doch eigentlich eine traurige Geschichte.«

»Warum? Er sah ja nicht traurig aus. Ganz und gar nicht. Aber Sie sind ein Mammonsjäger, Moll; Ihr drittes Wort ist immer Geld, und da kann ich schließlich nicht mehr mit. Ich hab Ihnen heute früh recht gegeben, aber Sie gehen ja viel zu weit und vergessen, daß ein Unterschied ist zwischen Pauvresein und Armsein. Armsein ist nicht so schlimm. Achten Sie mal darauf, immer die, denen das Leben das Leben schwer macht, das sind die Tüchtigsten und Klügsten. War nicht die pieskowsche Wirtin eine kluge Frau?«

»Ja, ja.«

»Nun sehen Sie, so viel Schneid ist immer nur bei der Armut. Die Not lehrt beten, sagt das Sprüchwort, aber sie lehrt auch denken, und wer immer satt ist, der betet nicht viel und denkt nicht viel.«

»Ich bin aber doch lieber satt.«

»Ehrlich gestanden, ich auch. Darin stimmen wir nun wieder zusammen. Aber es ist doch auch was mit der Armut, oder wenn man so will, sie hat auch ihre Vorzüge.«

»Man bloß nich viele ...«

»Nein, viele nicht. Aber doch welche. Sehen Sie, Sie haben viel gelesen und sind eigentlich, wenn es nicht grad Ihre schwache Stelle trifft (Sie wissen schon, welche), für einen gebildeten Fortschritt. Und nun frag ich Sie, wo säßen wir noch und wo wären wir noch, wenn es keine Not in der Welt gäbe. Die Not ist der große Treiber oder eigentliche ›Motor‹, wie manche sagen, und daß ich hier jetzt mit Ihnen herumkutschiere trotz Ostwind und dieser Stichsonne (fühlen Sie mal, wie mir die Haut schon abschülbert), ist eigentlich auch bloß aus Not.«

»I nu ja, man kann es auch so sagen. Aber ich bin doch mehr fürs Amöne. Sehen Sie den hübschen Turm da vor uns? Das ist Groß Rietz; da kann man doch wieder ein Glas Bier kriegen und ein Rührei mit Schinken.«

»Und da finden wir auch was in Schloß oder Kirche. Ja, Sie lachen, Moll, und denken: ›Ach, das sagt er schon den ganzen Tag‹; aber Sie sollen sehen, hier gibt es was. In Groß Rietz nämlich hat der Minister Wöllner gewohnt, freilich erst, als er in Ungnade gefallen war, und ist auch bald nachher gestorben. Wer in Ungnade fällt, heißt es, der lebt nicht mehr lange. Nu, *mir* könnt es nicht passieren; In-Ungnade-Fallen und gut Pensioniertwerden ist eigentlich immer mein Ideal gewesen. Aber der eine denkt so und der andre so ... Haben Sie schon mal von dem Minister Wöllner gehört?«

»Nein. Wer war er denn? Ich habe bloß noch von die Manteuffels gehört. Und einer hieß der kleine Manteuffel. Es muß also wohl schon vorher gewesen sein.«

»O lange vorher. Er war Minister bei Friedrich Wilhelm II. oder, wie die Leute sagen, beim dicken König. Und sie sagen auch, er hätt ihm immer Hokuspokus vorgemacht und Geister und Gespenster, und alles immer mit Weihrauch und Glasharmonika. Na, vielleicht war es nicht so schlimm. Und das können Sie glauben, Moll, er war gescheiter als manche, die jetzt über ihn lachen. Is auch gar nicht zu verwundern. Denn wie ging es denn? Erst war er bloß Hauslehrer und soll auch ein paarmal gepredigt haben, und noch dazu ganz gut; aber zuletzt dacht er doch wohl, ›es käme nicht viel dabei heraus‹, und heiratete lieber ein junges Fräulein von Itzenplitz. Auch die Mutter, heißt es, war ihm nicht unhold. ›Nicht unhold‹ darf man am Ende sagen und ist ein statthafter Ausdruck. Und als er nun das junge Fräulein geheiratet hatte (die Mutter nahm es alles in die Hand), da wurd er Minister und regierte den preußischen Staat. Und das kann doch schließlich nicht all und jeder.«

Ich hatte hierbei Molls unbedingte Zustimmung erwartet, aber diese blieb aus, und während er es vorzog, hin und her zu diplomatisieren, fuhren wir bereits in Groß Rietz ein und hielten alsbald vor einem Häuschen, das uns als das des Herrn Kantors bezeichnet worden war.

Ich stieg ein paar Stufen hinauf bis in den Flur und wollte klopfen, aber ein Choral, der eben auf einem kleinen Klavier gespielt wurde, hielt mich davon ab. Endlich schwieg es drin, und ich trat ein.

Ein alter würdiger Herr empfing mich und hörte wohlwollend, aber verlegen meinem Vortrage zu, was mich schließlich selber verlegen machte. So sehr, daß ich, wie gewöhnlich in solcher Lage, vom Hundertsten aufs Tausendste kam. In diesem Momente höchster Bedrängnis erschien die Frau Kantorin und sah mit dem den Frauen eigenen Scharfblick auf der Stelle, daß es sich hier unmöglich um etwas Bedenkliches handeln könne. Sie lud mich also zum Sitzen ein, was seitens ihres Mannes noch nicht geschehen war, und stellte nun ihre Fragen so geschickt und so freundlich, daß ich mich rasch wieder zurechtfand. »Ich fürchte nicht, Ihre Zeit allzulang in Anspruch nehmen zu müssen, eine Stunde, wenn's hoch kommt. Ohnehin hängt die Sonne schon über den Dächern drüben, und wenn wir auch Mondschein und sogar Vollmond haben, so lassen sich doch alte Bilder in solcher Beleuchtung nicht allzu gut studieren, die Fenster mögen so hoch und breit sein, wie sie wollen. Oder irr ich mich, wenn ich annehme, daß sich die beiden Wöllner-Portraits in Ihrer Kirche befinden?«

»Eines *war* in der Kirche, das in roter Uniform. Aber der Herr von der Marwitz hat es, als er das letzte Mal hier war, ins Schloß bringen lassen, und da hängen sie nun alle zusammen.«

»Ich wußte nur von zweien.«

»Ja, zwei *Wöllner*-Bilder ... Ede, du könntest ins Schloß gehen und um den Saalschlüssel bitten; es wär ein Herr da, der die Bilder sehen wollte ... Ja, zwei Wöllner-Bilder, eines als Minister und eines aus seiner Hauslehrerzeit, als er noch in Groß Behnitz war. Ach du lieber Himmel, Groß Behnitz! Wie sich doch alles ändert im Leben. Das war das Itzenplitzische Lieblingsgut, und nun hat es Borsig, und der hat es auch nicht mehr, und ist bloß noch Sommersitz und Villa für seine Witwe. Kennen Sie Groß Behnitz?«

Ich nickte.

»Das also sind die beiden Wöllner-Bilder. Und auf dem zweiten, in einem Talar oder Roquelaure, sieht er eigentlich aus, als ob er ein Beichtvater wär oder sonst was Katholsches. Und auch sehr hübsch. Es sind aber außerdem noch zwei Bilder da, die mit dazu gehören, zwei Frauenbilder, und die Leute sagen, das eine sei die Frau Generalin von Itzenplitz, die ja so große Stücke von ihm hielt, und das andre sei das Fräulein von Itzenplitz (die Tochter der Gnädigen), die dann der Hauslehrer Wöllner, oder vielleicht war er auch schon Domainenrat, geheiratet hat. Aber da kommt Ede. Bringst du die Schlüssel?«

»Nein. Aber es sei schon gut. Und der Herr solle nur kommen.«

Auf diese Zusage hin erhoben wir uns, die Frau Kantorin und ich, und gingen nunmehr auf das Schloß zu, das mir seiner großen Renaissancetreppe nach aus der Zeit König Friedrichs I. zu stammen schien. Ein Diener wartete schon und schloß einen Hochparterresaal auf, aus dessen Fenstern ich einen Blick auf einen von Treibhäusern eingefaßten Garten hatte. Dieser Blick war hübsch, aber der Saal selber zeigte nichts als eine Stehuhr, eine Portraitbüste Friedrich Wilhelms II. und jene vier Bilder, über die mir die Frau Kantorin einen vorläufigen kurzen Bericht gegeben hatte.

Der letzte Glutschein der untergehenden Sonne fiel auf drei Bilder; das vierte (kleinere) hing an einer Schmalwand unmittelbar daneben und war das Wöllner-Bild aus seiner Ministerzeit. Er trägt auf demselben gepudertes Haar, einen roten Uniformrock und einen blauen, mit Silber gestickten Kragen. Ebensolche Rabatten und Aufschläge. Die Nase dicklich, die Lippen wulstig, die Augen groß und hervortretend. Alles in allem entschlossen und charaktervoll, aber ohne Wohlwollen.

Auf diesem kleineren Portrait ist er ein mittlerer Fünfziger, auf dem größeren, im rechten Winkel daneben hängenden aber erscheint er als ein jugendlicher und in der Tat schöner abbéhafter Mann, wie man ihnen auch heute noch innerhalb der katholischen Geistlichkeit in Österreich und Süddeutschland zu begegnen pflegt. Er zeigt sich, seinen damaligen Studien entsprechend, mit einem Mikroskop beschäftigt, zwischen dessen Gläser er eben einen zu beobachtenden Gegenstand gelegt zu haben scheint. Eine Verwandtschaft zwischen den beiden Bildern ist unverkennbar; derselbe sinnliche Mund, dazu dieselben großen Vollaugen. Und doch, welch ein Unterschied! Auf dem Ministerportrait alles abstoßend, hier alles anziehend bis zum Verführerischen. Dazu gut und, soweit meine Kenntnis reicht, in einzelnen Partien sogar vortrefflich gemalt. Von welcher Hand, würde sich durch Kunstverständige leicht feststellen lassen, da, nach Antoine Pesnes Tode, wohl nur wenige Maler in Berlin existierten, die so zu malen imstande waren.

Die beiden Itzenplitzischen Frauenportraits, die dieselbe Wand schmücken, sind in Ausdruck und Vortragsweise nur Durchschnitt. Alles Interesse verbleibt also *ihm*, und wer die Geschichte dieses vielfach verkannten und unterschätzten Mannes dermaleinst zu schreiben gedenkt, wird an diesen Groß-Rietzer Bildnissen nicht vorübergehen dürfen. Sie lehren uns manches in seinem Leben und Charakter verstehen.

Inzwischen war die Sonne gesunken, und als wir jetzt aus dem Saal auf die große Freitreppe hinaustraten, stand der Vollmond bereits in aller Klarheit am Himmel. Ihn als Leuchte zur Seite, gingen wir auf die nah gelegene Kirche zu, hinter deren Fenstern ich ein paar Epitaphien und Trophäen in ihrem flimmernden Schmucke von Waffen und Goldbuchstaben erkannte. Dieser flimmernde Schmuck aber war nicht das, was meine Schritte hierher gelenkt hatte, vielmehr hielt ich mich jetzt auf die Mitte des Kirchhofs zu, wo, von einer Gruppe von Ahornplatanen umstellt, ein großer Granit, ein *Doppel*grabstein lag, auf dem einfach die Namen standen: »J. C. v. Wöllner und C. A. C. v. Wöllner, geb. von Itzenplitz«. Sonst nichts, weder Spruch noch Inschrift. Um die Stätte her war braunes Laub hoch zusammengefegt und predigte wie der Stein selber von der Vergänglichkeit irdischer Dinge.

Moll war uns auf den Kirchhof gefolgt. Er schien einen Augenblick zu Reflexionen in dem eben angedeuteten Sinne geneigt, gab es aber doch auf und begnügte sich schließlich mit einer einfachen Wetterbetrachtung: »Ich dachte, der Wind würd uns einen Regen zusammmenfegen. Aber es is nichts. Sehen Sie sich bloß den Mond an; er hat nich mal 'nen Hof und steht so blank da wie 'n Zehnmarkstück.«

»Es is richtig. Aber Moll, warum sagen Sie bloß *Zehn*markstück?«

»Jott, ich dachte, vor *die* Gegend ...«

Und damit gingen wir auf das Gasthaus zu, wo mein Mammon- und Adelsfreund schon ein Zimmer für mich, und zwar »auf der rechten Giebelseite«, bestellt hatte.

»Gott, Moll, das ist ja die Mondseite.«

»Na, denn tauschen wir. Ich hab es gern, wenn er mir so prall aufs Deckbett scheint.

Die Havelschwäne

Da geht's an ein Picken,
An ein Schlürfen, an ein Hacken;
Sie stürzen einander über die Nacken,
Schieben sich, drängen sich, reißen sich,
Jagen sich, ängsten sich, beißen sich,
Und das all' um ein Stückchen Brot.
»Lilis Park«

Die Havel ist ein aparter Fluß; man könnte sie (eben die Havel) ihrer Form nach den norddeutschen oder den Flachlands-Neckar nennen. Sie beschreibt einen Halbkreis, kommt von Norden und geht schließlich wieder gen Norden, und wer sich aus Kindertagen jener primitiven Schaukel entsinnt, die aus einem Strick zwischen zwei Äpfelbäumen bestanden, der hat die Kurven-Linie vor sich, in der sich die Havel auf unseren Karten präsentiert. Das Blau ihres Wassers und ihre zahllosen Buchten (sie ist tatsächlich eine Aneinanderreihung von Seen) machen sie in ihrer Art zu einem Unikum. Das Stückchen Erde, das sie umspannt, heißt das Havelland, und die Städte dieses Havellandes – samt und sonders an dieser Wasserlinie gelegen – sind zugleich die Stätten erster christlicher Zeit in diesen Landen: Spandau, Potsdam, Brandenburg, Havelberg; eine Festung, eine Residenz, zwei Bistümer. Alte und neue Kultur knüpfen sich an diese Namen.

Es ist aber weder der Fluß, noch die eine oder andere dieser Städte, wovon wir in diesem Kapitel zu erzählen gedenken, sondern ausschließlich von einer besonderen Zierde dieses Flusses: von seinen Schwänen.

Diese Schwäne sind auf dem ganzen Mittellauf der Havel zu Hause. Die zahlreichen großen Wasserbekken, die sich hier finden: der Tegler See, der Wannsee, der Schwielow, die Schlänitz, die Wublitz, sind ihre Lieblingsplätze. Ihre Gesamtzahl beträgt 2000. In früheren Jahren war es nicht möglich, diese hohe Zahl zu erreichen. Während der Franzosenzeit waren sie (ein bequemes Jagdobjekt) zu Hunderten getötet worden; später wurden die großstädtischen Eiersammler ihrer Vermehrung gefährlich. Erst die Festsetzung strenger Strafen machte diesem Übelstande ein Ende. Seitdem ist ihre Zahl in einem steten Wachsen begriffen. Wie mächtige weiße Blumen blühen sie über die blaue Fläche hin; ein Bild stolzer Freiheit.

Ein Bild der Freiheit. Und doch stehen sie unter Kontrolle, in Sommertagen zu der Menschen, in Wintertagen zu ihrem eigenen Besten. Im Sommer werden sie eingefangen, um gerupft, im Winter, um gefüttert zu werden. So bringt die Kultur ihre sommerliche Untat im Winter wieder in Balance. Auf die Prozedur des Einfangens kommen wir weiterhin zurück.

Die 2000 Schwäne zerfallen in Schwäne der Ober- und Unterhavel; das Gebiet der einen reicht von Tegel bis Potsdam, das der andern von Potsdam bis Brandenburg. Die Glienicker Brücke zieht die Grenze. Die Schwäne der oberen Havel stehen unter der Herrschaft der Spandauer, die Schwäne der unteren Havel unter der der Potsdamer Fischer. Man könnte dies die Einteilung der »Provinz Havelschwan« in zwei Regierungsbezirke nennen. Diese großen Bezirke aber zerfallen wieder in ebenso viele Kreise, als es Haveldörfer gibt, besonders auf der Strecke von Potsdam bis Brandenburg. Die Uetzer Fischer beherrschen die Wublitz, die Marquardter Fischer den Schlänitz-See, die Fischer von Caputh den Schwielow usw. Auf der Unterhavel allein befinden sich gewiß zwanzig solcher Arrondissements, alle mit gewissen Rechten und Pflichten ausgerüstet, aber alle den beiden Hauptstädten dienstbar, alle in Abhängigkeit von Potsdam und Spandau.

Wir wenden uns nun dem Sommerfang der Schwäne zu. Er erfolgt zweimal und hat den doppelten Zweck: den Jungschwan zu lähmen und den Altschwan zu rupfen. Über die Lähmung ist nicht viel zu sagen; ein Flügelglied wird weggeschnitten, damit ist es getan. – Desto komplizierter ist der Prozeß des Rupfens. Es geschieht nicht nur zweimal (im Mai und August), sondern auch an zwei verschiedenen Stellen. Die Schwäne der Oberhavel werden auf dem Pichelswerder, die Schwäne der Unterhavel auf dem »Depothof« bei Potsdam gerupft. Das Verfahren ist an beiden Orten dasselbe. Wir geben es, wie wir es auf dem Depothof sahen.

Der »Schwanenmeister«, Gesamtbeherrscher des ganzen Volkes cygnus zwischen Tegel und Brandenburg, gibt die Ordre: »Am 20. Mai (der Tag wechselt) wird gerupft.« Nun beginnt das Einfangen. Die Fischer der verschiedenen Haveldörfer machen sich auf, treiben die auf ihrem Revier schwimmenden Schwäne in eine Bucht oder Ecke zusammen, fahren dann mit einem zehn Fuß langen Hakenstock in die Schwanenmassen hinein, legen den Haken, der wie bei dem Schäferstock eine halboffene Öse bildet, geschickt um den Hals des Schwanes, ziehen ihn heran und in ihr Fahrzeug hinein. Dies geschieht mit großer Schnelligkeit, so daß binnen ganz kurzer Zeit das Boot mit dicht nebeneinander hockenden Schwänen besetzt ist, und zwar derart, daß die langen Hälse der Schwäne, über die Bootkante fort, nach außen blikken. Ein sehr eigentümlicher, grotesker Anblick.

In dieser Ausrüstung treffen nun die Boote aus wenigstens zwanzig Dörfern auf dem Depothof ein und liefern ihre Schwanenfracht in die dort befindlichen Hürden ab, von wo sie nach und nach zur Rupfbank geschleppt werden.

Diese Rupfbank ist ein langer Tisch, der in einem mächtigen Schuppen steht. An der einen Seite des Tisches entlang, mit scharfem Auge und flinker Hand, sitzen die Rupfweiber, meist Kiezfischer-Frauen. Ein Schwanenknecht trägt nun Stück auf Stück die Schwäne herein, reicht sie über den Tisch, die Frauen packen zu und klemmen den Hals zwischen die Beine ein, während der Knecht den auf dem Tische liegenden Schwan festhält. Nun beginnt das Rupfen mit ebensoviel Vorsicht als Virtuosität. Erst die Federn, dann die Daunen; kein Fleck von Fleisch darf sichtbar werden. Nach Beendigung der Prozedur aber nimmt der Schwanenknecht den Schwan wieder in seinen Arm, trägt ihn zurück und wirft ihn mit Macht in die Havel. Der Schwan taucht nieder und segelt nun mit aller Gewalt quer über den Fluß, um seinen Quälern zu entfliehen. Bald aber friert ihn, und zunächst sonnige Ufer- und Inselstellen aufsuchend, eilt er erst den zweiten oder dritten Tag wieder seinen Heimatplätzen im Schwielow oder Schlänitz zu.

Einen ganz anderen Zweck, wie schon angedeutet, verfolgt das Einfangen im Winter, wenn die Havel zugeht. Die schönen Tiere würden im Eise umkommen. Sie werden also abermals zusammengetrieben und eingesammelt, um an solche Havelstellen gebracht zu werden, die nie zufrieren oder doch fast nie zufrieren. Der Prozeß des Einfangens ist derselbe wie im Sommer, aber nicht der Transport an die eisfreien Stellen, welche letzteren sich glücklicherweise bei Potsdam selbst, fast mitten in der Stadt, befinden. Die Überführung in Booten ist jetzt unmöglich, da schon ganze Partien des Flusses durch Eis geschlossen sind; so treffen sie denn in allerhand Gefährt, in Bauer- und Möbelwagen, selbst in Eisenbahnwaggons, in ihrem Potsdamer Winterhafen ein.

Sie haben nun wieder sicheres Wasser unter den Füßen, die Gefahr des Erfrierens ist beseitigt, aber die Gefahr des Verhungerns – 2000 Schwäne auf allerkleinstem Terrain – würde jetzt um so drohender an sie herantreten, wenn nicht durch Fütterung für sie gesorgt würde. Diese erfolgt in den Wintermonaten täglich zweimal, morgens um 8 und nachmittags um 3 Uhr, immer an derselben Stelle, und zwar in der Nähe des Stadtschlosses.

Unmittelbar hinter der Eisenbahnbrücke, am Ende des Lustgartens, ist eine Stelle, welche wegen des starken Stromes nur selten zufriert. Diese ist Rendezvous. Wir geben die 3-Uhr-Fütterung.

Schon um Mittag ziehen sich die Schwäne von allen noch offenen Stellen der Havel und aus den Kanälen der Stadt in der Nähe der Eisenbahnbrücke zusammen. Unruhig ziehen sie, nicht einzeln, sondern zu Hunderten, neben- und hintereinander, am Ufer hin und her, die alten und erfahreneren aber unter dem letzten Bogen der Eisenbahnbrücke hindurch, auf eine Stelle zu, von wo sie mit hochaufgerecktem Halse über die Uferbrüstung hinweg den langen Wallweg hinuntersehen können, auf dem der Schwanenmeister mit seinem Kornkarren heranfahren muß. Sie kennen ihn auch schon in weitester Entfernung, und kaum taucht seine Mütze zwischen den Bäumen auf, so fährt eine ganz besondere Unruhe in das zahlreiche Rudel. In höchster Anstrengung rudern sie sofort unter der Eisenbahnbrücke hindurch, nach dem Futterplatze, und, wenn sie ihn dort noch nicht angekommen sehen, wieder zurück zu der Stelle, wo sie seine Annäherung beobachten können. Diese unruhige Wanderung wiederholt sich so lange, bis der Schwanenmeister mit Karre und Gerstensack an der Brücke angekommen ist. Nun entsteht ein wahrer Tumult unter den Tieren. Alles stürzt übereinander und nebeneinander hin und reckt die Hälse, um nur ja keine Bewegung ihres Hüters zu übersehen und den ersten Schaufelwurf nicht zu versäumen. Noch ist es indessen nicht soweit. Der Schwanenmeister geht erst auf die Brücke, um in langgezogenen Tönen sein »Hans! Hans!« zu rufen, auf welchen Ruf die etwa noch Verspäteten von allen Seiten herbeischwimmen. Solange dies Rufen dauert, halten sich die Schwäne in der Nähe der Brücke. Hört es aber auf und wendet der Rufende sich zu dem eigentlichen Fütterungsplatze, so rauscht das ganze Schwanenheer in einer großen, blendend weißen Masse, drängend wie ein Keil und gewaltsam wie die Räder eines Dampfschiffs, im Wasser neben dem am Ufer gehenden Schwanenmeister her. Während der Sack aufgebunden wird, schroten sich einige der Gierigsten über die Eisschollen und Ränder am Ufer auf das feste Land, watscheln unbehülflich zum Karren, um womöglich die ersten zu sein, die etwas erhalten. Ihre Berechnung wird aber jedesmal getäuscht, denn wenn recht viele aus dem Wasser heraus und andere im Begriff sind, ihnen zu folgen, wird der Gerstenkarren rasch auf die entfernteste Stelle des Futterplatzes geschoben. Kaum sehen die ans Land gekommenen Schwäne, daß ihnen ihre Eile nichts hilft, so stürzen sie sich so rasch wie möglich in das Wasser zurück; aber es hält schwer, in der dichtgedrängten Masse der schwimmenden Schwäne ein Fleckchen zu finden, wo sie noch Platz hätten. Mit einer unglaublichen Gewaltsamkeit drängen die Hintersten gegen das Ufer. Nun erfolgt der erste Wurf weit ins Wasser hinein, und wo die Gerste das Wasser berühren kann, verschwinden im Nu alle Hälse, und man sieht plötzlich Hunderte von Zuckerhüten auf dem Wasser schwimmen. Unmittelbar am Ufer aber gelangt die Gerste gar nicht ins Wasser, sondern bleibt auf den dicht aneinandergedrängten Rücken der Schwäne liegen. Um sie aufzulesen, verschlingen die langen Hälse sich hin und wieder zu Knoten, so daß es oft den Anschein hat, als könnten sie kaum wieder auseinanderkommen. Soweit jeder Wurf reicht, tritt für einige Augenblicke eine gewisse Ruhe ein; desto unruhiger und drängender geht es ringsumher zu. Mit Bissen und Flügelschlägen suchen sich die Entferntesten Bahn in den dichten Haufen zu brechen; aber vergebens, denn es kann keines der Tiere Platz machen, wenn es auch wollte, aber es will auch nicht, sondern beißt und schlägt abwehrend auf seinen Angreifer los. Wieder kommt ein Wurf, und wieder beruhigt sich eine Gruppe; ein dritter, ein vierter – der letzte ist aber noch nicht geschehen, und schon kommen die, welche zuerst gefressen, wieder herbeigerauscht und drängen die Fressenden zu einem dichten Knäuel zusammen. Wild treibende Eisschollen, vom Föhn durcheinandergewälzte Schneemassen können kein seltsameres Bild geben als diese blendend weißen, belebten Körper auf dem dunklen Wasser der Havel, rings von Eis und Schnee umgeben, so daß man kaum unterscheiden kann, wo das Eis des Ufers aufhört und der Schwanenknäuel anfängt.

Täglich werden auf diese Weise drei Scheffel Gerste verfuttert. Vergleicht man indessen das Volumen all dieser herzudrängenden Schwäne mit den anderthalb Scheffeln, die ihnen morgens und ebensoviel nachmittags zugeworfen werden, so begreift man, daß die Tiere beim Weggehen ihres Pflegers noch ziemlich ebenso lange Hälse machen wie bei seinem Kommen. Eine Zeitlang verweilen sie noch; erst wenn sie Gewißheit haben, daß alles Warten nicht mehr fruchtet, schwimmen sie langsam fort. Zurück bleiben nur noch die Kranken, die jetzt einen Versuch machen, eine kümmerliche Nachlese zu halten und die letzten Körnchen zu entdecken.

Zu der Havelschönheit tragen die Schwäne ein sehr Erhebliches bei. Sie geben dem Strom auf seiner breiten Fläche eine königliche Pracht, und eine schönere Einfassung aller dieser Schlösser und Residenzen ist kaum denkbar. In neuerer Zeit hat man diesen Zauber dadurch noch gesteigert, daß man, durch Unterlassung der Flügellähmung, den Wildschwan wiederhergestellt hat. Man wurde dazu durch verschiedene Rücksichten bestimmt. Das Nächstbestimmende war die größere Schönheit des wilden Schwans; er ziert die Fläche mehr, die er durchschwimmt, und sein Flug durch die Luft, den er wenigstens gelegentlich macht, gewährt einen imposanten Anblick. Was aber mehr als diese Schönheitsrücksicht den Ausschlag gab, war der Wunsch, einen neuen jagdbaren Vogel, einen neuen Sport zu schaffen. Es werden jetzt von Zeit zu Zeit Wildschwanenjagden abgehalten.

Anfangs, wo man diese Jagden in unmittelbarer Nähe Potsdams abhielt, scheiterten sie. Die Tiere, zu den zahmen Schwänen sich haltend, waren zahm und vertraulich wie diese und entzogen sich kaum der Büchse des Schützen, wenn auch dieser und jener schon dem Blei des letzteren erlegen war – das war keine Jagd, das war bloßes Totschießen, und man stand auf dem Punkt, die Sache wieder aufzugeben. Da entdeckte man indessen plötzlich, daß der Wildschwan bei Potsdam und der Wildschwan flußabwärts auf den weiten, einsamen Flächen des Schwielow, der Schlänitz und der Wublitz ein ander Ding sei, und eine erste Jagd auf den großen Seen wurde abgehalten. Sie schlug ein. Hier war der Schwan noch scheu, und speziell auf der stillen, abgelegenen Wublitz, auf der bloß die gelben Mummeln und die weißen Schwäne zu Hause sind (wohl dreihundert und mehr), bot er ein treffliches Jagdrevier. Sooft das Boot durch Schilf und Rohr heranschlich, horchte der Wildschwan auf, hier hatte er noch den Instinkt der Gefahr, und wenn der erste Schuß fiel, erhoben sich fünfzig der majestätischen Vögel und rauschten mit schwerem Flügelschlage durch die Luft.

Die Schönheit und Poesie dieses Tieres aber, dazu die mächtige Schußfläche, die es bietet, werden sehr wahrscheinlich immer ein Hindernis bleiben, die Schwanenjagd in Jägeraugen zu etwas Ansehnlichem zu machen. Es unterbricht nur mal den gewöhnlichen Lauf der Dinge. Ein Zwischengericht, das willkommen ist.

Die Schwäne der Havel bilden auch einen Versandartikel. Viele, von näher gelegenen Punkten zu schweigen, gehen bis Petersburg und nach den großen Städten der Union. Mannigfach sind die Versuche, ihn auch an anderen Stellen einzubürgern. Es mag indessen lange dauern, ehe der Havelschwan übertroffen wird.

Der Limfjord, auf jenen weiten Wasserbassins, wo Tausende von Möwen wie weiße Nymphäen schwimmen, bietet ein ähnliches Bild. Aber doch nur ein ähnliches. Die Möwe ist eben kein Schwan.

Noch ist die Havel mit ihren 2000 Schwänen unerreicht.

Uetz

(Ein havelländisch Idyll.)

Wie reizend sind, du schönes Dörfchen Uetz,
Heut deiner Gärten Äpfelblütenreiser,
Dein gotisch Kirchlein, deiner Fischer Kiez,
Dein Pfarrgehöfte, deine Bauerhäuser …
Die Pferde sind zur Rückfahrt angespannt,
Vom Felde treibt der Kuhhirt durch die Gassen –
Du schönster Ort im ganzen Havelland,
Wer könnte je dich ungerührt verlassen!

»Du schönster Ort im ganzen Havelland«, unter diesem Anruf nimmt unser märkischer Poet par excellence, unser vielbespöttelter Schmidt von Werneuchen, von jenem stillen Haveldorfe Abschied, dessen etwas seltsam klingenden Namen wir an die Spitze dieses Kapitel gestellt haben.

»Du schönster Ort« – wir wollen es, auf die Autorität unseres Freundes hin, glauben. Aber ob der schönste oder nicht, der stillste gewiß. Die Natur hat es so gewollt.

Die Havel, die auf ihrem Mittellaufe überall Seen und Buchten bildet, streckt an dieser Stelle eine sackgassenartige Abzweigung, die »Wublitz«, tief ins Land hinein und bildet dadurch eine Wassergabel, die das von drei Seiten her umschlossene Stück Land zu einer Halbinsel macht. Auf dieser Halbinsel, tief innerhalb der Gabel, liegt unser Uetz, das, um ebendieser Lage willen, nur mit Hülfe einer Fähre oder aber auf weiten Umwegen erreicht werden kann. Beides ein Hindernis im Verkehr.

Eine kurze Zeit hindurch schien es, als sollte das stille Dorf mit in die Welt, von der es sonst abgeschlossen liegt, hineingezogen werden. Das war zu Ende des vorigen und zu Anfang dieses Jahrhunderts, wo das eine halbe Meile von Uetz gelegene Paretz, sozusagen die Hauptstadt dieser kleinen Halbinsel, in den Besitz König Friedrich Wilhelms III. überging. Um diese Zeit – der König wählte immer den Wasserweg – wurde Uetz zu einer vielgenannten Fährstelle. Der Fischer, der den Dienst versah, hatte seine goldnen Tage; an die Stelle der alten Fährmannshütte trat ein reizendes Haus im Schweizerstil, betreßte Röcke spiegelten sich im dunklen Wublitz-Wasser, und die Dorfstraße entlang, in der bis dahin bei Regenwetter die Dungwagen steckengeblieben waren, schaukelten sich jetzt die königlichen Kutschen. Das war bis 1810. In den zwanziger und dreißiger Jahren flackerte es noch einmal auf, dann erlosch es ganz. Uetz war wieder das »stillste Dorf im ganzen Havelland«.

Solchem stillsten Platze zuzuschreiten, wie wir jetzt tun, hat immer einen besonderen Reiz. Die Nauener Chaussee, die wir halten, läuft parallel mit der Wublitz, und je nach den Sattlungen des Weges schwindet Uetz und erscheint wieder; immer neue Verschiebungen treten ein, und bald hinter hohen Pappeln, bald hinter Weiden hervor schimmert das goldene Kreuz seiner Kirche. Unser Weg hat uns endlich bis in die Höhe des Dorfes geführt, und nach links hin einbiegend, stehen wir nach einem kurzen Marsch am Ufer des mehrgenannten Havelarms, der sich selbst und seinen Zauber bis dahin vor uns verbarg. Drüben liegt das Fährhaus. Aber der Blick nimmt uns so gefangen, daß wir unser »Hol über!« unterlassen und zwischen ausgespannten Netzen auf einem umgestülpten Kahne Platz nehmen, um das Bild auf uns wirken zu lassen.

In Terrassen baut es sich auf: zuunterst der Fluß, tief und still und mit den breiten Blättern der Teichrose überdeckt; dahinter ein Schilfgürtel, dann Obstgärten, dann über diese hoch hinaus die alten Ulmen der Dorfgasse, und wieder hinter den Ulmen, am Abhang aufsteigend, die weißen Häuschen des Dorfes, das Ganze gekrönt von zwei altmodischen Windmühlen, die, von dem bastionartigen, gründossierten Mühlenberge aus, den Vordergrund überblicken und ihre Flügel so lustig drehen, als freuten sie sich der Umschau, die sie halten.

Die Längslinie des Bildes folgt dem Uferrande drüben, der zugleich der Hauptgasse des Dorfes entspricht. Das Treiben dieser von Busch- und Baumwerk dicht eingefaßten Gasse entzieht sich unserem Auge; überall da aber, wo breite Querlinien die Längslinie durchbrechen, entsteht ein heller Fleck im Dunkel, und das ganze sich fortbewegende Treiben drüben erscheint in dieser Lichtung und schwindet wieder. Die Entfernung ist groß genug, um jeden Lärm zu verschlingen, und so kommen die Bilder und gehen wieder wie auf der glatten Fläche einer Camera obscura. Jetzt Schnitter, die Harke und Sense über die Schulter gelegt, vom Felde heimwärts kehrend, jetzt Kiepen tragende Frauen, jetzt hochbeladene Heuwagen, deren helleres Grün in dem Dunkelgrün der Baumkronen schwerfällig hin und her schwankt.

Die Sonne, die eben noch wie ein Glutball über dem Windmühlenberge gestanden hatte, sank jetzt tiefer und ließ die Wandfläche der Mühle wie einen dunklen Schatten erscheinen, den ein rotgoldener Schimmer nach allen Seiten hin umgab. Und dieser Schimmer, sich Bahn brechend durch die Baumwelt des Vordergrunds, fiel jetzt auch auf die breite Fläche der Wublitz, und wo ein Schwan durch diesen glühenden Streifen hindurchfuhr, da überzog es sein Gefieder wie flüchtige Röte, die der nächste Augenblick wieder von ihm streifte. Wohl mochten hier die Mummeln blühen, als wäre die Wublitz ein Blumenbeet, denn es war ein Bild wie hergeliehen aus einem Feengarten.

Minutenlang sah ich still in diesen Zauber hinein, dann richtete ich mich auf und rief mein »Hol über!«

über die Wasserfläche hin. Aber der Ruf schien in dieser Stille zu verklingen. Nichts regte sich drüben, und schon war meine ganze Naturbewunderung in Gefahr, im Ärger über den Fährmann unterzugehen, als es drüben lebendig zu werden begann. Eine hagere, mittelgroße, nach Wendenart in graue Leinwand gekleidete Gestalt trat aus dem Fährhaus, machte eine Handbewegung, die unverkennbar ausdrücken sollte, »ich möchte mich nur ruhig verhalten«, und löste dann langsam und mürrisch, soweit sich das aus seiner Haltung erkennen ließ, einen Kahn vom Ufer und schob ihn, ohne Ruder, an einem zwischen beiden Ufern ausgespannten Taue von drüben zu mir herüber.

Als der Kahn auflief, blieb sein Insasse stehen und sah mich an. Ich ihn auch. Endlich gewann er's über sich und bot mir »Guten Abend«. Nach dieser Konzession von seiner Seite (denn so schien er es aufzufassen), glaubte auch *ich* ein übriges tun zu müssen. So entspann sich denn, während der Kahn langsam wieder zurückglitt, folgende Unterhaltung:

»Guten Abend, Fährmann. Geht's Geschäft?«

»I, wie wird's denn gehn?«

»Na, ich sollte doch meinen. Da sind erst die Uetzer …«

»Die fahren umsonst.«

»Und dann all die Dörfer, die hier hinten liegen …«

Er schüttelte griesgrämig den Kopf, beschrieb mit der Hand nach Norden hin eine Kurve und brummte: »Alles rum, immer rum!«

»Aber die Phöbener und Paretzer werden doch nicht über Falkenrehde fahren? Das ist ja die Meile sieben Viertel!«

»Das ist es, lieber Herr. Aber was ein richtiger Bauer is, der geht nich übers Wasser.«

»Weil's ihm zu unsicher ist?«

»Nich doch. Es is ihm bloß sicher, daß der Fährmann sein Fährgeld kriegt. Das zahlt kein Bauer, wenn er nich muß. Und er muß nich. Eine Meile oder zwei, *ihm* ist's all' eins. *Er* braucht sie nich zu laufen. Er nimmt seine Peitsche, knipst und ruft seinen Gäulen zu: ›Der Hafer is teuer heut; verdient ihn euch!‹ Und der Uetzer Fährmann – der mag sehen, wo er seine Pacht hernimmt.«

Die Spitze des Kahns war jetzt auf dem Trockenen; ich sprang hinaus und fragte nach meiner Schuldigkeit. Die Taxe war niedrig; ich gab ihm ein Stück Geld, etwa das Fünffache. Er nahm es, sagte nichts und erwiederte meinen »Guten Abend« durch ein Geknurr, das über seine Enttäuschung keinen Zweifel ließ. Die Fährleute sind ein eigen Geschlecht und haben ihren eigenen Artigkeitskodex.

Ich schritt die Querallee hinauf, kreuzte die Dorfstraße und erstieg den Mühlenberg, hinter dessen Kamm, bereits erblassend, die Abendröte stand. Ein schwacher rötlicher Schimmer säumte nur noch den Himmel gegenüber. Das Dorf, die Wublitz waren still; im Fährhaus schimmerte ein Licht, die Schwäne sammelten sich am Schilf, die Abendglocke klang in langsamen Schlägen über Uetz hin.

> Du schönster Ort im ganzen Havelland,
> Wer könnte je dich ungerührt verlassen!

Kleists Grab

Ein dritter und letzter Punkt in der näheren Umgebung von Jagdhaus Dreilinden ist das unmittelbar am kleinen Wannsee gelegene Grab von *Heinrich v. Kleist.* Erst der Prinz erwarb diesen Uferstreifen. Die Stätte selbst ist, seit der Eröffnung der auf nur wenig hundert Schritte daran vorüberführenden Grunewaldbahn, eine vielbesuchte Pilgerstätte geworden, und in schöner Jahreszeit vergeht wohl kein Nachmittag, an dem nicht Sommervergnüglinge von Station Neu-Babelsberg her aufbrächen, um, am Wannsee hin ihren Weg nehmend, dem toten Dichter ihren Besuch zu machen.

Der Weg von Dreilinden her aber ist ein *andrer* und mündet erst in verhältnismäßiger Nähe von »Kleists Grab« in einen dem Neu-Babelsberger und dem Dreilindener Weg gemeinschaftlichen und von Werft und Weiden umstandenen Wiesenpfad ein, der auf die (wie schon hier bemerkt werden möge) sich dem Auge völlig entziehende Begräbnisstätte zuführt.

An eben erwähntem Einmündungspunkte gesellt ich mich einer »Partie« zu, vier Personen und einem Pinscher, die, den Pinscher nicht ausgeschlossen, mit jener Heiterkeit, die, von alter Zeit her, allen Gräberbesuch auszeichnet, ihre Pilgerfahrt bewerkstelligten. Es waren kleine Leute, deren allerausgesprochenster Vorstadts- und Bourgeois-Charakter, mir, in dem Gespräche, das sie führten, nicht lange zweifelhaft bleiben konnte.

Die Tochter ging einen Schritt vorauf. »Er soll ja so furchtbar arm gewesen sein«, sagte sie mit halber Wendung, während sie zugleich mit einem an einer Kette hängenden großen Medaillon spielte. »Solch berühmter Dichter! Ich kann es mir eigentlich jar nich denken.«

»Ja, das sagst du wohl, Anna«, sagte der Vater. »Aber arm waren wir damals alle. Und der Adel natürlich am ärmsten. Aber er war auch schuld. Denn erstens diese Hochmütigkeit und dann dieser Kladderadatsch und diese Schlappe. Na, Gott sei Dank, so was kommt nicht mehr vor. Davor haben wir jetzt Bismarcken.«

»Ach, Herrmann« unterbrach ihn hier eine ziemlich starke Frau, der der Weg, trotzdem er nur kurz war, schon zu lang zu werden anfing, »ich bitte dich, laß doch *den*. Hier sind wir ja doch bei Kleisten. Und so furchtbar arm war er auch jar nich und muß ihr bloß so furchtbar geliebt haben.«

»I, Gott bewahre« sagte der Mann in einem Ton, als ob es sich um das Unglaublichste von der Welt handelte.

Während dies Gespräch noch andauerte, hatten wir einen Punkt erreicht, wo der über die Wiese führende Weg absolut ein Ende zu haben schien, bis wir, bei schärfrem Hinsehen, eines Fußpfades gewahr wurden, der sich, zwischen allerlei Gestrüpp hin, in einer schmalen Schlängellinie fortsetzte. War das *unser* Weg? Ein Versuch schien wenigstens geboten, und siehe da, keine hundert Schritt und wir hatten's und standen an der Grabstelle, die, seitab und einsam im Schatten gelegen, denselben düstren Charakter zeigte, wie das Leben, das sich hier schloß. Auch eine pietätsvolle Wiederherstellung der durch viele Jahre hin vernachlässigten Stelle, hat an diesem Eindruck nichts ändern können. Ein Eisengitter zwischen vier Steinpfeilern schließt das Grab ein, das *zwei* Grabsteine trägt: einen abgestumpften Obelisken aus älterer und einen pultartig zugeschrägten Marmor aus neurer Zeit. Auf dem abgestumpften Obelisken fanden wir ein Häuflein Erde, darin eine sinnige Hand, vielleicht keine Stunde vor uns, einen Strauß unterwegs gepflückter Feldblumen eingesetzt hatte. Zu

Füßen des Obelisken aber, auf dem zugeschrägten Marmorsteine, stand das Folgende:

Heinrich von Kleist.
Geb. 10. Oktober 1776,
gest. 21. September 1811.
Er lebte, sang und litt in trüber, schwerer Zeit,
Er suchte hier den Tod und fand *Unsterblichkeit.*

Die Tochter las die Verse laut und ob es nun die Nähe des Grabes oder vielleicht auch nur die Verlegenheit war, in die so viele Menschen geraten, wenn sie Verse hören (ein Rest von Respekt vor dem alten Propheten- und Bardentum), gleichviel, alles im Kreise wurde still und diese Stille wirkte wie Huldigung und Gebet.

Erst der Rattenpinscher, dem die Szene zu lange dauern mochte, gab uns durch einen dreimaligen Unmutsblaff unsren Augenaufschlag und gleich danach auch unsre Bewegung wieder und denselben Schlängelpfad entlang, auf dem wir gekommen waren, schritten wir nunmehr auf die draußenliegende Waldwiese zurück.

Neben der Tochter ging jetzt ein in dem doppelten Abhängigkeitsverhältnis von Geschäft und Liebe stehender junger Mann und versuchte das auf dem Hinweg unterbrochene literarische Gespräch wieder aufzunehmen. Er begann mit Käthchen und gebrauchte dabei den Ausdruck »holdseliges Geschöpf«.

Aber darin versah er's durchaus und Anna, die das Prinzip der »Erziehung von Anfang an« aller Wahrscheinlichkeit nach von der Mutter adoptiert hatte, replizierte scharf: »Ich weiß nicht Herr Behm, was Sie so nennen. Ich find' es bloß unnatürlich, immer so nachlaufen und sich alles gefallen lassen. Und es verdirbt bloß die Männer, die schon nichts taugen.«

Er wollte mit Nachdruck und Wärme das Gegenteil versichern, aber die Mutter trat peremtorisch dazwischen und sagte: »Recht, mein Anneken ... Ja, Herr Behm, Anna hat recht.«

Und nun waren wir wieder an der Stelle, wo der Weg sich teilte, weshalb ich meinen Hut zog und mich aufs *artigste* verabschiedete. Nichsdestoweniger konnt ich an Blick und Gesten unschwer erkennen, daß, das Günstigste zu sagen, die Meinungen über mich kritisch-abwägend und nur die der Mutter entschieden zu meinen Gunsten waren. Was mich allerdings über den endlichen Ausgang der Sache beruhigte.

Bald danach, als ich einen höher gelegenen Punkt erreicht hatte, hielt ich noch einmal an und überblickte das vor mir ausgebreitete, landschaftliche Bild. Nach Westen hin lagen Fluß und Wald in einem goldnen Abendschimmer, und Villentürme, Kiosks und Kuppeln wuchsen daraus empor. Alles was ich sah, war Leben, Reichtum, Glück. Und daneben gedacht ich des *Dichtergrabes*, das einsam ist, trotz der Neugier, die jetzt tagtäglich nach ihm pilgert. Aber ich gedachte zugleich auch der unbekannten Hand, die vor wenig Stunden erst einen Feldblumenstrauß in jenes Häufchen Erde gepflanzt hatte und getröstete mich: »eine Hand voll Liebe besiegt *jedes* Geschick.«

Die Märker und die Berliner und wie sich das Berlinertum entwickelte

I

Die Märker haben viele Tugenden, wenn auch nicht voll so viele, wie sie sich einbilden, was durchaus gesagt werden muß, da jeder Märker ziemlich ernsthaft glaubt, daß Gott in ihm und seinesgleichen etwas ganz Besonderes geschaffen habe. So schlimm ist es nun nicht. Die Märker sind gesunden Geistes und unbestechlichen Gefühls, nüchtern, charaktervoll und anstellig, anstellig auch in Kunst, Wissenschaft und Religion, aber sie sind ohne rechte Begeisterungsfähigkeit und vor allem ohne rechte Liebenswürdigkeit. Auch ohne *Stammesgenie*; – die Schwaben und Rheinländer haben entschieden mehr davon. Und was nun die vielzitierten militärischen Tugenden angeht, so mag ich über diese, die ja zweifellos existieren, nicht immer wieder wie über etwas einzig Dastehendes sprechen. Alle Stämme haben gute Soldaten und auch nicht, je nachdem. Man muß viel alte Militärs kennengelernt und ihren vertraulichen Mitteilungen gelauscht haben, um mit der Legende von der grenzenlosen Tapferkeit irgendwelches Komplexes von Menschen ein für allemal fertig zu sein. Wär' auch unnatürlich, wenn es anders wäre. Die Märker haben viel Pflichtgefühl und verstehen zu gehorchen und zu befehlen, und das ist besser als der »Mut ohne Ende«. Das Pflichtgefühl der Märker, ihr Lerntrieb, ihr Ordnungssinn, ihre Sparsamkeit, – das ist ihr Bestes. Und das sind die Eigenschaften, wodurch sie's zu was gebracht haben. Im übrigen sind sie neidisch, schabernackisch und engherzig und haben in hervorragender Weise den ridikülen Zug, alles, was sie besitzen oder leisten, für etwas ganz Ungeheures anzusehen. Eine natürliche Folge früherer Ärmlichkeit, wo das Kleinste für wertvoll galt. Es gibt in der Mark bis diesen Tag zahllose Leute, die mit ihren 100 000 Mark ganz aufrichtig glauben »sie kämen gleich nach Gould oder Van der Bilt«. Was aber auch nicht ganz richtig ist, wenigstens nicht im Ausdruck, weil der echte Märker weder Gould noch Van der Bilt kennt, sondern alle Größen, wenn er vergleichen will, aus seiner eigenen Provinz und am liebsten aus seinem Kreise nimmt. Ja, es sind tüchtige, aber eingeengte Leute. Wenn sie einem eine Tasse Kaffee präsentieren, so rechnen sie sich's an, nicht dem, der den Mut hat, diesen Kaffee zu trinken, und gab es gar noch eine geschmierte Semmel dazu, so wird es als ein »Mahl«* angesehen, das Anspruch darauf hat, in die Stadt- und Dorfchronik eingezeichnet zu werden.

Nach dieser Seite hin, hat Baron von Seld, der bekannte Temperenz-Apostel, die Märker am treffendsten geschildert.

Dieser (Baron Seld) war einmal einen Winter lang auf einem sogenannten märkischen »Schloß« zu Besuch und weil ihm (er hatte viel Zeit) zu Ohren kam, die Krügersfrau wolle, nächste Ostern, ihren Jungen auf die Stadtschule schicken, so bot er sich an, den Jungen dazu vorzubereiten. Er gab ihm täglich zwei

---

* Auch in Berlin, so sehr es sich von dem spezifisch Märkischen im Laufe der Zeit entfernt hat, kommen immer noch Dinge vor, die dem Vorstehenden in Kleinlichkeit und Enge durchaus entsprechen. Ein Oberprimaner, Sohn wohlhabender Eltern, der sich zum Abiturientenexamen vorbereitete, lud zwei Kameraden ein, mit denen er gemeinschaftlich arbeiten wollte. Dabei tranken sie drei »Weiße«, was den Vater, als er am andern Tag die Flaschen sah, zu der Bemerkung veranlaßte: er verbäte sich solche »Bacchanale« ein für allemal.

Stunden, von 10 bis 12. Das ging so monatelang. Eines Tages trat die Krugwirtin um 11 ins Zimmer und brachte Herrn von Seld ein Ei zum Frühstück. Es war so klein, daß er nicht wußte, ob es ein Hühner- oder Taubenei sei; er dankte indes und aß es. Sieben Jahre später, der Junge war schon lange wieder von der Schule herunter, begegnete Baron Seld, und zwar in Berlin in der Leipziger Straße, der Krugwirtin, die nun mit jener naiven Ungeniertheit, die ebenfalls zu den charakteristisch märkischen Zügen gehört, auf ihn zutrat und ihm ihre Patsche reichte. Fing auch sofort an zu sprechen. Wovon sie aber sprach, das war weder der Junge, noch der Unterricht, den Baron Seld dem Jungen aus gutem Herzen gegeben, sondern war das Ei. »Wissen Sie wohl noch, Herr Baron, wie ich Ihnen damals das Ei brachte?«

Die häßlich egoistische Seite des märkischen Wesens, der eitle Glaube mit dem Kleinsten etwas Großes getan zu haben, ist nie besser geschildert worden.

II

So sind die Märker in Gutem und Nicht-Gutem, und ein paar Jahrhunderte zurück, waren die Berliner ebenso. Berlin mit seiner von jenseits der Elbe, Weser und Rhein eingewanderten Bevölkerung, in der das Niedersächsische vorherrschte, war noch eine rein märkische Stadt, die sich, natürlich mit Ausnahme des Hofes, von den kleinen und Mittelstädten in Priegnitz, Ruppin und Havelland nur wenig unterschied. Nichts ist beispielsweise überliefert worden, woraus man schließen könnte, daß beim Regierungsantritte George Wilhelms (1620), oder auch später noch, etwas von dem dagewesen wäre, was dem heutigen Berliner eine so bestimmte Physiognomie gibt. Berlin war in der zweiten Hälfte des 17. Jahrhunderts noch durchaus unberlinisch (schon die Schärfe der damaligen konfessionellen, aller Lachlust und Leichtlebigkeit sehr ungünstigen Kontroverse, sorgte dafür), und war auch noch unberlinisch während des Großen Kurfürsten letzter Regierungsjahre.

Da kamen 1685 die Refugiés ins Land, und zu den 8- oder 10 000 alten Berlinern gesellten sich auf einen Schlag 5000 Franzosen, woraus es sich erklären mag, daß, seitens so vieler Beurteiler, von dieser großen Einwanderung her (jeder dritte Mensch war ein Franzose) die Wandlung in dem geistigen Leben Berlins gerechnet und ein Uranfang des modernen Berlinertums angenommen wird. Nach dem Maße meiner Kenntnis aber durchaus mit Unrecht.

Die große Bedeutung der französischen Einwanderung von 1685 ist unbestreitbar, und unbestreitbar auch, daß sie sich zum Segen für Stadt und Land gestaltete. Die Refugiés waren Muster von Loyalität, ohne je servil zu werden, und gaben ein gutes Beispiel nach mehr als einer Seite hin. Aber der »richtige Berliner« stammt nicht von ihnen her, kann nicht von ihnen herstammen. Alles, was damals aus Frankreich kam, waren keine parisischen, sondern puritanische Leute, steif, ernsthaft, ehrpußlich, was sie vielfach bis auf diesen Tag geblieben sind. Ihr Haupteinfluß, neben feineren Umgangsformen, für die sie das Vorbild gaben, war ein gewerblicher; sie führten vieles ein, was bis dahin gar nicht da war, und anderes hoben sie durch ihre Geschicklichkeit und ihren Geschmack auf eine höhere Stufe. Die Vornehmeren, deren es auch eine beträchtliche Zahl gab, legitimierten sich auf geistigen Gebieten, und einige, wie Jordan, Erman, Fouqué, Forcade, Ancillon, Lecoq, Lancizolle und Michelet spielten als Lehrer und Kanzelredner, als Militärs, Juristen und Staatsmänner eine Rolle. Dazu kamen Baumeister und Dichter wie Gontard und der jüngere Fouqué, Enkel des Generals. Aber keiner ist unter ihnen, von dem sich sagen ließe, daß er an Herstellung des spezifisch berlinischen Geistes mitgearbeitet hätte. Ja, die meisten würden dagegen protestieren. Und nach meinen persönlichen Erfahrungen auch mit vollstem Recht.

Seit nahezu 60 Jahren bin ich in der Lage gewesen, »Kolonisten« kennenzulernen, von jenen frühen Tagen an, wo ich mit jungen Leuten aus den alten Koloniefamilien, mit Jordans, Devarannes, Chartons, Briets, Sarres, erst auf der Schul- und dann auf der Konfirmandenbank saß. Alle waren sehr wohlerzogen und einige sehr gescheit, aber ohne jede Spur von »Berliner Geist«, trotzdem wir doch damals (Mitte der dreißiger Jahre) bereits in einer Zeit standen, wo dieser Berliner Geist da war und von den obengenannten jungen Leuten, bei gutem Willen und Beanlagung dafür, wenigstens angenommen werden konnte. Sie standen aber der Sache so total fremd gegenüber, daß sie nicht einmal die An- und Aufnahmefähigkeit dafür besaßen.

Und so waren alle Kolonisten und sind es geblieben. Natürlich wird es heutigen Tages auch Ausnahmen geben, wie, kurz zurückliegend, Faucher und St. Paul, aber nicht allzu viele. Man nehme nur die Berliner Koloniegeistlichen seit 60 Jahren: Palmié, Théremin (am Dom), Saunier, Souchon, Henry, Barthélemy, Cazalet, Doyé, Tournier. Stöcker und Kögel, trotzdem ihre Wiege weitab von Berlin stand, haben mehr Berlinertum als alle die Genannten zusammengenommen. Fournier galt für einen ausgesprochenen Berliner, aber er war's doch nur in dem Sinne, daß er Berliner Leben und Gesellschaft wundervoll kannte. Sonst war er in Haltung und Vortrag ein genferischer Professor: von Berlinertum nichts oder doch nur wenig.

III

Also die Kolonisten waren es nicht.

Aber wenn es die Kolonisten nicht waren, wer war es *denn*?

Und hierauf möcht' ich antworten dürfen:

Das Berlinische wurde doch schließlich zu großem und jedenfalls zu bestem Teil aus dem spezifisch Märkischen heraus geboren, wenn auch erst sehr allmählig und auf einem weiten Umwege.

Die frühsten Anfänge gehen bis auf die Zeit unter König Friedrich I. zurück, bis auf die philosophische Königin, die nicht bloß philosophisch, sondern, ihrer märkischen Umgebung vorauseilend, auch sehr witzig* war, gehen zurück bis auf das Kolbe-Wartenbergsche Haus, darin namentlich die Frau etwas von einem Kraftgenie hatte. Damals fing es an, um sich dann, unter des ersten Königs Nachfolger, rasch weiterzuentwickeln. Dieser (Friedrich Wilhelm I.) versicherte freilich bei jeder Gelegenheit, »daß er ein gut holländisch Herz habe«, was einem Protest gegen das Französische, will sagen gegen das Espritvolle ziemlich gleichkam, aber dafür desto besser zu dem im niederdeutschen Wesen tief begründeten Till Eulenspiegeltum paßte, das alsbald in seinen, unter dem Zeichen der holländischen Tonpfeife stehenden Versammlungen zum Ausdruck kam, also in seinem Tabakskollegium, das nun eine Schule der Schlagfertigkeit und Geistesgegenwart und dadurch zur ersten Grundlage des Berlinertums wurde. So daß die Geburtsstätte dieses Berlinertums eigentlich auch wieder in Potsdam zu suchen ist, in Potsdam, aus dem schließlich alles stammt oder doch das meiste.

Das Tabakskollegium war nach einer bestimmten Seite hin nichts als eine Wiederbelebung des Hofnar-

---

* Noch kurz vor ihrem Tode soll Sophie Charlotte gesagt haben: »Ich sterbe nun also und tue damit alles, was ich für S. Majestät zu tun imstande bin, indem ich ihn nicht bloß von einem Druck befreie, den er in meiner Gegenwart immer empfand, sondern ihm auch Gelegenheit zu einem ›pomphaften Begräbnis‹ gebe, was für ihn, bei dem Geschmacke, den er nun einmal hat, immer das Wichtigste bleibt.«

rentums einer früheren Epoche, zugleich aber war es etwas durchaus andres, was in der eigenartigen, alle Klassen der Gesellschaft (das Bürgertum als solches zählte noch nicht mit) umfassenden Zusammensetzung dieses Konviviums lag. Eine Welt Shakespearescher Figuren war darin vertreten, am wenigsten vielleicht der »Narr«, gleichviel ob wir den Learschen mit seinen geistreichen Unverständlichkeiten oder den italienischen in »Was ihr wollt« im Auge haben, wogegen sich Falstaff, Polonius und Kent am stärksten vertreten fanden. Es genügt, unter vielen, ihnen gleich oder ähnlich gearteten, Personen wie Faßmann, Gundling, Grumbkow, Pannewitz und Leopold von Dessau zu nennen, um zu wissen, wie sich die Rollen ungefähr verteilten. Der Ton in dem alle diese sprachen, drang auch nach außen und übte da seine Macht, die Hauptsache blieb aber doch der König selbst, der an Originalität und deshalb an Einwirkung auf die Volksseele, seiner Umgebung weit überlegen war, was in jedem seiner intimen Gespräche, vor allem aber in seinen großen Regierungsakten, in seinen von ihm persönlich redigierten Erlassen zum Ausdruck kam. »S. K. Majestät sind in der Jugend auch durch die Schule geloffen und haben das lateinische Sprichwort gelernt: Fiat justitia et pereat mundus. Also wollen Sie hiermit, daß der Katte mit dem Schwerte vom Leben zum Tode gebracht werden solle. Wenn das Kriegsrecht aber dem Katte die Sentenz publiziert, so soll ihm gesagt werden, daß es Sr.K.M.leid täte, daß es aber besser sei, daß er stürbe, als daß die Justiz aus der Welt käme«, – ein Kabinettserlaß* ohnegleichen, aus dem ich hier zitiere,

* In diesem königlichen Erlasse, der, in seiner äußersten Strenge, doch noch immer einen echt und schön menschlichen Ton anschlägt, tritt uns, neben vielem anderen, auch ein Etwas in wundervoller Ausgesprochenheit entgegen, auf das ich hier noch eigens hinweisen möchte: der persönliche

nicht bloß um seines historischen Gehalts, sondern vorwiegend um seines Ausdrucks willen, als eine merkwürdige Stilprobe voll dämonischen Humors, der, in seiner phrasenlosen Kerngesundheit, für alles, auch für Leben und Sterben, einen freien, darüberstehenden und an das Rechtsgefühl des Verurteilten appellierenden Ausdruck hat. Ich frage jeden, der neben den bedenklichen auch die guten Seiten des Berlinertums kennt, ob er in dem hier gegebenen Zitate nicht etwas Vorbildliches für das findet, was diese guten Seiten ausmacht?

IV

Die Vertrauten aus dem Tabakskollegium, – sie bildeten, zu nicht geringem Teil, das Armee- und Regierungsmaterial, das Friedrich der Große 1740 vorfand, energische, lebenslustige Herren mit Pontacnasen (man sehe nur ihre Bilder in den Galerien) und einer ganz eigentümlichen Seelenverfassung, von der man vielleicht sagen konnte:

Klug auf der Hut
Und immer voll Mut.

Jeder kannte die Gefahr, in der er stand und ging ihr nach Möglichkeit aus dem Wege, sobald aber Pflicht und Ehre das Gegenteil forderten, war ihnen eine Widerstandskraft eigen, nach der man heutzutage vergeblich suchen würde. Sie hingen an Vermö-

---

Stempel, den die Hohenzollern-Könige, fast ausnahmslos, ihren »Ordres« zu geben gewußt haben. Andre Könige haben meist etwas Abstraktes und sind bloße Träger des Königtums an sich. Die Hohenzollern aber sind in erster Reihe allemal Menschen und erst in zweiter Reihe Spezial- und Obermenschen mit Königspflichten. Ihre Persönlichkeit geben sie nicht auf. Deshalb ist denn auch alles voll Leben und Interesse, selbst bei solchen, die nicht allzu populär waren, wie beispielsweise bei Friedrich Wilhelm IV.

gen, Stellung und Einfluß, und waren doch auch wieder, in richtiger Taxierung alles Irdischen, von der »Wurstigkeit« aller dieser Dinge tief durchdrungen. Etwas Bismarcksches, in Erscheinung, Anschauung und Lebensweise, war ihnen eigen und das neuste Kanzlerwort: »Sei mäßig in der Arbeit, mäßig im Essen und mitunter auch im Trinken« war recht eigentlich der Bannerspruch, unter dem die damaligen Paladine kämpften und siegten. Es herrschte jene merkwürdige Freiheit, die nach der Lehre vom Druck und Gegendruck, unter dem Absolutismus am besten zu gedeihen scheint. Ausgesprochene Charaktere, das Individuum in Blüte.

So war, um es zu wiederholen, das Material, das Friedrich der Große vom Vater her übernahm, und das, bis zum Siebenjährigen Kriege, ziemlich unverändert dasselbe blieb, auch bleiben mußte, weil der Sohn in der einen Hälfte seiner Doppelnatur sehr viel Ähnlichkeit mit dem Vater hatte. Ganz zuletzt erst, als Voltaire nicht mehr bloß persönlicher Gast in Sanssouci, sondern die geistig bestimmende Macht in den Köpfen des märkischen Adels und der zu Hofe gehenden Generäle geworden war, vollzog sich der Umschwung, und dieselben Kreise, die bis 1740 Repräsentanten der ausgelassensten Till Eulenspiegelei, des »bon sens« und der »practical jokes« gewesen waren, dieselben Kreise wurden jetzt Repräsentanten des Witzes, der Pointe, der Antithese. Vor allem des Reparti. Die vornehme Welt, bis dahin im wesentlichen tot für Kunst und Dichtung, war in weniger als einem Menschenalter literarisch geworden und zwar in einem Grade, wovon sich nur der eine richtige Vorstellung machen kann, der auf unseren alten Edelhöfen über und über verstaubten und wurmzernagten Bibliothekschätzen aus der friderizianischen Zeit begegnet ist, Büchermassen, um die sich heute niemand mehr kümmert. Aus der Epoche des glücklichsten und gelegentlich auch übermütigsten Humors, war man in die der Geistreichigkeit getreten, und alles durfte gewagt werden, wenn das »Reparti« witzig war. »Wieviel hat Er denn eigentlich aus der Hubertusburger Plünderung herausgeschlagen?« fragte der König, über die Tafel hin, einen seiner alten Generäle. »Das müssen Majestät am besten wissen; wir haben ja geteilt.« In ähnlichen Wendungen ging vielfach die Tischunterhaltung, und wer Esprit hatte, war schon dadurch gefeit.

Der Ton auf Sanssouci, während der zweiten Hälfte der friderizianischen Regierung, war die literarisch verfeinerte Fortsetzung des Tons im Tabakskollegium, und mit Hülfe dieser auf das Pointierte gestellten Sanssouci-Sprache, war man, so möcht' ich sagen dürfen, dem »Berlinischen« abermals um einen guten Schritt nähergerückt. Aber freilich, diese pointierte Sanssouci-Sprache war immerhin nur die Sprache bestimmter Gesellschaftsschichten, deren Verbindung mit dem eigentlichen Volke gering war, und wenn sich's um eben diese Zeit, auch in diesem letzteren bereits witzig zu regen begann, so konnte dies nur, wenn überhaupt, in einem losen Zusammenhange mit dem Hof- und höheren Gesellschaftsleben stehen und mußte noch andere Quellen haben.

Und in der Tat, diese anderen Quellen waren vorhanden und fanden sich vor allem in der friderizianischen Armee, besonders in den potsdam-berlinischen Elitetruppen.

Außer dem, was der »Kanton« hergab, fanden sich in der Armee die wunderlichsten Existenzen zusammen; alle Sprachen wurden gesprochen, und das preußische Werbesystem, das sich über halb Europa hin ausdehnte, stellte nicht bloß verlorene, sondern oft auch, soweit Moral mitsprach, durchaus unanfechtbare und nur leider vom Unglück verfolgte Genies unter die Fahne. Nun standen sie in Reih und Glied, in vielen Stücken bevorzugt, aber doch immer noch einer eisernen Disziplin unterworfen und bildeten jenen merkwürdigen Geist einerseits militärisch-friderizianischen Selbstgefühls, andererseits innerster Auflehnung aus, einer gedanklichen Opposition, die vor nichts und niemandem zurückschreckte. So verging ihr Leben. Alt geworden, traten sie dann in die bürgerliche Gesellschaft zurück, um nun in dieser, so gut es ging, ihr Dasein zu fristen, als Lohndiener und Tafeldecker, als Schreib- und Sprachlehrer, als Teppichflechter und Stiefelputzer. Das waren die Leute, die nach einer ganz bestimmten und zwar im wesentlichen immer Kritik übenden Seite hin, die Lehrmeister des Berliner Volkes wurden, die den König heut in den Himmel hoben und morgen das fabelhaft Tollste von ihm aussagten, alles in einer zynisch rücksichtslosen Sprache, die bei dem Rest höherer Bildung, der vielen unter ihnen verblieben war, oft einer allerwitzigsten Zuspitzung nicht entbehrte. Diese zu Spießbürgern umgemodelten friderizianischen Grenadiere waren es, die den berlinischen Raisonnier-Charakter und vor allem auch den alsbald von alt und jung begierig angenommenen berlinischen Ausdruck für dies Raisonnement schufen. Ein Umwandlungsprozeß, der bald nach dem Siebenjährigen Kriege seinen Anfang nahm und sich derartig rasch entwickelte, daß, als der Große König seinen stillen Platz unter der Kanzel der Potsdamer Garnisonkirche bezog, der erste Berliner Schusterjunge bereits geboren war.

V

So stand es in der Oberschicht bei Hof und Adel, und so stand es unten beim Volk und Kleinbürger. Aber es gab auch eine breite Mittelschicht und die Frage will beantwortet sein, wie stand es mit dieser? Wie stand es mit dem gebildeten Bürgertum.

Nun, in dieser Mittelschicht des gebildeten Bürgertums hatte sich, während der letzten Regierungsjahre des Großen Königs, die Wandlung vielleicht am gründlichsten vollzogen, weil sie hier nicht aus der Berührung mit einzelnen Persönlichkeiten resultierte, sondern fast ausschließlich literarisch vermittelt wurde.

Nun ist es zwar zweifellos, daß epochemachende Persönlichkeiten eine große Wirkung auch nach der geistigen Seite hin ausüben, in Ton und Anschauung; aber epochemachende Bücher sind ihnen in diesem Punkte doch meist voraus, besonders was die Nachhaltigkeit der Wirkung angeht. Und ein solches epochemachendes Buch wurde denn auch dem gebildeten bürgerlichen Berlin am Ende der friderizianischen Zeit geboten und zwar in Lessings Nathan. Ob dies Buch, mit seinem Evangelium der Aufklärung und religiösen Gleichberechtigung, ein Segen oder ein Unsegen, ein Fortschritt oder ein Rückschritt war, darauf geh ich hier nicht ein und zwar um so weniger, als diese Frage zu dem Zwecke dieses Aufsatzes in keiner Beziehung steht. Mir genügt die Tatsache, daß der »Nathan« erschien. Daß dieses Buch in das märkisch-berlinische Volk, damals oder später eingedrungen sei, wird sich nicht behaupten lassen; desto größer war seine Wirkung auf die gebildete berlinische Mittelklasse, ganz besonders auf bestimmte Kreise derselben. Es war nun mit einem Male das da, was man den berlinisch-jüdischen Geist nennen kann; ja der Geist war da, daraus das Buch hervorgegangen und den es andererseits nun weiter pflegte. Vielfache Wandlungen, (auch Eroberungen, die von ihm ausgingen) standen diesem Geiste noch bevor, trotzdem wird sich sagen lassen, daß der berlinisch-jüdische Geist eben damals, in seinen vergleichsweisen Anfängen, seine feinste Form und seine höchste gesellschaftliche Geltung hatte. Die 20 Jahre später fallende, speziell auch nach der kulturhistorischen Seite hin ihren hohen Wert habende

Korrespondenz zwischen Rahel Levin und Alexander von der Marwitz, war ein letzter Ausläufer dieser durch Lessings Nathan eingeleiteten Aufklärungs- und religiösen Gleichberechtigungsepoche, wie sie (die Korrespondenz) andererseits ein Vorläufer der Nivellierungsepoche war, die kam.

Ja, »Nathan« war ein die Richtung des berlinischen Geistes, wenn auch zunächst nur in der Mittelschicht der Bevölkerung bestimmendes Buch, ein Buch, zu dem wir, was Einwirkung angeht, seit jener Zeit nur zwei Seitenstücke gehabt haben: Strauß' »Leben Jesu«, seinem Inhalt und Goethes »Faust« sowohl seinem Inhalt wie seiner Form nach. Andere literarische Beeinflussungen liefen nebenher, aber sie lagen doch mehr nach der künstlerisch-ästhetischen Seite hin, und die Gedanken (im Gegensatz zu Gefühl und Phantasie) wurden selbst durch Schiller, so gern man aus ihm zitierte, vergleichsweise wenig beeinflußt. Noch geringer war der Einfluß der Französischen Revolution. Man war in eignen Strebungen und Wünschen noch zu weit ab davon und sah in dem großen Drama jenseits des Rheins eben nur ein »Schauspiel«, dem man mit wechselnden Empfindungen folgte, zunächst mit Entzücken und dann mit Empörung. Man hatte 46 Jahre lang den für alles Sorge tragenden Großen König gehabt, und so war denn, mit verschwindenden Ausnahmen, nicht einmal das Bedürfnis nach einem freieren Volksleben vorhanden. Das geistige Bedürfnis, das da war, beschränkte sich auf innerlich raisonnieren können. Negation, Kritik, Schabernack und – gelegentlich ein Witz.

VI

So kamen die letzten Jahre des Jahrhunderts, und als Friedrich Wilhelm II. starb, existierte, so wenig politische Freiheit da war oder, wie schon hervorgehoben, auch nur ersehnt wurde, doch bereits viel von dem, was wir heutigen Tages unter »Berlinertum« verstehen. Aber es war noch dreigeteilt und bei viel Verwandtschaft der Teile mit- und untereinander, zeigte sich trotzdem eine große Verschiedenheit in der Anschauung der Dinge. Noch waren keine Schlag- und Witzworte da, die vom Thron bis zur Hütte gingen; man sprach noch sozusagen in drei Sprachen; es fehlte noch die Verschmelzung.

Aber auch diese kam, und zwar kam sie mit und unmittelbar nach Jena. Was die herüberklingendc Revolution nicht vermocht hatte, die Herstellung eines bis dahin ungekannten Volkstums, das vermochte nun die gemeinsame Not, und der Aufruf vom Frühjahr 1813, der sich an alle Klassen und Stände richtete, riß mit einem Male die die Geister trennenden Schranken und beinahe auch die gesellschaftlichen nieder. Die Befreiungskriege, mit ihrem einheitlichen Fühlen und Denken, besiegelten dann das Geschehene, ganz speziell in der Hauptstadt.

Und wie's war, so blieb es, was in einem ganz besonderen Glücksumstande – der die gegenteiligen, in General v. d. Marwitz (Bruder von Alexander) gipfelnden hochtoryistischen Bestrebungen zunichte machte – seinen Grund hatte. Dieser Glücksumstand war der ausgesprochen bürgerliche Charakter Friedrich Wilhelms III., der nicht bloß durch Beispiel und Anordnung einen Rückfall in alte Scheidungszustände zu hindern, sondern auch überall hin neue Verbindungsbrücken zu schlagen wußte.

Von Beispielen scheint mir das kleinste, das sich darbietet, zugleich das lehrreichste zu sein, indem sich mir die sogenannten »Subskriptionsbälle«, des Königs eigenstes Werk, wo Hof, Adel und Bürgertum sich fanden, als ebenso charakteristisch für diesen Hang nach Herstellung einer gewissen gesellschaftlichen Gleichheit erweisen, wie sie nicht minder der vielleicht vollendetste Ausdruck jenes nun beginnenden väterlichen Regimentes sind, das doch etwas sehr anderes war, als das gerade hundert Jahre vorher in Blüte gestandene »patriarchalische« Regiment Friedrich Wilhelms I. Unter diesem (Friedrich Wilhelm I.) konnte noch, patriarchalisch-abrahamitisch, in dem ehrlichen Glauben, daß Gott es so wolle, der Versuch einer Opferung Isaaks gemacht werden, – unter Friedrich Wilhelm III. gab es von diesem alttestamentarischen Patriarchalismus nichts mehr. Gerechtigkeit herrschte; noch viel mehr aber herrschte Duldsamkeit und Liebe. Nie hat die Welt etwas Ähnliches gesehen, auch in Duodezstaaten nicht, wie das damalige Verhältnis des preußischen Volkes, speziell der Bewohner der Hauptstadt, zu ihrem Könige. Auch das Konfessionelle, speziell das Jüdische (die Lessing-Mendelssohnsche* Zeit hatte dafür vorgearbeitet) schuf keine Schwierigkeiten mehr. Es war die recht eigentliche Zeit der jüdisch-christlichen Eheschließungen, von denen man jetzt nur deshalb so wenig weiß, weil alles, was derartig vorkam, ganz natürlich gefunden und nicht als etwas Besonderes in die Herzen oder Zeitungen eingetragen wurde. Ja, »väterliches Regiment«, das alle Klassen gleich herzlich umfaßte, für alle Sinn und Verständnis hatte. Nicht nur das Bürgertum, auch das eigentliche Volk nahm an dieser Verbrüderung, an dieser von Demut und Liebe getragenen Anerkennung des Menschlichen, im Gegensatz zu der nur Phrase gebliebenen Proklamierung der Menschenrechte, teil und jene merkwürdige Epoche brach an, wo nicht bloß »Wil-

* Auch diese Zeit unter Friedrich Wilhelm III. hatte wieder, wie hier beiläufig erzählt werden mag, einen hervorragend espritvollen Mendelssohn, Abraham Mendelssohn, wenn er auch minder zu Ruhm und Ansehen kam als sein Vater Moses Mendelssohn und sein Sohn Felix. Dieser Abraham Mendelssohn liebte deshalb, als alter Herr, zu sagen: »Es ist mir eigen in meinem Leben ergangen; in meiner Jugend war ich nichts als der Sohn meines Vaters und in meinem Alter bin ich nichts als der Vater meines Sohnes.«

lem, der vons Gerüste gefallen», sondern, literarisch angesehen, auch der Eckensteher Nante hoffähig wurde. Kein Offizierskasino, das damals nicht einen ausgezeichneten Nante gehabt hätte. Die Tage des Königsstädtischen Theaters, die Tage, wo der zu spät zur königlichen Tafel kommende Kronprinz sich mit den Worten »Na Meester, darum keene Feindschaft nich« bei seinem Vater entschuldigte, worauf dieser gnädig antwortete: »Ach, Fritze, Du kennst mir doch« – diese Tage des »Fests der Handwerker«, der »Wiener in Berlin«, der »Reise auf gemeinschaftliche Kosten« brachen jetzt an und schufen, indem sie die Verschmelzung vollendeten, jene weltbekannte Anschauungs- und Ausdrucksweise, die sich mit dem Begriffe des richtigen Berliners deckt, des »richtigen Berliners«, der nun bei Hofe (man denke nur an den damaligen Kronprinzen) gerade so gut existierte wie draußen bei Liesens oder auf dem Wollankschen Weinberg. Das Jahr 30, vielleicht das ganze Jahrzehnt von 30 bis 40, war der Höhenpunkt dieser eigenartigen Erscheinung, ein Höhenpunkt der Familiarität, der freilich – was auch damals schon von sehr vielen empfunden wurde – keineswegs ein Höhenpunkt in allen Stücken war. Vielfach das Gegenteil. Es war, und zwar in einem unglaublichen und auf die Dauer hin geradezu staatsgefährlichen Grade, die Herrschaftszeit der Mittelmäßigkeit, Verschwommenheit und Trivialität, die Herrschaftszeit des Witzes quand même, des Witzes, dem jede Rücksicht auf andres, unendlich Wichtigeres untergeordnet wurde. Jeder Minister war langweilig, ledern und gleichgültig, aber Beckmann war ein Gott. Ich glaube, daß man diesen Satz, so weit Berlin in Betracht kommt, zur Formel für jenes Jahrzehnt erheben kann. Dazu kam, daß die Witze, auch rein als Witze angesehen, meist sehr anfechtbar und einer aufbessernden Veränderung dringend bedürftig waren. Und diese Veränderung kam denn auch. Aber während dieselbe für eine literarisch gebildetere Form sorgte, ließ sie doch alles, was im Kern der Sache Gutes gewesen war, fortbestehen, will sagen, es blieb in Berlin im wesentlichen, wenn auch verfeinert, bei dem Typus, den besonders die letzten 50 Jahre, also die Jahre seit dem Tode Friedrichs des Großen herangebildet hatten. An die Stelle des Witzes von Angely, Beckmann, Glasbrenner (der, als jugendlicher »Brennglas«, ein ganz anderer wie später unter seinem richtigen Namen war) trat der Heinrich Heinesche Witz, der, gemeinschaftlich mit den Mephistopartien aus Goethes Faust, alle Klassen, bis weit hinunter, zu durchdringen begann, bis abermals einige Jahre später der politische Witz den literarischen ablöste. Die mit 48 ins Leben tretenden Witzblätter, dazu die das Berliner Leben schildernden Stücke (David Kalisch voran) und schließlich das wohl oder übel immer mehr in Mode kommende, sich aller Tagesereignisse bemächtigende Couplet-Wesen, schufen das, was wir das moderne Berlinertum nennen, ein eigentümliches Etwas, drin sich Übermut und Selbstironie, Charakter und Schwankendheit, Spottsucht und Gutmütigkeit, vor allem aber Kritik und Sentimentalität die Hand reichen, jenes Etwas, das, wie zur Zeit Friedrich Wilhelms III., (nur witzig geschulter und geschmackvoller geworden) auch heute wieder alle Kreise durchdringt, bei hoch und niedrig gleichmäßig zu finden ist, und bereits weit über den unmittelbaren Stadtkreis hinaus seine Wirkung äußert.

Vor 400 und auch noch vor 200 Jahren war Berlin eine märkische Stadt und stand unter dem Einfluß märkischen Lebens, jetzt ist das Berlinertum eine selbständige, von dem ursprünglich Märkischen durchaus losgelöste Macht geworden, die nun ihrerseits auf dem Punkte steht, zu vielem andrem auch die, nur hie und da noch, Widerstand leistende Mark zu erobern und die Märker nolens volens früher oder später zu Berlinern zu machen.

VII

In vorstehendem, wie mir jeder, der Ähnliches versucht, zugestehen wird, hab' ich mich an eine ziemlich schwierige Frage gewagt, und weil sie schwierig war, bin ich weit ab von dem Glauben, sie gelöst zu haben. Ich bin schon zufrieden, wenn ich einen Beitrag geliefert und es, nach der Meinung von Kennern, in diesem und jenem getroffen habe. Darf ich selbst eine Stellung zu meiner Arbeit einnehmen, so möcht' ich aussprechen dürfen, daß mir das in I, II und VI Gesagte, weil es im wesentlichen auf Beobachtung beruht, leidlich sicher dazustehen scheint, jedenfalls sicherer, als das Mittelstück, wo sich's um Schlüsseziehen aus historisch Überliefertem handelte. Leicht möglich deshalb, daß ich bei III, IV, V allerlei Bedenken und Zweifeln begegnen werde, hinsichtlich deren ich heute schon versichern möchte, daß ich ihnen, auch wenn die Widerspruch erhebenden Ansichten mich schließlich nicht überzeugen sollten, ein offenes Ohr entgegenbringe.

Schlußwort

Mit diesem IV. Bande nehm ich – wenigstens in meiner Wandererereigenschaft – Abschied vom Leser, nicht weil der Stoff erschöpft wäre, wohl aber vielleicht die Geduld. Und ein Band zuviel ist wie ein Tag zuviel, der den guten Besuchseindruck wieder in Frage stellt.

Über zwanzig Jahre sind vergangen, seit ich im Sommer 59 mit diesen Wanderungen begann. Was den Anstoß dazu gab, darüber hab ich mich in dem Vorworte zu Band I ausführlicher ausgesprochen und wiederhole hier nur in aller Kürze, daß es auf einer Tour in Schottland, angesichts eines im Leven-See sich erhebenden alten Douglas-Schlosses, war, wo mir zuerst der Gedanke kam: »Je nun, soviel hat Mark Brandenburg auch. Geh hin und zeig es.«

Auf einer »Tour«, sagt ich, war mir dieser erste Gedanke zu den Wanderungen gekommen, und ausschließlich als »Tourist« gedacht ich daheim ihn auszuführen. Jede wissenschaftliche Prätension lag mir fern. Es drängte mich nur, das eingewurzelte Vorurteil von einer hierlandes auf alle Dinge sich erstrekkenden Armut und Elendigkeit zu bekämpfen und durch Hinweis auf diesen oder jenen Schönheits- beziehungsweise Berühmtheitspunkt unsrem so gern in die Ferne schweifenden Märker zu Gemüt zu führen: »Sieh, das Gute liegt so nah.«

Und so fuhr ich denn in meine spezielle Heimat, ins *Ruppinsche,* hinein und begann in seinen Luch- und Bruchdörfern umherzuwandern, den Rhin und die Dosse hinauf und hinunter, und gleich das erste Kapitel, das ich schrieb, ergibt denn auch bis diese Stunde, wie lediglich touristenhaft ich meine Sache damals auffaßte.

Dies erste Kapitel behandelte »Wustrau«, das am

Ruppiner See gelegene Herrenhaus des alten Zieten. Es fiel mir nicht ein, unter dieser Überschrift irgend etwas auf historischem Gebiete Neues über den berühmten alten Husarenvater erzählen zu wollen, vielmehr lief in meinem Vorhaben alles auf etwa folgende Betrachtung und Ansprache hinaus: »Ihr kennt alle den alten Zieten, den Zieten aus dem Busch, der auf dem Wilhelmsplatze steht und zu dem der Alte Fritze sagte: ›Zieten, setz Er sich.‹ Und ist auch derselbe, der den Zieten-Ritt ausführte, den unser Scherenberg in wahren Steeplechase-Versen besungen hat, und ist endlich auch der, der bei Torgau nicht lockerließ und die Schlacht gewann, die der König schon verloren glaubte ... Nun, seht, dieser alte Zieten ist nicht so bloß spurlos aus dieser Zeitlichkeit geschwunden und sitzt auch nicht so bloß, wie's uns unser Chodowiecki, glaub ich, gezeichnet hat, oben im Himmel und regiert da mit Gott und dem Alten Fritzen um die Wette, nein, nein, er ist auch noch *diesseits* zu finden, und wenn ihr nur an den rechten Fleck Erde kommt, so wird sich euch noch allerhand auftun, Kleines und Großes, das an ihn erinnert. Und dieser Fleck Erde liegt am Ruppiner See. Da geht nur hin, und wenn ihr erst da seid, so werdet ihr daselbst nicht bloß das Herrenhaus sehen, das er gebaut, und den Park, den er angelegt hat, sondern zugleich auch seinen Grab*stein* an der äußeren Kirchenwand und sein stattliches Grab*denkmal* im Innern der Kirche. Ja, wenn ihr Glück habt und es trefft, daß die Herrschaften oben ausgefahren oder wohl gar verreist sind, so könnt ihr am End auch den Säbel sehen, den der Alte nie zog (ein einzig Mal abgerechnet, wo's ihm ans Leben ging), und könnt auch vielleicht in den Husaren-Ahnensaal eintreten, in dem all die rotröckigen und schnauzbärtigen Zietenschen Offiziere hängen, die den Siebenjährigen Krieg mit durchfochten haben. All das könnt ihr da sehen und nebenher auch noch dies und jenes hören, allerlei Schnurren und Anekdoten, die von Mund zu Munde gehn. Und wenn ihr dann weiterfahrt, dann werdet ihr ungefähr dasselbe denken, was ich seinerzeit gedacht habe: ›Weit hinaus über alles Erwartete!‹«

Ja, vorfahren vor dem Krug und über die Kirchhofsmauer klettern, ein Storchennest bewundern oder einen Hagebuttenstrauch, einen Grabstein lesen oder sich einen Spinnstubengrusel erzählen lassen – *so* war die Sache geplant, und *so* wurde sie begonnen. Und sehr wahrscheinlich auch, daß es dabei geblieben wäre, wenn es dabei hätte bleiben *können*. Allein, dies verbot sich. Ein Vorgehen, wie das eben geschilderte, hatte doch immer ein bestimmtes Maß von Kenntnis und Interesse zur Voraussetzung und mußte von dem Augenblick an hinfällig werden, wo die Voraussetzung selbst es ward und mich im Stiche ließ. In dem Wustrau-Kapitel lagen die Dinge bequem, Wustrau war ein Idealstoff, aber solcher Stoffe gab es in ganz Mark Brandenburg eigentlich nur noch drei: Rheinsberg, Küstrin und Fehrbellin. Über diesen Kreis hinaus versagte sofort das Vorweg-Interesse, weil das Wissen zu versagen anfing, und schon bei Tamsel und Alt-Möglin, bei Friedersdorf und Friedland ergaben sich arge Verlegenheiten, in ihnen waren einerseits die Schönings und Barfus' und andrerseits die Marwitz' und die Lestwitz' zu Hause. Wer aber waren die Schönings' und die Barfus'? Und wer waren die Marwitz' und die Lestwitz'? Und das Recht zu dieser Frage nur einen Augenblick zugestanden, war auch die Pflicht zugestanden, sie zu beantworten.

Eine Folge davon war, daß ich aus dem ursprünglichen Plauderton des Touristen in eine historische Vortragsweise hineingeriet, und Band II (»Oderland«) ist denn auch mehr oder weniger ein Zeugnis und Beweis dafür geworden, indem er aus einer Anschauungs- und Arbeitsepoche stammt, in der mir diese veränderte Vortragsweise, will sagen das

Vorherrschen des Historischen, als unerläßlich erschien.

Aber nicht lange, so bemerkt ich den Irr- und Gefahrensweg, auf den ich geraten war, und bestrebte mich, mich in die frühere Weise zurückzufinden, ein Bestreben, das in den beiden Schlußbänden, so hoff ich, deutlich erkennbar zutage tritt. Auch *sie* noch weisen genug des Historischen auf, aber es verbirgt sich oder sucht sich wenigstens zu verbergen, und so haben denn Band III und IV auf dem Wege der Kritik und Reflexion etwa wieder *die* Form und Gestalt empfangen, die mir bei Niederschreibung der ersten Kapitel, aus dem bekannten »dunklen Drange heraus«, als die richtigste, jedenfalls als die wünschenwerteste vorschwebte.

Der Hinweis auf diese Dinge schien mir geboten, und zwar in Abwehr gegen Bemängelungen, denen diese Reisefeuilletons (so vielleicht darf ich sie nennen) ausgesetzt gewesen sind. Irgendwo hieß es einmal: »Die nach mehr als einer Seite hin überschätzten ›Wanderungen‹ sind Arbeiten, an denen der Mann von Fach, also der Berufshistoriker, achselzuckend oder doch mindestens als an etwas für ihn Gleichgültigem vorübergeht.« Es mag in diesem Satze sehr viel Richtiges enthalten sein, aber insoweit irrt er und benachteiligt er mich, als er mir Absichten und Strebungen unterstellt, die mir, ein *paar* der von mir selber angedeuteten Ausnahmefälle zugegeben, absolut ferngelegen haben. Er stellt mich rein willkürlich, ohne meinen Wunsch und ohne mein Zutun, in die Prachtfront der großen Grenadiere, bloß um hinterher auf eine bequemste Weise meine Füsilierschaft, meine Zugehörigkeit zur letzten Rotte der 12. Compagnie vor aller Welt Augen beweisen zu können. Ich hab aber nie mehr *beansprucht* als fünf Fuß, fünf Strich altes Maß. Wer sein Buch einfach »Wanderungen« nennt und es zu größerer Hälfte mit landschaftlichen Beschreibungen und Genreszenen füllt, in denen abwechselnd Kutscher und Kossäten und dann wieder Krüger und Küster das große Wort führen, der hat wohl genugsam angedeutet, daß er freiwillig darauf verzichtet, unter die Würdenträger und Großcordons historischer Wissenschaft eingereiht zu werden. Ich habe »mein Stolz und Ehr«, und zwar mit vollem Bewußtsein, auf etwas anderes gesetzt, aufs bloße Plaudernkönnen, und erkläre mich auch heute noch für vollkommen zufriedengestellt, wenn mir *dies* als ein Erreichtes und Gelungenes zugestanden werden sollte. Freilich bleibt daneben bestehen, daß in ebendiesen Kapiteln, und zwar unter Zutun und Hülfe meiner über die halbe Provinz hin zerstreuten *Mitarbeiter*, auch ein bestimmtes Quantum historischen Stoffes niedergelegt worden ist, das eben nur *hier* existiert* und an dem mißachtend vorübergehen zu wollen ein Fehler wäre, den, so mein ich, niemand aus freien Stücken begehen wird, niemand, dem neben dem exakten Contour auch das *Kolorit* in der Kunst etwas bedeutet.

Ich erwähnte meiner *Mitarbeiter* und möchte der hauptsächlichsten derselben etwas eingehender gedenken dürfen.

Da sind vorerst die märkischen alten Familien: der

---

* Es liegt mir begreiflicherweise daran, einen so diffizilen Punkt nach Möglichkeit klargestellt zu sehen, weshalb ich mich auch noch in diese Anmerkung flüchte. Was an *Historischem* in diesen »Wanderungen« enthalten ist, gruppiert sich: in *allgemein* Gekanntes, in *wenig* Gekanntes und in *gar nicht* Gekanntes. Es ist selbstverständlich, daß der Mann von Fach an der ersten, räumlich sehr überwiegenden Gruppe vorübergehen *muß* und an der zweiten (in der sich übrigens einige Raritäten vorfinden) vorübergehen *kann.* Aber die *dritte* Gruppe, der beispielsweise alle Kirchenbuchaufzeichnungen angehören, hat Anspruch auf Beachtung auch von seiten des Berufshistorikers. Dies im Hinblick auf *Einzelheiten* aussprechen ist etwas sehr andres, als mit dem *Ganzen* historische Prätensionen erheben.

Land- und *Landesadel* aus den Tagen der Putlitz, Quitzow und Rochow her. Die Gefühle für sie sind im Laufe von vierhundert Jahren ziemlich unverändert geblieben, ziemlich unverändert wie sie selbst. Und aus gleicher Ursach die gleiche Wirkung. Wirklich, es lebt in unserm Adel nach wie vor ein naives Überzeugtsein von seiner Herrscherfähigkeit und Herrscherberechtigung fort, ein Überzeugtsein, das, zum Schaden ebensowohl des Ganzen wie der einzelnen Teile, noch auf lange hin das Zustandekommen einer auf Prinzipien und nicht bloß auf Vorurteil und Interesse basierten Tory-Partei verhindern muß. Eine solche bedarf eben *durchaus* des dritten Standes. Es wird aber nur wenige bürgerliche »Honoratiores« geben, die nicht – auch bei konservativster Schulung und Naturanlage – durch den Pseudokonservatismus unsres Adels, der schließlich nichts will als sich selbst und das, was ihm dient, in peinlichste Verlegenheit und hellste Verzweiflung gebracht worden wären. Immer wieder bricht es durch, erweist eben noch gehegte Hoffnungen als ebenso viele Täuschungen und macht ein herzliches Zusammengehn auf die Dauer unmöglich.

Indessen, es gilt politisches und gesellschaftliches Auftreten zu scheiden, und was seinerzeit vom Engländer galt und eigentlich immer noch gilt: »in der Fremde bedrückend, aber zu Haus entzückend«, ebendasselbe geflügelte Wort ist auch anwendbar auf unsren Adel. Und weshalb? Einfach deshalb, weil er sich daheim, an seinem eignen Herd, in sein volles Gegenteil zu verkehren und aus der Starrheit seines non possumus in ein alle Welt sympathisch berührendes laisser passer überzulenken weiß. Er ist eben über Nacht ein andrer geworden. Nicht mehr in die Defensive gestellt, nicht mehr ein kreis- oder reichstäglich Belagerter, der sich, in strikter Befolgung alter Taktik, am besten durch Ausfälle zu schützen glaubt, entäußert er sich einer ihm schließlich selbst unbequem werdenden Stachelrüstung und kleidet sich in das Selbstgespinst seiner vorvorderlichen Tugenden. Und diese Tugenden heißen: ein gut Teil Gutmütigkeit, ein noch größeres von gesundem Menschenverstand und ein allergrößtes von Kritik. Und diese Kritik ist das Beste. Mit einem seiner Zuhörerschaft sich alsbald mitteilenden Behagen beginnt er plötzlich alles unter die Loupe seiner ihm angebornen Skepsis zu nehmen und dabei Radikalismen laut werden zu lassen, Urteile von einer Fortgeschrittenheit, als flösse nicht die Nieplitz oder die Notte, sondern mindestens der Hudson oder Potomac an seinem alten Feldsteinturm vorüber. All das freilich nur als jeu d'esprit, ohne die geringste Neigung, sich anderntags in allernüchternster Morgenfrühe daran erinnern oder wohl gar beim Worte nehmen zu lassen, aber auch als bloßes *Spiel* schon erweist es sich als bemerkenswert und verrät uns zur Genüge, daß etwas Helles und Gewitztes, etwas Esprit-fort-haftes in ihm steckt und daß die Wurzel jener *Selbstsucht*, die so vorzugsweis an ihm mißfällt, in allem möglichen, nur nicht in der Enge seines Geistes zu suchen ist. Er ist vielmehr umgekehrt von einem scharfen und eindringenden, ja, soweit lediglich praktische Dinge mitsprechen, von einem umfassenden Blick und führt seinen Existenzkampf nicht *deshalb* so hart und erbittert, weil er des Gegners Recht verkennte, sondern gerade deshalb, *weil* er es erkennt. Er vermag nur nicht den einen letzten Schritt zu tun, *den* vom *Er*kennen bis zum *An*erkennen.

Alles in allem: sie sind doch anders als ihr Ruf, diese so viel verklagten »Junker«, anders und besser, und es ist nur Pflicht und Wahrheit, wenn ich an dieser Stelle versichere, daß ich einer langen Gesprächsreihe mit ihnen eine Zahl allerglücklichster Stunden verdanke, Stunden voller Anregung und Belehrung, in betreff deren es gleich war, ob das Gespräch in Haus oder Heide, vorm Kamin oder auf dem Pirschwagen geführt wurde. Zu welchem allem ich auch *das* noch hinzufügen möchte, daß sich mir diese liebenswürdige Verkehrsseite, diese Welt ansprechender und gefälliger Formen unter teilweis sehr erschwerenden Umständen erschloß, und zwar zu Zeiten, als ich mich noch als ein absolut Fremder unter unsren ruppinisch-havelländischen und barnim-lebusischen Familien bewegte. Mit einer Dankbarkeit, in die sich etwas von Bewundrung mischt, muß ich jener ersten sechziger Jahre gedenken, wo meine Besuchc vollkommen überfallartig stattfanden und ich, Mal auf Mal, auf gut Glück hin die herrschaftliche Rampe hinauffuhr, in der Tat um kein Haarbreit introduzierter oder empfohlener als irgendein Feuer- oder Hagel-Assekuranz-Agent. Oft schlug mir das Herz, und mit nur *zu* gutem Grund, aber niemals bin ich einer Unfreundlichkeit oder Verspottung begegnet, zu der die Situation eigentlich ausnahmslos herausforderte.

Vor Köckeritz und Lüderitz,
Vor Krachten und vor Itzenplitz
Bewahr uns, lieber Herre Gott –

das mag *politisch* auch noch so weiterklingen; gesellschaftlich und persönlich aber haben es die »Raubritter« von ehedem an nichts wirklich Ritterlichem jemals fehlen lassen* und, alles Gegensatzes gegen den

---

* Wie gut es mir auf den alten Herrensitzen ergangen ist, davon legen die vier Bände Zeugnis ab. Auf eines aber möcht ich eigens noch hinweisen dürfen, und zwar auf den für mich sehr wichtigen Umstand, daß ich bei den Mitteilungen, die mir zuteil wurden, niemals durch *Ängstlichkeiten* gequält worden bin. Es kam nie vor, daß die linke Hand wieder zu nehmen trachtete, was mir die rechte Hand eben gegeben hatte. Jene so häufigen Kautelen und Einengungen, die bekanntlich viel grausamer sind als Vorenthaltung, blieben mir sämtlich erspart. Ich empfing alles »auf Diskretion«, ohne daß mir diese Diskretion jemals zur Bedingung gemacht worden wäre. Ja, was noch mehr überraschen wird,

Inhalt des vorigen Jahrhunderts unerachtet, die *Form* und den *Ton* ebendieses Jahrhunderts (dem des unsrigen so sehr überlegen) immer zu wahren und immer zu treffen gewußt.

Und nun ihr, meine Geliebtesten, ihr meine *Landpastoren* und Vicars of Wakefield! Ach, auch *euch* lacht nicht eigentlich die Sonne der Volksgunst, und wirklich, wer euch so zur Synode ziehen sieht, angetan mit jenem Frack und jenem Blick, die zu zeitigen unsrem norddeutschen Protestantismus innerhalb seiner andren Aufgaben vorbehalten war, und wer euch dann sprechen hört über den Zeitgeist, den ihr ändern möchtet und nicht ändern könnt, und über die Juden, die bekehrt werden sollen und doch am Ende nicht wollen – der betet auch wohl wieder: »Bewahr uns, lieber Herre Gott.«

Aber mit wie großem Unrechte! Der in die Residenz verschlagene Landpastor ist eben ein sich selbst Entfremdeter, der morgens vor seinem Spiegelbild erschrickt, und erst von dem Augenblick an, wo die Wichtigkeit und die weiße Binde wieder von ihm abfällt und das schwarzsamtne Hauskäpselchen in sein Recht tritt, erst von diesem Augenblick an ist er wieder er selbst und kehrt zurück in den Urstand aller

---

ich bin auch *nachträglich* niemals eines Vertrauensbruchs oder eines faux pas oder einer Ungeschicklichkeit bezichtigt worden. Was alles ich nicht dankbar genug anerkennen kann. Aber freilich, wenn es mir einerseits glückte, mich vor einem direkten In-Ungnade-Fallen zu schützen, so hat es mir doch andrerseits (einen einzigen Fall abgerechnet) auch nie gelingen wollen, in eine direkte Gnade zu kommen. Es war eben immer nur »a hair-breadth's escape«. So wenigstens glaub ich aus einem gewissen *elegischen* Ton schließen zu dürfen, in dem diese Dinge, wenn das Kapitel schließlich vorlag, behandelt zu werden pflegten. Es kann aber auch kaum anders sein, und berühmte Historiker, wie mir versichert worden ist, haben Schlimmeres erfahren müssen.

ihm eignenden guten Dinge. Der ex cathedra sprechende Pastor und der Lehn- und Sorgenstuhlpastor sind so grundverschieden wie Roi Henri, wenn er in die Schlacht zieht, und Roi Henri, wenn der Dauphin auf ihm reitet. Der eine ganz Schwert und Rüstung, der andre ganz Idyll. Und nur den letztren hab ich kennengelernt. Kennen und lieben, was ein und dasselbe bedeutete. Denn auch *hier* wieder nahm ich das Gegenteil von *dem* wahr, was sich l'opinion publique als das Kriterium eines Landgeistlichen herausgeklügelt hat, und wenn ich weiter oben sagen durfte, daß ich bei dem *Adel* auf dem Lande nie der ihm vorgeworfenen Enge der Anschauungen begegnet sei, so bei dem *Pastor* auf dem Lande nie der ihm vorgeworfenen Unduldsamkeit. Es wird Einzelfälle davon gegeben haben und noch geben, aber sie zu beobachten blieb mir erspart. Ich habe weder die Rationalisten über die Strenggläubigen noch die Strenggläubigen über die Rationalisten in *wirklich* gehässigen Worten aburteilen hören, auch nicht in Zeiten brennendster Gegnerschaft, offenster Fehde, gleichviel nun, ob Ära Mühler oder Ära Falk auf der Tagesordnung stand. Überall vielmehr bekundete sich ein bestimmter guter Wille, den Gegner auch in *dem,* was ihn zum Gegner machte, gelten zu lassen, und was abwich von dieser Regel, erwies sich schließlich immer nur als Schein, als ein Ausnahmefall, der lediglich im *Temperament* und nicht in der Gesinnung seine Wurzel hatte. Der Sanguiniker hielt nicht jederzeit mit seinem Witzwort und der Choleriker nicht jederzeit mit seinem Kraft- und Kernwort zurück, aber all das schuf nur Ausdrucks- und Disputationsformen, die hinter einer hervorblitzenden Kampfeslust eine letzte Friedensgeneigtheit nie vermissen ließen. Ein Zug allgemeinen Wohlwollens, entsprossen aus der richtigen Würdigung einer auf Versöhnung und Liebe gestellten Berufs- und Lebensaufgabe, bekundete sich in allem, in Großem und Kleinem, und rief mir die ganze Landpastoren-Schwärmerei meiner jungen Jahre wieder ins Leben zurück. Und aus *ihren* Reihen war es denn auch, daß mir meine recht eigentlichsten Mitarbeiter erwuchsen, *solche*, die sich's nicht bloß angelegen sein ließen, mir den *Stoff*, sondern ebendiesen Stoff auch in der ihm zuständigen Form zu geben.

Und dabei welch erstaunliches Wissen im Detail. Immer neue Seiten in Historie, Natur- und Volksleben erschlossen sich mir und vergewisserten mich in der übrigens längst gehegten Überzeugung, daß der Glückliche, dem es dermaleinst beschieden sein sollte, die *Gesamtheit* dieses in hundert Einzelforschungen eruierten und extrahierten Materials in sich zu vereinigen, der Sanspareil sein wird auf dem Gebiete märkischer Spezialgeschichte.

Soviel über unsere Landpastoren.

Und nun ahnt der Leser bereits, vor wem ich mich, als vor dem Dritten im Bunde, zu verneigen haben werde, natürlich vor dem *Lehrer*, der sich mir, unbekümmert darum, ob ich ihn bei seinen Schulstunden oder bei seinen Bienen- und Rosenstöcken störte, von einem immer gleichen Entgegenkommen erwies. Einen einzigen Ausnahmefall abgerechnet, über den ich in dem Kapitel »Malchow« des weiteren berichtet habe, hieß es allezeit und allewege: »Klopfet an, so wird euch aufgetan«, und selbst auf brieflich gestellte Fragen, aus denen sich mehr als einmal eine vollständige Korrespondenz entwickelte, bin ich zu keiner Zeit ohne den gewünschten und oft sehr eingängigen Bescheid geblieben.

Und mit diesen Lehrern auf dem Lande wetteiferten die Lehrer in der *Stadt*, aus deren Reihen ich wenigstens eines hier unter Nennung seines Namens gedenken möchte: Garnisonschullehrer Wagener in Potsdam.

Unter seinem im Anfange sowohl ihm wie mir unbewußt bleibenden Einflusse war es, daß ich mich aus der historischen Vortragsweise, wie schon eingangs hervorgehoben, in die genrehafte zurückfand und den ursprünglichen Plauderton in sein ihm zuständiges Recht wieder einsetzte. Die ganze Gruppe der Kapitel aus der Umgegend von Potsdam, also Bornstedt, Sacrow, Fahrland, Falkenrehde, Marquardt, Uetz und Paretz am Nordufer der Havel und ebenso Werder, Glindow, Petzow, Caputh etc. am Südrande hin, entstanden unter *seiner* Führung und was von ernsten und heitren Geschichten unter all diesen Kapitelüberschriften enthalten ist, entnahm ich zu sehr wesentlichem Teile seinem immer frischen und anschaulichen, weil überall aus der Erlebnisfülle schöpfenden Unterwegs-Gespräche. Mit einer wahren Herzensfreude denk ich an jene Sommernachmittage zurück, wo wir von den Dörfern und Ziegelöfen am Schwielow-See heimkehrend, auf einer vor ein paar ausgebauten Häusern von Alt Geltow liegenden Graswalze zu rasten und unser sehr verspätetes Vesperbrot aus freier Hand einzunehmen pflegten, ohne daß der Redestrom auch nur einen Augenblick gestockt hätte. Da vergaßen wir denn der Flüchtigkeit der Stunde, bis die Mondsichel über den kleinen Giebelhäusern stand und uns erinnerte, daß es höchste Zeit sei, wenn wir, oder doch wenigstens *ich*, den Zug noch erpassen wollten. Und immer rascher und geängstigter ging es vorwärts, jetzt über die Gewehrfabrik und jetzt über den öden und sommerstaubigen Exerzierplatz hin, und nun hörten wir das erste Läuten. Oh, wie das ins Ohr gellte, denn die vollgestopfte Brücke lag noch zwischen uns und unsrem Ziel. Also Trab, Trab! Und ein ewiges und verzweifeltes »Pardon« auf der Lippe, das uns freilich vor dem üblen Nachruf aller Karambolierten nicht schützen konnte, ging es endlich, zwischen den pikkenden Sperlingen hin, entlang den Droschkenstand, entlang den Perron und nun hinauf die Treppe, bis ich keuchend und atemlos und mit eingebüßtem Taschentuch in das nächst offenstehende Coupé hineinstürzte. »Gute Nacht.« Und fort rasselte der Zug.

Es war wie Dauerlauf und Turnerfahrt aus alten Schul- und Ferientagen her und gab einem auf Augenblicke das Gefühl einer ach auch damals schon auf lange hin zurückliegenden Jugend wieder. Und schon *das* war ein Glück.

Und von manch ähnlichem Tage könnt ich noch berichten! Aber die »Wanderungen« selbst erzählen davon, und so brech ich denn ab und schließe mit dem Wunsche, den ich schon einmal, und zwar bei Beginn des Werkes, aussprechen durfte, »daß das Lesen dieser Dinge dem Leser wenigstens einen Teil der Freude bereiten möge, den mir das Einsammeln seinerzeit gewährte«.

Berlin, 14. November 1881 Th. F.

ANHANG

GÜNTER DE BRUYN

Zum Beispiel Kossenblatt

Aus einem Brief von Theodor an Emilie Fontane:

Steinhöfel bei Fürstenwalde, 3. Mai 1862
(Abends 9 Uhr)

Meine liebe Frau.

Nur ein paar Worte. Es geht mir sehr gut; zwei Tage bin ich erst fort, und doch hab ich schon so viel gehört und gesehn, daß mir zumute ist, als hätt ich Euch vor 8 Tagen verlassen. Kossenblatt, wiewohl eher schaurig als schön, war doch ganz famos und gibt ein vortreffliches Kapitel; was mir aber vorzugsweise den Eindruck gibt, als hätte ich schon wer weiß wieviel erlebt, das ist der Umstand, daß ich diesmal auf so viele vielsprechende Leute gestoßen bin. Um den Berolinismus zu gebrauchen: »Man hat mir den Kopf verkeilt.« Amtmann Buchholtz in Kossenblatt, Pastor Stappenbeck ebendaselbst, dessen Frau und Schwägerin, heute nun ein gewisser Beeskower Krösus namens Ribbeck (auf der Fahrt von Beeskow bis Fürstenwalde – der Kerl erzählte drei volle Stunden, ohne auszuspucken) und nun endlich der Kammerdiener des Herrn v. Massow namens Lavas haben mir so viel erzählt, Kluges und Dummes, Interessantes und Langweiliges, daß mir der Kopf schwirrt. Ich schleppe an einem ganzen Sack voll Münzen und werde erst zu Hause die Goldpfennige von dem ganz gemeinen Dreier scheiden können.

... Morgen abend möchte ich sehr gern bis Buckow

kommen. Die Itzenplitzschen Güter werde ich jetzt nicht besuchen, sondern später.

Grüße alles, küsse die Kinder und sei gegrüßt und geküßt von

Deinem alten Krepel
Theodor

I.

Am Morgen des 2. Mai 1862 ist Fontane von Beeskow nach Kossenblatt unterwegs. Drei Jahre vorher hat er seine »Wanderungen durch die Mark Brandenburg« begonnen. Der erste Band des großen Werks ist schon erschienen. Der Aufsatz, dem die Ortsbesichtigung, die er jetzt vorhat, dient, ist für den zweiten Band, der Ende des Jahres erscheinen soll, bestimmt. Dreiundvierzig Jahre ist Fontane alt. Beim Erscheinen des vierten Bandes wird er dreiundsechzig sein. Der Siebzigjährige wird den Zusatzband »Fünf Schlösser« herausgeben, und noch kurz vor seinem Tode wird er mit dem »Ländchen Friesack«, das Fragment bleibt, beschäftigt sein.

Die zehn Kilometer in Sonnenhitze geht er nicht, sondern er fährt. Seine »Wanderungen« müßten eigentlich Fahrten heißen, denn er ist selten zu Fuß. Er benutzt die Eisenbahn, deren Streckennetz sich schnell zu verdichten beginnt. Er reist mit den Linienwagen der Post, deren Postillone bei der Ankunft auf den Stationen noch blasen. Im Spreewald und im Wustrauer Luch hat ihn der flache Kahn durch die Kanäle getragen. Von Frankfurt aus wird er auf einem Dampfer in diesem Sommer noch die Oder abwärts, an Bord eines Segelboots zwölf Jahre später die Dahme aufwärts fahren. Meist aber mietet er sich auf der letzen Bahn- oder Poststation eine Kutsche – wie er es jetzt in Beeskow tat.

Seinen Naturbeschreibungen merkt man das Fahren an. Auf dem Kutschbock sitzend, den Hufschlag und das Knirschen der Räder im Ohr, zieht die Landschaft vorbei, wie von weitem gesehen. Das Kleine, das Fußgänger am Wege finden, kommt nur selten ins Bild. Es interessiert ihn auch nicht. Nicht zu Goldkäfern oder Binsen ist er unterwegs, sondern zu Herrensitzen, auf denen das Vor*fahren* sich empfiehlt. Bestaubt, vielleicht sogar hinkend, zu Fuß ankommen sollte man da nicht. Journalist und Schriftsteller zu sein ist schon anrüchig genug.

Die Beeskower Gegend, durch die er auf sandigen Wegen fährt, findet er schlimmer als öde, nämlich trist. Vollkommene (gemeint ist: natürliche) Öde kann reizvoll sein, sagt er erklärend, nicht aber die, der der Mensch mit geringem Erfolg Ertrag abzuringen versucht. Es ist die Klage über die Armseligkeit der Mark, die er immer wieder anstimmt, auch deshalb, weil sie, wie er meint, den Charakter ihrer Bewohner prägt. Ein unkritischer Schwärmer ist also der fahrende Wanderer nicht; seine Art der Verherrlichung geht andere Wege.

Sein schlechter Eindruck von dieser Gegend hat auch, ohne daß er es an dieser Stelle sagt, mit seinem Desinteresse an ihr zu tun. Sie ist geschichtslos für ihn; und da ein Reisender nur sieht, was er weiß, sieht dieser (dem auch die eindrucksvollen Ruinen von Kloster Chorin, weil sich keine erzählbaren Geschichten an ihre Geschichte knüpfen, öde und leer erscheinen) hier nur das Elend. Er befindet sich genau in der Lage, die er zwei Jahre später in dem Aufsatz »Über das Reisen in der Mark« so charakterisiert: Wer nach Küstrin oder Fehrbellin kommt, ohne mit deren Vergangenheit vertraut zu sein, der wird nur Gleichgültigkeit, Mißbehagen oder auch Schlafbedürfnis empfinden; wer aber weiß, daß hier Katte starb und dort der Große Kurfürst die Schweden besiegte, »der wird sich aufrichten im Wagen und Luch und Heide plötzlich in wunderbarer Beleuchtung sehen«.

Da jetzt für ihn erst der Zielort auf diese Weise beleuchtet sein wird und der Kutscher, der nicht erwähnt wird, auch langweilig zu sein scheint, ist Fontane über die Begegnung mit einem Dorfjungen, der ihm plaudernd den Weg kürzt, froh. Das Kind, das er als »allerliebst« bezeichnet und doch schon mit dem Mißtrauen und der Nüchternheit des Märkers ausgestattet sieht, wird der einzige lebende Kossenblatter sein, der dem Leser begegnet; denn dem unbewohnten Schloß, nicht dem Dorf gilt Fontanes Interesse, und dem Pfarrer und dem Amtmann, seinen Auskunftspersonen, räumt er in diesem Aufsatz einen Auftritt nicht ein.

In anderen geht er da anders vor. Da treten Pastoren, Küster, Lehrer und Kutscher auf, holzsammelnde alte Frauen, Krugwirtinnen und Fährmänner dürfen ihr fontanesches Plattdeutsch reden, und die Landpartieen fideler Berliner werden mit Scharfblick und Sinn für das Komische analysiert. Sie markieren die Gegenwart des Vergangenheitssuchers – und sind doch als Antwortende durch den Frager auf Vergangenheit orientiert. Von ihrem eignen Leben und damit von sozialen Fragen der Zeit ist selten die Rede, und wenn, dann nicht von denen der Masse der Landbewohner, der bäuerlichen Bevölkerung. In Teupitz wird darüber berichtet, daß die Fischer »nicht viel mehr als die Tagelöhner und Dienstleute des reichen« Fischgroßhändlers sind; im Wustrauer Luch wird die harte Arbeit der Torfstecher gewürdigt; in Werder wird festgestellt: »Wer persönlich anfaßt und fleißig arbeitet, wird selten reich; reich wird der, der mit der Arbeit hundert anderer Handel treibt«; und in der Reportage über die Ziegelindustrie in Glindow wird im eindrucksvollen Schlußbild das Proletarierelend dem Fabrikantenreichtum gegenübergestellt: alles sozialkritische Töne also, die sich auf den auch das Land erobernden Kapitalismus beziehen, nicht aber auf den die »Wanderungen« beherrschenden Adel. Das tradierte Anklagebild von

Hütte und Palast kommt Fontane beim Anblick von Ziegeleibesitzer-Villen in den Sinn und nicht bei dem der vielen von ihm aufgesuchten Schlösser. In Glindow fällt ihm auch der Ausdruck Frondienst ein, doch im Zusammenhang mit »Industrialismus«. Der Bauer seiner Gegenwart, der, ohne als Person in Erscheinung zu treten, als arm und folglich auch »hart« charakterisiert wird, hat bei dem Städter Fontane keine Geschichte, weil die Geschichte der Adelswelt, die er beschreibt, ihre sozialökonomische Seite nicht zeigt.

Da das *Dorf* Kossenblatt nicht interessiert, schreibt er darüber so wenig wie über andere Dörfer, die er der Schlösser wegen besucht. Volkskundliches (sieht man von den Trachten der Wenden ab) nimmt er kaum wahr; der Zustand der Bauernhäuser, der Wohnverhältnisse und Arbeitsmittel ist ihm keiner Beachtung wert; Dorfanlagen (Kossenblatt ist ein Straßendorf mit abseitiger Lage von Schloß und Kirche) werden nur selten erwähnt. Seltsam in diesem Fall ist, daß er fast auch den Fluß, an dem der Ort liegt, unterschlägt. Die Spree (die hier bis 1815 jahrhundertelang preußisch-sächsische Grenze war, woran die »Zollbrücke« noch immer erinnert) kommt bei ihm nur nebenbei durch Erwähnung eines Spreearms vor.

Sicher hat das damit zu tun, daß er den Aufsatz nicht in den Band »Spreeland«, sondern ins »Oderland«, wo er nicht hingehört, aufnehmen will. Denn dort hat er, in »Prädikow«, den Grafen Barfus behandelt, und da dieser später Besitzer von Kossenblatt wurde, ist ihm um die Nachbarschaft der beiden Kapitel zu tun. Genealogische Zusammenhänge zieht er also topographischer Genauigkeit vor. Eigentlich kommt er an diesem Maitag gar nicht in Kossenblatt, sondern in dessen Vergangenheit an.

2.

Im Zentrum von Kossenblatt, wo die großzügig angelegte Dorfstraße sich angerartig erweitert (»hübsche Dorfgassen-Linie« heißt ein unbenutztes Stichwort im Notizbuch), kommt der Wagen im Schatten der Linden zum Stehen. Rechts kehrt das alte Herrenhaus der Straße den Giebel zu; hinter ihm steht, etwas erhöht, die Kirche. Das Schloß verbirgt sich in der angrenzenden Niederung; es ist nur über den Wirtschaftshof zu erreichen.

Während der Kutscher die Pferde versorgt, überquert der Fahrgast (in Gehrock und Weste, den steifen Hemdkragen mit einer Schleife geziert, den Überzieher über dem Arm) die von Hühnern und Gänsen bevölkerte Straße, weil dort auf der anderen Seite das Pfarrhaus steht, wo Pastor Stappenbeck ihn erwartet.

Teilt man die Dorf-Seelenhirten grob in Realisten und Idealisten ein, muß man Stappenbeck wohl zu den letzteren zählen. Er will nicht nur Amtsinhaber, sondern auch Wirkender sein, will nicht nur verwalten, sondern auch missionieren – doch predigt er oft, wie sein Nachfolger meint, über die Köpfe der Gemeinde hinweg. Da Wissenserwerb, wie er glaubt, die Sitten verbessern kann, sieht er sein Amt auch als ein volkspädagogisches an. Um die Leute von Branntwein-Genüssen weg zu höheren zu führen, liest er ihnen abends in der Schulstube vor und richtet eine Dorfbibliothek ein. Aber auch als Ortsgeschichtsschreiber wird er tätig: Der 1724 angelegten Kirchen-Chronik vertraut er manches, was er für bewahrenswert hält, an.

Der starke Folio-Band, dessen barocker Titel (»Kirchen-Protocoll in Cossenblad, worin gefunden werden allerley Nachrichten von sonderlichen Begebenheiten« usw.) eine ganze Seite füllt, liegt, so ist anzunehmen, mit auf dem Tisch, wenn Stappenbeck den Gast aus Berlin empfängt. Das Pfarrhaus, das noch keine zwanzig Jahre alt ist, ahmt den herkömmlichen Stil märkischer Bauernhäuser nach, in größerer Stattlichkeit freilich. Es steht mit der Längsseite zur Straße und ist durch einen Flur, der von vorn und vom Hof aus betreten werden kann, in der Mitte geteilt. Der straßenseitigen Haustür (die bei den Bauern nur sonntags als Eingang dient) ist eine Holzlaube vorgebaut, die Weinlaub umrankt. Hier sitzt man und plaudert – wobei mehr erzählt wird, als der Reisende wissen will und sich merken kann. Denn nicht nur der Pastor, auch dessen Frau und dessen Schwägerin geben Auskunft, und die Freude darüber, daß ihr Dorf-Wissen auch mal gefragt ist, macht die drei so redselig, daß Fontane bald, wie aus vorstehendem Brief ersichtlich, »der Kopf schwirrt«.

Da ist (wie wir nach Lektüre der Kirchen-Chronik vermuten können) von im Drobsch-Sumpf Erstickten und in der Spree Ertrunkenen die Rede, von plündernden Österreichern und Russen im siebenjährigen Krieg, von Brandstiftungen, Epidemien und Kugelblitzen, von Bruder-, Kinds- und Selbstmördern, von Hurenkindern, Hochwasserkatastrophen, Monstergeburten, Hexenverbrennungen – und dann auch von einem Gespenst in der Gestalt einer Jungfrau, das partout die Hochzeit des Gutsherrn David von Oppen verhindern wollte, sich letztlich sogar (wie der Pastor David Stern in seiner 1666 bei Erasmus Stößner zu Frankfurt/Oder gedruckten Leichenpredigt ausführlich beschreibt) zwischen die Gatten ins Brautbett drängte – und das Fontane vielleicht dazu benutzt, um auf die Gestalt, von der er was hören will, überzuleiten: auf den Grafen von Barfus, der Kossenblatt samt Briescht, Werder und Schwenow nicht lange nach der Gespenstererscheinung von den Oppens erstand.

Daß nur Bruchstücke des Berichteten später nachzulesen sein werden, wird die Berichterstatter notwendigerweise enttäuschen; denn Fontanes Wertmaßstab, nach dem er die Goldpfennige von den gemeinen Dreiern scheidet, ist ihrer nicht. Sie wissen nicht, daß literarische Formung Weglassen erfordert, und sie sehen anderes als der Schreiber für wichtig an. Es geht ihnen da ähnlich wie den Nachkommen der von Fontane verewigten Adelsfamilien, denen seine Geschichten nicht edel und pathetisch genug sind. Sie sehen ihre Ahnen in Heldenpose erstarrt, Fontane aber gibt sie in liebevoller Lebendigkeit wieder, nicht frei von komischen und skurrilen Zügen; und wenn er auch das wirklich Schlimme und Häßliche kaschiert oder verschweigt (und, um nicht lügen zu müssen, auch seine Begegnungen mit den Schloßherren zu beschreiben unterläßt), so gibt er doch Urteile ab, die die Familiengralshüter oft ärgern. »Neulich«, wird er im März 1874 an Mathilde von Rohr schreiben, »kriegte ich einen Klagebrief von einer Frau v. Witzleben, geb. v. Meusebach, aus Potsdam, die sich bitter beschwerte über das, was ich über ihren verstorb. Bruder geschrieben habe. Er war schließlich absolut verrückt; ich nenne ihn einen ›Mann von Genie und Excentricität‹; das ist nun der Dank dafür.« Und im selben Brief schreibt er, nachdem der Einspruch einer Familie ihn zu Veränderungen veranlaßt hat: »Ob die Familie im Ganzen dadurch befriedigt wird, muß ich bezweifeln, denn immer aufs Neue mache ich die Erfahrung, daß Familien ... nicht zufriedenzustellen sind. Ich glaube auch, daß sie, die Familien, von ihrem Standpunkt aus ganz Recht haben, weil ein Schriftsteller, der die Dinge lediglich als einen Stoff für seine Zwecke ansieht, auch bei größter Vorsicht und wirklichem Takt immer noch der Pietät entbehren wird, die im Herzen der Familienmitglieder lebt. Mitunter ist es freilich nicht mehr Pietät, sondern einfach eine Mischung von grenzenloser Dummheit mit ebenso grenzenloser Eitelkeit.«

Der Tatsache, daß seine Liebe zum Adel, von Ausnahmen abgesehen, unerwidert bleibt, wird er später in einem Gedicht Ausdruck geben, das sowohl die Enttäuschung als auch deren Überwindung in Heiterkeit zeigt (und das nebenbei das Problem seiner Stellung zum Judentum aufwirft, die nicht durchweg erfreulich ist: Zwar hatte er jüdische Freunde, die er sehr schätzte, doch war er von den damals schon grassierenden antijüdischen Vorurteilen nicht frei.)

An meinem Fünfundsiebzigsten

Hundert Briefe sind angekommen,
Ich war vor Freude wie benommen,
Nur etwas verwundert über die Namen
Und über die Plätze, woher sie kamen.

Ich dachte, von Eitelkeit eingesungen:
Du bist der Mann der »Wanderungen«,
Du bist der Mann der märk'schen Geschichte,
Du bist der Mann der märk'schen Gedichte,
Du bist der Mann des Alten Fritzen
Und derer, die mit ihm bei Tafel sitzen,
Einige plaudernd, andre stumm,
Erst in Sanssouci, dann in Elysium;
Du bist der Mann der Jagow und Lochow,
Der Stechow und Bredow, der Quitzow und Rochow,
Du kanntest keine größeren Meriten,
Als die von Schwerin und vom alten Zieten,
Du fand'st in der Welt nichts so zu rühmen,
Als Oppen und Groeben und Kracht und Thümen,
An der Schlachten und meiner Begeisterung Spitze
Marschierten die Pfuels und Itzenplitze,
Marschierten aus Uckermark, Havelland, Barnim,
Die Ribbecks und Kattes, die Bülow und Arnim,

Marschierten die Treskows und Schlieffen
und Schlieben –
Und über alle hab' ich geschrieben.

Aber die zum Jubeltag da kamen,
Das waren doch sehr, sehr andre Namen,
Auch »sans peur et reproche«, ohne Furcht
und Tadel,
Aber fast schon von prähistorischem Adel:
Die auf »berg« und auf »heim« sind gar nicht
zu fassen,
Sie stürmen ein in ganzen Massen,
Meyers kommen in Battaillonen,
Auch Pollacks und die noch östlicher wohnen;
Abram, Isack, Israel,
Alle Patriarchen sind zur Stell',
Stellen mich freundlich an ihre Spitze,
Was sollen mir da noch die Itzenplitze!
Jedem bin ich was gewesen,
Alle haben sie mich gelesen,
Alle kannten mich lange schon,
Und das ist die Hauptsache ... »kommen
Sie Cohn.«

Aber nicht nur der Adel mäkelt an den »Wanderungen« herum. Lokal- und Hurra-Patrioten finden sie nicht patriotisch, Wissenschaftler nicht wissenschaftlich genug, Fortschrittlern sind sie zu konservativ – und auch mehr als ein Jahrhundert danach, heutzutage also, sind die Ansichten der Fontane-Leser, deren es bekanntlich viele gibt, über die »Wanderungen« geteilt.

Da gibt es den Ignoranten, der sie ungelesen läßt. Inhaltlich hat er kein Interesse an ihnen, künstlerisch hält er sie für verfehlt, politisch für fragwürdig, und der vom Autor an sie verschwendete (und damit dem Romanschreiben entzogene) Fleiß jammert ihn.

Da ist, als Gegenbild dazu, der Heimatforscher, dem die »Wanderungen« heilige Bücher sind. Zwar findet er sie lücken- und auch fehlerhaft, doch kann das seine Hochschätzung nicht mindern, weil er weiß: Den guten Ruf, den sein Forschungsgegenstand, die Mark, weithin genießt, verdankt er ihnen; das Interesse, das er bei anderen erwartet, wurde durch die »Wanderungen« erst geweckt. An ihnen hat er ein Modell, dem er nachstreben, das er verwerfen oder berichtigen kann; und wenn er bescheiden auf ihren Spuren wandert, fällt etwas von ihrem Ruhm auch auf ihn zurück. Auch seine Liebe zu den Romanen ist, falls überhaupt vorhanden, durchs Lokale bestimmt; sie wächst mit topographischer Genauigkeit und schwindet, wird der Schauplatz in den Harz, nach Ungarn, Dänemark oder gar Amerika verlegt. Die Romane sind ihm sozusagen angewandte »Wanderungs«-Kunst.

Das unterscheidet ihn grundlegend von dem dritten Typ, der die »Wanderungen« zwar für wichtig hält, aber nur als Leitersprosse zu den Höhen des Romans. Ihn interessiert an ihnen nur, was dann in »Vor dem Sturm«, im »Schach von Wuthenow«, in der »Effi Briest« oder im «Stechlin« verwandelt wiederkehrt. Das große »Wanderungs«-Werk, das er insgesamt in seinem schematischen Fontane-Bild zeitlich vor die Romane plaziert, wird von ihm also zur Schreibübung degradiert. Daß es in Wirklichkeit noch weit in die Phase des Romanschreibens hineinragt, als Nebenarbeit auch im Alter ständig weiter mitläuft und sich am Lebensende noch einmal in den Vordergrund drängt, stört seine Theorien nicht.

Diese Einseitigkeiten macht der Vertreter der vierten Gruppe, der ideale Fontane-Leser, nicht mit. Der leugnet die überragende Bedeutung der Romane nicht, sieht mit Interesse, wie sie sich auch aus den Erfahrungen der »Wanderungen« nähren, und achtet doch das eine vor dem andern nicht gering. Jedes läßt er in seiner Art gelten – auch wenn er die Kunstfehler des in Jahrzehnten entstandenen »Wanderungs«-Werks erkennt. Denn ein einheitliches Gebilde, wie es jeder der Meisterromane ist, sind die »Wanderungen« nicht. Da gibt es gestaltete und ungestalte, interessante und langweilige Kapitel; auf Reportage, Feuilleton und beste Erzählkunst folgt reine Faktenhäufung; der Plauderton, den Fontane liebt und beherrscht, gelingt nicht immer, und manchmal ist er von der Trockenheit der deshalb von ihm gerügten Historiker nicht weit entfernt. Für kaum jemand (sieht man von Militärhistorikern ab) wird es wohl eine Freude sein, sechzig Seiten lang über die wechselnden Chefs, die wechselnden Uniformen und das wechselnde Schlachtenglück der Neuruppiner Garnison zu lesen; die Gespräche mit dem Kutscher Moll aber oder die Geschichte vom Fischer von Kahniswall wird auch der genießen können, der sich für die Rauenschen Berge und den Seddinsee nicht interessiert. Zur Information über die Mark sind alle Teile der »Wanderungen« zu gebrauchen, zu einem Lesegenuß aber, der nicht unbedingt auf Belehrungen aus ist, nur die, in denen neben dem Landschafts- und Vergangenheitsbeschreiber auch der Menschengestalter zu Worte kommt. Hier ist Fontane dann aber durchaus auf der Höhe seiner Kunst. Man kann, sagt sich der ideale Fontane-Leser, den Romancier vor dem Wanderer, den Briefschreiber vor dem Balladendichter oder Theaterkritiker schätzen, würdigen aber muß man alles können, wenn man den ganzen Fontane will.

3.

Noch vor dem Mittagessen, so stellen wir uns vor, wird Pastor Stappenbeck, während die Frauen in der Küche beschäftigt sind, den Gast in die Kirche begleiten. Er redet unaufhörlich dabei; denn einen so verständigen Zuhörer hat er nur selten, und bei jedem Schritt sieht er etwas, das er für sehens- und erklärenswert hält. Das beginnt mit dem Platz vor dem Pfarrhaus, dem Fest- und Versammlungsort, an dem auch Küsterhaus, Feuerwehr, Schule und Schenke stehen. Die einzelne Eiche dort (sagt er in so begeistertem Ton, als gäbe es nicht fast in jedem Dorf dergleichen) wird die Königseiche genannt. Sie wurde 1815, am ersten Jahrestag des Einzugs in Paris, nach feierlichen Reden und freiem Bier und Schnaps, gepflanzt. (1866 wird die Siegeseiche dazu kommen, 1871 die Kaisereiche – die Stappenbeck in der Chronik mit den Versen begrüßen wird: »Blühe, du deutsches Reich,/ Wachse der Eiche gleich,/ Kraftvoll und hehr!/ Friede beglücke dich,/ Freiheit erquicke dich,/ Frömmigkeit schmücke dich,/ Vom Fels zum Meer!« – an welcher Stelle dann einer seiner Nachfolger 1917 hinzufügen wird: »Und wann werden wir die Friedenslinde setzen können? Mach End, o Herr, mach End mit aller Not!« Aber diese Linde wird nie gesetzt werden. Kriegervereine werden auf dem Platz paradieren, Braunhemden sich versammeln, Flüchtlingstrecks rasten, und schließlich werden Rotarmisten ihre Fahrzeuge unter den drei Eichen parken, deren Name und Bedeutung niemand mehr kennt.)

Auf der Straße, die noch keine Pflasterung hat, weist Stappenbeck vielleicht auf noch vorhandene Strohdächer hin und erzählt von Feuersbrünsten. Er zählt die kirchenlosen Dörfer auf, die zu seiner Pfarre gehören, und schildert die schlechten Wege, nach Werder zum Beispiel, das er, wenn das Wetter es zuläßt, besser auf der Spree mit dem Kahn erreicht. Er stammt aus der fruchtbaren Priegnitz, und die sandigen Höhen, die es außerhalb Kossenblatts gibt, haben ihn anfangs schockiert, aber jetzt hat er sich eingelebt und wird bleiben – bis er 1871, als Sechzigjähriger, stirbt.

Die Gräber der Kossenblatter liegen um die Kirche herum. Noch ist die moderne Zeit nicht da, wo man auch auf dem Dorf mit seinen Toten nicht mehr leben will, sie an die Peripherie verbannt, am besten in die Einöde zwischen zwei Dörfer, also außer Sichtweite. Noch führt der Weg zur Kirche zwischen gußeisernen Kreuzen und Grabplatten hindurch. Aber nur die Nicht-Adligen sind hier begraben, die Oppen und Barfus hatten ihre zu Fontanes Bedauern nicht mehr zugängliche Gruft. An der Nordseite der Kirche (wo heute über eingeebneten Gräbern Brennesseln wuchern) ist neben den Gruftanbauten ein aufschlußreicher Gedenkstein zu sehen, den Stappenbeck bei seiner Führung sicher nicht ausließ, über den der Besucher aber nichts notiert.

Allhier ruhen die Gebeine
des zu Cossenblatt 30 Jahr
gestandenen Beamten
Friedrich Leopold Lengenick
gebohren den 16ten Juli 1727
gestorben den 1ten Märtz 1784
nebst seinen 6 Kindern

1.	Charlotta	gbor.	1756, ertrunken 1758
2.	August	„	: 1761, an Zähnen gstor. 1762
3.	Friedrich	„	: 1767, an Mathigkeit gstor. 1768
4.	Leopold	„	: 1759, an Pocken gstorb. 1769
5.	Carolina	„	: 1757, an Pocken gstor. 1777
6.	Philippine	„	: 1773, an Pocken gstor. 1777

Zu den Goldpfennigen zählt dieser Einblick in den Alltag des klassischen Preußen für Fontane nicht. Er hofft auf das Innere der Kirche und wird nicht völlig enttäuscht. Der Bau, der ganz wie einer aus der Zeit des Soldatenkönigs erscheint und doch im Kern gotisch ist, hat Geschichtliches noch bewahrt: ein Porträt David Sterns, des Pfarrers, der das Gespenst der Familien von Oppen beschrieb (es ist, stark ramponiert, noch vorhanden), das vielköpfige Oppensche Familienbild, dem Fontane dann eine Fußnote widmet, drei figürliche Grabsteine der Oppens – aber nichts aus der Barfus-Zeit.

Die Hohenzollern-Epoche dagegen ist durch die bescheidene Königsloge und den Kanzelaltar präsent; genaugenommen ist sie noch gar nicht zu Ende. Zwar hat und wird sich kein König, kein Prinz mehr in Kossenblatt sehen lassen; zwar ging das Gut, das seit 1811 in Erbpacht war, schon in bürgerliche Hände über; aber das Schloß bleibt in königlichem Besitz – und das Kirchenpatronat auch.

Stappenbeck, der, wenn er predigt, links vor sich die kriegerische Stuckornamentik der Loge sieht und über sich, auf dem Kanzeldeckel, den preußischen Adler weiß, ist auf dieses hohe Patronat stolz. Vor sechs Jahren, erzählt er, als man in Beeskow den 300. Jahrestag der Zugehörigkeit zu Brandenburg festlich beging, ist er dem vorigen König, Friedrich Wilhelm IV., vorgestellt worden, und Majestät, als sie Kossenblatt hörte, geruhte zu sagen: Ei, da gehöre sie ja eigentlich hin, sie wolle mal kommen, doch wurde nichts draus, und nun ist sie ja eingegangen zu ihren Vätern.

Draußen herrscht Mittagshitze, aber die Kirche ist kalt. Das Sonnenlicht, das durch die Fenster fällt, läßt das Messingkreuz auf dem Altar und die Königskrone, die der Adler trägt, funkeln. Die Problematik von Kreuz und Krone, von Thron und Altar liegt also in der Luft; aber der Pastor, dessen Leben und Denken in den von Staat und Kirche vorgezeichneten Bahnen verlief, empfindet sie vermutlich nicht als solche. Bei Fontane sieht es da anders aus; doch keine Religionsproblematik ist sie für ihn: Die Politik, die sich religiöser Phrasen bedient, konfrontiert ihn mit ihr. Der Apothekerssohn aus Ruppin, der ein dichtender Apotheker wurde, der revolutionäre Artikel schrieb, sich dann aber mit dem reaktionären Regime arrangierte und für die Regierungspresse nach England ging, ist vor zwei Jahren (1860), um Frau und Kinder ernähren zu können, bei einem Blatt eingetreten, das wie kein anderes Politik mit Religion vermengt.

Die »Neue Preußische Zeitung«, des Eisernen Kreuzes wegen, das sie im Titel führt, Kreuzzeitung genannt, im Jahr der Revolution als Sprachrohr gegen diese gegründet, bleibt, ob sie Regierungen unterstützt oder von rechts gegen sie opponiert, immer das Blatt des konservativsten Adels und der kirchlichen Orthodoxie. Fontanes Sache ist diese Mischung nicht; aber da er nur die England-Artikel redigiert, sich also politisch nicht hervortun muß, ihm viel Zeit für eigne Arbeit bleibt und er diese, seine »Wanderungs«-Kapitel vor allem, in der Zeitung unterbringen kann, hält er es in der Redaktion, wo Eiserne Kreuze Sofakissen schmücken und von der Wand ein Christuskopf mit Dornenkrone herniederblickt, zehn Jahre lang aus.

Das Exemplar der Kreuzzeitung, das im Pfarrhaus des Kapitels »Malchow« die Behaglichkeit der Atmosphäre erhöht und neben dem freundlichen Pfarrer auch die Ansicht des Autors zu charakterisieren scheint, kommt also nicht von ungefähr dort auf den Tisch; und da dies acht Jahre *nach* der Kreuzzeitungs-Zeit geschieht (die Fontane in seiner Autobiographie später als die »allerglücklichste« seines Lebens bezeichnet), ist anzunehmen, daß der konservative Zug, den die »Wanderungen« (von der treuherzigen Revolutionsfeindlichkeit des Fischers von Kahniswall bis hin zur modern wirkenden Kritik am »Industrialismus«) haben, nicht der Selbstzensur eines Lohnabhängigen, sondern eigner Neigung und Meinung entstammt. Mit Recht weist Fontane im Dezember 1861 in einem Brief an seinen Verleger Wilhelm Hertz die Behauptung, der erste »Wanderungs«-Band »sei im Auftrag der Kreuz-Zeitungs-Partei geschrieben«, mit dem einen Wort: »Blödsinn!« zurück, kommt aber zwei Tage später doch ausführlicher auf seine Meinung zu sprechen: »Mein Kreuzzeitungstum ... tritt doch wirklich kaum in dem Buche zutage; auch ist das *echte, ideale* Kreuzzeitungstum eine Sache, die bei

Freund und Feind respektiert werden muß, denn sie ist gleichbedeutend mit allem Guten, Hohen und Wahren. Das Zerrbild, das oft zutage tritt, ist nicht die Sache selbst.« Schon im Juni 1860 hatte er (was sich für das fortschreitende Alter nicht bewahrheiten sollte) an Paul Heyse geschrieben, daß er »mit den Jahren ehrlich und aufrichtig konservativer« werde, und wenn der fast Sechzigjährige seinem Verleger gegenüber (im November 1878) auf die Kritik an seinem ersten Roman, »Vor dem Sturm«, zu sprechen kommt, erklärt er, was er unter dem Zerrbild seiner Ansichten versteht: »Das Buch ist der Ausdruck einer bestimmten Welt- und Lebensanschauung; es tritt ein für Religion, Sitte, Vaterland, aber es ist voll Haß gegen die ›blaue Kornblume‹ (Symbol der Kaiserverehrung) und gegen ›Mit Gott für König und Vaterland‹, will sagen, gegen die Phrasenhaftigkeit und die Karrikatur jener Dreiheit«, – voll Haß also, fügen wir hinzu, gegen die Ideologie seiner Gegenwart.

In den »Wanderungen« zeigt sich der konservative Zug vor allem in der Vorliebe für die Geschichte des Adels und des absolutistischen Preußen; und wenn dabei Licht und Schatten auch künstlerisch klug verteilt und im Detail manche Urteile gefällt werden, die in die Hohenzollern- und Adelslegenden nicht passen, wird doch das Ganze nie in Frage gestellt. Die »wunderbare Beleuchtung«, in der man Sumpf, Sand und Heide sieht, ist die einer zustimmend kommentierten Geschichte, die in sich Positives verkörpert und durch Personifizierung und Lokalisierung Farbe und Leben gewinnt. Das Mosaik, das Fontane aus mehr oder weniger leuchtenden Steinchen erschafft, formt sich zum Bild der erzählten Geschichte der Mark, zum Bild der Verklärung, das durch Liebe zur preußischen Vergangenheit entsteht. Jeder, der den »Wanderungen« nachreist und diese Liebe nicht mitbringt, wird das bestätigen müssen: denn er ist (wie Fontane es ihm vorhergesagt hat) enttäuscht.

Diese Liebe zur preußischen Geschichte, die bei aller Nuancierung und Differenzierung verklärt bleibt, verliert Fontane nie. Die Kritik am Preußentum seiner Gegenwart, die sich in seinen späten Jahren in den Romanen und, radikaler noch, in den Briefen äußert, basiert auf ihr. Sein Widerwille gegen das Bourgeoise und seine Enttäuschung über den gegenwärtigen Adel mißt sich an ihr. Vor dem leuchtenden Hintergrund der friderizianischen Zeit wird ihm die wilhelminische, also die eigne, schwarz. Wie das Mittelalter für die Romantik, ist das klassische Preußen eine Utopie, die in der Vergangenheit liegt, für ihn. Er weiß aber, daß es ein Zurück nicht gibt.

Schon in seinen Anfängen ist das so. 1848 erklärt er in revolutionären Artikeln, daß Preußen um Deutschlands willen zerfallen müsse, und dichtet fast gleichzeitig Preußenlieder über Schill, York, den alten Dessauer und den alten Zieten, in denen es, gesperrt gedruckt, heißt: »Ich halte es mit dem (alt-preußischen) Zopfe,/ Wenn solche Männer dran.« Und am Ende, wenn er zu der Überzeugung gekommen ist, daß es den Adligen, wie er ihn liebt, nicht mehr gibt, macht er sich einen: den alten Herrn von Stechlin, den märkischen Junker, der mit den Jahren skeptischer und demokratischer wird – der also ist wie er. Auch Fontane hätte zu Pastor Lorenzen, dem Sprachrohr des Autors, sagen können: »Außerdem sind Sie Fridericus-Rex-Mann, was ich Ihnen eigentlich am höchsten anrechne, denn die Fridericus-Rex-Leute, die haben alle Herz und Verstand auf dem rechten Fleck.«

Und so ist es dann auch durchaus kein Widerspruch, wenn sich Fontane nach dem »Stechlin«, in dem das vielzitierte Wort vom Alten, das man lieben, und vom Neuen, dem man leben müsse, gesprochen wird, in den letzten Lebenstagen noch einmal die geplante Fortsetzung der »Wanderungen« vornimmt, das »Ländchen Friesack«, wo in der weitgehend ausgeführten Einleitung die Annährung an die alte Familie von Bredow, von der das ganze Buch handeln soll, als »lang gehegter Wunsch« und »Sehnsucht« bezeichnet wird und wo in einer nur in Stichpunkten vorhandenen »reizenden Geschichte« ein Pächter der Bredows glücklich ist, als der Gutsherr ihn nach Beendigung eines Zerwürfnisses wieder duzt; wo also das Lob der alten patriarchalischen Gutsverhältnisse gesungen wird. »Sie nennen es auf dem Lande schön und poetisch das Ehren-Du«, heißt es am Schluß, und eine Fußnote fügt hinzu: »Jeder gesund organisierte Mensch fühlt so.«

Von der Meinung, die der Fontane der »Wanderungs«-Zeit anläßlich des Besuchs einer Dorfkirche im Mai 1860 seiner Mutter mitgeteilt hatte: »Wer den Adel abschaffen wollte, schaffte den letzten Rest Poesie aus der Welt«, war der alte Fontane, der in den Adel keine Zukunftshoffnungen mehr setzte und die jungen Poeten pries, zwar einerseits gründlich abgekommen, aber andererseits hatten für ihn, wie man sieht, bis an sein Lebensende Adel und Poesie viel miteinander zu tun.

4.

Nach dem Mittagessen (falls es eins gab; man muß da unsicher sein, da Fontane mit der Knickrigkeit, die er den Märkern bescheinigt, ja Erfahrung gemacht haben muß) zeigt ihm Herr Buchholtz (dessen Anwesenheit brieflich beglaubigt ist) das alte Oppensche Herrenhaus, das er bewohnt, und das Barfussche Schloß, das seit dem letzten Besuch Friedrich Wilhelms I. (1739) leer steht. Von der Buchholtzschen Familiengeschichte, nach der der Besucher nicht fragt, weil er dort nichts Interessantes vermutet, versäumt er es wohl zu erzählen, wodurch Fontane eine König-Friedrich-Geschichte entgeht. Der Großvater dieses Buchholtz nämlich, Johann August Buchholtz, ein Pastorensohn aus der Priegnitz, der, von Werbern zum Armeedienst gepreßt, selbst zum Werbe-Sergeant wurde, war so erfolgreich in der Soldatenfängerei, daß Kronprinz Friedrich, für dessen Regiment in Neuruppin er dies Geschäft betrieb, auf ihn aufmerksam wurde und ihn später zu seinem Hofetats-Rentmeister und Dispositionskassen-Rendanten, will sagen: Kassenverwalter und Finanzberater, machte – und damit zu einer sprichwörtlichen Anekdoten-Figur. Denn wenn man zum König mit Finanzforderungen und -bitten kam, hieß es: Da kennt Er Buchholtz schlecht! oder: Dazu hat Buchholtz kein Geld!, und wenn ein Gesuch günstig entschieden war: Er wußte, wo Buchholtz wohnt!

Da das Königshaus die Verdienste dieses Sparsamkeitsgenies auch an seinen Kindern noch belohnte, wurde ein Sohn 1801 zum Amtmann von Kossenblatt ernannt, zum Verwalter des königlichen Gutes also, das er 1811, als Friedrich Wilhelm III., um die Kontributionen an Frankreich bezahlen zu können, Land abstoßen mußte, als Erbzinsgut erwarb – und später an seinen Sohn Karl vererbte, an den Mann, der jetzt Fontane durch die feldsteingewölbten Keller des Herrenhauses und die nur von Mäusen und Vögeln bewohnten Räume des Schlosses führt.

Amtmann, wie Fontane ihn nennt, ist dieser Amtmannssohn nie gewesen; er war Erbzinsgutspächter; jetzt, da laut Gesetz von 1850 diese Eigentumsform in Preußen abgeschafft ist, ist er nicht nur faktisch wie vorher, sondern auch im juristischen Sinne Eigentümer – einer der vierunddreißig bürgerlichen Gutsbesitzer, die es in der Jahrhundertmitte auf den fünfundvierzig Rittergütern des Kreises Beeskow-Storkow gibt. Daß Fontane ihn nicht als solchen zur Kenntnis nimmt, scheint bezeichnend für ihn: Hat er doch in den »Wanderungen«, die der Aufwertung des Märkischen dienen, diese Entwicklung anfangs ganz ignoriert; im Gedicht, wo er sie registriert, wird eine Satire mit Wehmutstönen daraus:

Kirchenumbau
(Bei modernem Gutswechsel)

Spricht der Polier: »Nun bloß noch das eine:
Herr Schultze, wohin mit die Leichensteine?
Die meisten, wenn recht ich gelesen habe,
Waren alte Nonnen aus ›Heiligen Grabe‹.«

»Und Ritter?«

»Nu Ritter, ein Stücker sieben,
Ich hab' ihre Namens aufgeschrieben,
Bloß, wo sie gestanden, da sind ja nu Löcher;
1 Bredow, 1 Ribbeck, 2 Rohr, 3 Kröcher;
wo soll'n wir mit hin? wo soll ich sie stell'n?«

»Stellen? Nu gar nich. Das gibt gute Schwell'n,
Schwellen für Stall und Stuterei,
Da freun sich die Junkers noch dabei.«

»Und denn, Herr Schultze, dicht überm Altar
Noch so was vergoldigt Kattolsches war,
Maria mit Christkind ... Es war doch ein Jammer.«

»Versteht sich. In die Rumpelkammer!«

Der Kreuzzeitungs-Redakteur und Preußenlieder-Dichter, der ein Jahr zuvor, an einer Ruppiner Friedrich-Gedenkstätte sitzend, den Trinkspruch: »Es lebe die alte Zeit!« (der durch den folgenden Hinweis auf »Leben und Liebe« nur schwach relativiert wurde) ausgebracht hatte und der sich nun hier in Kossenblatt von einem bürgerlichen Gutsbesitzer, der ein feudales Erbe angetreten hat, durch das gespenstisch-öde Grafen- und Königs-Schloß führen läßt, ohne die Symbolik der Situation zu erfassen, wird dreißig Jahre später, wenn er die großen Romane, vom letzten abgesehen, schon hinter sich hat, als Schlußwort des erweiterten »Wanderungs«-Kapitels »Gentzrode«, das den Aufstieg und Fall eines bürgerlichen Gutsbesitzers der Gründerzeit schildert, die Sätze schreiben: »Das Wachsende, gut oder nicht gut, tritt an die Stelle des Fallenden, um über kurz oder lang selber ein Fallendes zu sein. Das ist ewiges Gesetz.« Ein Gesetz, das die Gräfin Melusine im »Stechlin« dann so formuliert: »Ich respektiere das Gegebene. Daneben aber freilich auch das Werdende, denn eben dies Werdende wird über kurz oder lang abermals ein Gegebenes sein.«

Um sagen zu können: einen Beweis für das Gesetz von Wachsen und Fallen hat Fontane an seiner Seite, wollen wir Buchholtz einen elfjährigen Jungen beigeben, der, wie sich herausstellt, sein Neffe Emil und sein künftiger Erbe ist. Während Fontane, der in ästhetischen Fragen gern scharfe Urteile fällt (was das Vergnügen an der Lektüre der »Wanderungen« beträchtlich erhöht), Kritik an den Malereien des Königs übt, vergnügt sich (in unserer Vorstellung) das Kind damit, die toten Vögel zu sammeln. Da es darauf besteht, diese auch zu begraben, wird der Rückweg zum Dorf über den kleinen Park, Lustgarten genannt, genommen. Sie gehen also, wenn sie die Bohlenbrücke über den Graben (auch das Schloß Stechlin, das ähnlich gebaut ist, wie dieses hier, hat einen solchen) passiert haben, einige Schritte nach rechts am Ufer des Spreearms entlang und da, wo die Seitenflügel des Schlosses sich zum Wasser hin öffnen, den mäßig ansteigenden Parkweg hinauf und stehen bald an der (heute durch einen Findling kenntlich gemachten) Stelle, an der, zwei Jahre nach Fontanes Tod, der Neffe Emil sterben und sein Grab finden wird.

Das kam, wie die Kirchen-Chronik getreulich berichtet, so: Seit 1877 geschah es in Kossenblatt immer wieder, daß alte, strohgedeckte Häuser und Scheunen, die des hohen Brandrisikos wegen von der Feuerkasse bald gestrichen worden wären, in Flammen aufgingen. Nie kamen dabei Menschen oder Vieh zu Schaden, nie wurde gelöscht und nie ein Brandstifter ermittelt. 1882 gab es nur noch *ein* strohgedecktes Kossätengehöft im Dorf, und auch das brannte erwartungsgemäß ab. Halb Kossenblatt war so von der Feuerversicherung modernisiert worden – und diese Erfahrung muß Emil Buchholtz, der durch Heirat seiner Cousine Besitzer des Gutes geworden, aber durch »schlechte Wirtschaft, liederliches, ausschweifendes Leben und mehrfache Überschwemmungsschäden« in Schulden geraten war, dazu veranlaßt haben, in dem Umweg über die Feuerkasse den Ausweg aus seiner Misere zu sehen. Als die Kur- und Neumärkische Ritterschafts-Darlehenskasse, bei der er mit 180 000 Mark verschuldet war, mit Zwangsverwaltung des Gutes drohte, brannte seine Roggenmiete ab. Vor dem Land-Gericht in Frankfurt an der Oder sagten Zeugen aus, Herr Buchholtz habe seinem Kutscher erklärt: Der Brand der Miete wäre ihm einen »blauen Lappen« wert. Nach dem Urteilsspruch, der auf drei Monate Gefängnis wegen Anstiftung lautete, jagte Buchholtz mit seiner leichten Kutsche nach Kossenblatt zurück, bewaffnete sich mit zwei Gewehren, legte sich an der Beeskower Chaussee (die 1893 gebaut worden war) in den Hinterhalt und schoß auf die im Wagen aus Frankfurt zurückkehrenden Zeugen. Mehrere verletzte er, einer, der Gärtner, Vater von sechs Kindern, zu denen, wie es im Kirchenbuch heißt, später noch ein siebentes kam, starb an seinen Wunden. Buchholtz irrte die Nacht hindurch im Walde umher und erschoß sich am folgenden Morgen auf dem Grab seiner Frau im Park. Da man nicht wußte, ob er tot war, wagte erst niemand, näher zu treten, bis man, wie es in der Chronik heißt, »den Pastor dazu vermochte, weil man annahm, daß B. dessen Leben am ehesten schonen würde«. Das war am 16. Mai 1900. Genau hundert Jahre hatten die Buchholtzens also in Kossenblatt verbracht. Im Oktober wurde das Gut zwangsversteigert. Die Königliche Hofkammer wollte es der Krone wiedererwerben, aber da finanzkräftigere Käufer da waren, gelang das nicht.

Der Fall der Familie Buchholtz war aber damit noch nicht am Ende, ein moralischer folgte noch. Ein Sproß der Familie nämlich, vermutlich wiederum ein Neffe des Emil, veröffentlichte in den dreißiger Jahren unseres Jahrhunderts einen Roman, in dem die Familienlegende zeitgemäß verarbeitet wurde. Das Schloß des Feldmarschalls Barfus, des Türkenbezwingers, in dessen Sälen die Bilder des Soldatenkönigs hängen, heißt hier Eichberg und liegt nicht an Sumpfwiesen, sondern an einem herrlichen See. Aus Buchholtz wird Beringer, aus Emil Erich, und die Darlehenskasse wandelt sich in einen habgierigen, häßlichen Juden namens Mendelssohn, der die Bilder des Königs natürlich für Plunder hält und den durch Brände in Not geratenen Erich, der die schöne Gärtnerstochter liebt, immer tiefer ins Unglück treibt. Da Erich sich schließlich dem Würgegriff des Wucherers nicht mehr entziehen kann, bringt er sich um; die Gärtnerstochter ertränkt sich im See; das Schloß ist verloren, der Weltkrieg verloren; der Bruder Erichs, Oberst und positiver Held des Romans, wird von »Novemberverbrechern« erschossen, aber schon stürmt dessen Sohn mit den Freikorpskämpfern heran, jung, unaufhaltsam, direkt in das Dritte Reich – das sich ideologisch dann von den Legenden nährt, die es vor ihm schon gab. Am 21. März 1933 marschierte ganz Kossenblatt, jung und alt, im Fackelzug zu Ehren des »Tages von Potsdam« mit. »Die alten schönen Vaterlandslieder erklangen wieder, und von neuer Begeisterung und Vaterlandsliebe erfüllte Worte wurden gesprochen. Gott sei gedankt!«

5.

Wenn die Sonne hinter die Parkbäume sinkt, wird es kühl in der Pfarrhauslaube. Die Dorfstraße belebt sich; Frauen kehren von der Feldarbeit heim; Ackerwagen rollen vorbei; Kühe werden von Kindern aus den Koppeln in die Ställe zurückgetrieben. Der Kutscher hat angespannt und drängt zum Aufbruch. Mit Peitschenknall geht es zum Dorfe hinaus, aber wenn der Weg ansteigt und sandig wird, fallen die Pferde in langsamen Trab. Von den zwei Seen her (in den nicht ausgeführten Notizen als »üppiges Labsal« bezeichnet) tönt das Plärren der Frösche herauf. Nebelschleier breiten sich über die Wiesen. In Fahrtrichtung sind die ersten Sterne zu sehen. Der Fahrgast legt sich den Mantel über die Schulter und hüllt die Beine in Decken ein.

Oft schon hat Fontane die Rückkehr von seinen Erkundungen so oder so ähnlich erlebt, und oft noch wird er sie so erleben. Unterwegs, in Passagierstuben oder bescheidenen Unterkünften, wird er die unentbehrlichen Notizbücher mit Aufzeichnungen und Skizzen füllen; zu Hause wird er die historischen Werke von Bratring und Berghaus, von Fidicin und Wohlbrück studieren; er wird Ankündigungs-, Bitt- und Dankbriefe schreiben, und immer wird er auf der Jagd nach Anekdoten sein. Er wird nicht nur nach Buckow, Pieskow und Großbeeren fahren, er wird auch Hamburg, Dänemark, Schlesien, Italien und Frankreich sehen, wird umfangreiche Kriegsdarstellungen und großartige Romane schreiben, aber die Mark wird ihn nicht loslassen dabei. Gegen die Behauptung, er habe eine Schwärmerei für sie, wird er sich mit dem Satz: »So dumm war ich nicht«, wehren; er wird ihr ihren »Popelinski-Charakter« ankreiden und feststellen, daß sie nur nach »Kiefer und Kaserne« schmecke; er wird zunehmend skeptischer gegen alles Märkisch-Preußische werden, wird den märkischen Adel »eingebildet (man weiß nicht recht, worauf), beschränkt und im ganzen genommen ruppig« nennen, sich aber, wenn er schon über siebzig ist, wieder auf Edelhöfen im Havelland einquartieren und mit neunundsiebzig, kurz vor seinem Tode, schreiben, er kehre zu seinen »alten Göttern«, dem Landadel nämlich, zurück – was er ja in anderer Art schon mit dem »Stechlin« getan hatte.

Im Mai 1894 schreibt Fontane an seinen Sohn Theodor: »Überschlage ich meine eigene Reiserei, so komme ich zu dem Resultat, daß ich von solchen Spritzfahrten in die Nähe viel, viel mehr Anregung, Vergnügen und Gesundheit gehabt habe als von den großen Reisen, die sehr anstrengend, sehr kostspielig und meist demütigend sind. Erhebend, in Bezug auf Mannesstolz, gewiß nicht; denn man debütiert überall als Schuster. In Teupitz und Wusterhausen aber und nun gar in Priegnitz und Havelland bin ich immer glücklich gewesen.« – Daß das nur einer sagen kann, der viel gereist *ist*, versteht sich von selbst. Schließlich lautet der erste Satz des ersten Bandes der »Wanderungen«: Erst die Fremde lehrt uns, was wir an der Heimat besitzen.« – Mit anderen Worten: Auf das In-die-Fremde-Reisen-können kommt es bei der Entstehung von Heimatliebe an.

Anmerkungen

Vorwort

Dieses Vorwort zur 1. Auflage wurde im Oktober 1861 geschrieben. Es erschien zuerst 1862 in der ersten Buchausgabe, die, ohne Angabe eines Einzeltitels, nur »Wanderungen durch die Mark Brandenburg« hieß. Unser Text ist dieser Ausgabe entnommen.

5 **Maria Stuart ... Willy Douglas:** Die katholische Königin Maria Stuart wurde 1567 von den Kalvinisten zur Abdankung gezwungen, im **Rundturm Lochleven-Castle** eingesperrt und 1568 von William Douglas befreit. Fontane hat über »Maria Stuart« einen Balladen-Zyklus gedichtet und in »Lochleven-Castle« (in Fontane: »Jenseits des Tweed«, herausgegeben von Gotthard Erler, Berlin 1974) ausführlich darüber geschrieben.

7 **Die Geige Grauns:** Der Komponist Karl Heinrich Graun (1701–1759) war Kapellmeister am Hof **des prinzlichen Freundes**, des Kronprinzen Friedrich (II.).

Bayard-Orden: Nach Pierre du Terrail de Bayard (1476–1524), dem sogenannten »Ritter ohne Furcht und Tadel«, genannter Bund von zwölf Offizieren, Diplomaten, Künstlern, die Kronprinz Friedrich in seiner Rheinsberger Zeit (1736–1740) um sich versammelte und die Decknamen führten: Friedrich hieß **Le Constant** (der Beständige), andere **Le Gaillard** (der Kühne), **Diophane** (der Offenherzige) usw.

Ambassaden: Gesandtschaften.

Obelisk: Im Kapitel »Rheinsberg« der »Grafschaft Ruppin« beschreibt Fontane den Obelisken (der heute noch steht, dessen Inschriften aber seit 1945 fehlen) ausführlicher. Die **Geschichte des Siebenjährigen Krieges im Lapidarstil** trug er insofern, als den Feldherrn-Namen, die ihn schmückten, kurze Charakterisierungen ihrer Kriegstaten beigegeben waren.

Über das Reisen in der Mark

Dieser Aufsatz (später Vorwort zur 2. Auflage genannt), der auf August 1864 datiert ist, wurde vermutlich zwei Monate vorher geschrieben. Er erschien zuerst in der 2. Auflage der »Wanderungen« von 1864, das heißt in der 1. Auflage des Bandes, der den Einzeltitel »Grafschaft Ruppin« trug. Unser Text ist diesem Band entnommen.

9 **Küstrin ... Kattes Haupt ... Kronprinz:** 1730 ließ Friedrich Wilhelm I. seinen Sohn, den Kronprinzen Friedrich (II.), nach dessen Fluchtversuch in Küstrin (heute Kostrzyń, das bei den Kämpfen 1945 fast völlig zerstört wurde) festsetzen und seinen Freund Hans Hermann von Katte hinrichten. Fontane berichtet darüber ausführlich in dem Kapitel »Die Katte-Tragödie« im »Oderland«.

10 **Fehrbellin:** In der Schlacht bei Fehrbellin (1675), in der Kurfürst Friedrich Wilhelm die Schweden besiegte (und das schwedische Regiment **Dalwigk** vom Prinzen von Homburg vernichtet wurde), starb auch Emanuel **Froben**, der Stallmeister des Kurfürsten – der (unhistorischen) Sage nach deshalb, weil er, um den Kurfürsten zu retten, dessen Schimmel bestieg, auf den das feindliche Feuer gerichtet wurde. – Die 1. und 2. Auflage des ersten Wanderungsbandes enthielt zwei Kapitel über Fehrbellin, die Fontane dann aber ausschied.

»Schenkenländchen«: Die Gegend um Teupitz (heute Kreis Königswusterhausen), die vom 14. bis 18. Jahrhundert im Besitz der Familie Schenk von Landsberg war; Fontane hat sie im »Spreeland« beschrieben.

Vetturinen: Mietkutscher.

11 **Buckow:** Orte dieses Namens gibt es mindestens sechs in der Mark; Fontane denkt aber sicher an das in der Märkischen Schweiz, das er im »Oderland« beschrieb.

Die Ruppiner Schweiz

Dieses Kapitel wurde im September 1864 geschrieben. Es erschien zuerst in der 2. Auflage der »Grafschaft Ruppin« (1865), nach der sich unser Text richtet. – Als zehn Jahre später die drei hier folgenden Kapitel unter der Hauptüberschrift »Wanderungen durch die Ruppiner Schweiz« im

1. Jahrgang der »Illustrirten Frauenzeitung« erschienen, wurde dieses Kapitel auf weniger als die Hälfte zusammengestrichen und den drei neu entstandenen Kapiteln als Einleitung vorangesetzt.

13 **Ist's norderwärts:** Es handelt sich hier um Verse Fontanes; das vollständige Gedicht folgt am Schluß des Kapitels.
Die Schweize: Im vorigen Jahrhundert gab es auch eine »Berliner Schweiz«: die Gosener Berge.
Pitschner: Dieser heute unverständliche Witz besteht im Vergleich der Ruppiner Schweiz mit den Alpen. Wilhelm Pitschner hatte vier Jahre vorher folgendes Buch veröffentlicht: Der Mont-Blanc. Darstellung der Besteigung desselben am 31. Juli, 1. und 2. August 1859. Nebst Atlas. Berlin 1860.
14 **Fichte:** Daß Fontane hiermit (dem märkischen Volksmund folgend) die Kiefer meint, geht aus den im gleichen Satz erwähnten **Kiennadeln** hervor. Die **Verdrängung** der Kiefer ist nicht historisch zu verstehen; denn der Buchen-Traubeneichen-Wald ist die natürliche Waldform dieser Gegend; die heute stärker vertretenen Kiefernbestände sind durch planmäßige Forstwirtschaft entstanden.
15 **Linum ... Torfkahn:** Linum war damals Zentrum des Torfabbaus, den Fontane im Kapitel »Das Wustrauer Luch« (in »Die Grafschaft Ruppin«) ausführlich beschrieb.
Interlaken: Schweizer Kurort: »Zwischen den Seen«.
Prätension: Anmaßung.
Rottstiel: Heute zu Krangen gehörig; war im Mittelalter ein Dorf, das im 14. Jahrhundert verwüstet wurde, von 1602 bis 1846 Wassermühle, dann, bis heute, Forsthaus.
Pfefferteich: Seit dem 18. Jahrhundert Forsthaus; heute zu Storbeck gehörig.
Boltenmühle: Heute zu Gühlen-Glienicke gehörig; genannt nach dem ersten Besitzer der Mahl- und Schneidemühle Hans Joachim Boldte, der 1718 hierherkam. Der Mühlenbetrieb wurde 1894 eingestellt; seit 1932 diente das Wohnhaus als Wanderheim, seit 1939 als Gasthof. Heute ist Boltenmühle ein im Sommer vielbesuchtes Ausflugslokal mit asphaltierter Straße, Parkplatz für Busse. Der Stauteich, das Mühlenfließ, das alte Mühlengebäude, mit Fachwerk und Walmdach, existieren noch. Angebaut ist eine dem See zugewandte große Gaststätte.

15 **Kunsterspring:** Heute zu Gühlen-Glienicke gehörig; im Mittelalter ein Dorf, das im 14. Jahrhundert verwüstet wurde; die 1750 erbaute Wassermühle brannte 1917 ab; seit 1951 steht hier eine Ausbildungsstätte für Forstarbeiter; daneben ein Tiergehege, das seit 1975 der Stadt Neuruppin gehört.

16 **Binenwalde ... schöne Sabine:** In der 1. und 2. Auflage der »Grafschaft Ruppin« heißt es in dem später ausgeschiedenen Kapitel »Dörfer und Flecken im Lande Ruppin« über Binenwalde: »War früher (so wird erzählt) ein bloßes Forsthaus im Zühlenschen Forstrevier. Zur Zeit, als Kronprinz Friedrich in Rheinsberg residierte, wohnte hier Förster Kusig. Seine schöne Tochter **Sabine** – gewöhnlich Binchen oder ›die Bine‹ geheißen – stand in einem Verhältnis zum Prinzen, der eine Zeitlang nirgends lieber verweilte als im Forsthaus. 1753, also fast zwanzig Jahre später, schenkte er dem Vater der ›Bine‹ einige benachbarte Ländereien und gab diesen den Namen ›Binenwalde‹. Liegt dieser Erzählung etwas Wahres zu Grunde (und soviel steht fest, daß die Försterstochter Sabine Kusig hieß), so muß der Ort – wie auch viele tun – Binenwalde und nicht Bienenwalde geschrieben werden. Vor dem jetzigen Gutshause steht eine Statue, von der das Volk sagt: ›es ist die Bine‹.« – Noch zu Lebzeiten Fontanes, 1894, meinte Arthur Stromeyer, mit seinem Aufsatz »Binenwalde bei Rheinsberg« (»Der Bär«, 20. Jahrgang, S. 143–145, 155–157) die Legende vom Kronprinzen und der schönen Sabine »zum Rang und Ansehn einer Tatsache erheben« zu können, bewies aber mit seinen Aktenfunden nur, daß es die Sabine wirklich gab, ihr Verhältnis zu Friedrich aber Legende bleiben wird. Sie wurde 1715 zu Zühlen als Haydereuters- (also Försters-) Tochter geboren, aber ihr Vater war nicht, wie für Fontane feststand, der Förster Kusig, sondern ein Anton Schott, dessen Försterei auf der heute als Wiese genutzten Kalksee-Halbinsel (nicht Insel) lag, die dem späteren Binenwalde gegenüberliegt. 1732, als der Kronprinz in die Garnison Neuruppin verbannt wurde, war Sabine Schott also siebzehn Jahre alt. Mit neunzehn wurde sie die Frau des Försters Ernst Ludwig Cusig, der zwanzig Jahre später (1754) als Entrepreneur (Unternehmer, Übernehmer) der Kolonie Binenwalde in Erscheinung trat; das heißt, er bekam vom König die Ländereien um den Kalksee als Erbzinsgut angewiesen, mit der Auflage, dort

acht ausländische Kolonistenfamilien anzusiedeln. Das sind die Tatsachen, aus denen, wie die Legende es will, Stromeyer nun folgert: 1732–1734 sei Friedrich in »nähere Beziehung« zu Sabine »getreten«, habe sie dann an Cusig, »der bis dahin die Stelle eines Leibjägers bei ihm eingenommen zu haben scheint«, verheiratet und diesem dann (zwanzig Jahre später!) als »Haupthochzeitsgeschenk« das Erbzinsgut übereignet, das er, zum Andenken an Sabine, Binenwalde (in der Urkunde steht: Bienenwalde!) genannt habe. – Wenn überhaupt noch irgendwo in der Ruppiner Schweiz, dann ist um den Kalksee herum auch heute noch die **alte Waldesstille** zu finden. Das Dorf Binenwalde hat sich nur wenig vergrößert. Das Gutshaus und einige Kolonistenhäuser sind noch als solche zu erkennen. Die Reste eines Denkmals oberhalb des Gutshauses könnten die der von Fontane erwähnten Statue sein. Trotz der Asphaltstraße, die von Gühlen-Glienicke her kommt, wirkt das Dorf noch so weltabgeschieden, daß der Schulbus, der sich durch die enge Dorfstraße windet, hier unpassend erscheint.

17 **Klappern der Mühle ... schrille Ton der Säge:** Im »Stechlin« (3. Kapitel) ist von den Schneidemühlen am Rhin die Rede. Frau Gundermann, die Frau des Mühlenbesitzers, erzählt von den Erfolgen ihres Mannes: »Er hat nämlich klein angefangen, bloß mit einer Mühle; jetzt haben wir nun freilich sieben, immer den Rhin entlang, lauter Schneidemühlen, Bohlen und Bretter, einzöllig, zweizöllig und noch mehr. Und die Berliner Dielen, die sind fast alle von uns.« Worauf ihr Hauptmann von Czako entgegnet: »Aber, meine gnädigste Frau, das muß Ihnen doch ein Hochgefühl geben. Alle Berliner Dielen! Und dieser Rhinfluß, von dem Sie sprechen, der vielleicht eine ganze Seenkette verbindet und woran mutmaßlich eine reizende Villa liegt! Und drin hören Sie Tag und Nacht, wie nebenan in der Mühle die Säge geht, und die dicht herum stehenden Bäume bewegen sich leise.«

Am Molchow- und Zermützel-See

Fontane besuchte die Gegend im September 1873. Im Oktober wurde das Kapitel geschrieben. Es erschien zuerst als Nummer 1 unter der Hauptüberschrift »Wanderungen durch die Ruppiner Schweiz« in der »Illustrirten Frauenzeitung«

(Jahrgang 1, Heft 8, vom 16. Febr. 1874), nach der unser Text sich richtet, und wurde dann in die 3. Auflage der »Grafschaft Ruppin« (1875) aufgenommen.

17 **Helvetia propria:** Die eigentliche Schweiz.
18 **Abgrunds-Schrecken des Schillerschen »Taucher«:** Gemeint sind wohl die Zeilen:

> »Wie's von Salamandern und Molchen und Drachen
> Sich regt' in dem furchtbaren Höllenrachen.«

Molchow ... Turm ... Glocke: Der Kern des alten, kirchenlosen, heute sehr erweiterten Ortes zeigt die Form eines Rundlings in seltener Wohlerhaltenheit. Der mit Brettern verschalte Holzturm mit Strohdach wurde 1692 errichtet und in neuerer Zeit restauriert.
Eggersdorf: aus dem (der nicht zutreffenden) Sage nach die Glocke stammt, war schon im 15. oder 16. Jahrhundert wüst geworden. Die Inschrift der Glocke heißt: »Gegrüßet seist Du, Maria, gnadenreiche.« – Da in diesem Teil der Ruppiner Schweiz das Wandern auf den Spuren Fontanes durch Zäune aller Größen und Arten unmöglich gemacht wird, kann man sich hier ganz auf die Trauer über die Zerstörung einer Landschaft durch Zersiedlung konzentrieren. Fern vom Ufer geht man zwischen Waldrand und Wochenendgrundstücken hindurch, sendet sehnsüchtige Blicke zum unerreichbaren See hinüber und wird sich darüber klar, daß die Umweltsünden am meisten schmerzen, die neueren Datums sind. Den Seen (wie zum Beispiel dem Scharmützelsee im Kreis Beeskow), die schon unsere Großeltern nicht mehr umwandern konnten, trauern wir weniger nach als denen, die zu unseren Lebzeiten erst unzugänglich gemacht wurden.
19 **Zermützel:** Heute zu Krangen gehörig; Dorf und Gut, das 1490 zuerst urkundlich erwähnt wird – und zwar als Scharmützel.
Stendenitz: Heute zu Molchow gehörig; war schon im 13. Jahrhundert, in den **Kolonisationstagen unter Albrecht dem Bären** besiedelt, im 16. Jahrhundert aber wieder wüst geworden; unter Friedrich II., als es »**nur Menschen**« hieß, wurden 1755 hier 22 Sachsen und Mecklenburger angesiedelt, 1826 ein Forsthaus errichtet. Heute wird der ehemals einsame Ort von einer »Waldschenke«, einem »Waldmuseum«

(das inmitten zersiedelter Landschaft Lehrreiches zum Umweltschutz bietet, einem Campingplatz und vielen umzäunten Gartenlauben bestimmt.

20 **Begräbnisstätte:** Ist, zwischen Grundstücken gelegen, noch immer vorhanden; die Gräber, die Fontane erwähnt, sich nicht mehr zu sehen; auch die gußeisernen Kreuze des vorigen Jahrhunderts fehlen inzwischen. Das älteste Grab, das noch an die »Kolonisten« und an eine vergehende von Ort zu Ort unterschiedliche Friedhofskultur erinnert, ist das gitterumgebene eines Ehepaars Gentz. Da auch dies, schon vom Rost angenagt, nicht lange mehr stehen wird, seien die Inschriften der eisernen Tafeln hier festgehalten:

Hier ruht in Gott
der Kolonist
Wilhelm Gentz
geb. d. 15. Februar 1848, gest. d. 29. März 1886
Gattin und Kinder – tiefgebeugt von Schmerzen
An dem Grabe sie nun weinend stehn,
Nirgends finden Ruhe ihre Herzen,
Nur ein Wort giebt Trost: das Wiederseh'n

Hier ruht in Gott
Friederike Gentz
geb. d. 6. Januar 1842, gest. d. 7. August 1900
Du warst stets einfach hier im Leben,
Nichts brauchtest Du für Dich,
Nur für die Deinen streben
Hielst Du für Deine Pflicht!
Uns bleibt nichts mehr Dich zu erfreuen,
Als Blumen auf Dein Grab zu streuen!

Zwischen Zermützel- und Tornow-See

Fontane besuchte diese Gegend im September 1873. Im Oktober wurde das Kapitel geschrieben. Es erschien zuerst als Nummer 2 unter der Hauptüberschrift »Wanderungen durch die Ruppiner Schweiz« in der »Illustrirten Frauenzeitung« (Jahrgang 1, Heft 8, vom 16. Febr. 1874), nach der unser Text sich richtet, und wurde dann in die 3. Auflage der »Grafschaft Ruppin« (1875) aufgenommen.

19 Parallelen: Laufgräben, die bei der Belagerung einer Festung angelegt wurden.
Torstenson und Wrangel: Schwedische Feldherrn im Dreißigjährigen Krieg.
23 Nimrods: Jäger; nach dem Alten Testament (Mose 1, 10) wo es heißt: »Chus aber zeugte den Nimrod. Der fing an, ein gewaltiger Herr zu sein auf Erden, und war ein gewaltiger Jäger vor dem Herrn. Daher spricht man: Das ist ein gewaltiger Jäger vor dem Herrn wie Nimrod.«
24 Stecher: Vorrichtung zur Feineinstellung des Abzugs bei Jagdgewehren, durch die die leiseste Berührung den Schuß schon löst.

Die Menzer Forst und der Große Stechlin

Fontane besuchte diese Gegend im September 1873. Im Oktober wurde das Kapitel geschrieben. Es erschien zuerst als Nummer 3 unter der Hauptüberschrift »Wanderungen durch die Ruppiner Schweiz« in der »Illustrirten Frauenzeitung« (Jahrgang 1, Heft 10, vom 9. März 1874), nach der unser Text sich richtet, und wurde dann in die 3. Auflage der »Grafschaft Ruppin« (1875) aufgenommen.

24 großer König: Friedrich II.
25 Was machen wir mit diesem Forst?: Die hier von Fontane zusammengefaßte Geschichte des Menzer Forsts ist wohl nur insofern vereinfacht, als das Holz nicht nur als Brennholz für Berlin, sondern auch als Bauholz diente. Technisch möglich wurde die starke Holznutzung **um die Mitte des vorigen Jahrhunderts** durch den Bau des Polzow-Kanals, der den Nehmitz-, den Stechlin- und den Dagow-See mit der Havel verband. 1750 war der Kanalbau beendet, 1771 war alles starke Holz schon geschlagen, so daß 1789 (**ehe dreißig Jahre um waren**) der Kanal aufgegeben wurde; heute ist er nur noch als flacher Graben erkennbar. Der Neuaufbau der Waldbestände wurde lange der Natur überlassen; erst seit 1830 etwa wurde planmäßig aufgeforstet.
Kohlenmeiler und Teeröfen … Glashütten: Im zwanzig Jahre später geschriebenen »Stechlin« heißt der erste Satz: »Im Norden der Grafschaft Ruppin, hart an der mecklenburgischen Grenze, zieht sich von dem Städtchen Gransee bis

nach Rheinsberg hin (und noch darüber hinaus) eine mehrere Meilen lange Seenkette durch eine menschenarme, nur hie und da mit ein paar alten Dörfern, sonst aber ausschließlich mit Förstereien, Glas- und Teeröfen besetzte Waldung.« Von den Glashütten ist dann ausführlich im 6. Kapitel die Rede.

26 **unverbürgte Wort Friedrichs des Großen:** Über den hier wohl gemeinten Grafen Friedrich Wilhelm Carl von Schmettau heißt es im »Spreeland«, Kapitel »Schloß Cöpenick«: »Dieser Graf Schmettau, ein besonderer Liebling Friedrichs II., ist derselbe, der von seiten des großen Königs zum Adjutanten seines jüngsten Bruders, des Prinzen Ferdinand von Preußen, ernannt ward und in dieser intimen Stellung zu einer Fülle pikanter Anekdoten und Ondits Veranlassung gab, an denen das preußische Hofleben jener Zeit so reich war.«

Linumer Torfperiode: Torf diente bis in unser Jahrhundert hinein als Brennmaterial; in »Die Grafschaft Ruppin« berichtet Fontane im Kapitel »Das Wustrauer Luch« ausführlich über den Torfabbau.

tabula rasa: leere Fläche.

Kienen: Kiefern.

Krieg à outrance: Krieg bis aufs Messer.

27 **Steeplechase:** Pferde-Hindernisrennen.

Pascher: Schmuggler.

Förster und Wildschütz: Zwölf Jahre nach diesem Aufsatz über Menz und den Menzer Wald begann Fontane den Roman »Quitt«, in dem die Ermordung eines Försters durch einen Wildschütz im Mittelpunkt stand, und die Hauptgestalt, der Wildschütz, hieß – Menz.

Wie still er daliegt, der Stechlin: Obwohl Neuglobsow (bei vorbildlicher Erhaltung alter Häuser) zu einem belebten Urlauberort geworden ist und ein Atomkraftwerk an ihm gebaut wurde, hat der See (dessen noch immer glasklares Wasser ständig wissenschaftlich überwacht wird) seinen Zauber bewahrt. Seine Ufer nämlich blieben, da er seit 1938 unter Naturschutz steht, unbebaut: ein Beispiel dafür, daß touristische Erschließung einer Landschaft nicht zwangsläufig zu ihrer Zerstörung führen muß.

29 **Lissaboner Erdbeben:** 1755; es hatte den Tod von zwanzig- bis dreißigtausend Menschen zur Folge und versetzte ganz Europa in Schrecken.

29 **400 Fuß tief:** Etwa 125 Meter; nach neueren Messungen ist der See 68 Meter tief.

steigt der Hahn herauf: Leitmotivisch wird diese Sage später von Fontane in seinem Roman »Der Stechlin« verwendet. Heinz-Dieter Krausch, dessen Aufsatz »Die natürliche Umwelt in Fontanes Stechlin. Dichtung und Wirklichkeit« (Fontane-Blätter 1968, Band 1, Heft 7) wir manche Angaben zu diesem Kapitel verdanken, erklärt die Entstehung der Sage vom roten Hahn so: »Auf dem Seeboden bildet sich durch die Verwesung der abgesunkenen organischen Stoffe vielfach das brennbare Sumpfgas (Methan). In alten Zeiten fischte man vielfach in der Nacht beim Schein brennender Kienfackeln. Aufsteigende Blasen von Methan, die das Netz in der Tiefe freigelegt, dürften sich explosionsartig an den Fackeln entzündet und somit Veranlassung zur Sage vom roten Hahn gegeben haben« (S. 345).

Squatter: In der nordamerikanischen Kolonisationszeit wurden so unrechtmäßig seßhaft gewordene Siedler genannt.

30 **Globsower Glashütte:** Sie war 1778 von (Alt-)Globsow an den Dagow-See verlegt worden, wodurch der Ort Neuglobsow entstand. 1880 wurde die Glashütte stillgelegt. Seit 1900 entwickelte sich Neuglobsow zu einem Kurort mit Landhäusern und Heimen.

Fehde mit Kastanien: Die Szene wurde von Fontane dann im 6. Kapitel des »Stechlin« verwendet.

»Metas Ruh«: Der alte Friedhof von Dagow, mit ein paar schönen Eisenkreuzen und den Resten der Eingangspforte zu ›Metas Ruh‹, ist noch erhalten, und auch die geplünderte Gruft hat der Zeit und der Zerstörungswut getrotzt. Man kann sie heute betreten, und wer eine Taschenlampe bei sich trägt, kann an der linken Wand eine verrostete Eisenplatte entdecken, deren Inschrift der vorher erwähnte Heinz-Dieter Krausch für uns entziffert hat:

»Dieses Grabgewölbe erbaute seiner Gattin
Anna Meta Katharina Noack
geborene Neuwerk
geb. zu Altona, den 24. Nov. 1806
gest. zu Spandau, den 22. Januar 1832
die, ausgezeichnet durch äußere Reize, Schärfe des Verstandes, musikalisches Talent und ungewöhnliche

Kenntnisse, vor allem aber durch ein ungemein
liebevolles Wesen, gepaart mit großer Herzensgüte,
Sinn für Häuslichkeit und wahrer Frömmigkeit
zur Krone der Frauen gehörte
mit welcher er – schon in den Kinderjahren
befreundet – sich am 28. März 1823 verlobt, am 19. März
1831 aber verheirathet hatte, und so, durch noch
Hinzukommen äußerer günstiger Verhältnisse
unbedingt zehn Monate hindurch der glücklichste
Mensch war;
sowie seinem Sohne
Johannes Meta Herrmann Noack
geb. zu Spandau, den 16. Januar 1832
gest. ebendaselbst, den 24. Oktober 1832
einem lieblichen blühenden, überaus starken Kinde
von auffallenden geistigen Anlagen,
der für diese Welt auf immer gebeugte Gatte
und Vater
Johann Heinrich August Noack
Königlich Preußischer Garnison-Auditor
von Spandau
geb. zu Berlin, den 24. Juli 1801
gest.
welcher sich nach der Wiedervereinigung mit seinen
Lieben bei seinem himmlischen Vater und seinem
Sohne Jesu Christo innig sehnt,
den 24. November 1833.«

31 **Lied von Leid und Liebe:** In der Buchfassung dieses Kapitels erzählt der Alte noch eine Seite lang auf Plattdeutsch, wie es sich mit Meta und ihrem Mann verhielt.
Groß-Menz: Heute Menz genannt. Durch Nennung des Ritters Johannes de Mentiz 1290 zuerst erwähnt, besaß tatsächlich eine frühdeutsche Burg, deren Fundamentreste 1892 entdeckt wurden. Der von Fontane bemerkte **beinah städtisch angelegte Dorfplatz** sowie die ungewöhnliche Straßenführung lassen vermuten, daß hier, an der Kreuzung verschiedener Handelsstraßen, im Mittelalter eine Stadt geplant war, die dann aber nicht zur Ausführung kam.
32 **der Wagen hielt:** Offensichtlich in Köpernitz vor dem Gutshaus; denn im Kapitel »Köpernitz« der »Grafschaft Ruppin« heißt es: »Das einladendste Zimmer des Hauses ist

der Salon … Hier, an einem milden Herbsttage, bei offenstehender Tür und Kaminfeuer, ist es gut sein. In ebendiesem Salon befindet sich auch die Mehrzahl der historischen Wertstücke. Darunter zunächst folgende Bilder: … 3. Graf Neale … 6. Baronin von Oettinger … 7. Gräfin La Roche-Aymon … 10. Prinz Louis Ferdinand …« (Mit dem **»Saalfelder Prinzen«** ist letzterer gemeint, weil er 1806 im Gefecht bei Saalfeld fiel.)

»Der Blumenthal«

Fontane besuchte den »Blumenthal« am 28. und 29. März 1861. Zwischen Dezember 1861 und Mai 1862 wurde das Kapitel geschrieben. In Buchform erschien es zuerst in der 1. Auflage des »Oderland« von 1863, vorher wurde es aber in der »Neuen Preußischen Zeitung« vom 18. Januar 1863 gedruckt, nach der sich unser Text richtet.

33 **Und aber nach fünfhundert Jahren:** Aus Friedrich Rückerts »Cidher«). »Cidher, der ewig junge …« lautet der Anfang des Gedichts.
Vineta: Auf der Insel Wollin gelegene slawische Handelsstadt des 10. und 11. Jahrhunderts, die der Sage nach im Meer versunken ist.
34 **Schmidt von Werneuchen,** Friedrich Wilhelm August (1764–1838), Pastor und Dichter, der in seinen naiven Gedichten märkische Natur und einfaches Landleben pries, von der Literaturgeschichtsschreibung wenig beachtet, von Fontane aber geschätzt wurde. An drei Stellen hat Fontane ihn gewürdigt: Im Kapitel »Werneuchen« des »Spreeland«; im Kapitel »Fahrland und die Fahrlander Chronik« des »Havelland« und im Roman »Vor dem Sturm«, 1. Buch, 15. Kapitel. Die umfangreichste Sammlung von Schmidts Gedichten erschien 1981 unter dem Titel »Einfalt und Natur« im »Märkischen Dichtergarten«.
36 **Vorwerk:** In seiner seit 1375 dokumentierten Geschichte hat dieser Wohnplatz (seit 1928 zu Prötzel gehörig) als Gutsvorwerk, Krug, Forsthaus, Chausseehaus und Teerofen gedient; heute gehört er dem Staatlichen Forstwirtschaftsbetrieb Strausberg.
Stadtstelle: Die Annahme, daß es sich bei dieser Wüstung, deren letzte Reste noch zu sehen sind, um eine Stadt gehandelt habe, wird von der neueren Forschung bestritten; man

glaubt ein um 1400 wüst gewordenes Kirchdorf erkennen zu können.
Landbuch: Kaiser Karls IV. von 1375.
37 **das große Sterben:** 1348–1352 wurde fast ganz Europa von der Pest (Schwarzer Tod) befallen; etwa ein Drittel aller Einwohner starben an ihr.
fielen die Pommern ins Land: Über diese wirre Zeit in Brandenburg, um 1400, hat Fontane im Abschnitt »Quitzöwel« des Bandes »Fünf Schlösser« ausführlich geschrieben und dabei, im 4. Kapitel, resigniert festgestellt, daß die »Geschichte dieser endlosen Überfälle, Belagerungen, Erstürmungen und Plünderungen ein derart wirres Durcheinander, einen solchen Rattenkönig von Verschlingungen«, ergeben, »daß die Lösung derselben ... als ein sehr schwieriges und sehr undankbares Unternehmen anzusehen ist. Undankbar, weil auch im Falle des Gelingens eine Geduldsprobe für den Leser.« Er gibt also, auch von den Kriegen mit den Pommern, nur das Resultat: Die Pommern wurden 1412 am Cremmer Damm geschlagen – Fontanes Ballade aber, die »Die Schlacht am Cremmer Damm« heißt, besingt eine andere dieses Namens: die von 1334.
Hussitenzug: Die Hussiten fielen 1431 in die Mark ein; 1432 wurden sie bei Bernau geschlagen.
38 **Grüwel,** Johann: Der Bürgermeister und Historiker hat Aufzeichnungen zur märkischen Geschichte hinterlassen, die teilweise alte Quellen benutzen. Sein Manuskript mit dem Titel »Cremmische Schaubühne« befindet sich unter der Signatur Boruss. quart. 54 in der Deutschen Staatsbibliothek Berlin.
Bekmann: Verfasser der »Historischen Beschreibung der Kur und Mark Brandenburg ... von Johann Christoph Bekmann, ergänzet, fortgesetzet und herausgegeben von Bernhard Ludwig Bekmann, in 2 Bänden. Berlin 1751.
Bernouilli, Johann: Verfasser der »Reisen durch Brandenburg, Preußen, Curland, Rußland und Pohlen in den Jahren 1777 und 1778. Band 1–6. Leipzig 1779–1780.
Prediger Lehmann, Karl Gottlieb Heinrich (1808–1891); war von 1837 bis 1848 Pfarrer in Prötzel.
Klödensche Auslassungen: Karl Friedrich Klöden (1786–1856), Leiter der ersten Berliner Gewerbeschule in der Niederwallstraße (und damit auch Lehrer Fontanes, der von 1833 bis 1836 dort Schüler war), hatte diese Meinung im

5. Stück seiner »Beiträge zur mineralogischen und geognostischen Kenntnis der Mark Brandenburg«, Berlin 1835, geäußert. Der vielseitige Mann war auch Entdecker der Braunkohlenvorkommen in den Rauenschen Bergen, weshalb auch eine der dortigen Gruben »Klöden« hieß.

39 **Mark – oder Marktstein:** Ist noch vorhanden, wie Fontane ihn weiter unten beschreibt; er liegt in einer Busch-Baum-Gruppe auf dem Acker, etwa 60 Meter von der Waldgrenze entfernt.

Oblong: Rechteck.

Malchow. Eine Weihnachtswanderung

Fontane wanderte am 18. Dezember 1878 nach Malchow und schrieb den Aufsatz unmittelbar danach. Unser Text folgt dem Erstdruck aus der Zeitschrift »Der Bär« vom 1. und 15. Januar 1879 (Jahrgang 5, Nr. 1 und 2), der für die Buchausgabe später etwas verändert wurde.

44 **Fellahs,** auch Fellachen: bäuerliche Bevölkerung Ägyptens.

Duncker und Humblot: 1809 von Karl Duncker und Peter Humblot in Berlin gegründeter Verlag, der 1866 nach Leipzig verkauft wurde; verlegte auch Beckers »Weltgeschichte« und Werke von Hegel, Ranke, Droysen.

Paul von Fuchs: Preußischer Politiker (1640–1704); war seit 1670 Geheimsekretär des Kurfürsten Friedrich Wilhelm, seit 1682 Mitglied des Geheimen Rats; als Kurator der preußischen Universitäten war er maßgeblich an der Gründung der Universität Halle (1694) beteiligt; er war, was Fontane nicht erwähnt, wie andere mächtige Männer der Aufstiegsphase Preußens (Meinders, Derfflinger, Danckelmann, Ilgen) nicht adliger Herkunft: er war ein Predigersohn aus Stettin.

F. v. Salpius: Das Buch war 1877, also ein Jahr vor Fontanes Malchow-Wanderung erschienen. Wie die Bemerkung »nicht dem Wortlaute, wohl aber dem wesentlichen Inhalte nach« andeutet, handelt es sich bei dem folgenden Absatz nicht um ein Zitat von Seite 159, sondern um eine zusammenfassende und verbessernde Neufassung der letzten Seiten des Buches. Bei Salpius steht das so (S. 159): »Fuchs sah seinen Herrscher in Malchow – er hatte sich dort ein ›artiges‹ Wohnhaus mit einem hübschen Garten herstellen lassen – mehrfach bei sich. Die großen Anstrengungen, denen er sich im Dienste des Königs und des Staates unterzog, scheinen seine Kräfte erschöpft zu haben; es traten Schlaganfälle bei ihm ein. Wenige Tage vor seinem Tode erschien er noch bei dem Könige im Schlosse Schönhausen zu einer Geheimratssitzung, welcher der Kronprinz beiwohnte. Am 7. August 1704 verschied er auf seinem Sitze Malchow, gerade als der König zum (S. 160) Besuche dorthin fuhr. Sein wunderbar erhaltener Leichnam ruht – zwischen seiner vor ihm gestorbenen Schwiegertochter und seiner zweiten Gattin – in der Gruft der dortigen Kirche. Sein Geschlecht erlosch.« In einer Fußnote auf Seite 160 heißt es bei Salpius weiter: »Der auf Speners Empfehlung von Fuchs nach Malchow berufene Prediger Johann Porst – später Beichtvater der Königin und Dompropst, bekannt als Herausgeber eines Gesangbuchs – hielt eine Predigt zum Gedächtnis des Verstorbenen. Dieser habe seine ›dauerhafte Kräfte und beständige Gesundheit zum Heil des Landes und Wohlsein der Kirche aufgeopfert‹, auch es sich angelegen sein lassen, den Notleidenden und Unterdrückten zu helfen. Porst hatte der unter den Gutsinsasssen eingerissenen Verwilderung mit Erfolg gesteuert. – Malchow ging nach Fuchs' Tod in den Besitz des Königs über und diente diesem bisweilen als Sommeraufenthalt; es wurde in der Folge königliches Amt (1734). Zu Anfang des 19. Jahrhunderts ward es wieder Privateigentum. Das Fuchssche Wappen befand sich in der dortigen Kirche am herrschaftlichen Stuhl noch bis zu der im Jahre 1874 erfolgten Ausbesserung ihres Innern.«

1684 ... an sich gebracht: Vorher war das Gut Malchow jahrhundertelang im Besitz der Familie Barfus.

›artiges‹ Haus: Das Malchower Herrenhaus, das im 18. Jahrhundert zeitweilig als königliches Lustschloß diente und heute von der Sektion Gartenbau der Humboldt-Universität Berlin genutzt wird, ist ein ursprünglich barocker Bau, der 1865–1866 durch Umbau klassizistische Formen erhielt. Als »Märchenweg« (weil er heute zur Kleingartenanlage »Märchenland« führt) ist auch, mit altem Baumbestand, ein Teil der Allee noch erhalten, die früher auf kürzestem Wege das königliche Schloß Niederschönhausen mit Schloß Malchow verband.

König: Friedrich I. (1657–1713), der seit 1701 König war; als Kurfürst hieß er Friedrich III.

Johann Porst (1668–1728), der von 1698 bis 1704 Pastor in Malchow und Hohenschönhausen, danach Pastor der Dorotheenstädtischen Gemeinde und schließlich Propst von St. Nicolai in Berlin war, hätte eine etwas ausführlichere Würdigung durch Fontane durchaus verdient. Macht man das Weiterleben eines Namens in der Nachwelt zum Maßstab seiner Bedeutung, muß man den Prediger Porst für wichtiger halten als den Politiker von Fuchs. Denn während der Staatsmann bald nach seinem Tode nur Historikern noch ein Begriff war, lebte der Name des Geistlichen über hundertfünfzig Jahre, besonders im Volke, fort – durch ein Buch, das Porstsche Gesangbuch, das in Berlin-Brandenburg (und teilweise auch in Pommern) neben der Bibel das Buch aller Bücher war, das fast jede Familie besaß. Es erschien erstmalig 1708, hatte bei Porsts Tod (1728) schon zehn Auflagen erlebt und wirkte (leicht verändert, aber unter Beibehaltung seines langen barocken Titels, der mit den Worten: »Geistliche und liebliche Lieder, welche ...« begann) bis ins späte 19. Jahrhundert fort. Mit seiner Einführung hatte die pietistische Richtung (die Porst, der ein Schüler Speners und ein Freund Franckes war, entschieden vertrat) im Kirchengesang gesiegt und konnte auch im sogenannten Gesangbuchstreit von 1780, in dem das am alten poetischen Porst hängende Kirchenvolk sich gegen ein neues, im Geist der Aufklärung gestaltetes Gesangbuch wehrte, bestehen – besonders auch deshalb, weil Friedrich II. zur Toleranz mahnte. Seine Randbemerkung zu diesem Aktenstück lautete: »Ein jeder kann bei mir glauben was er will, wenn er nur ehrlich ist. Was die Gesangbücher angeht, so steht einem jeden frei zu singen: Nun ruhen alle Wälder, oder dergleichen dummes, thörigtes Zeug mehr. Aber die Priester müssen die Toleranz nicht vergessen, denn ihnen wird keine Verfolgung gestattet werden.« – Das Denken und Fühlen wie auch das Kunstverständnis der einfachen Leute des 18. und 19. Jahrhunderts wurde durch dieses weitverbreitete Buch sicher beeinflußt.

44 **Gruft:** Einige Jahre nach dem Erscheinen seines Aufsatzes in »Der Bär« wird Fontane vielleicht in ebendieser Zeitschrift (13. Jahrgang, 1887, S. 228) mit Verwunderung eine Notiz gelesen haben, die weder von der Beisetzung des Freiherrn von Fuchs in dieser Gruft noch von deren Zuschüttung etwas weiß und die ich hier kommentarlos, ohne

ihre Herkunft zu überprüfen, wörtlich wiedergebe: »INSCHRIFTEN IN MALCHOW. Inschriften auf Särgen im Gewölbe zu Malchow bei Berlin: Louise Freyfrau von Fuchs geborene Friedeborn, geb. 9. August 1654, gest. 31. März 1707, hat gelebt 52 J. 7 M. 10 T.; liegt in der Gruft in einem mit schwarzem Sammet überzogenem Sarge. – Henriette Freyfrau von Fuchs geb. von Brandt, geb. 12. April 1686, gest. 3. Febr. 1702, liegt in einem mit carmosin Sammet überzogenen Sarge. NB. Zwischen diesen beiden Särgen steht gleichfalls ein großer Sarg mit schwarzem Sammet überzogen, an welchem keine Inschrift entdeckt werden konnte, ›ich aber wohl vermuthe‹, schreibt König, ›daß die Ministrin von Fuchs in demselben liegt‹. Ein kleiner Sarg, gleichfalls ohne Inschrift, steht an der Seite des letzten, also überhaupt 4 Särge. In der Kirche befindet sich auf dem herrschaftlichen Chor das Freyherrl. von Fuchssche Wappen. (Nach Königs Handschr. Collectaneen z. Ordensgeschichte)« – Bei der hier angegebenen Quelle handelt es sich um den vor allem als Genealogen bekannten Anton Balthasar König, dessen »Kollektaneen zur Ordensgeschichte« sich heute in der Handschriftenabteilung der Staatsbibliothek, Stiftung preußischer Kulturbesitz, in Berlin (West) befinden.
nee de Friedeborn: geborene von Friedeborn.
45 **der »Bär«:** Fontane schrieb am 16. Dezember 1878 an Wilhelm Hertz: »Übermorgen will ich eine ›märkische Wanderung‹ in den Winter hinein machen, der »Bär« hat mich ... dazu aufgefordert, und ich konnte nicht gut ›nein‹ sagen. Seit drei Jahren steht mein Name an der Spitze des Blatts, rein als Ornament, und mal muß es doch auch heißen: ›noblesse oblige‹ [Adel verpflichtet]«. – Das Titelblatt dieses Jahrgangs der Zeitschrift sah so aus: »DER BÄR. Zeitschrift für vaterländische Geschichte und Alterthumskunde. Unter Mitwirkung von L. Alfieri, F. Brunhold in Joachimsthal, Professor Dr. Paulus Cassel, Stadt-Archivar Fidicin, Theodor Fontane, Ludovica Hesekiel, Dr. Hermann Kletke, Ferd. Meyer, Baurath Orth, Dr. Ferd. Pflug, Oberlehrer Dr. H. Pröhle, Stadtschulinspektor R. Schillmann, Gymnasialdirektor Prof. Wilhelm Schwartz in Posen, Archidiakonus Schwebel in Cüstrin, Stadtrath Adolf Streckfuß, Lehrer Heinrich Wagener in Potsdam, herausgegeben von Ernst Friedel und Emil Dominik. Fünfter Jahrgang. Berlin 1879. Nicolaische Verlags-Buchhandlung R. Stricker.« – Ein hal-

bes Jahr danach übrigens wurde Fontane die Redaktion des »Bär« angeboten. »Ich lehnte natürlich rund ab aus einem halben Dutzend guter Gründe. Ich will nur noch Roman und Novelle schreiben und mich auf *diesem* Gebiet legitimieren ... Kuhdorf und Kuhschnappel immer wieder zu beschreiben, blos aus ›Patriotismus‹ und damit der ›Bär‹ sein Dasein fristet, ist mir doch eine zu lumpige Aufgabe. Überhaupt hab ich diesen ganzen patriotischen Krempel satt ...« (Fontane an seine Frau am 14. 6. 1879. In: Fontanes Briefe I. (Schreinert), S. 92–93.)

Omnibusfahrt ... Pferdebahn: Die von Pferden gezogenen Omnibusse, deren Fahrpreise, im Verhältnis zu denen bei Kutschen, gering waren, gab es, nach dem Vorbild von Paris und London, in Berlin schon seit Jahrzehnten; relativ neu aber waren die Pferdebahnen. 1865 war die erste Linie vom Kupfergraben, die Dorotheenstraße entlang, nach Charlottenburg gelegt worden, wenig später folgte eine zweite vom Dönhoffplatz nach Schöneberg, aber erst nach 1871 wurde ein Pferdebahnnetz halbwegs planmäßig ausgebaut. Die Konzessionen, die der Magistrat an Kapitalgesellschaften zu diesem Zwecke vergab, waren mit der Bedingung verbunden, daß die Anlagen nach zehn bis zwanzig Jahren in den Besitz der Stadt übergingen. Die Konzession für den Bau der Linie Alexanderplatz – Weißensee, die Fontane 1878 benutzte, wurde der Neuen Pferdebahn-Gesellschaft erst 1875 erteilt. – Die letzte Pferdestraßenbahn übrigens fuhr bis 1925 noch in Werder bei Potsdam.

per pedes apostolorum: zu Fuß, wie die Apostel.

die fliegenden Söhlkes: wohl ambulante Spielwarenhändler; G. Söhlke war ein Spielwarenfabrikant in der Markgrafenstraße; ein Schaukelmann war wohl ein Stehaufmännchen – aber was bedeutet dann: »dessen Birnen«?

46 **Heinesche Wort:** Bei Fontane, der in diesem wie in manchem ähnlichen Fall aus dem Kopf zitiert, hat das »bekannte« Wort eine lokalorientierte Verschiebung erfahren: Bei Heine ist nämlich nicht der Berliner Sommer, sondern, allgemeiner, der deutsche gemeint. In den »Reisebildern«, »Reise von München nach Genua«, Kapitel XVI, erklärt der Erzähler einer Obstfrau in Trient, warum in Deutschland keine Zitronen reifen: »Ach, liebe Frau, sagte ich ihr, in unserm Lande ist es sehr frostig und feucht, unser Sommer ist nur ein grün angestrichner Winter, sogar die Sonne muß bei

uns eine Jacke von Flanell tragen, wenn sie sich nicht erkälten will; bei diesem gelben Flanellsonnenschein können unsere Früchte nimmermehr gedeihen, sie sehen verdrießlich und grün aus, und unter uns gesagt, das einzige reife Obst, das wir haben, sind gebratene Äpfel.« – Achtzehn Jahre vorher übrigens, in einem Brief an die Mutter (vom 28. 5. 1860) hat Fontane diese Wendung auch schon benutzt, sie dabei aber als eine Jean Pauls ausgegeben.
Öde der Landschaft: Obwohl es ein (allerdings ständig schrumpfendes) Stück dieser öden Landschaft, die aus flachen Feldern besteht, zwischen Weißensee und Malchow noch immer gibt und drei Baumreihen, darunter auch Pappeln, die Straße zieren, kann man als Fußgänger heute die Freude, die Fontane damals am Leben auf dieser Straße empfand, nicht mehr teilen, weil die Belebtheit dieser Ausfallstraße mit Motorenlärm und Luftvergiftung durch Abgase verbunden ist.
Laternenturm: Turm (der Malchower Kirche) mit durchbrochenem Aufsatz auf der Kuppel.
Hebestellen: Zollstellen.
das rote Haus: Die Malchower Schule, aus rotem Backstein erbaut, wurde gegen Ende des vorigen Jahrhunderts, da sie baufällig und wohl auch zu klein geworden war, verkauft und dafür auf der anderen Straßenseite, neben dem Grundstück des Pfarrhauses, ebenfalls aus rotem Backstein, eine neue Schule gebaut, die heute noch steht und als Kindergarten dient. An der Stelle des alten Schulgebäudes steht heute eine Fleischerei, die (was in Süddeutschland häufig, in nördlichen Breiten aber selten ist) mit einer Gaststätte verbunden ist.
wie Ibykus »des Gottes voll«: In Schillers Ballade »Die Kraniche des Ibykus« heißt es in der 1. Strophe: »So wandert er an leichtem Stabe,/Aus Rhegium, des Gottes voll.« – Die folgende Bemerkung: »Nicht gerade von Liedern ...« bezieht sich auf die Zeilen davor: »Ihm schenkte des Gesanges Gabe,/Der Lieder süßen Mund Apoll.« – Fontane zitiert diese Ballade gern, und in den »Kinderjahren« (Kapitel 16) läßt er seinen Vater, der sich darüber wundert, wie gut man diese Verse auch im Alter noch beherrscht, sagen: »Es muß so was drin sein.«
47 **maison rouge:** rotes Haus.
Kantor ... höhere Titulatur: Kantor wurde nur der auch

für Kirchenmusik und -chor zuständige Lehrer genannt. Dieser hier hatte außer dem Lehr- auch das Küsteramt zu versehen, war also auch für Sauberkeit und Ordnung in Kirche und Kirchhof zuständig – was, wie aus den Protokollen des Gemeindekirchenrats hervorgeht, ihm oft Ärger bereitete; daß er auf ortsfremde Kirchenbesucher nicht gut zu sprechen war, ist also leicht zu verstehen. Er hieß Adolf Merckel, lebte von 1833 bis 1896 und war dreißig Jahre lang Lehrer und Küster in Malchow.

milzfarben: blaurot bis rotbraun.

decontenanciert: aus der Fassung gebracht, verblüfft.

rekolligieren: sich sammeln, sich fassen, zur Besinnung kommen.

inkommodieren: lästig werden, Ungelegenheiten machen.

maitre d'école: Schulmeister.

»Geheimnisse von Paris«: Roman von Eugène Sue (1804 bis 1857) in zehn Bänden, der 1842–1843 erschien. Der Witz des Vergleichs mit der »Schulmeister« genannten Person dieses Trivialromans besteht darin, daß die Romangestalt gar kein Lehrer ist, sondern in der Verbrecherwelt nur so heißt, weil er gut schreiben kann; er ist ein wahres Ungeheuer, das von Raub und Mord lebt und das sich sein Gesicht, um sich unkenntlich zu machen, durch Abschneiden der Nase und Vitrioleinwirkung zerstört hat.

Pfarrhaus: heute Dorfstraße 38; es wurde 1860 gebaut und befindet sich im wesentlichen heute noch in dem Zustand, in dem Fontane es sah.

49 **Warteviertelstunden:** In einem Brief vom nächsten Tag, dem 19. Dezember 1878, schilderte Fontane seinem Verleger Wilhelm Hertz das Warten im Pfarrhaus so: »Melde mich von Malchow und Pastor Hosemann zurück. Seine Frau, nicht gerade hübsch, aber nett und freundlich, kochte mir einen brillanten Kaffee und plauderte mit mir, während der Ehemann nebenan den Confirmanden-Unterricht abmachte. Bei solchen Plaudereien findet man jedesmal, daß die Welt sehr klein und nur von einer einzigen, etwas ausgedehnten Familie bewohnt wird. Sie ist eine geborene Martius; wir waren gleich bei Simon's hinterm Zeughaus, bei Fräulein Fournier und bei den W. Hertz'ischen Damen. Sie behauptete mit Fräulein Marianne und Fräulein Fanny, als beide noch im Flügelkleide gingen, auf Du und Du gestanden zu haben. Ich versprach Grüße zu bestellen.«

Studierstube: Zumindest von älteren Pastoren wird auch heute noch das Arbeitszimmer des Pfarrhauses so genannt.
Grecborte: »griechische« Borte, meist mit Mäandermuster.
Thorwaldsenscher Christus: Bertel Thorwaldsen (1770 bis 1844), dänischer Bildhauer, schuf für das Langhaus der Frauenkirche in Kopenhagen die Kolossalstatuen des segnenden Christus und der zwölf Apostel, deren Nachbildungen im 19. Jahrhundert sehr verbreitet waren. (Ein Thorwaldsenscher Christus steht zum Beispiel an der Friedenskirche in Potsdam.) In der Mark vorhandene Werke Thorwaldsens werden von Fontane mehrmals erwähnt, so auch in der »Grafschaft Ruppin«, im Kapitel über Karl Friedrich Schinkel, wo auch eine Anekdote über Thorwaldsens Tod erzählt wird, und im »Havelland« im Kapitel über Tegel. Wie wichtig dieser Künstler für Fontane war, geht auch aus seiner mehrfachen Erwähnung im Roman »Unwiederbringlich« hervor. – In Malchow ist eine kleine Nachbildung des segnenden Christus (wohl doch wahrscheinlich die von Fontane im Pfarrhaus gesehene?) vor der Ruine der Kirche aufgestellt.
Reale: Bücherregale.
Fritz Reutersche Schriften: Fritz Reuter, geboren 1810, war vier Jahre vor dieser Wanderung Fontanes, 1874, in Eisenach gestorben. Sollte es sich bei den Reuterschen Schriften um eine Werkausgabe gehandelt haben, hätten das die »Sämmtlichen Werke« in dreizehn Bänden von 1863 bis 1868 oder deren Volksausgabe in sieben Bänden von 1877 gewesen sein können.
Kreuzzeitung: So wurde, wegen des Eisernen Kreuzes im Titel, die streng-konservative »Neue Preußische Zeitung« (1848–1938) genannt; Fontane war seit 1856 ihr freier, von 1860 bis 1870 ihr festangestellter Mitarbeiter gewesen.
50 **der freundliche Pfarrer:** Adalbert Hosemann (1840 bis 1906), der von 1866 bis 1885 Pfarrer in Malchow war; seine Frau Marianne war eine geborene Martius. – Dem heutigen freundlichen Pfarrer von Malchow, Herrn Albrecht Hoffmann, verdanke ich neben vielem anderen Wissenswerten (zum Beispiel dem Namen des unfreundlichen Lehrers) auch die Erkenntnis, daß Fontane im vorderen, straßenseitigen Zimmer des Pfarrhauses gesessen haben muß: denn nur von dort aus konnte die **»hinter den kahlen Kirschbäumen niedergehende Sonne«** zu sehen gewesen sein.

50 **Kirche:** Sie war ein Feldsteinbau des 13. Jahrhunderts mit Querturm; sie wurde 1683–1694 von Paul von Fuchs umgebaut, im April 1945, kurz vor dem Einrücken der sowjetischen Truppen, von SS-Leuten gesprengt; die Grundmauern sind noch erhalten; in der Ruine befinden sich die Grabsteine Gottfried Neanders und Frau, der von 1654 bis 1690 in Malchow Prediger war.
51 **Fuchssche Wappen:** Es zeigte einen halben schwarzen Adler und einen Fuchs.
wie wenn Macbeth den Dolch sieht: In Shakespeares »Macbeth« (2. Aufzug, 1. Szene) monologisiert dieser (in der Übersetzung von Dorothea Tieck): »Ist das ein Dolch, was ich vor mir erblicke,/Der Griff mir zugekehrt? Komm, laß dich packen./ Ich faß dich nicht, und doch seh ich dich immer./Bist du, Unglücksbild, so fühlbar nicht/Der Hand, gleich wie dem Aug? Oder bist du nur/ ein Dolch der Einbildung, ein nichtig Blendwerk,/ Das aus dem heißgequälten Hirn erwächst?«
Johann Porsts Nachfolger: wahrscheinlich Ludwig Lübker, der von 1704 bis 1707 Pfarrer in Malchow war. Der in dem Spruch erwähnte **Prinz Markgraf** (Christian) **Ludewig** war der Bruder Friedrichs I.; er erhielt Malchow als Prinzensitz, nachdem es 1705 vom König gekauft worden war. Später diente Malchow der königlichen Familie als Ausflugsort, wenn man so sagen darf; so ist zum Beispiel für 1797 der Aufenthalt des Kronprinzenpaares, Friedrich Wilhelm (III.) und Luise, bezeugt.
52 **neue Bolzen:** glühend gemachte Eisenbolzen, die Plätteisen erhitzten.
Kirchenbuch: ist in bestem Zustand erhalten; die Eintragungen Porsts sind besonders übersichtlich und gut lesbar geschrieben, so daß ihre Auswertung bei dem kurzen Besuch Fontanes leicht möglich war.
Fuchsiana: Schriften von und über Fuchs.
Mosesstab: Im Alten Testament heißt es (in Luthers Übersetzung) im 4. Buch Mose, Kapitel 20, Vers 11: »Und Mose hob seine Hand auf und schlug den Fels mit dem Stab zweimal. Da ging viel Wasser heraus, daß die Gemeinde trank und ihr Vieh.«
Sieben Jahre lang hatte Porst: Zählt man die Eintragungen nach, stimmt das »Gesetz« der sieben mal sieben Taufen nicht ganz, aber doch fast – obwohl Porst nur etwas über

sechs Jahre, nämlich vom August 1698 bis zum November 1704, in Malchow war.

53 **Namen und Titulaturen:** Die aufgeführten stammen nicht alle aus Porsts Amtszeit; Fontane hat dabei auch etwas vor- und zurückgegriffen.

Schilderung ..., die F.v.Salpius: Wie zu Beginn wird auch in den hier folgenden zwei Passagen Salpius nicht wörtlich, sondern in Fontanes Bearbeitung zitiert, das heißt, er wird lesbarer gemacht, ohne daß die sachliche Aussage sich ändert. Die erste Passage steht bei Salpius auf Seite 31/32, die zweite, stärker gekürzte, nicht »an anderer Stelle«, sondern gleich dahinter, auf den Seiten 33 bis 35. Bezeichnenderweise wurden die Worte »erfreuten sich fast immer eines guten Humors« nicht von Salpius, sondern von Fontane durch Sperrung hervorgehoben – wie wohl überhaupt die Zitierung dieser Stelle, in der die »Vielseitigkeit und Findigkeit«, die »Spannkraft und Beweglichkeit« der damaligen Adligen gerühmt werden, für Fontane einen versteckten aktuellen Bezug gehabt haben dürfte. Im »Oderland«, im Kapitel »Tamsel«, wenn er von Hans Adam von Schöning erzählt, kommt er deutlicher auf das, was er an seiner Gegenwart kritisiert, zu sprechen. Er rühmt die damals für junge Adlige übliche »große Tour«, die sie für Jahre durch Europa führte, und setzt dem die Adels-Erziehungsmethoden des 19. Jahrhunderts gegenüber, die allein »die Armee« für die »hohe Schule« hält. »Jene edelmännische Erziehung, die Hans Adam von Schöning erhielt, erweiterte den Blick, während unsere jetzige nur allzu sehr geeignet ist, den Blick zu beschränken. Wie vorzüglich auch das sein mag, was daheim gehegt und gepflegt wird, die Isolierung hindert die Wahrnehmung, ob draußen in der Welt nicht vielleicht doch noch ein Vorzüglicheres entstanden ist ... Es ist dies einer der Punkte, wo das Bürgertum den Adel wenigstens den unsrigen, vielfach überholt hat.« – Was Fontane über Salpius dachte, geht aus einem Brief an seine Frau hervor: »Tasdorf und den Minister v. Meinders – Seitenstück zu Malchow und den Minister v.Fuchs – will ich nämlich fallen lassen, da es mir nicht geglückt ist, über Meinders Nennenswertes zu erfahren. Wollt' ich nun 3 Reisen machen, 6 Kirchen absuchen und 12 Bücher durchlesen, so würd' ich vielleicht einen einigermaßen ausreichenden Stoff finden, aber auf derartig unfruchtbare Arbeiten laß ich mich nicht mehr ein. Dazu sind die Salpiusse der Weltgeschichte da. Salpius heißt Stockfisch.« (Brief vom 8.6.1879. In: Fontanes Briefe I. (Schreinert), S. 88).

55 **Feldmarschall von Sparr:** Otto Christoph (1599 oder 1605–1668); Fontane hat über ihn ausführlich im »Oderland«, im Kapitel »Von Sparren-Land und Sparren-Glokken«, berichtet, wo es, in fast wörtlicher Übereinstimmung mit Salpius, heißt: »Er baut Kirchen und Türme, schenkt Glasmalereien und Glocken« – dann aber auf die Berliner Marienkirche eingegangen wird, deren Turm Sparr nach einem Brand wiedererbauen ließ und an deren Nordseite er für sich ein, noch erhaltenes, Erbbegräbnis errichten ließ.

Derfflinger: Georg von (1606–1695), Feldmarschall; Fontane behandelte ihn ausführlich im »Oderland« – Kapitel »Gusow«, in welchem Dorf Derfflinger die von Salpius erwähnte Kirche wenn auch nicht »aufführen« so doch erweitern und renovieren ließ.

der ältere Schwerin: Otto von Schwerin (1616–1679); der als Oberpräsident an der Spitze der brandenburgisch-preußischen Verwaltung stand.

Grumbkow, Joachim Ernst von (1637–1690), Mitglied des Geheimen Rats, Vater des berühmten Feldmarschalls und Ministers; er baute die mittelalterliche Kirche in (Berlin-) Blankenfelde um 1680 barock um.

der jüngere Jena: Gottfried von Jena (1624–1703), Mitglied des Geheimen Rats; das Fräuleinstift und das Hospital wurden in Halle errichtet.

Predigerwitwen – ... Armen – ... Waisenhaus: Nach Auskunft von Herrn Pfarrer Albrecht Hoffmann, dem hiermit für alle freundliche Hilfe herzlich gedankt sei, ist im Pfarrarchiv noch eine Einwohnerliste des Witwen- und Waisenhauses von 1727 vorhanden. In Heinersdorf, das Fuchs auch gehörte, stiftete er 1691 der Kirche einen Kelch und richtete die erste Schule des Dorfes ein.

In den Spreewald

Diesen Ausflug unternahm Fontane vom 6. bis 8. August 1859. Den Aufsatz schrieb er bald danach. Schon am 31. August, am 1. und 3. September (Morgen- und Abendausgabe) 1859 wurde er in der »Preußischen Zeitung« (Nr. 405, 407, 408, 411) abgedruckt. In Buchform erschien er, stark gekürzt und bearbeitet, erst im »Spreeland« 1882. Unser Text folgt der Erstfassung der »Preußischen Zeitung«.

56 österreichische Landwehr ... langsam voran: Ein Spottlied von 1813, »Der Krähwinkler Landsturm«, endete mit dem oft zitierten Refrain:

> Immer langsam voran, immer langsam voran,
> Daß der Krähwinkler Landsturm nachkommen kann.

Es wurde im 19. Jahrhundert häufig umgedichtet (»daß der preußische Fortschritt nachkommen kann«), unter anderem auch auf die österreichische Landwehr bezogen.
Rückert, Friedrich (1788–1866); war, wie Tieck und Fouqué, von Friedrich Wilhelm IV. 1842 nach Berlin gerufen worden, wo er nicht heimisch werden konnte – was in dem Zyklus von 24 Gedichten zum Ausdruck kam, der 1843 im »Album der Tiedge-Stiftung. Gaben deutscher Schriftsteller« (Dresden 1843) erschien. Fontane denkt bei seiner Bemerkung wohl vor allem an folgende Gedichte:

XI.

An sandigen Feldern, sumpfigen Wiesen
Stehn die donquixotischen Riesen,
Die höher als der Kreuzberg sind
Und sich drehn, wie sich dreht der Wind,
Sie beschämen die träge Spree,
Die kein Wassermühlrad treibt,
Daher nur für Berlin, o weh,
Der Wind zur Nahrung übrig bleibt.

XII.

Der Spree
Ist' s weh,
Sie kann sich nicht entschließen
In Berlin hinein zu fließen,
Wo die Gossen sich ergießen.
Wer mag es ihr verdenken?
Sie möchte lieber, wenn sie dürft', umlenken.
Hindurch doch muß sie schwerbeklommen;
Sie kommt beim Oberbaum herein
Rein wie ein Schwan, um wie ein Schwein
Beim Unterbaum herauszukommen.

57 **Lübbener Jäger:** Die Jägerbataillone waren Spezialeinheiten der Infanterie; in ihr mußten in Preußen alle Forstleute ihre Militärpflicht leisten. In Lübben lag das Brandenburgische Jägerbataillon Nr. 3, das zu grünen Uniformen rote Aufschläge und Schulterstücke trug.
dieser Zeitung: der »Preußischen Zeitung«, wo der Aufsatz zuerst erschien.
58 **Torweg eines Hauses:** Das 1850 gebaute dreigeschossige Torhaus, das jetzt das Kreisgericht beherbergt. – Im Gegensatz zu Lübben, das, als wichtiger Spreeübergang, in den Kämpfen 1945 stark zertört wurde, hat der Krieg Lübbenau weitgehend verschont.
Erfurt oder Bamberg: In Erfurt fand 1808 ein Kongreß statt, auf dem Napoleon sich mit dem Zaren und den deutschen Fürsten traf; 1850 tagte hier das »Erfurter Parlament«, auf dem der Verfassungsentwurf eines deutschen Bundesstaates beraten wurde. Auf der »Bamberger Konferenz« von 1854 berieten die deutschen Staaten, mit Ausnahme Preußens und Österreichs, ihr Verhalten in der Orient-Politik.
itio in partes: Trennung in zwei Teile (Parteien).
Schock: sechzig Stück.
59 **Goethe ... Teltower Rübe ... Schmidt von Werneuchen:** Die Teltower Rübe (meist Rübchen genannt: Brassica rapa var. f. teltowiensis) ist eine Spezialzüchtung der weißen Mai- oder Speiserübe, die bis 1711 nur in Teltow angebaut wurde, danach aber auch in anderen Gegenden der Mark. Der von Goethe in der Parodie »Musen und Grazien in der Mark« (1796) verspottete Friedrich Wilhelm August Schmidt (von Werneuchen) (1764–1838) war ein Liebhaber aller einheimischen Gemüse, wie er überhaupt das einfache Landleben in seinen Gedichten pries. Goethe, der sich von Zelter (siehe den Briefwechsel mit diesem) Teltower Rübchen gern mit Schnellpost nach Weimar schicken ließ, hat seine Vorliebe für diese auch in den »Maximen und Reflexionen« (Nr. 1094) festgehalten: »Laßt uns doch vielseitig sein! Märkische Rübchen schmecken gut, am besten gemischt mit Kastanien, und diese beiden edlen Früchte wachsen weit auseinander.« – Auch Immanuel Kant hat sich oft Teltower Rübchen aus Berlin schicken lassen (siehe seine Briefe an Kiesewetter).
Gasthof Zum Braunen Hirsch: Das Haus beherbergt heute ein Kino.

Lübbenauer Kirche: St. Nicolai, von Gottfried Findeisen 1738–1741 gebaut (Turm von 1778) und inzwischen kaum verändert; innen mit doppelten Emporen auf Holzsäulen, farbig, mit barocken Ornamenten.

60 **Lynarsche Schloß:** Ein klassizistischer Bau, der 1816–1821 entstand und 1841 umgebaut wurde; war 1931–1945 Museum (das sich jetzt in Nebengebäuden befindet) und dient heute einem Betrieb als Schulungsstätte mit Internat.

61 **Professor Weiß,** Hermann (1822–1897), Kunsthistoriker, Professor an der Kunstakademie in Berlin, Direktor des Berliner Zeughauses; von dessen dreibändigem Hauptwerk: »Kostümkunde. Geschichte der Tracht, des Baues und des Geräts von den frühesten Zeiten bis auf die Gegenwart«, 1856 der 1. Band erschienen war; der letzte kam 1872 heraus.

Maria-Stuart-Kragen: Hochstehende Spitzenkragen der englischen Mode des 16. und 17. Jahrhunderts mit fächerartigen Flügeln.

Chabot: Muß wohl heißen: Jabot: Brustkrause, Hemdkrause.

Fernambukkattun: Kattun ist ein Baumwollstoff; Fernambuk steht für Pernambuco (Brasilien), woher die Baumwolle importiert wurde.

kirchenvisitatorisch: Kirchenvisitationen sind Überprüfungen der Arbeit der Pfarrer durch höhere Instanzen.

63 **Oberpfarrer:** Christian Friedrich Stempel, 1787 in der Oberlausitz geboren, war kein **hoher Sechziger**, sondern schon zweiundsiebzig, als Fontane ihn kennenlernte; als er vier Jahre später (1863) in den Ruhestand ging, erlebte Lübbenau tatsächlich die letzte sorbische Predigt. Er starb 1867 in Lübbenau.

64 **Unkas und Chingachgook:** Indianerhäuptlinge, Sohn und Vater, aus James Fennimore **Coopers** (1791–1851) »Lederstrumpf«-Romanen, die schon früh in deutschen Übersetzungen verbreitet waren.

Kantor C.: Christian August Clingestein (1800–1889); war 1834–1876 Kantor in Lübbenau.

wer den Spreewald bereisen will: Fontanes Besuch lag noch vor dem Beginn des Spreewald-Tourismus; dieser setzte erst mit dem Bau der Eisenbahnlinien Berlin – Cottbus (1866) und Lübbenau – Senftenberg – Dresden (1874) ein. Die ersten Gesellschaftsfahrten in den Spreewald wurden 1882 in Berlin organisiert, später auch in Sachsen. Seitdem haben sich die Touristenmassen so vergrößert, daß man von einer Lübbenau-Fahrt an einem Sommersonntag nur abraten kann. Der **Zweck dieser Darstellung** wurde also in einem Maße erreicht, wie Fontane es nicht für möglich gehalten hätte.

64 **ex abrupto:** unangemeldet.

Im Spreewald mußt du springen können: Das Gedicht ist wohl von Fontane.

65 **Alterspräsidenten unseres Kreises:** Der Freundeskreis, der Fontane begleitete, bestand aus dem Schriftsteller Otto Roquette (1824–1896), dem Kunsthistoriker Wilhelm Lübke (1826–1893) und dem Pädagogen Karl Bormann (1802–1882), dem **Mentor und Alterspräsidenten**, der Schulrat in Berlin war. – Wilhelm Lübke hat in seinen »Lebenserinnerungen« (Berlin 1891) auch eine Darstellung dieser Tour gegeben, die zum Vergleich hier folgen soll: »Zum Schönsten gehörte aber ein Ausflug nach dem Spreewald, den ich mit Fontane, Roquette und einigen anderen Freunden unter Führung von Schulrat Bormann machte. Wir fuhren in einer lauen Sommernacht mit der Post nach Lübbenau, dem Hauptort und Eingangspunkte des Spreewaldes, wo wir zeitig Morgens ankamen. Nachdem wir uns im Gasthofe durch ein kräftiges Frühstück gestärkt hatten, traten wir in einem auf Bestellung bereitgehaltenen Kahn unsere Wanderung an. Vorher jedoch hatten wir Gelegenheit, zahlreiche Bewohner dieser Gegend, sämmtlich wendischer Abstammung, sich zum Gottesdienst einfinden zu sehen, denn es war Sonntag und unser kundiger Führer hatte mit Absicht diesen Tag gewählt, um uns die Landleute in ihrem Feststaat zu zeigen. Von allen Seiten kamen diese auf ihren Kähnen heran, die in einer großen Bucht vor der Kirche vor Anker gingen, Männer und Frauen in gesonderter Aufstellung. Voll Reiz war die schlichte, ernsthafte Spreewaldtracht, waren die althergebrachten Gebräuche, an welchen diese von den modernen Weltstraßen damals noch nicht berührten Leute festhielten. Nun begannen wir unsere Fahrt, um tiefer in dieses bäuerliche Venedig einzudringen. Bekanntlich besteht der Spreewald aus einem großen mit Wald reich durchsetzten Gebiete, welches die Spree in unzähligen, bald breiten, bald schmalen Armen durchzieht. So giebt es in dem einige Stunden langen und breiten Bezirke fast nur Verbindungen zu Wasser, und die Einwohner sind auf

diesem Elemente von Kindheit an zu Hause. Man fährt durch üppige Wiesengründe zwischen ziemlich hohen Ufern mit stark aufgeschossenem Gras dahin. Wo einzelne Pfade die Wasserstraße kreuzen, führt ein Steg über die Kanäle, der stets so hoch liegt, daß der, ähnlich dem Venezianer Gondolier, aufrecht stehende Fährmann, der mit seiner Stange den Kahn lenkt, darunter durch fahren kann. So sieht man denn bisweilen in einem Nachbarkanal ein Fahrzeug vorbeigleiten, von dem man Nichts gewahrt als den Fergen, weil alles andere von dem hohen Grase verdeckt wird. Zwischen diesen Wasserarmen, wie auf kleinen Inseln, liegen die hölzernen Bauernhäuser ganz in Grün eingebettet, jedes für sich, oft von Blumen einfachster Art, wie der großen Sonnenblume oder wohl auch Georginen umgeben. Es herrscht eine stille Poesie, ein tiefes, fast märchenhaftes Schweigen in diesen lauschigen Gründen. Kein Wunder, daß Roquette hier die Anregung zu seiner poetischen Erzählung »Die Schlangenkönigin« gewann. Und Fontane schöpfte auf dieser Fahrt die Eindrücke zu seiner köstlichen Schilderung des Spreewaldes in seinen Wanderungen durch die Mark. – So fuhren wir stundenlang in diesem labyrinthischen Netz von Kanälen dahin, stets neue fesselnde Bilder gewinnend. Bezaubernd war die Üppigkeit der Natur, des Baum- und Graswuchses, fesselnd diese Szenerie, die uns aus dem Bereich des gewohnten Lebens in eine so wunderbar eigenartige Daseinswelt versetzte. Gegen Mittag legten wir in einer Bucht an und verzehrten, unter schattigen Bäumen geborgen, die Vorräte, die wir mitgenommen hatten. Unweit unseres Ankerplatzes bot sich uns ein liebliches Bild. Eine Anzahl kleiner Kinder, Knaben wie Mädchen, hatten in einem versteckten Winkel der Bucht den schönen Sommertag zu einem Bade ausersehen, und wir sahen die zierlichen Körperchen im Wasser plätschern und all den heiteren Mutwillen treiben, der bei solcher Gelegenheit sich regt. Es war ein Bild voll malerischen Reizes, wie die Sonnenstrahlen durch das dichte Laub der Bäume drangen und mit ihren glitzernden Lichtern die Kindergestalten überflogen. Als wir am Abend heimkehrten, nahmen wir eine köstliche poetische Erinnerung mit nach Hause« (S. 327–330).

Stern des Bootes: dessen hinterer Teil.

66 Butomus: Wasserliesch, Schwanenblume, Wasserviole.

Sagittaria: Pfeilkraut.

67 **auf dem Quivive:** auf dem Posten (Qui vive? war der Anruf der französischen Schildwachen: Wer da?).
68 **Lehde:** Heute zu Lübbenau gehörig; in seiner Gesamtheit unter Denkmalsschutz stehend, mit Freilandmuseum. Seit 1929 ist das Dorf auch auf der Landstraße erreichbar.
69 **Blockhaus ... Spreewaldeichen:** Hier irrt Fontane; die Blockhäuser sind meist aus Erlenholz, seltener aus Pappelholz, erbaut, das durch lange Lagerung im Wasser gehärtet wurde.
Convolvulus: Winde.
70 **Le Notresche Parkanlagen:** Gemeint sind die streng barocken, sogenannten französischen Parks. André Le Nôtre (1613–1700) war einer der Begründer dieses Stils.
»Eiche«: Seit der ersten Hälfte des 19. Jahrhunderts bestehende Schenke, später auch Forsthaus, die heute noch eine beliebte Ausflugsgaststätte ist; sie kann von Lübbenau aus mit dem Kahn, von Burg aus auf der Straße erreicht werden. Der Spruch über der Haustür ist nicht mehr vorhanden.
Spezimen: Probestück.
72 **Puck:** Gestalt aus der englischen und skandinavischen Sagenwelt, ein elfenartiges Wesen, von Shakespeare im »Sommernachtstraum« poetisch gestaltet.
73 **Probatum est:** Es hat sich bewährt.
Leberreim: Seit dem 17. Jahrhundert in Deutschland bekannte zweizeilige Stegreifgedichte, die bei fröhlichen Mahlzeiten entstanden. Sie beginnen immer mit den Worten »Die Leber ist ...« und folgen dann dem Schema, das hier dreimal vorgeführt wird. Sie werden z. B. in Jean Pauls »Titan« (2. Band, 61. Zykel) erwähnt. Fontane benutzt allerdings (im 14. Kapitel seines Romans »Cecile«) den Begriff auch im weiteren Sinne für scherzhafte Tisch-Stegreif-Verse, in denen die Leber gar nicht vorkommt.
74 **Burg:** Der östliche Eingang zum Spreewald, der schon seit 1884 Chaussee- und seit 1899 Bahnverbindung hat.
Leipe: Zwischen Burg und Lübbenau gelegen. Das von zwei Spreearmen umflossene Inseldorf ist erst seit 1936 auf einem Fußweg von Lübbenau aus zu erreichen; seit zwanzig Jahren etwa hat es auch einen Chausseeanschluß nach Burg.
Schloß des letzten Wendenkönigs: Der Schloßberg liegt etwa 1 Kilometer nördlich von Burg-Dorf, erhebt sich nur 6–9 Meter über das umliegende Gelände und hat durch den

Bau der Spreewaldbahn (1899), als man hier Sand für den Bahndammbau entnahm, viel von seiner ursprünglichen Form verloren. Die urgeschichtliche Burganlage wurde in der Slawenzeit neu ausgebaut. Die Sage von einem Wendenkönig, der hier residiert haben und von deutschen Heeren vernichtet worden sein soll, hat einige Forscher zu der sehr umstrittenen Annahme gebracht, hier habe die Residenz des polnischen Königs Boleslaw Chobry (um 1000) gestanden.

Preußen auf dem Marsche nach Waterloo: Bei Regen, auf morastigen Wegen eilten die preußischen Truppen im Juni 1815 nach Waterloo, um den Engländern im Kampf gegen Napoleon beizustehen.

Marschall Vorwärts: Feldmarschall Blücher, der die preußischen Truppen bei Waterloo befehligte.

Terra incognita: Unbekanntes Land.

75 **rekolliierte sich:** faßte sich.

Patois: Das Platt (der französischen Bauern).

76 **Kätner:** Abhängiger Bauer oder Landarbeiter, der aber Eigentümer seines Hauses (der Kate) war; auch Kossät genannt.

Kantorenfamilie ... Geistliche: Im »Evangelischen Pfarrerbuch« taucht ein Post nur einmal auf, und zwar Ferdinand Post, der 1799 in Burg (Spreewald) geboren wurde und später in Senftenberg Pfarrer war.

Dzień dobry: Guten Tag (Niedersorbisch). Fontane hat aus Sympathie für die Sorben auch ihre Sprache einmal lernen wollen, erlahmte aber bald dabei.

Magenta und Solferino: Schlachten im Französisch-Österreichischen Krieg in Italien im Juni 1859, also erst wenige Wochen vor diesem Gespräch.

Villafranca: In Venetien; hier wurde im Juli 1859 der Frieden zwischen Frankreich und Österreich geschlossen.

77 **Präliminarien:** Einleitungen, vorläufige Verhandlungen. Bezieht sich auf den Präliminarfrieden von Villafranca, der durch den Zürcher Friedensschluß im November 1859 endgültig wurde.

Jesu geh voran: von Nikolaus Ludwig Graf von Zinzendorf (1700–1760), dem Gründer der Herrnhuter Brüdergemeinde.

78 **Schulblatt für die Provinz Brandenburg:** Karl Bormann war Mitherausgeber dieser Zeitschrift und hatte 1854

(11./12. Heft des 19. Jahrgangs) Text und Noten des »Seelenbräutigam« hier veröffentlicht.

78 **Krollscher Garten:** Joseph Kroll (1797–1848) hatte 1844 im Berliner Tiergarten einen Vergnügungspark angelegt.

79 **Horn und Spieß**: Ausrüstung des Nachtwächters.

das Feuer und das Licht bewahren: Anspielung auf alte Nachtwächterrufe, die sich meist aus der Stundenverkündigung und einer Lehre oder Warnung zusammensetzten: Bewahrt das Feuer, bewahrt das Licht!

80 **Lisière:** Einfassung, Abgrenzung.

Warwick-Castle: Malerische Schloßanlage aus dem 14./15. Jahrhundert, auf einem 12 Meter hohen Felsplateau sich erhebend.

altes Schloß: ein Renaissancebau, der 1816 abgerissen wurde.

81 **der jetzt lebende Graf:** Hermann Rochus Graf zu Lynar (1797–1878).

82 **Königstochter im Märchen:** Gemeint ist das Grimmsche Märchen: Der Froschkönig oder der eiserne Heinrich.

Lazerten: Eidechsen.

Schloß Kossenblatt

Fontane besuchte Kossenblatt am 2. Mai 1862 und begann bald danach mit dem Schreiben dieses Kapitels, das im Cottaschen »Morgenblatt für gebildete Leser« vom 26. März (Nr. 13) 1863 zuerst erschien und im gleichen Jahr noch in die Erstausgabe des »Oderland« aufgenommen wurde. Unser Text wurde dem »Morgenblatt« entnommen.

In der Buchausgabe ist diesem Kapitel als Motto die 5. Strophe von Nikolaus Lenaus Gedicht »Cisteron« (aus dem Zyklus »Klara Hebert« von 1832) vorangestellt. Doch heißt es bei Lenau in der 3. Zeile nicht Bangen, sondern: Schauder.

»Aber führt der Weg den Wandrer
An den Ort, den ich besinge,
Kann er nicht dem Bangen wehren,
Daß es ihm das Herz durchdringe.«

An der Kossenblatter Dorfstraße ist ein Umschaltkasten des Elektrizitätswerks mit diesen Versen (in Fontanes fehlerhafter Version) verziert. Unkundige schütteln den Kopf darüber, Fontane-Kenner erfreuen sich des Wiedererkennens, und Nachdenkliche fragen sich, ob hier nicht vielleicht ein Ortskundiger auf mehr hinweisen wollte als auf den Fontane-Text.

85 **Fürstenwalde ... verdient ein Kapitel für sich:** Bekam es aber nie, obwohl Fontane diese Stadt mehrmals zum Ausgangspunkt seiner Touren machte.
Passagierstuben: Gemeint sind die Warteräume bei der personenbefördernden Post.
»Schwerins Tod«: Der preußische Feldmarschall Kurt Christoph Graf von Schwerin (1684–1757) schickte nicht nur seine Soldaten in den Tod, sondern erlitt diesen selbst auf dem Schlachtfeld bei Prag – welch ungewöhnliche Tatsache mehrere Künstler (wie J. F. Bolt, J. W. Meil, C. B. Rode) zur Darstellung reizte. Am bekanntesten wurde der Stich von Chodowiecki, um den es sich hier aber wohl nicht gehandelt haben wird, da ihm jede Heldenpose fehlt.
Friedrich Wilhelm III. (1770–1840) war als Theaterliebhaber bekannt; am meisten schätzte er Possen und Lustspiele aus dem bürgerlichen Milieu. Von 1816 bis 1840 soll er fast allabendlich im Theater gewesen sein.
86 **Gas ... aus Stubben:** Die Holzgasproduktion zu Beleuchtungszwecken, die manchmal dort versucht wurde, wo Holz leicht und billig zu beschaffen war, wurde überall bald vom Steinkohlenleuchtgas verdrängt.
Ursulinerinnen – Kloster: Was Fontane hier **en passant** (im Vorbeigehen, beiläufig) erfuhr und was von ihm wohl auch nicht ernst genommen wurde, stimmt nicht. Ein Nonnenkloster hat es in Beeskow nicht gegeben. Das mittelalterliche Haus an der Stadtmauer, ein Feldsteinbau, der noch erhalten ist, war vermutlich eine Herberge wandernder Mönche. (Der irreführende Name Klosterstraße, in der das Haus steht, entstand erst im 19. Jahrhundert.)
87 **Das »Amt«:** Die Burg, östlich der Stadt am Spreeübergang gelegen, wurde Anfang des 13. Jahrhunderts angelegt, 1519–1524 von Bischof Dietrich von Lebus in Backstein erneuert. Aus dieser Zeit stammt der mächtige quadratische Turm, Teile der Umfassungsmauern und die ehemaligen Wohngebäude, wo sich heute das Museum der Stadt befindet.
88 **Liebfrauenkirche:** Die Pfarrkirche St. Marien ist nicht

so alt, wie Fontane vermutet, recht aber hat er damit, daß er sie zu den schönsten der Mark zählt. Sie wurde 1388–1511 gebaut. Bei den Kämpfen im April 1945 wurde sie zerstört, beeindruckt aber auch noch als Ruine. Der von Fontane bewunderte Turm ist, bis auf die pyramidenförmige Spitze, noch vorhanden. Das zweite südliche Seitenschiff ist heute als Notkirche ausgebaut. Zerstört wurde 1945 auch das Inventar.

88 **den Gekreuzigten und den einen Schächer:** Vielleicht handelte es sich hierbei um die Kreuzigungsgruppe aus dem Triumphbogen, die bei der Renovierung von 1836 beseitigt worden war.

89 **vor 56 Jahren:** also 1806, als die Franzosen die Mark besetzten.

Kunstkammer ... Rumpelkammer: Von den vielen Emporen, die im 17. Jahrhundert von den Innungen und den Gutsgemeinden zwischen die Pfeiler der Seitenschiffe gezogen worden waren, wurde eine, der sogenannte Marterchor, seit 1836 zur Aufbewahrung überflüssiger Bilder, Sterbetafeln usw. benutzt. – Bei den **Bildnissen dreier Brüder,** die über 2 Meter hoch waren, handelte es sich in Wahrheit um einen Vater und seine zwei Söhne, die »drei Treuer« genannt, und zwar 1. um Christian Treuer, Pastor von St. Marien und Superintendent der Kirchenkreise Beeskow und Storkow, der 1613 an der Pest starb; 2. um dessen Sohn Gottfried Treuer, ebenfalls Pastor bei St. Marien, der von 1600 bis 1666 lebte, und 3. um dessen jüngeren Bruder Gotthilf Treuer (1604–1671), der Bürgermeister von Beeskow war – und auf dessen Bildnis die zitierten Verse standen, die Fontane aber nicht ganz akkurat wiedergibt. In der 2. Zeile muß es statt Treueren – Treuern, statt Denkbild – Dankbild heißen und in der 6. Zeile statt hab' – nahm.

91 **Der Weg war reizlos:** Die Chaussee von Beeskow nach Kossenblatt wurde erst 1893 gebaut. Nach alten Karten zu urteilen, fuhr man damals nicht über Kohlsdorf und Tauche, sondern von Beeskow geradenwegs auf Giesensdorf zu, von wo aus der Weg dann schöner wird, weil man rechts die Niederung mit den beiden Kossenblatter Seen liegen sieht.

Seidenzucht: Da Friedrich II. die Seidenraupenzucht gefördert hatte, gibt Fontane hier wohl romantischen Vorstellungen nach. Tatsache ist, daß die Seidenzucht, schon klimatischer Bedingungen wegen, wirtschaftlich keine Rolle mehr spielte, als die Zeit der Förderung durch den Staat vorbei war.

92 **Kirche:** Im Notizbuch A 13 hat Fontane auch die Erbbegräbnisse in einer Skizze festgehalten; dazu heißt es »Der Feldmarschall und der jüngste Sohn sind bestimmt hier begraben, die zweite Frau – nicht erwiesen. Jetzt alles zugeschüttet. Bei Oppens auch. Doch benutzen andere Familien die Gruft (Paschke u. Buchholtz)!«

Predigerhaus ... seine Bewohner: Das Pfarrhaus, 1845 gebaut, steht heute noch. Der Pfarrer hieß Adolf Stappenbeck (1811–1871), stammte aus Perleberg, hatte in Berlin das Joachimthalsche Gymnasium und die Universität besucht, war Diakon und Schulrektor in Wendisch Buchholz gewesen und seit 1851 Pastor in Kossenblatt. Er wird Fontane die Kossenblatter Kirchenchronik gezeigt und erläutert haben, aus der Berghaus und andere schon schöpften und die auch mir hilfreich war – wofür ich Herrn Pastor Fritz Danner, der mir in freundlichster Weise Einblick gewährte, dankbar bin. Daß Stappenbeck ein an Ortsgeschichte Interessierter war, geht aus seinen Chronikeintragungen hervor. Sein Nachfolger schrieb ihm dort einen Nachruf, der zeigt, wie man im Loben auch kritisieren kann: »Ein Mann der Wissenschaft und der Liebe, kindlichen Gemüthes und getreuen Herzens. Wohl mag seine Wissenschaft zu hoch hinweggegangen sein über der Zuhörer Köpfe, wohl mag sein weiches Herz zu oft milde Nachsicht geübt haben, wo es strengen Ernst galt – doch war's ein heller Schein, den Gott in sein Herz gegeben ... Gern gesehen von allen, geliebt von vielen, gemißbraucht von manchen, verstanden von wenigen, gehaßt von keinem ... Innerhalb der Gemeinde hat er das Verdienst, die Gemeinde-Bibliothek begründet zu haben, wie auch die Verbreitung guter Kalender seine Sorge war. Eine Zeitlang hat er abends selbst in der Schulstube den Leuten vorgelesen ...«

Die Besitzer wechselten oft: ... Namentlich bekannt sind von ihnen ein »Herr Sifridus de Coscenblot« (1208) und ein »Herr Heidenreich von Czertewicz auf Cossenblat« (1425).

von Weilsdorf: Die (spätere) Eintragung in der Kirchenchronik lautet: »Anno 1581 haben Coßenblad die 2 Gebrüder von Weilsdorf beseßen, da aber ein bruder den andern dazumahl erstochen, ist der hinterbliebene flüchtig geworden.«

92 **Georg von Oppen:** Er starb 1609. Sein schöner Grabstein, mit figürlicher Darstellung, befindet sich, neben dem seiner Frau und dem seiner Schwiegermutter, in der Kirche.
93 **Vom Schloß war damals noch keine Spur vorhanden:** Das stimmt, aber es gab einen Vorgängerbau, eine mittelalterliche Burg. Fontane wußte offensichtlich nicht, daß nach dem Tod Georg von Oppens (1609) sich zwei seiner Söhne das Erbe teilten, es bis 1699 also zwei Oppensche Höfe gab: einen diesseits des Spreearms, beim Herrenhaus, den andern jenseits, in den Resten der alten Burg.
Das alte Herrenhaus: Der verputzte Feldsteinbau steht noch und wird bewohnt. Die erstaunlichen Kellergewölbe sind wohlerhalten.
(siehe das vorige Kapitel): Aus Nachlässigkeit wurde diese für das »Oderland« bestimmte Bemerkung im Zeitschriftenvorabdruck nicht getilgt, was besonders deshalb verwundert, weil die beiden Fassungen sonst nicht in allen Punkten übereinstimmen. Fontane hat wohl das für das Buch bestimmte Kapitel ohne Durchsicht an die Zeitschrift gegeben, es später dann aber noch bearbeitet, das heißt gekürzt, aber auch vermehrt.
Feldmarschall von Barfus, Hans Albrecht Graf von (1635–1704); preußischer Offizier und Minister. Seine Lebensgeschichte bringt Fontane im Kapitel »Prädikow«; und um diese beiden Kapitel zusammenzuhalten, hat er »Kossenblatt«, das an der Spree liegt, ins »Oderland« aufgenommen.
Aufführung eines Schlosses: Der zweigeschossige Putzbau mit Mansarddach ist gut erhalten; er wurde 1967 restauriert und ist seitdem der Öffentlichkeit nicht mehr zugänglich; er wird als Archiv benutzt.
Eleonore: Gräfin von Barfus, geb. **Gräfin von Dönhoff** starb nicht, wie Fontane schreibt, 1728, sondern schon 1726. Sie wurde, laut Kirchenchronik, »biß zur Abführung in das Erb-Begräbnis nach Preußen allhier beygesetzt.« – Der Bau des Schlosses war ganz ihr Werk. Der Graf hatte zwar noch die alte Burg abreißen lassen, aber erst nach seinem Tode (1704) wurde der Grundstein zum neuen Bau gelegt. Seit 1711 wohnte die Gräfin dort. – Über die sagenhaften Geschehnisse, die Fontane erzählt, gibt es nirgendwo auch nur die Andeutung eines Belegs. Fontane wird sie von Pastor Stappenbeck erfahren haben, aber der Chronik hat dieser davon

nichts anvertraut. Eine literarische Trivialverwertung fand diese Fontanesche Sage schnell: in dem vierbändigen Roman des Vielschreibers Albert Emil Brachvogel »Die Grafen Barfus«, der 1869 in Leipzig erschien. – Zehn Jahre später heißt es in einem Fontane-Brief: »Die Sachen von der Marlitt, von Max Ring, von Brachvogel, Personen die ich gar nicht als Schriftsteller gelten lasse, erleben nicht nur zahlreiche Auflagen, sondern werden auch wo möglich ins Vorder- und Hinter-Indische übersetzt; um mich kümmert sich keine Katze. Es ist *so* stark, daß es zuletzt wieder ins Lächerliche umschlägt. Und das rettet mich, sonst würd' ich leberkrank.« (Fontane an seine Frau am 15. 6. 1879. In: Fontanes Briefe I. (Schreinert), S. 94)

94 **Nachweis über die Söhne des Feldmarschalls:** Es handelt sich hier um das Büchlein von Franz Wilhelm von Barfus-Falkenberg: H. A. Graf von Barfus, Königl. Preuß. General-Feldmarschall. Ein Beitrag zur Kriegsgeschichte ... Berlin 1854. Was Fontane hier als Zitat ausgibt, ist in Wirklichkeit eine von ihm formulierte Zusammenfassung von Seite 40, die in der Sache aber ganz der Vorlage entspricht.

95 **wieder ein Barfus:** Eben jener in der vorigen Anmerkung erwähnte Barfus-Falkenberg (1788–1863), dessen Aufenthalt auf dem Schloß von Pastor Stappenbeck, wesentlich nüchterner allerdings, in der Chronik vermerkt wurde: »Gastweise hat der Gen.-Major von Barfus-Falkenburg [!] nach 1850, zuletzt 1854, im Schloß gewohnt und zwar im Oberstock der Ostseite. (Durch Vertrag vom 16. 9. 1851 hatte die K. Hofkammer ihm 10 Räume unentgeltlich überlassen: 7 auf der Ostseite oben, 3 auf der Westseite unten.) 1861 hat er noch einmal hier gewohnt und sich über den schlechten Zustand der Fenster beschwert.« – Auf ihn bezieht sich wahrscheinlich auch die Bemerkung Fontanes: die Familie würde »beiläufig bemerkt wüthend« werden, »wenn man ihren Namen mit einem ß statt mit einem s schreibt.« (An seine Schwester Elise, 22. 4. 1862. In: Fontanes Briefe I. (Schreinert), S. 289)

98 **... Friedrich Wilhelm I. ... Kauf:** Was Fontane offensichtlich nicht wußte, ist, daß der König dem Barfus, den er zum Verkauf von Kossenblatt fast gezwungen hatte, gleichzeitig ein anderes Gut in der Nähe verschaffte, nämlich Ragow (mit Merz), wo der Graf bis zu seinem Tode (1741) lebte.

98 **Agnaten**: Verwandte männlicherseits.
Prinz August Wilhelm (1722–1758): Er hat nie in Kossenblatt längere Zeit gewohnt. 1742 war nur seine Frau da, um sich huldigen zu lassen, »da vermöge des Ehe-Vergleichs ihr das Schloß Kossenblatt als ihre Residenz und Wittums-Sitz ist ausgemacht worden« (Kirchenchronik). Sein **Namenszug A. W.** ist vom **großen Frontbalkon** des Schlosses heute entfernt, aber über dem Kanzelaltar in der Kirche ist er noch zu sehen. – Über ihn schrieb Fontane im Kapitel »Schloß Oranienburg« des »Havelland«.
99 **er saß hier seine Gicht ab:** Nach den Eintragungen der Kirchenchronik, die natürlich lückenhaft sein können, hielt sich der König 1736, 1737, 1738 für jährlich einige Wochen hier auf, 1739 nur für achtundvierzig Stunden – »und zwar zum letzten mahl, denn Anno 1740, d. 31. May gaben Dieselben in Potsdam Dero hohen Geist auf«.
in tormentis pinxit: Er malte unter Schmerzen.
Die Bilder, die sich ... in Kossenblatt befinden: In der Buchausgabe folgt hier der Zusatz: »(neuerdings, Sommer 1863, nach Königswusterhausen geschafft.)«.
100 **Corps de Logis:** Mittel- oder Hauptgebäude.
Lage ... des Schlosses: Fontanes Darstellung ist insofern lückenhaft, als er die Insellage des Schlosses nicht erwähnt. Wenn man den eigenartigen Zugang über den Gutshof hinter sich hat, muß man erst eine Brücke passieren, um das Schloß zu erreichen. Die Brücke, die Fontane vermißt, war also eine zweite, die nie wieder aufgebaut wurde; sie verband die Hinterseite des Schlosses mit dem Lustgarten, führte also über den gleichen Spreearm auf die Dorfseite zurück. – Im Notizbuch A 13, Blatt 7 (Rückseite) heißt es: »Eine Brücke führte über den Mühlenarm der Spree nach dem sogenannten Lustgarten; nichts außer Stubben von der Brücke zu sehen.«
102 **Bilder des Königs:** Sie wurden, wie auch die Staffelei, 1863 nach Königswusterhausen gebracht und befinden sich heute in Potsdam. – Ein Herr von Puttkamer teilt über den königlichen Maler noch folgendes mit: »Da der König nämlich in seiner Jugend auch Zeichen-Unterricht erhalten so wie an Gemälden selbst manches Gute gesehen hatte, so kam er darauf, in seinen Mußestunden ... diese Zeit mit Malen auszufüllen, indem er allerlei Phantasiestücke, Kopien, selbst Porträts von Soldaten und Offizieren, aber auch jagd-

bare Tiere, Pferde usw. zum Zeitvertreib und ohne große Auswahl ausführte, da er nach Höchsteignem Ausspruch: ›nie ganz müßig sein wollte!‹ Hierbei nahm er es jedoch zugleich so ernst, daß er vollständig überzeugt war, etwas Ordentliches leisten zu können, und – von seiner Umgebung hierin bestärkt – fest glaubte, daß: ›wenn er nicht ein Fürst und regierender Herr wäre, er auch als Künstler sein reichliches Auskommen haben würde.‹ Denn bot ihm auch z. B. der Berliner Schildereien-Händler Schütz nur ein Goldstück pro Bild, und schätzte der König hiernach seinen Erwerb nur täglich auf einen Taler, ›so meinte er doch mit diesem einen Taler ganz gut durchkommen zu können‹. Gewiß eine höchst charakteristische, ebenso originelle als bescheidene Auffassung. – Die Mehrzahl der dem Könige selbst zuzuschreibenden Gemälde waren indessen vom Hofmaler Weidemann im Umriß vorgezeichnet, so daß der hohe Herr dieselben eigentlich nur zu kolorieren brauchte« (Oberst von Puttkamer: König Friedrich Wilhelm I. als Beförderer und Dilettant der edlen Malerkunst. In: Mitteilungen des Vereins für die Geschichte Potsdams. II. Theil, 28. Sitzung. Potsdam 1866). – In Fontanes Notizbuch A 13, Blatt 4 (Rückseite) heißt es zusätzlich noch: »Auf der Treppe: Königin Sophie Charlotte. Einer der Grenadiere. Eine Kinderschmiererei wahrscheinlich von einer der Prinzessinnen herrührend: holländische rothe Ziegelhäuser ... zwischen den zwei Bäumen zwei Juden, die sich begrüßen.«
cum grano salis: richtig verstanden, nicht buchstäblich (wörtlich: mit einem Körnchen Salz).

In der ersten Buchausgabe von »Schloß Kossenblatt«, also in »Das Oderland« von 1863, hat Fontane in den »Anmerkungen« noch folgende Zusätze untergebracht:

Friedrich Wilhelm I. in Kossenblatt.

»Vom Jahre 1736 an hat **Friedrich Wilhelm I.** bis zu seinem Tode alljährlich sich **einige Zeit in Kossenblatt aufgehalten**, zum letzten Male im November 1739. Bei diesem Aufenthalt hier hat der König dann auch die Kirche besucht und dem Gottesdienst beigewohnt, hat auch mit kritischem Ohre die Predigt gehört, worüber einige Notizen vorliegen. Am 13. Sonntage nach Trinitatis im Jahre 1736 (26. August) hat der König in der hiesigen Kirche eine Predigt von dem damaligen Prediger in Wulfersdorf (stellvertretend für den hiesigen, welcher krank gewesen ist) gehört, welche seine höchste Unzufriedenheit erregt hat; – und da er nicht lange vorher mit einer in Rheinsberg gehörten Predigt ebenfalls unzufrieden gewesen ist, so haben diese beiden Prediger nach Berlin kommen und über vorgeschriebene Texte predigen müssen. Auch hat der König einen Kabinettsbefehl erlassen, in Folge dessen sämtliche Prediger aus der Altmark, Priegnitz, Mittel-, Ucker- und Neumark durch das Konsistorium nach Berlin berufen worden sind, ›um ein Monitorium und Instructorium zu vernehmen‹. Zugleich sind durch neue Befehle die Inspectoren (Superintendenten) angewiesen worden, jährliche Conduitenlisten über die Prediger ihrer Diözesen einzureichen. Am 23. Sonntage nach Trinitatis (9. November) 1738 ist der König wiederum mit einer Predigt des damaligen hiesigen Predigers unzufrieden gewesen und hat auf einen ihm gemachten Vorschlag den Prediger aus Teupitz kommen lassen; – aber auch dieser hat ihn nicht zufriedenstellen können« (Mitteilung des Predigers Stappenbeck in Kossenblatt).

Ein großes Gemälde in der Kirche fesselte sofort beim Eintreten meine Aufmerksamkeit, weil ich darin eine **Kopie des großen Familienbildes** in der Meseberger Kirche (vgl. Bd. I. S. 129) zu erkennen glaubte. Nur Nebensächliches – z. B. die Hintergrunds-Architektur – wich ab. Auf meine eingezogenen Erkundigungen habe ich nun aber erfahren, daß sich die Sache umgekehrt verhalten und daß das **Bildnis in der Meseberger Kirche eine Kopie dieses Kossenblatter sein soll.** General von Barfus, der das Bild sehr genau kennt und für seine Restaurierung Sorge getragen hat, schreibt darüber (nachdem ich mir anfangs einen leisen Zweifel erlaubt und das Groebensche Bild in **Meseberg** als Originalbild angesehen hatte): »Meiner Ansicht bleibe ich getreu: das Bild in der Kirche zu Kossenblatt stellt vor **Georg von Oppen**, Kurbrandenburgischen Oberkämmerer, und seine Gemahlin, eine geb. **v. Maltitz**, dazu die 12 Kinder beider. Unter den Töchtern befand sich Katharina von Oppen, später die Gattin Ditlofs von Barfus auf Möglin und Reichenow, des berühmten Reiter-Obersten und Großvater des Feldmarschall Johann Albrecht von Barfus. Eine andere Tochter vermählte sich mit Herrn von der **Groeben auf Meseberg**, welcher letztre das **Kossenblatter Familienbild, aus Pietät gegen seinen Schwiegervater, copieren ließ.**«

Zu den Fontaneschen »Anmerkungen« sei noch folgendes angemerkt: Das als »Mitteilung des Predigers Stappenbeck« ausgewiesene Zitat ist eine Zusammenfassung und sprachliche Modernisierung mehrerer zeitgenössischer Notizen aus der Kossenblatter Kirchenchronik, das die Geschehnisse besserer Verständlichkeit wegen zwar vereinfacht, aber nicht verfälscht. Doch geht natürlich der Reiz des Originals, das vollständig anzuführen hier zu weitläufig wäre, dabei verloren. Ein paar Original-Zitate mögen als Beispiel genügen: »Da Anno 1736 ... S. Königl. Majest. von Preußen Friedr. Wilh. ankamen, die Arbeit am Königl. Schloß-Bau zu besehen; so erkundigte sich sogleich dieselbg., ob der neue Prediger hier eingezogen wäre, da nun mit Nein geantwortet wurde ... so sandte darauf S. Königl. Majestaet einen Pagen an den H. Prediger Popelium mit dem Vermelden, daß S. Königl. Majestaet morgen in die hiesige Kirche gehen wolle, und Er daher predigen möchte. Derselbe aber gab zur Antwort, daß es ihm diesesmahl ohnmöglich wäre, weil er kranck und unter Gottes Gewalt stünde. Worauf dann S. Majestaet ihm sagen ließ, wenn er ja nicht könnte; so möchte Er einen andern Prediger besorgen ... Gegen Abend hat dann Derselbe an H. Prediger Wucke in Wulfersdorf geschrieben ... Da nun gegen eilf Uhr der Gottesdienst sich anfing, und der H. Wucke ein solches Auditorium noch nie vor sich gehabt hatte; so wurde er bald confus ... Wie aber der gantze Vortrag S. Maj. mißfielen alß urtheilte Selbige nach der Predigt: Sie hätten nie eine elendere Predigt gehört, auch nicht geglaubt, daß so elende Prediger in Dero Landen wären ...«

Bei Fontanes Ausführungen über das **große Gemälde in der Kirche** ist der Begriff Kopie mißverständlich; es ist vielmehr Nachahmung damit gemeint. Denn das Kossenblatter Bild stellte die Familie von Oppen, das Meseberger die Familie von Groeben (mit anderer Kinderzahl) dar. Das Groebensche Bild (nach Fontanes Ansicht von einem Schüler Lukas Cranachs gemalt) ist noch heute in der Kirche von Meseberg (Kreis Gransee) zu bewundern, das Oppensche, das 1854 restauriert worden war, existiert wahrscheinlich nicht mehr. Über sein Schicksal gibt die Kirchenchronik Auskunft: »1900, im Oktober, wurde das große alte von Oppensche Familienbild im Altarraum, das stark beschädigt war und dessen Rahmenleisten vom Wurm zerfressen waren, weil es hier nicht, wegen Mangel an Mitteln [Zusatz von anderer Hand: und Verständnislosigkeit] hergestellt werden konnte, nach langen Verhandlungen an den von Oppenschen Familien-Ältesten, Friedrich von Oppen-Cunersdorf, für 300 Mark verkauft. – Für diese 300 M wurde ein großes Ölgemälde, Copie eines berühmten Plockhorstschen Gemäldes, Christus auf dem Wege nach Emmaus, 215 cm × 160 cm groß, angeschafft ... [Zusatz von anderer Hand: Kitsch!].« – Das Bild, das 1929 noch im 7. Jahrgang, Heft 2, der Zeitschrift »Brandenburg« abgebildet wurde, war wahrscheinlich noch bis 1945 in Kunersdorf (heute Kreis Bad Freienwalde) und ist bei der völligen Zerstörung des Schlosses wohl vernichtet worden. – In Fontanes Notizbuch A 13, Blatt 8, heißt es zusätzlich: »Das Gröben-Oppensche Bild: 7 Mädchen u. die Mutter (Oppen), 4 Jungens, damals ist das Bild größer gewesen, aber die schlechten Stücke, wahrscheinlich links und in der Höhe, wurden weggeschnitten.« –

Königswusterhausen

Die Fahrt nach Königswusterhausen (und Mittenwalde) unternahm Fontane zu Pfingsten, 7.–9. Juni, 1862. Im Juli des gleichen Jahres entstand der Aufsatz, der bald darauf im »Wochenblatt der Johanniter-Ordens-Ballei Brandenburg« 1862, Nr. 30–32, abgedruckt, später in die Erstausgabe des »Oderland« (1863) und 1882 in das »Spreeland« übernommen wurde. Unser Text folgt dem Zeitschriften-Vorabdruck.

119 **Maienbüsche:** Birkengrün, mit dem man bis in jüngster Zeit zu Pfingsten Haus und Hof zu schmücken pflegte.
Rixdorf: Zu dieser Zeit noch zwei Landgemeinden: Deutsch und Böhmisch Rixdorf, die 1873 vereinigt, 1899 zur Stadt gemacht wurden; 1912 wurde Rixdorf in Neukölln umbenannt, 1920 in Groß-Berlin eingemeindet.
Rudow: seit 1920 zu Berlin gehörig.
120 **Markgräfin von Bayreuth,** Wilhelmine, geb. Prinzessin von Preußen (1709–1758); ihre (in ihrem Wahrheitsgehalt oft angezweifelten) Memoiren erschienen zuerst 1810.
123 **Schloß Wusterhausen:** zweigeschossiger verputzter Feldsteinbau mit rundem Treppenturm von 1540, an Stelle einer alten Burganlage erbaut, 1718 zum Jagdschloß umgestal-

tet, 1862 und 1970 restauriert und verändert; heute Sitz des Rates des Kreises.
»Wustrow«: Diese Ableitung des Ortsnamens übernahm Fontane von Berghaus und Klöden; urkundlich belegt ist sie nicht. Die erste Erwähnung stammt von 1320 und lautet bereits Wosterhusen. Seit 1441 ist Wendisch Wusterhusen bekannt, seit 1734 Königlich Wusterhausen. Seit 1935 ist der ehemalige Flecken Stadt. **Deutsch-Wusterhausen** wurde 1974 eingemeindet.
Quitzow-Zeit: um 1400, die Zeit der Adelsfehden, denen nach 1411 durch die Herrschaft der Hohenzollern ein Ende gemacht wurde. Im Kapitel »Quitzöwel« von »Fünf Schlösser« schreibt Fontane ausführlich darüber.
Schenken von Landsberg: Über dieses Adelsgeschlecht berichtet Fontane genauer im Kapitel »Teupitz« des »Spreeland«.
125 **Malplaquet:** Schlacht im Spanischen Erbfolgekrieg, in der, am 11. September 1709, die Franzosen von den alliierten Engländern, Österreichern und Preußen geschlagen wurden.
Hubertusfest: Der Heilige Hubertus (656–727) gilt als Schutzpatron der Jäger. Am Hubertustag, dem 3. November, werden auch heute noch große Jagden abgehalten.
Kriegsgericht ... Kronprinz Friedrich: Den Vater-Sohn-Konflikt zwischen Friedrich Wilhelm I. und dem Kronprinzen Friedrich (II.), der mit der Hinrichtung Kattes endete, hat Fontane später ausführlich in dem Kapitel »Die Katte-Tragödie« des »Oderland« beschrieben.
fiat justitia et pereat mundus: Gerechtigkeit muß bleiben, auch wenn die Welt darüber zugrunde geht.
crimen laesae Majestatis: Majestätsverbrechen.
consideration: Rücksicht.
126 **Sentenz:** Urteil.
Intrigen: Diese Heiratsintrigen werden von Wilhelmine, Markgräfin von Bayreuth, in ihren Memoiren ausführlich dargestellt.
Podagra und Malerei: Über die Malerei des Königs wird ausführlicher im Kapitel »Kossenblatt« des »Oderland« berichtet.
keine Bilder des Königs mehr vorfinden: In der Buchausgabe folgt hier der Zusatz: »(seit Sommer 1863 geändert)« – was besagen soll, daß in diesem Jahr das Museum in Königs-

wusterhausen eröffnet wurde und aus diesem Grund die in Kossenblatt hängenden Bilder des Königs hierher gebracht worden waren.

127 **Nur seine Nase:** Dieses unsinnige »Nur« wurde für die Fassung der Buchausgabe getilgt.

128 **Geweih eines Riesenhirsches:** In dieser Kurzdarstellung der berühmten Jagdbegebenheit (die meist unter dem Begriff des 66-Enders läuft) sind Fontane gleich drei Fehler unterlaufen: 1. wog nicht das Geweih **532 Pfund**, sondern der ganze Hirsch; 2. wurde dieser nicht **1636, also zur Regierungszeit George Wilhelms,** geschossen, sondern 1696, also zur Regierungszeit Friedrichs III. und zwar von diesem selbst; und 3. stellt das **steinerne Monument** keinen **Hirsch in liegender Stellung** dar, sondern nur einen Hirschkopf samt Geweih. (Fontane verwechselt das wohl mit einem bekannten Kupferstich des Hirsches.) – Da Jagdbegeisterte diesem einzigartigen Fall immer wieder nachgespürt haben, ist man über die Einzelheiten heute hinreichend informiert. Wie immer bei hochherrschaftlichen Jagderfolgen, liegt das eigentliche Verdienst bei den niederen Chargen, zu deren Berufspflichten es gehört, Ruhm und Ehre den Herren zu überlassen. In diesem Fall war der selbstlose Forstmann (damals Heidereiter genannt) ein Andreas Siebenbürger aus Jakobsdorf (heute Kreis Fürstenwalde). Der entdeckte den Riesenhirsch in seinem Revier, verständigte den Kurfürsten darüber und trieb diesem (zwischen Biegen und Neubrück, in der Nähe der heutigen Kersdorfer Schleuse) das Prachtstück vor die Flinte. Als Prämie dafür (damals Spezial-Gnade genannt) wurde ihm ein im 30jährigen Krieg wüst gewordener Bauernhof in Biegen abgabelos übereignet. Der Kurfürst ließ den Hirsch von J. G. Wolfgang und später von Johann Elias Riedinger in Kupfer stechen und ordnete 1707, als er schon König war, die Aufstellung des Denkmals am Tatort an, wo es, neuerdings restauriert, noch immer steht. Es ist eine aufrecht stehende Sandsteinplatte, die auf der einen Seite das Relief des Hirschkopfs, auf der anderen folgende Inschrift trägt: »Diesen Hirsch hat in der Brunftzeit mit eigner Hand geschossen der Durchlauchtigste, Großmächtigste Fürst und Herr, Herr Friedrich III. Markgraff und Churfürst zu Brandenburg im Amhte Biegen auf der Jakobdorffschen Heyde den 18. September, Anno 1696, hat gewogen fünf Centner, 35 Pfund,

nachdem er schon 3 Wochen geschrieen.« – Ob das Geweih nun wirklich 66 Enden oder, wie neuerdings Fachleute meinen, nur 30 hat: dem Sachsenherrscher gefiel es, er gab **lange Grenadiere** dafür (ob eine **ganze Kompagnie** ist zweifelhaft), und hängte es im Audienz- oder Monstrosensaal von Schloß Moritzburg bei Dresden auf, wo es im 19. Jahrhundert wiederum für das Museum in Königswusterhausen in Öl gemalt wurde. In die Literatur ist der Hirsch schon zu der Zeit seines Ablebens durch einen Friedrich Calenus gekommen, der eine Carmina in lateinischer Sprache zu Ehren des Kurfürstlichen Jägers verfaßte, Ende des 19. Jahrhunderts dann aber durch einen der berühmtesten sächsischen Autoren, durch Karl May. Der nämlich läßt in dem Roman »Der Geist des Llano Estacado« einen seiner komischen Westmänner, Hobble Frank, von seiner sächsischen Heimat so schwärmen: »Er kam ooch zuweilen nach Moritzburg, um sich die dortigen Ledertapeten und Hirschgeweihe im Jagdschloß anzusehen. Wissen Sie, es gibt dort Geweihe von 24 bis 50 Enden und sogar eenen geradezu menschtrösen Sechsundsechzigender ...« (Zitiert nach der DDR-Ausgabe, Berlin 1985. In der 1. Buchausgabe, Union Deutsche Verlagsgesellschaft Stuttgart 1888, nach der sich die DDR-Ausgabe laut Impressum richtet, ist das Zitat nicht enthalten, wohl aber im Zeitschriften-Erstdruck in: Spemanns Illustrierte Knabenzeitung Der gute Kamerad, 2. Jahrgang, Nr. 22.)

129 **am wenigsten einzuwenden haben würde:** Einzuwenden hatten aber seine Nachkommen etwas gegen diese Profanierung. Wilhelm I. ließ, ein Jahr nach Fontanes Besuch, das Museum einrichten, und manchmal benutzte er das Schloß auch als Unterkunft, wenn er in der Dubrow jagte.

130 **Eugen und Marlborough:** Prinz Eugen und der Duke of Marlborough befehligten im Spanischen Erbfolgekrieg (1701–1714) die gegen Frankreich verbündeten Truppen, zu denen auch preußische gehörten.

Der »starke Mann«: Ein Akrobat, Johann Karl Eckenberg, den der König zum Hofkomödianten ernannt hatte.

zwei Basrelief – Bilder: Sie sollen erhalten sein und sich jetzt in Berlin, im Institut für Denkmalpflege, befinden.

131 **esprit fort:** Freigeist.

Die Wendische Spree
oder:
Von Köpenick bis Teupitz an Bord der »Sphinx«

Diese Segelbootfahrt unternahm Fontane vom 7.–9. Juli 1874. Geschrieben wurde der Aufsatz zwei Jahre später, im August 1876, und weitere zwei Jahre danach erst veröffentlicht, in der »Deutschen Rundschau«, Band 16, Juli–September 1878, nach der sich unser Text richtet. 1882 wurde das Kapitel dann in die Erstausgabe des »Spreeland« aufgenommen.

132 **Die Wendische Spree:** Der achte linke Zufluß der Spree wird heute (und wurde auch zu Fontanes Zeiten meist) Dahme genannt. Daß Fontane die ungewöhnlichere Bezeichnung verwendet, hängt sicher mit seiner ehrenwerten, etwas romantisch gefärbten Vorliebe für die Wenden (die Sorben) zusammen, die ihn auch die **wendischen Elemente** dieser Gegend übertreiben läßt. Um der poetischen Bezeichnung willen setzt er sich auch über **Berghaus**, dessen Studium er ausdrücklich erwähnt, hinweg. Dieser nennt den Fluß nämlich die Dahme, erwähnt den Begriff Wendische Spree, den er in einer langen Fußnote als unklar bezeichnet, nur nebenbei und definiert ihn so: »Der untere Teil der Dahme ... wird auch die Wendische Spree genannt, indem man unter diesem Namen die zusammenhängende Kette der Seen zu verstehen pflegt, welche unterhalb der Neuenmühle beginnt.« Das heißt also, daß die »Sphinx« die Wendische Spree schon verlassen hatte, als sie Königswusterhausen passiert und den Krüpelsee erreicht hatte. – Berghaus setzt noch hinzu: »Die heutigen Anwohner des Wasserzuges von der Neuenmühle bis Köpenick nennen denselben bald Dahme, bald Spree, mit oder ohne das Eigenschaftswort Wendisch« (Seite 109), um daran die einleuchtende Hypothese zu knüpfen, daß in früheren Jahrhunderten Spree und Dahme sich schon weiter oberhalb der heutigen Mündung vereinigten, so daß also der Dahme-Teil, der Wendische Spree genannt wurde, ein Spreearm, wenn nicht gar der Spree-Hauptarm gewesen ist.
Quellgebieten der Wendischen Spree: Es handelt sich hier um eine, nicht nur leichte, Übertreibung; denn die Quellen der Dahme befinden sich beim Städtchen Dahme; die Distanz zwischen Mündung und Quelle ist also bei Prie-

ros (wo die »Sphinx« die Dahme verließ) erst etwas mehr als zur Hälfte zurückgelegt.
Rappardsche Karte: F. von Rappard: Topographisch-statistische Karte des Regierungsbezirks Potsdam. 19 Blatt. 1864–1865.
133 **Berghaus**, Heinrich: Landbuch der Mark Brandenburg und des Markgrafthums Niederlausitz ... Band 1–3. Brandenburg 1854–1856. – Der Abschnitt »Hydrographische Beschreibung [nicht: Beschaffenheit, wie Fontane schreibt] des Spreeflusses« befindet sich im 2. Band, Seite 43–127.
Défilées: Engen, Engpässe.
134 **Supercargo:** auf Handelsschiffen Bevollmächtigter des Eigentümers einer Ladung.
nom de guerre: Kriegsname. Deckname.
Köpenicker Schloßpark: Nachdem der letzte Besitzer des Schlosses, Graf Schmettau, 1806 gefallen war, diente es erst als Gefängnis, dann, ab 1852, als Lehrerseminar. Über Köpenick erzählt Fontane im »Spreeland« ausführlich.
135 **Scharlachberger:** Rheinwein aus der Gegend von Bingen.
136 **Seglerklub:** Der hier gemeinte Berliner Seglerklub wurde 1867 gegründet.
»Eierhäuschen«: Gaststätte an der Spree (seit 1837) oberhalb Treptows; in erweiterter und umgebauter Form noch heute erhalten. In Fontanes Werken wird es oft erwähnt, so im »Stechlin«, wo, im 14. und 15. Kapitel, eine Dampferfahrt dorthin unternommen wird.
138 **Schauplatz dieser Wettkämpfe:** Die hier beschriebene Regattastrecke entspricht etwa der heutigen bei Berlin-Grünau. Das **Café Lubow** existiert nicht mehr.
Krampenbaude: die spätere Gaststätte Krampenburg.
139 **Vorschule für unsere Flotte:** Diese brav-patriotische Frage, die so recht in das steife, ganz unfontanische Gespräch paßt, sieht die Entwicklung dieser Vereine voraus: nicht nur unter Kaiser Wilhelm II., der eine unglückliche Liebe zur Seeherrschaft hatte und deshalb auch die Seglervereine förderte, verstand man sich auf Berliner und anderen Gewässern als Marine-Vorschule, auch später noch.
140 **Viktor von Graefe** (1826–1889): Sohn des Chirurgen Karl Ferdinand von Graefe (1787–1840), Bruder des berühmten Augenarztes Albrecht von Graefe (1828–1870), dessen Denkmal (von Siemering) vor der Berliner Charité steht.

142 **Camera obscura:** wörtlich: dunkle Kammer; Vorform des Fotoapparats, bei der seitenverkehrte Bilder auf eine Mattscheibe geworfen wurden.
Veduten: Stadt- oder Landschaftsansichten.
kompendiös: zusammengefaßt, gedrängt.
Bindlochstecher: Nadel für Lochstickerei.
143 **Berliner Eiswerke:** Sie lagen auf dem östlichen Dahme-Ufer, zwischen Köpenick und Wendenschloß, und brannten 1901 tatsächlich ab.
Villenstraßen des Tiergartens: vornehme Wohngegend am Südrand des Tiergartens; im zweiten Weltkrieg zerstört.
Donjon: Türmchen, turmartiger Erker.
Belfroi: Bergfried.
Entreprise: Übernahme (hier: von Bauaufträgen).
Nürnberger Spielkasten: Spielbaukasten mit vorgefertigten Bauteilen.
Tudor-Turm: Turm im Tudor-Stil der englischen Spätgotik; im 18. und 19. Jahrhundert viel nachgeahmt.
144 **York und Lancaster:** englische Herzogsgeschlechter, die im 15. Jahrhundert um den Königsthron kämpften.
Tubus: Fernrohr.
Philippshütte: Fischerhütte an der Großen Krampe; heute Zeltplatz.
das ist Kahniswall: Schon hier wird klar, daß Fontane eine falsche Vorstellung von der Lage dieser Wohnstätte hat. Er denkt sich Kahniswall an den östlichen Zipfel des Seddinsees, zwischen Gosen und Müggelheim, etwa dorthin, wo das Fortshaus Fahlenberg steht; es liegt aber viel weiter östlich, inmitten der Wiesen auf Erkner zu. (Die nach 1945 noch lange bewohnte inselartige Erhöhung, die direkt an der heutigen Stadtgrenze, auf Berliner Gebiet, liegt, existiert noch und ist mit Wochenendhäusern bebaut. Betreten werden aber darf sie von »Unbefugten« nicht.) – Fontanes Schreibung des Namens übrigens war und ist ungebräuchlich; richtig ist Caniswall oder Kaniswall, also ohne h. Daß in diesem Fall von unserer Regel, Orte im Fontaneschen Text in der heutigen Form zu schreiben, abgewichen wird, hat seinen Grund darin, daß man Fontanes Kahniswall für einen fiktiven Ort ansehen muß. – Die Rappardsche Karte des »Kreises Teltow«, die Fontane benutzte, verzeichnet übrigens »Gut Kaniswall« an der richtigen Stelle, nicht dort, wo Fontane sie hinverlegt.

Robins Eiland: Diese Insel (nicht die einzige im Seddinsee, aber doch die größte) heißt seit der Jahrhundertwende etwa Seddin-Wall. Der Name Robins Eiland ist eine Verballhornung oder auch Romantisierung von Rubbins Insel, nach Johann Christian Rubbin, einem Kolonisten und Viehhändler aus Gosen, der 1819 die Insel in Erbpacht nahm, sie nach 1850 einem Sohn überließ, der bis zum Ende des Jahrhunderts dort mit Frau und siebzehn Kindern Landwirtschaft und Viehzucht betrieb. Nach mehreren Besitzwechseln wurde hier 1905 ein Ausflugslokal eröffnet, das in einschlägigen Zeitschriften (wie z.B. »Die Mark«, aus derem 3. Jahrgang, Nr. 9 vom 1. September 1906, meine Kenntnis der Insel-Geschichte stammt) so für sich warb:

»Insel Seddin-Wall
(Robins Eiland) bekannt d. Fontanes Fischer-Erzähl.
Größte Insel d. Oberspree, idyllisch im wald- und hügelumkränzten **Seddin-See** gelegen. Ländliches Restaurant.
Erstklass. Speisen u. Getränke (Schultheiß-Bier). See-Badeanstalt. Zentrale f. gesamt. Wassersport. Von
Bahnstat. Eichwalde-Schmöckwitz u. Erkner zu erreichen.
Freie Überfahrt v. d. am Fuße d. Gosener Berge *neben*
Zwiebusch befindl. Fährstelle. Stündl. Dampferverb. m.
Scholandt's Gesellsch.-H. i. Schmöckwitz.
H. Kersten, Besitzer«

Heute lädt niemand zum Besuch der Insel ein. Kein »Besitzer« ist es, sondern eine Sportvereinigung, die uns den Zugang zur Insel verwehrt.

145 **durch Güte eines Freundes:** Wie die Fontane-Forscherin Jutta Fürstenau aus einleuchtenden Gründen vermutet, handelt es sich hierbei um Fontanes Freund Bernhard von Lepel (1818–1885), der zeitweilig bei Köpenick, auf dem Schlößchen Bellevue, wohnte, und von dem es im 8. Kapitel des Abschnitts »Der Tunnel über der Spree« von »Von zwanzig bis Dreißig« heißt: »Er sammelte Geschichten für mich, erst um *mir* und dann gleich hinterher auch um sich selber eine Freude zu machen, eine Freude über meine Freude.«

wo der Rahnsdorfer Spreearm: An dieser Stelle wird wieder deutlich, daß Fontanes Kahniswall topographisch mit dem wirklichen Kaniswall nicht übereinstimmt.

146 **Oktober 1806:** Am 14. Oktober wurde die preußische

Armee bei Jena und Auerstedt geschlagen; bald darauf wurde die Mark von den Franzosen besetzt.
sechs Fuß ... drei Fuß: etwa 1,80 Meter ... 0,90 Meter.
148 **Anno 8:** Im September 1808 wurde Preußen, mit Ausnahme einiger Festungen, von der französischen Besatzung geräumt. 1813 **kamen sie wirklich wieder.**
Leipzig und Waterloo: Napoleon wurde bei Leipzig im Oktober 1813 besiegt, endgültig dann bei Waterloo im Juni 1815.
149 **1848 ... »Vater Wrangel«:** Gemeint ist hier natürlich, daß der Alte den Städtern das Revolutionieren übelnahm; das **halbe Jahr** meint die Zeit von der Revolution im März bis zum Einzug des Feldmarschalls von Wrangel und seiner konterrevolutionären Truppen in Berlin im November 1848.
150 **Ei, du frommer und getreuer:** Aus dem Neuen Testament, Matthäus 25, Vers 21.
»Dies Grab müssen wir besuchen«: Das hat, wie hier Herr Backhusen, seit hundert Jahren schon sich mancher gesagt – ich auch, und tatsächlich fand sich in Schmöckwitz auch jemand, der in der inzwischen grablosen Umgebung der Kirche mir genau die Stelle, an der Kahnis begraben wurde, weisen konnte – und der damit meine Bewunderung der mythenbildenden Kraft Fontanescher Prosa nur bestärkte. Denn ich halte die Geschichte von Fischer Kahnis (mögen ihr auch Tatsachen, vielleicht anderswo, als Vorbild gedient haben) in der Form, in der sie Fontane erzählt, für fiktiv.

Mißtrauisch stimmt doch, neben der schon erwähnten topographischen Ungenauigkeit in bezug auf Kaniswall, die für eine Sage ungewöhnliche Genauigkeit des Details: die blonde Hanne, das Bild von Wrangel mit der breiten Goldborte, die dreißig Boote, das Bibelwort usw. Ich forschte also nach und fand, daß alles das, was *für* die Wahrheit der Geschichte sprach, auf nichts als auf das Vertrauen in die Wahrhaftigkeit Fontanes fußte, urkundlich Belegtes aber dem Mißtrauen immer neue Nahrung gab:

Das angeblich nach Kahnis benannte und von ihm erst aufgeschüttete Kahniswall (das seiner Lage wegen niemals eine Fährstelle für die Gosener, die nach Müggelheim wollten, hat sein können) kommt in den Urkunden als Flurname (Kahnß-Wall und Canißwerder) schon 1704 vor. 1767 (also etwa zu der Zeit, in der Fontanes Kahnis geboren sein müßte) wird hier ein Etablissement angelegt, das in der Folgezeit (unter den Namen Kaniswall oder Kaniswerder) als Gutsvorwerk oder Gut erscheint. Aus den zuständigen Kirchenbüchern (in die mich Herr Pfarrer Martin Richter aus Neuzittau freundlicherweise Einblick nehmen ließ) ergibt sich, daß Kaniswall um 1770 einer Familie Blume gehörte, um 1830 einer Familie Haase, daß der Name Kahnis oder Kanis weder in Kaniswall noch in Schmöckwitz, Neuzittau, Gosen, Wernsdorf, Schönschornstein oder Stäbchen in dieser Zeit vorkam und daß im Oktober 1850 (und davor und danach) kein Mann begraben wurde, der der Robinson von Robins Eiland unter anderem Namen hätte gewesen sein können.

Falls nicht ein Heimatforscher in dieser Sache doch noch fündig werden sollte, kann der »Fischer von Kahniswall« als glänzendes Beispiel für die bewußtseinsbildende Kraft von Dichtung dienen. Denn Stimmen, die davon zeugen, daß Geschichte nicht das ist, was geschah, sondern was beschrieben wurde, gibt es mehrere. Ich führe, neben dem Schmöckwitzer, der den Begräbnisplatz genau kennt, noch andere an:

Im 3. Jahrgang (Nr. 9 vom 1. September 1906) der Zeitschrift »Die Mark« wird, wie schon erwähnt, eine Geschichte der Insel Seddin-Wall gegeben, und zwar sehr genau nach Urkunden und mündlichen Aussagen. Fontanes Erzählung über Kahnis wird darin, ohne Zweifel an ihrem Wahrheitsgehalt, nacherzählt, und nach der Zitierung des Erbpachtvertrages des Kolonisten Rubbin aus Gosen von 1820 heißt es ganz selbstverständlich: »Rubbin ließ nun zunächst den Fischer Kahnis ruhig auf der Insel, begann aber dann nach dessen 1850 erfolgtem Tode, als dessen Haus 1859 ganz zerfiel, mit dem Bau eines neuen Häuschens ... Beim Graben auf der Insel fand man noch vor kurzem die alten Fundamentreste [des Kahnis-Hauses] ... Neuere Forschungen des jetzigen Besitzers der Insel ergaben, daß Kahnis[!] tatsächlich auf dem Dorfkirchhof in Schmöckwitz begraben liegt. Doch ist statt des von Fontane erwähnten Grabkreuzes ein Grabstein vorhanden gewesen [!], auf dem sich noch heute [!] mühevoll der Name Kahnis [!] entziffern läßt.«

Im 6. Jahrgang, Nr. 1 (1909/1910) der gleichen Zeitschrift berichtet der Vorgeschichtsforscher A. Kiekebusch über die »Ausgrabungen auf der Insel Seddinwall«, erwähnt auch Fontanes Erzählung und erinnert sich daran, als Kind in

Schmöckwitz oft eine alte Frau gesehen zu haben, von der er später erfuhr, daß sie »die Schwester der ›schönen Hanne‹ gewesen war, daß beide Schwestern demselben kleinen Kossätenhause in Schmöckwitz entstammten«.
1960 wird im »Jahrbuch für brandenburgische Landesgeschichte« (Band 11) von Karl Hohmann »Das Berliner Fischerdorf Schmöckwitz im Wandel der Zeiten« beschrieben und natürlich auch Fontanes Erzählung erwähnt. »Auf dem Friedhof seines Heimatortes [?] fand Kanis seine letzte Ruhestätte, wo vor ungefähr 20 Jahren [!] noch sein Grabstein erhalten und der Name Kanis deutlich zu lesen war. Doch das Grab ist heute verschollen, und ob das Bruchstück eines alten Grabsteins aus dem Besitz des früheren Eigentümers des Seddinwalles, des verstorbenen Landwirtes Hermann Kersten, wirklich darauf gestanden hat, scheint fraglich, da die noch erkennbaren Buchstaben R und K zur Identifizierung nicht ausreichen.«
Da die Anmerkung nun sowieso schon zu lang geworden ist, kann auch noch angemerkt werden, daß die Erzählung Fontanes (die die bekannte königliche Randbemerkung »Als Poesie gut!« sicher vertrüge) auch schon zu weiterer Poesie Anlaß gab: Der Verlag Rütten & Loening in Potsdam gab 1938 die Novelle »Kahniswall« von Albrecht Schaeffer heraus. In ihr wird Fontanes »Spreewende« zum Spreewälder Wenden, der aus der Heimat die Braut nachkommen läßt; Kaniswall wird an den Seddinsee verlegt und die Insel durch eine Furt erreichbar gemacht, durch die dann tatsächlich ein schöner Franzose kommt, mit der Wendin stark flirtet, aber von Kanis erschlagen wird – was dann das Liebesleben der Eheleute belebt und ein Kind von tieferer Bedeutung entstehen läßt. – Nach der Lektüre dieses Schwulstes sehnt man sich nach der Klarheit Fontanescher Prosa zurück.
151 **Schmöckwitzer Brücke:** Es handelte sich um eine hölzerne Zugbrücke, die 1820 gebaut worden war. Die heutige Brücke wurde 1962 fertiggestellt.
terra firma: Festes Land.
Schmöckwitzer Kirche: Sie wurde 1799 gebaut, 1980 rekonstruiert und zeigt sich jetzt sehr schmuck in Blau und Grau. Neben dem Befreiungskriegs-**Kronleuchter**, der restauriert ist, hat die Kirche noch andere Sehenswürdigkeiten: ein schönes Madonnen-Glasfenster, wahrscheinlich italieni-

scher Herkunft, und farbenfrohe Fenster von 1937, die tatsächlich etwas nazihaft ausgefallen sind mit ihren Landleuten auf der Scholle. – Der **Kirchhof** um die Kirche herum existiert seit 1977 nicht mehr. – Über **Kahnis' Grab** und dessen Fragwürdigkeit wurde oben schon Auskunft gegeben.

153 **»Hankels Ablage«:** Ablage bedeutete früher: eine (meist für Holz bestimmte) Verladestelle am Ufer. Der Name dieser Ablage entstand so, wie Fontane es sich bei Kaniswall gedacht hat: durch einen Personennamen. Unter Friedrich II. wurde der für die Domäne in Waltersdorf arbeitende Fischer Friedrich Hankel hier angesiedelt; 1789 erhielt er Haus und Grundstück zur Erbpacht; später bekam er auch Ausschank-Rechte, so daß sich die damals zu Miersdorf, heute zu Zeuthen gehörende Ablage unter den Söhnen und Enkeln des ersten Besitzers zu einem Ausflugslokal entwickelte. Fontane hat zehn Jahre nach der Fahrt auf der »Sphinx«, 1884, hier zwei Maiwochen verlebt, 1885 einen kurzen Artikel für die »Vossische Zeitung« (»Kolonie Zeuthensee«) über diese Gegend geschrieben und die Kapitel 11–13 von »Irrungen, Wirrungen« hier spielen lassen. »Zu den reizendsten Plätzen in der Umgebung von Berlin gehört ›Hankels Ablage‹, eine auf einem schmalen Uferstreifen zwischen der Görlitzer Bahn und dem Zeuthener See gelegene Villenkolonie ... Jeder vermutet danach einen Müllhaufen mit etwas Nachtschatten oder Stechapfel darauf, und doch ist umgekehrt alles gestriegelt und gebügelt an dieser Stelle, gehackt und gejätet und so frisch und rein wie die Wald- und Seeluft, die hier weht« (»Kolonie Zeuthensee«).

fehlen hier auch die Schlachtfelder: Diese, fast mit Bedauern, festgestellte Tatsache hat sich leider in neuerer Zeit nicht bestätigt. Einige Kilometer dahmeaufwärts, wo die »Sphinx«-Fahrt endete, in dem großen Waldgebiet zwischen Teupitz, Prieros, Halbe und Märkisch-Buchholz fand in den letzten Tagen des April 1945 eine der blutigsten und unsinnigsten Schlachten auf deutschem Boden statt. Teile der deutschen 9. Armee unter General Busse, die hier eingekesselt waren und eine Kapitulation ablehnten, wurden hier von der Sowjetischen Armee vernichtet. 40 000 Tote, von denen etwa die Hälfte auf dem großen Soldatenfriedhof bei Halbe begraben wurden, blieben in den Wäldern zurück. Noch in den fünfziger Jahren wurde, wer im Boot die

Dahme befuhr, vor dem Betreten der Wälder, die voller Munition und Minen lagen, gewarnt.

153 **Königswusterhausener Turm:** Gemeint ist der achteckige Turm der 1822 neuromanisch umgebauten Kreuzkirche, die noch erhalten ist.

156 **»Schmölte«:** Heute Schmölde oder Schmöldesee. Mit dieser Schwenkung nach Südosten wird die Dahme, die von Süden kommt, von der »Sphinx« verlassen.

158 **Reiher:** Graureiher gibt es auch heute noch in der Dubrow.

158 **Bei einem zeitgenössischen Schriftsteller:** Friedrich Förster (1791–1868), aus dessen dreibändigem Werk: Friedrich Wilhelm I., König von Preußen, das 1834–1835 erschien.

Wurstwagen: Wagen der Artillerie zur Beförderung der Bedienungsmannschaft. Im Reitsitz saß man dort auf gepolsterten Kästen, der sogenannten Wurst.

159 **high-life:** vornehme Gesellschaft.

160 **unser Kronprinz:** Friedrich Wilhelm, der spätere Kaiser Friedrich III., der 1888 nur 99 Tage regierte und an Kehlkopfkrebs starb.

163 **Perle der Kleopatra:** Die ägyptische Königin soll die größte Perle des Altertums in Weinessig aufgelöst und getrunken haben.

Lieblingsdichter: Theodor Storm (1817–1888); die zitierten Zeilen stammen aus der 1. und der 2. Strophe des Gedichts »Im Walde«.

164 **nomen et omen:** Name und zugleich Bedeutung.

Brückenwärterhäuschen: Neubrück, zwischen Hölzernem und Klein-Köriser See, wo die Straße von Königswusterhausen nach Märkisch Buchholz (heute Fernstraße 179) die Seenkette durchschneidet.

165 **Teupitz** hat im »Spreeland« ein eigenes Kapitel, das schon 1862 entstand.

Eine Osterfahrt in das Land Beeskow-Storkow

Fontane machte diese Fahrt am 8. April 1881, von Fürstenwalde aus und schrieb den Aufsatz bald danach. In der Zeitschrift »Die Gegenwart. Wochenschrift für Literatur, Kunst und öffentliches Leben« Band 20 (1881), Nr. 30–33, erfolgte der Vorabdruck, dem unser Text entnommen ist – allerdings unter Auslassung des letzten, vierten Teils, der Blossin behandelt und dem die Lebendigkeit und Anschaulichkeit der anderen Teile fehlt, was daran liegt, daß Fontane dort wohl nie war. In Buchform erschien die »Osterfahrt« zuerst im »Spreeland« von 1882.

166 **ehemalig lausitzischen Landesteile**: Die niederlausitzische Herrschaft Beeskow-Storkow wurde erst 1556 Teil der Mark Brandenburg.

Schermützel-See: Gemeint ist der Scharmützelsee, der aber auch schon zu Fontanes Zeiten meist so wie heute hieß.

Ritter Sankt Georg: Der heilige Georg, der der Legende nach 303 als Märtyrer starb, wird als Ritter dargestellt, der mit einer Lanze einen Drachen tötet.

Fürstenwalde ... Bischofsstadt: Die Bischöfe von Lebus residierten hier von 1385 bis zur Auflösung des Bistums 1598.

167 **Palmsonntagskätzchen:** Weidenkätzchen. Palmsonntag ist der Sonntag vor Ostern.

Kutscher Moll, Karl, um 1848 in Gohrband bei Köslin (Hinterpommern) als Sohn eines Kleinbauern geboren, Tagelöhner, ab 1867 Soldat im 1. Ulanen-Regiment in Potsdam, wo er als Offiziersbursche »die artigen Formen« lernte. Um 1875 nahm er seinen Abschied, heiratete ein Mädchen aus Görzig bei Beeskow, kaufte vom gesparten Geld Pferd und Wagen und gründete in Fürstenwalde ein Fuhrgeschäft, in dem er um 1890, also etwa zehn Jahre nach der Fahrt mit Fontane, schon 22 Kutscher beschäftigte. Als er Mitte der neunziger Jahre die »geruchlose Latrinenabfuhr« in Fürstenwalde übernahm, wurde er bei den notwendigen Investitionen betrogen, machte bankrott und zog sich 1897 als Gastwirt nach Glienicke, Kreis Beeskow-Storkow, nahe dem Scharmützelsee, zurück, wo er 1912 starb. – Fontanes Bemerkung: »Aber Sie sind ein Mammonsjäger, Moll!« war also wohl nicht abwegig; und von der Richtigkeit der Behauptung, Moll sei auf seine Art gebildet gewesen, spricht der Umstand, daß der Fuhrherr ein autobiographisches »Familienbuch« führte, von dem der Storkower Heimatforscher Paul Holz (der im »Jahrbuch für brandenburgische Landesgeschichte«, 16. Band, Berlin 1965, darüber berichtete) eine Kopie gesehen hat.

Rauensche Berge ... Braunkohlen: Die Braunkohlenförderung in den 148 Meter hohen Rauenschen Bergen und in ihrer Umgebung (Petersdorf, Saarow, Silberberg) begann um 1840 und endete im wesentlichen kurz nach der Jahrhundertwende, doch wurde die letzte Grube erst 1932 stillgelegt. Die teilweise noch vorhandenen Stollen wurden gegen Ende des zweiten Weltkrieges von der Wehrmacht, mit Hilfe von KZ-Gefangenen, zu »Fuchsbau« genannten Befehlsbunkern ausgebaut.

168 **Nachbar von Bismarck:** Gemeint ist wohl das Bismarcksche Gut Varzin, Kreis Rummelsburg, im preußischen Regierungsbezirk Köslin.

169 **Kussel** oder Kuschel: niederdeutscher Ausdruck für niedrige, buschähnliche Kiefer.

pauvre: armselig, dürftig.

170 **Rauensche Kirche:** Ein spätgotischer Feldsteinbau mit gedrungenem, quadratischem Westturm, auf dem sich hinter Zinnen aus Backstein ein gemauerter Spitzhelm erhebt. Das Innere wurde in jüngster Zeit restauriert, der Fußboden mit Backstein gefliest; von dem **Bischofsstein** ist nichts mehr zu sehen.

Tempelberger Wulffen: Im Kapitel »Steinhöfel« des »Oderland« berichtet Fontane über die Teilung des Adelsgeschlechts von Wulffen in einen Steinhöfeler und einen Tempelberger Zweig. Beide Orte liegen nordöstlich von Fürstenwalde.

Wohlbrück, Sigmund Wilhelm: Geschichte des ehemaligen Bistums Lebus und des Landes seines Namens. Band 1–3, Berlin 1829–1832.

Fahrstraße: Die in die Rauenschen Berge hinaufführende Straße ist heute asphaltiert und kann bis zu der Lichtung bei den Markgrafensteinen auch von Zivilfahrzeugen benutzt werden.

171 **Markgrafensteine:** Die beiden in der Eiszeit aus Südschweden hierher geschwemmten Granitblöcke, die Berghaus die »größte geologische Merkwürdigkeit der Mark« nennt, erhielten ihren Namen, wie Berghaus meint, wahrscheinlich vom Markgrafen Johann von Küstrin, der um 1550 Besitzer der Herrschaften Beeskow und Storkow war.

memnonssäulenartig: Die von den Griechen Memnonsäulen genannten altägyptischen Statuen bei Theben sind 18 Meter hoch.

172 **große Schale:** 1826 wurde der Stein zerlegt, die Schale an Ort und Stelle fertiggestellt, 1828 auf der Spree nach Ber-

lin transportiert und 1834 im Lustgarten vor dem Alten Museum aufgestellt – wo sie, nach einem Standortwechsel nach dem 2. Weltkrieg, heute wieder steht.

173 **»Schöne Aussicht«:** Von den großen Steinen aus zu Fuß in wenigen Minuten zu erreichen. Das **Granitmobiliar** steht noch, nur die Aussicht fehlt, da der achtzig bis hundert Jahre alte Eichenwald zu hoch gewachsen ist.

Stonehenge: Kultanlage der frühen Bronzezeit in Südengland.

Druiden: keltische Priesterkaste.

die Namen ... der Ortschaften: Dichterische Freiheit, die sich Fontane manchmal erlaubt, zeigt sich hier nicht in der Erfindung von Ortsnamen, die es alle gibt oder gab (er hätte als Kuriosität auch noch Hungriger Wolf, Hammelstall, Sorge oder Neu-Boston anführen und redlicherweise sagen können, daß Schermeuselpiesk der alte Name von Pieskow war), sondern in der Behauptung, das alles vom Steintisch aus sehen zu können – was unmöglich ist.

176 **Mausoleum:** Ist nicht mehr vorhanden.

Saarow ... Herrenhausdach: Die Dorfanlage, auf einer Halbinsel, ist heute durch Wochenend- und Bootshäuser kaum noch erkennbar. Das sehenswerteste Gebäude ist eine Fachwerk-Holzscheune aus dem Anfang des 18. Jahrhunderts aus dem auch das barocke Herrenhaus (1723) stammt, dessen Dach und Fassade noch erhalten sind, während andere Teile durch Modernitäten entstellt wurden. Die uralten Eiben, die es umgeben, gaben dem jetzigen Kulturbundheim den Namen: Eibenhof.

177 **schnaaksch:** lächerlich, komisch.

179 **»Wie tief ist ... euer See?«:** Zwischen Saarow und Pieskow höchstens 10 Meter, im Südteil, bei Wendisch Rietz, bis 40 Meter tief.

Pieskow ... Grasplatz ... Kirche: Obwohl die beiden armseligen Dörfchen Saarow und Pieskow seit Jahrzehnten schon in dem großen Kur-, Villen- und Urlauberort Bad Saarow, der sich seit 1912 von der Nordspitze des Scharmützelsees her immer weiter nach Süden ausgedehnt hat, aufgegangen sind, blieb doch die Rundlings-Dorfanlage von Pieskow noch erkennbar. Der Grasplatz ist noch da und auch die Kirche darauf – eine wiederum neue, 1911 erbaute, die wiederum nichts besonderes bietet, sieht man vom Kirchhof ab, den Fontane gar nicht erwähnt. Wer heute nach Pieskow pilgert, sucht nicht die Löschebrands, die keine Spuren hinterlassen haben, er kommt auch nicht der Dichter Gorki und Becher wegen, deren Gedenkstätten im neuen Ortsteil stehen, sondern wegen Käthe Dorsch, deren Grabstein (noch im Tode die Schauspielerin!) kein Geburtsjahr enthüllt, nur das Sterbejahr: 1957. Sie liegt hier neben ihrer Mutter (gest. 1931) und ihrem geschiedenen Mann, dem Star der Stummfilmzeit Harry Liedtke, der mit seiner zweiten Frau auf ungeklärte Weise bei Kriegsende ums Leben kam: Gestorben »Ende April 1945« steht auf seinem Grabstein.

181 **Feldmarschall Illo:** (auch Ilow, Ihlow oder Illow), Christian Freiherr von (1585–1634); Kaiserlicher Heerführer im Dreißigjährigen Krieg, Vertrauter Wallensteins. Fontane bezeichnet im »Oderland« (Kapitel »Das Oderbruch«) das Dorf Ihlow (heute Kreis Strausberg) als den Stammsitz der Illos.

Fehrbellin: Schlacht der Brandenburger gegen die Schweden 1675.

Köprülü: Großwesir im türkischen Heer, das 1691 von Reichstruppen, zu denen auch Brandenbuger gehörten, bei Szlankamen in Ungarn geschlagen wurde.

Schwertmagen: Verwandte männlicherseits; auch Agnaten genannt.

Kriegsgurgeln: altgediente Soldaten.

Kettenkugeln: durch Ketten verbundene Kanonenkugeln, die gleichzeitig abgefeuert wurden.

gênable: peinlich.

183 **Hutsche:** Fußbank.

184 **»Wat salln wi mit 'n Edelmann?«:** Um 1850 waren von den 45 Gutsbesitzern im Kreis Beeskow-Storkow nur noch 11 adlig, 34 aber bürgerlich.

upp Mosess'n passen: aufs Moos (Geld) sehen.

185 **Kapperfolium**: Caprifolium, Geißblatt.

Robinson und Freitag: Gestalten aus dem berühmtem Roman »Robinson Crusoe« (1719) von Daniel Defoe (1660–1731).

Napoleon ... als er aus Rußland kam: nach seiner Niederlage dort 1812.

mit in Griechenland: Am Befreiungskampf der Griechen gegen die Türken 1821–1827 waren auch Freischärler aus Deutschland beteiligt.

Pastor in Pieskow: Da Pieskow ein Filial von Pfaffendorf war, es also einen Pastor in Pieskow nicht gab und sich ein Geistlicher mit dieser abenteuerlichen Biographie nicht nachweisen läßt, halte ich (mit aller gebotenen Vorsicht) den Emeritus für eine Erfindung Fontanes. Ist doch ein bißchen Dichtung, gerade in den besten Stücken der »Wanderungen«, oft dabei. So wurde zum Beispiel auf dieser Fahrt, die auch vom Apothekerehepaar Roggatz aus Fürstenwalde mitgemacht wurde, nicht im Dorfgasthof von Groß-Rietz übernachtet, sondern man fuhr abends nach Fürstenwalde zurück. (»Um 7 1/2« heißt es im Tagebuch vom 8. April 1881, von Groß-Rietz »zurück, um 10 wieder in Fürstenwalde«.)

186 **Starbrille:** nach der Operation des Grauen Stars zu tragende Brille.

187 **datiert alles von quatrevingt-treize:** 1793, das Jahr 1 des französischen Revolutionskalenders (der aber nur bis 1805 galt).

188 **Garde du Corps und Gendarmes:** in Berlin stationierte preußische Eliteregimenter.

190 **fürs Amöne:** fürs Angenehme, Anmutige.

Minister Woellner: Johann Christoph von (1732–1800); war Urheber der berüchtigten Zensurbestimmungen von 1788, die sich »Religions-Edict« nannten. Nach der Thronbesteigung Friedrich Wilhelms III. (1797) wurde er seines Postens enthoben. Durch **Hokuspokus** förderte er die okkulten Neigungen Friedrich Wilhelms II. Fontane erzählt im Kapitel »Geheime Gesellschaften des 18. Jahrhunderts« des Bandes »Havelland« ausführlicher davon. – Woellner wurde 1753 vom General von Itzenplitz als Hauslehrer seines Sohnes nach Groß-Behnitz berufen, zwei Jahre später als Pastor dort angestellt. Nach dem Tod des Generals (1759) übergab er die Pfarrstelle seinem Vater, und die Witwe, die ihm **»nicht unhold«** war, machte ihn zum Gutsverwalter. Seine Heirat mit der Tochter Amalie (1766) erregte Aufsehen, da Friedrich II. sie zu verhindern versuchte. Die Verleihung des Adels an Woellner lehnte der König mit den Worten ab: »Der Woellner ist ein betriegerischer und Intriganter Pfafe.«

191 **die Manteuffels:** Gedacht ist wohl an Edwin Freiherr von Manteuffel (1809–1885), den preußischen Generalfeldmarschall und Statthalter von Elsaß-Lothringen, und an Otto Theodor Freiherr von Manteuffel (1805–1882), der 1848–1858 preußischer Innenminister und Ministerpräsident war.

192 **Woellner-Bilder:** Am 8. April 1881 war Fontane in

Groß-Rietz, einige Tage später schrieb er folgenden, im Fontane-Archiv der Deutschen Staatsbibliothek befindlichen Brief (siehe Fontane-Blätter 1987/2) an den Pastor Paul Christian Waubke im benachbarten Pfaffendorf:

Berlin, 12. April 81.
Potsd. Str. 134.c.

Hochgeehrter Herr.
Am vorigen Freitag war ich um den großen Schermützel herum und kam auch nach Groß-Rietz, wo ich dann nicht versäumte die beiden Woellner-Bilder in Augenschein zu nehmen, über die Sie vor fast 6 Jahren schon die Freundlichkeit hatten an mich zu schreiben.

Ich möchte nun in einem alles nur touristenhaft berührenden Beeskow-Storkow-Kapitel auch Groß-Rietz und seiner Bilder Erwähnung thun, bin aber doch nicht sicher, ob es Woellner-Bilder sind. Bei meinen seit länger als 20 Jahren eingesammelten Erfahrungen weiß ich nur leider zu gut, wie wenig zuverlässig Dorftraditionen sind und so geht denn meine ergebenste Anfrage dahin, ob Ihnen bei Namengebung der Bilder gute Quellen: Aktenstücke, Familienpapiere, Briefe zur Verfügung standen? Ist dies der Fall, so füg' ich meiner Frage noch die zweite hinzu: wie sich's mit den beiden Frauen-Portraits verhält? Sie gehören offenbar zu dem schwarzen Herrn mit dem Mikroskop in der Hand hinzu, denn Rahmen und Größe sind dieselben, wenn auch nicht Werth und Alter. *Ist* es Woellner, so darf man wohl annehmen, daß es Frau v. Itzenplitz u. Tochter ist.

In vorzügl. Ergebenheit
Th. Fontane

Zwei dieser vier Bilder befinden sich heute, restaurierungsbedürftig, im Biologischen Heimatmuseum Beeskow: das größere der Woellner Porträts, das ihn als jungen Mann mit Mikroskop zeigt (144 cm × 110 cm) und eines der gleich großen **Itzenplitzischen Frauenporträts**, das offensichtlich vom Künstler des Woellner-Bildes als Pendant zu diesem gemalt wurde; seine Rückseite trägt den Vermerk: »Charlotte Luise von Viereck, verm. mit General August von Itzenplitz, geb. 1722, gest. 1770«; es handelt sich also um die »Frau Generalin v. Itzenplitz, die ja so große Stücke von ihm hielt«. – Außerdem gibt es im Beeskower Museum noch ein kleineres (79 cm × 64 cm), älteres, schlechter gemaltes Frauenporträt aus Groß-Rietz, das mit Woellner nichts zu tun hat. Seine Rückseiten-Inschrift lautet: »Sibilla Elisabeth von der Marwitz, nee de Osterhausen, Hans Georgens nachgelassene Wittib, gest. 1740«. Es handelt sich hier also um die Frau von Hans Georg von der Marwitz, dessen prächtiges Epitaph noch heute in der Kirche von Groß-Rietz zu bewundern ist.

192 **Groß-Behnitz:** Bei Nauen im Havelland. Der Unternehmer August Julius Albert **Borsig** (1829–1878), der Sohn des Gründers der berühmten Maschinenbaufabrik, erwarb das dortige Gut 1866 von der Familie Itzenplitz. Das ruinöse Borsigsche Erbbegräbnis ist dort noch zu besichtigen.

Roquelaure: Überrock, Reisemantel.

193 **Domainenrat:** Woellner war von 1770 bis 1786 Kammerrat bei der Domänenkammer des Prinzen Heinrich.

Schloß: Kostbarer, um 1700 erbauter, dringend der Restaurierung bedürftiger Barockbau, der heute noch als Mietswohnhaus und Kindergarten dient, dessen Wiederherstellung (als Museum?) aber in Aussicht steht.

Rabatten: Umschläge an Ärmeln und Kragen.

194 **Antoine Pesne** (1683–1757), seit 1711 Hofmaler in Berlin; malte Wand- und Deckengemälde in preußischen Schlössern, aber auch Bildnisse.

Kirche ... Epitaphien: Die kurz nach 1700 gebaute Kirche wurde im Innern kürzlich rekonstruiert. Neben Grabsteinen des 16. und 17. Jahrhunderts ist besonders das Epitaph für Hans Georg von der Marwitz (gest. 1704) sehenswert.

Doppelgrabstein: Die große unverwüstliche Granitplatte auf dem Kirchhof ist noch vorhanden.

195 **bloß Zehnmarkstück:** Gemeint ist: anstatt Zwanzigmarkstück – was die größte Münze war.

Die Havelschwäne

Über die Entstehungszeit dieses Aufsatzes ist nichts bekannt. Er erschien zuerst 1871 in der Stuttgarter Wochenzeitschrift »Über Land und Meer« (Jahrgang 13, Band 26, Nr. 49), nach der unser Text sich richtet, und wurde 1873 in den Band »Ost-Havelland« aufgenommen.

196 **Da geht's an ein Picken:** aus Goethes Gedicht »Lillis Park« (1775).

197 **Ihre Gesamtzahl beträgt 2000:** Seit dem 17. Jahrhundert schon wurden die Schwäne vom kurfürstlichen, später königlichen Hofe gehegt; sie waren königliches Eigentum. Bis zur Hungerzeit des ersten Weltkrieges soll ihre Zahl noch 1500 betragen haben; danach waren sie fast restlos verschwunden. Da eine natürliche Wiederbesiedlung ausblieb, machte Oskar Heinroth vom Berliner Zoo in den zwanziger und dreißiger Jahren Wiederansiedlungsversuche mit Eiern ostpreußischer Wildschwäne, die so erfolgreich waren, daß vor dem zweiten Weltkrieg wieder etwa 600 Schwäne die Havel zwischen Spandau und Brandenburg belebten. (Wirtschaftlich genutzt wurden die Schwäne seit dem ersten Weltkrieg nicht mehr.) Der zweite Weltkrieg vernichtete die Schwäne erneut. Erst 1957 begann, zuerst durch Parkschwäne aus Westberlin veranlaßt, eine Wiederbesiedlung, die, durch Schutzmaßnahmen und Winterfütterung unterstützt, die Bestandszahlen stark ansteigen ließ, bis nach 1970 ein, auch durch Umwelteinflüsse bedingter, Rückgang einsetzte, der aber bisher keine gefährlichen Ausmaße annahm. Der Bestand von 450–600 Schwänen bleibt seitdem (wie mir Herr Manfred Feiler vom Bezirksmuseum in Potsdam, dem ich hiermit herzlich danke, mitteilt) wenn auch schwankend etwa konstant. – Die früheste dichterische Erwähnung der Havelschwäne, die mir bekannt ist, steht in dem großen Gedicht von Bellamintes (d. i. George Belitz): »Das Itzt-blühende Potsdam« (Potsdam 1727), wo es heißt:

»Die Havel, die zugleich so vieler Leute Zungen
Das beste Flügel-Werck in großer Zahl gewährt,
Und manches Schwanen-Heer, nebst seinen zarten Jungen,
In ihren starcken Schilff- und Rohr-Gebüschen nährt.«

Franzosenzeit: Zeit der französischen Besetzung der Mark, 1806–1813.
Provinz ... Regierungsbezirk ... Kreis: So war Preußen verwaltungsmäßig untergliedert.
Arrondissements: kleinere Verwaltungseinheit in Frankreich, unserem Stadtbezirk oder Landkreis entsprechend.
198 **Pichelswerder:** Halbinsel südlich von Spandau, heute Westberlin. Als dieses Kapitel in der Zeitschrift »Der Bär« (6. Jahrgang, 1880) noch einmal abgedruckt wurde, war (Seite 403) eine Zeichnung von C. Rechlin beigegeben, die

das »Schwanenrupfen« zeigt, alldings nicht auf Pichelswerder, sondern südlich davon, auf der Halbinsel Schildhorn.

Depothof: Lag in der Berliner Vorstadt von Potsdam, am Südende des Tiefen Sees.

cygnus: Schwan; zoologisch genauer handelt es sich hier um den cygnus olor Gmelin – den Höckerschwan.

200 **Stadtschloß ... Lustgarten:** Das Potsdamer Stadtschloß wurde 1945 zerstört, die Ruinen 1959–1960 abgetragen; auf dem Gelände des Lustgartens, zwischen Schloß und Havel, befinden sich heute Stadion und Interhotel.

Schon um Mittag ziehen: Die hier folgende schöne Schilderung der Schwanenfütterung ist leider ein Plagiat, und zwar ein so offensichtliches, direktes, daß man sich nicht nur fragt, wie Fontane das passieren konnte, sondern auch, warum der hier Bestohlene, soweit ich weiß, nie Einspruch dagegen erhob. – Zwar hatte Fontane in der ersten Buchausgabe (»Ost-Havelland«, 1873), neben »mündlichen und brieflichen Mitteilungen des Garnisonschullehrers Wagener in Potsdam«, als benutzte Literatur auch den Aufsatz von Louis Schneider: »Die Schwanenfütterung bei Potsdam« (in: Mitteilungen des Vereins für die Geschichte Potsdams, Teil 1, 1864, Nr. 31; unter dem Titel: »Eine Schwanenfütterung« auch in der Neuen Preußischen Zeitung, 1857, Nr. 27, erschienen, aus der hier zitiert wird) angegeben, diese Quelle dann aber teilweise wörtlich benutzt. Während der erste Satz dieses Abschnitts (der bei Schneider heißt: »Schon lange vor Ankunft ihres Meisters schwimmen die Schwäne von allen noch offenen Stellen der Havel und aus den Kanälen der Stadt in der Nähe des Futterplatzes zusammen«,) von Fontane noch leicht geändert wurde, folgt er dann mit nur unbedeutenden Veränderungen (wie »Wallweg« statt »Gartenweg«, »Schwanenmeister« statt »Altmeister Flackert«, »Karre und Gerstensack« statt »Gerstensack auf einer Karre«) und Auslassung von Nebensätzen, genau der Vorlage, wobei er auch die Metaphern (»wie die Räder eines Dampfschiffs«, »Hunderte von Zuckerhüten«) und ungewöhnliche Wendungen (wie »schroten«) mit übernimmt. Erst am Ende des langen Abschnitts (»und der Schwanenknäuel anfängt«), wenn Schneider auf Enten und Krähen zu sprechen kommt, setzt Fontane mit Abschreiben aus, um dann nur noch einen letzten kleinen Absatz mit Veränderungen zu benutzen:

Fontane

»Täglich werden auf diese Weise drei Scheffel Gerster verfuttert. Vergleicht man aber das Volumen all dieser herzudrängenden Schwäne mit den anderthalb Scheffeln, die ihnen morgens und ebensoviel nachmittags zugeworfen werden, so begreift man, daß die Tiere beim Weggehen ihres Pflegers noch ziemlich ebenso lange Hälse machen wie bei seinem Kommen.
Eine Zeitlang verweilen sie noch; erst wenn sie Gewißheit haben, daß alles Warten nicht mehr fruchtet, schwimmen sie langsam fort.
Zurück bleiben nur noch die Kranken, die jetzt einen Versuch machen, eine kümmerliche Nachlese zu halten und die letzten Körnchen zu entdecken.«

Schneider

»Täglich werden auf diese Weise 3 Scheffel Gerste verfuttert. Vergleicht man aber das Volumen dieser 500 Schwäne mit den anderthalb Scheffeln, die ihnen morgens und nachmittags zugeworfen werden, so begreift man, daß die Tiere beim Weggehen ihres Pflegers noch ebenso lange Hälse machen als bei seinem Kommen.
Lange nachher suchen sie noch und holen das letzte Körnchen von dem Boden des Flusses herauf. Endlich, wenn nicht das Geringste mehr zu erreichen ist, schwimmen sie langsam fort. Einige funfzig bleiben indessen stets in der Nähe des Futterplatzes, übernachten aber nie am Ufer desselben, weil der Fuchs mitunter einen am Ufer schlafenden Schwan beschleicht und abwürgt.«

Wie ich annehme, war Fontane, der vielleicht in seinen Vorarbeiten Zitate von Selbstverfaßtem nicht mehr unterscheiden konnte, sich des Plagiats nicht bewußt. Er hätte sonst kaum so unbefangen und ausführlich später über seinen »Tunnel«-Freund Louis Schneider (1805–1878, Schauspieler, Dichter, Herausgeber der Zeitschrift »Der Soldatenfreund«, Begründer des Vereins für die Geschichte Potsdams, Vorleser bei Friedrich Wilhelm IV., journalistischer Berater bei Wilhelm I.) mit starker Distanz, aber nicht ohne Sympathie, schreiben können – besonders nicht Sätze wie diese: »In der Zeit, wo ich meine ›Wanderungen durch die Mark Brandenburg‹ zu schreiben anfing, sah ich ihn oft, um Ratschläge

von ihm entgegenzunehmen. Namentlich bei dem Bande, der das »Havelland« behandelt, ist er mir sehr von Nutzen gewesen.« (»Von Zwanzig bis Dreißig«, Abschnitt: »Der Tunnel über der Spree«, 6. Kapitel.)
204 **Union:** USA.
Limfjord: Dänische Meerenge, zwischen Nordsee und Kattegat.

Uetz

Uetz wurde von Fontane im Sommer 1869 besucht. Zuerst erschien der Aufsatz 1871 in der Stuttgarter Wochenzeitschrift »Über Land und Meer« (Jahrgang 13, Band 26, Nr. 47), nach der sich unser Text richtet. 1873 wurde »Uetz« in den Band »Ost-Havelland« aufgenommen.

205 **Wie reizend sind:** Die Verse Friedrich Wilhelm August Schmidts von Werneuchen (1764–1833) sind dem Gedicht »Der Sonntag im Dorfe Uetz« entnommen: die ersten vier Zeilen der ersten Strophe, die folgenden vier der achten und letzten, die dann (bezeichnend für Schmidts Lob des einfachen Landlebens) so schließt:

»Ja! Wär ich König: heut verschmäht ich Burg
Und Rittersaal und Thron und Marmorschwellen,
Und hörte gern die ganze Nacht hindurch
Dein Froschkonzert und deiner Hunde Bellen.«

Der Ausdruck **vielbespöttelt** bezieht sich nicht nur auf Goethes bekannte Schmidt-Parodie »Musen und Grazien in der Mark«, sondern auch auf Ludwig Tieck, August Wilhelm Schlegel und andere, die die Mark nicht für bedichtenswert hielten und dem naiven Poeten die Naivität verargten.
der stillste Ort gewiß: Das war einmal. Heute führt die Autobahn dicht am Dorfe vorbei.
206 **Besitz ... Friedrich Wilhelms III.:** Er erwarb Paretz, noch als Kronprinz, 1795. Ausführlich berichtet Fontane im Kapitel »Paretz« des »Havelland« darüber.
Fährstelle ... Haus im Schweizerstil: Die Fähre gibt es heute so wenig wie das Spiegelbild des reizenden Hauses im **dunklen Wublitz-Wasser** – da das Wasser fehlt. Durch den Bau der Autobahn (1936) verlandete die Wublitz, wurde zu Erlensumpf und zu Kleingarten-Land, und das baulich

noch gut erhaltene, aber verkommene Fährhaus im Schweizerstil steht, fern jeden Wassers, am Rande des Dorfes im Dröhnen der Autobahn.
207 **Camera obscura:** Wörtlich: dunkle Kammer. Vorform des Fotoapparats, bei der das seitenverkehrte Bild auf eine Mattscheibe geworfen wurde.
208 **Die Meile sieben Viertel:** Eine Redewendung, die bedeutet: einen großen Umweg machen.

Kleists Grab

Dieses Kapitel gehört als einziges unserer Auswahl in den Band »Fünf Schlösser«, und zwar in den Abschnitt »Dreilinden«. Fontane hat das Jagdschlößchen Dreilinden, und wohl auch Kleists Grab, am 14. Mai 1882 aufgesucht. Der Vorabdruck, von »Dreilinden«, dem wir unseren Text entnehmen, erfolgte im Dezember 1882 und im Januar 1883 in der »Vossischen Zeitung«. Das Kapitel »Kleists Grab«, das erst in der Buchausgabe seine Überschrift bekam, steht in der »Vossischen Zeitung« vom 1. Januar 1883 in der Mittelspalte der 3. Seite.

210 **Jagdhaus Dreilinden:** Das nach 1945 wegen Baufälligkeit abgerissene Jagdschlößchen, das im damaligen »Kleinmachnower Forst«, südlich des heutigen Bahnhofs Wannsee lag, war 1869 vom Baumeister Nabbath für den Prinzen Friedrich Karl erbaut worden. Den Spruch »Klein aber mein«, der hier angebracht war, zitiert Fontane im 16. Kapitel von »Meine Kinderjahre«, bezogen auf das Häuschen seines Vates, in Schiffmühle.
Prinz: Friedrich Karl, Prinz von Preußen (1828–1885), ein Neffe Kaiser Wilhelms I., Generalfeldmarschall, Orientreisender, Besitzer von Dreilinden. Der Abschnitt »Dreilinden« stellt vorwiegend sein Leben dar. Er starb, nachdem er in Dreilinden erkrankt war, auf Schloß Glienicke und wurde in der Gruft seiner Eltern, im nahen Nikolskoje beigesetzt.
Station Neu-Babelsberg: Die zwischen den Bahnhöfen Wannsee und Babelsberg liegende Station war ursprünglich nur für Kaiser Wilhelm I. angelegt worden, damit dieser bequem von Berlin aus zum Schloß Babelsberg kam (weshalb die heutige Karl-Marx-Straße auch früher Kaiserstraße hieß), doch wurde sie bald auch für die Öffentlichkeit frei-

gegeben; in den zwanziger Jahren wurde sie, der dort erbauten Filmateliers wegen, in Babelsberg-Ufastadt umbenannt; heute heißt sie Griebnitzsee und ist, als Grenzbahnhof, wie in ihren Anfängen nicht jedem zugänglich. – Die **Sommervergnüglinge**, die von dort kamen, wanderten natürlich am Kleinen Wannsee (Fontane schreibt versehentlich nur Wannsee) entlang, dessen Bebauung erst nach der Jahrhundertwende begann.

Werft: Neben der allgemeinen (wohl von werfen, aufwerſen abgeleiteten) Bedeutung: Deich, Damm, erhöhtes Ufer (durch die auch Schiffswerft entstand) wird Werft in östlichen niederdeutschen Mundarten auch (wahrscheinlich vom sorbischen Wjerba = Weide entlehnt) als Bezeichnung der Salweide benutzt; **Werft und Weiden** ist also eine Tautologie.

sich dem Auge völlig entziehende Begräbnisstätte: Auch heute ist das auf einem unbebauten Grundstück liegende Grab leicht zu übersehen, da es sich ziemlich unauffällig in die Villen- und Bootshausgrundstücke der Bismarckstraße einfügt.

211 **Aber arm waren wir damals alle:** Gemeint ist die Zeit der napoleonischen Besetzung Preußens 1806–1813. Voller **Hochmütigkeit** war man gegen die Franzosen gezogen und hatte dann bei Jena und Auerstedt die **Schlappe** erlitten.

furchtbar geliebt haben: In der Textfassung für die Buchausgabe hat Fontane vor diesem Satz noch eingefügt: »um eine kranke Frau war es«, und damit deutlicher auf Henriette Vogel hingewiesen, mit der zusammen Kleist an dieser Stelle aus dem Leben schied.

Zwei Grabsteine: Wie Helmut Sembdner in seinem Buch »Heinrich von Kleists Lebensspuren« dokumentiert, hat es wahrscheinlich insgesamt vier Grabsteine gegeben. Der erste, »ein unbehauener Granitwürfel«, wurde auf Initiative Eduard von Bülows 1848 aufgestellt, der zweite eventuell von Herman Grimm um 1862, der dritte von Max Ring um 1890 und der heute noch vorhandene von der Kleist-Gesellschaft 1936. Der **abgestumpfte Obelisk aus älterer ... Zeit** war also wohl der Stein von 1848, der **pultartig zugeschrägte Marmor** aber das Denkmal Hermann Grimms. Denn das Denkmal Max Rings, der, nach seinen Erinnerungen« von 1898, auch das von Fontane erwähnte Eisengitter erneuern ließ, war ein glatter, rechteckiger Stein. Auf einer Zeichnung von etwa 1900 (Otto Weddingen: Die Ruhestätten und Denkmäler unserer deutschen Dichter. Halle 1904) ist dieser Stein hinter den pultartigen Marmor gesetzt. Im Text heißt es dazu: »Die dauernde Instandhaltung der Grabstätte Heinrich von Kleists hat mit Einwilligung der Familie [von Kleist] und des Prinzen Friedrich Leopold [Sohn des Prinzen Friedrich Karl] als Besitzer des Grund und Bodens der deutschnationale Verein der Literaturfreunde »Klause« in Berlin übernommen. Das Grab prangt jetzt in frischem Efeu, das Eisengitter ist neu gestrichen, die Marmorpfeiler und der Grabstein mit einer Inschrift von den Zeichen des Alters befreit.« – Eine Herme Kleists ist übrigens, als erstes Kleist-Denkmal, 1890 im Viktoria-Park auf dem Kreuzberg errichtet worden.

212 **Geb. 10. Oktober 1776:** Mit dieser falschen Angabe hat Fontane die Verwirrung, die um Kleists Lebensdaten herrschte, noch vermehrt. Die Sache ist so: Kleist selbst bezeichnete den 10. Oktober 1777 als seinen Geburtstag; laut Kirchenbuch der Garnison Frankfurt an der Oder wurde er am 18. Oktober 1777 geboren; der Grabstein, den Fontane sah und (in diesem Punkt) korrekt abschrieb, ohne sich von der Richtigkeit der Angabe zu überzeugen, gab den 10. Oktober 1776 als Geburtstag an. – Der Todestag dagegen war auf dem Grabstein richtig angegeben: 21. November 1811; Fontane aber machte den 21. September 1811 daraus. – Der heute vorhandene Stein trägt die richtigen Daten.

Er lebte, sang ...: Diese Verse stammen von dem Berliner Arzt und Schriftsteller Max Ring (1817–1901). – Auf dem heutigen Stein steht das Zitat aus dem »Prinzen von Homburg«: »Nun, o Unsterblichkeit, bist du ganz mein.«

Käthchen: Gemeint ist Kleists »Käthchen von Heilbronn« (1810), das Fontane zwar mehrfach zitierte (im 4. Kapitel von »Effi Briest«; im 8. Kapitel vom »Stechlin«), aber doch nicht recht ernst nahm. Das dem »Käthchen« zugrunde liegende Ideal der selbstlos-opferbereiten Frauenliebe war nicht nach Fontanes Geschmack.

213 **peremtorisch:** endgültig.

Diesen Aufsatz, der unabhängig von den »Wanderungen« entstand und der in Buchform von Josef Ettlinger erst 1907 aus dem Nachlaß herausgegeben wurde, hat Fontane im Dezember 1888 fertiggestellt. Er erschien zuerst in der Zeitschrift »Deutsches Wochenblatt«, 2. Jahrgang (1889), Nr. 47, das unserem Text als Vorlage diente.

215 **Gould**, Jay (1836–1892), Kapitalist in den USA, als »Eisenbahnkönig« bekannt; sein Aktienkapital betrug 86 Millionen Dollar.
Van der Bilt: Cornelius Vanderbilt (1794–1877), Kapitalist in den USA, Dampfschiffahrts- und Eisenbahn-Unternehmer, dessen Vermögen auf 100 Millionen Dollar geschätzt wurde.
»Weiße.«: obergäriges Bier mit geringem Alkoholgehalt; in Berlin, besonders im Sommer, als durstlöschendes Getränk beliebt.
Baron von Seld ... Temperenz-Apostel: Verkünder der Enthaltsamkeit von Alkohol. Die Temperenz-Gesellschaften entstanden Anfang des 19. Jahrhunderts in den USA; in Preußen wurden sie zuerst 1837 gegründet; der Freiherr Albrecht von Seld war ihr bekanntester Apostel, der viel umherreiste, Bücher schrieb und so große Erfolge hatte, daß die ostelbischen Großagrarier um ihre Branntwein-Einkünfte fürchteten und der Bewegung entgegenwirkten.
216 **ein Ei zum Frühstück:** Diese Geschichte hat Fontane folgendem – nicht nur kulturhistorisch interessanten – Buch entnommen: Albrecht von Seld: Wunderliche Reisen. Bruchstücke aus dem Leben. Halle 1864. (Spätere Auflagen: 1883, 1911.) Sie steht dort im 115. Kapitel und wird vom Verfasser nicht zur Charakterisierung der Märker, die er im allgemeinen für freigiebig und gastfreundlich hält, benutzt, sondern als Beispiel dafür, wie der kapitalistische Einfluß der Großstadt die Charaktere der Landleute verdirbt. Stellt man, wie ich anschließend tun will, den Seldschen Text der Ballade, die Fontane über die Geschichte gedichtet hat, zur Seite, so fällt auf, daß die soziale Genauigkeit des Temperenzlers bei Fontane zu einer Idylle wird. – In der gleichen Art wie die Märker charakterisiert der engagierte Baron von Seld übrigens auch die Sachsen und Schlesier, die Pommern

und Ostfriesen, die Litauer, Polen und Kurländer, und er schließt diese Völkerschau (und sein Buch) mit der Erkenntnis: **»Je gastlicher ein Land, desto unzivilisierter ... Gastfreiheit ist eine Tugend der Wüste«** (S. 427). – Nun aber die Geschichte vom kleinen Ei, die bei Seld auf den Seiten 388–391 steht: »Das Sprichwort: je mehr er hat, je mehr er will, gilt ganz besonders für die Bauern in der Umgebung Berlins. Sie glauben, daß die Großstädter sie bei jeder Gelegenheit drücken und prellen und glauben sich deshalb berechtigt, Wiedervergeltung zu üben; die Gelegenheit dazu bietet sich weniger auf den Wochenmärkten, wo die Konkurrenz sie im Zaum hält – aber desto mehr, wenn die Städter das Land besuchen, es sei auf Stunden, als Kaffeegäste, oder auf Monate, als Sommergäste. Da schützt keine Verpflichtung, keine Bekanntschaft, keine Verwandtschaft vor Prellerei aller Art. Dieser Eigennutz ist den Leuten so eigentümlich, daß er zuweilen eine komische Seite gewinnt und dadurch leichter zu tragen ist. Ich wohnte in meinen jüngeren Jahren fünf Sommer hintereinander anderthalb Meilen von Berlin bei einer Bauerfrau, deren Sohn so geringe Anlagen hatte, daß er in der Dorfschule nicht mit fort kommen konnte; ich nahm mich seiner an, unterrichtete ihn täglich ein paar Stunden und sorgte für seine Bücher und andere Unterrichtsbedürfnisse, natürlich unentgeltlich. Eines Tages trat seine Mutter während des Unterrichts in die Stube, in der Hand ein Ei in der Größe eines Taubeneies. Es war dies das erste Ei eines ganz jungen Huhnes, so klein, daß es auf dem Markt nicht verkäuflich war; sie trat an mich heran und sagte mit freundlicher Miene: ich kann das nicht so mit ansehen, wie Sie sich mit meinem Sohne die Kehle wund reden müssen, da bringe ich Ihnen ein rohes Ei. Diese Freigebigkeit überraschte mich so, daß ich es erstaunt annahm. Seit dieser Zeit sprach die Frau bei **jeder** Gelegenheit zu mir von dem Ei, nicht nur in **diesem** Sommer, sondern auch in den folgenden; wohl mehr als zwanzigmal fragte sie mich: wissen Sie wohl noch, wie ich Ihnen das Ei brachte, weil Sie meinen Sohn unterrichteten? Ich kann nichts für umsonst annehmen! und dabei setzte sie jedesmal mit großer Selbstgefälligkeit hinzu: Ja, sehen Sie, so bin ich! – Die Frau war im Übrigen eine brave Frau, eine zärtliche Mutter gegen ihre Kinder und eine gute Herrschaft gegen ihr Gesinde. Wenn sie an Markttagen durchnäßt oder durchfroren aus der Stadt heimkam, hielt ich es deshalb für meine Pflicht, sie mit einem heißen Tee oder Kaffee zu erquicken; es kam nun öfter vor, daß ich Besuch gehabt und dabei meine Sahne verbraucht hatte, dann sagte ich zu ihr: Mutterchen, die Sahne müssen Sie sich heute selbst dazu besorgen. Das tat sie denn auch, setzte mir aber den Betrag dafür jedes Mal auf meine Wochenrechnung; denn sie meinte, wenn ich sie traktieren wollte, so wäre es doch billig, daß ich Sie auf *meine* Kosten traktierte und nicht auf *ihre*. Darin hatte sie gar nicht unrecht; wenn ich aber sage, daß bei solchen Leuten von Gastfreiheit nicht die Rede sein kann, so habe ich wohl auch nicht Unrecht. – Dieser Eigennutz ist kein *märkischer* Charakterzug, im Gegenteil geben die märkischen Landleute *gern*, sie teilen das Wenige, was haben, gern, aber sie haben *oft sehr wenig*. Nirgend als in der Mark und in der angrenzenden Lausitz habe ich ganze Dörfer gefunden, in denen auch nicht in einem einzigen Hause Milch oder auch nur Brot oder Butter zu finden war, Kartoffeln und Kaffee dagegen in allen und Branntwein in den meisten, und bei all dieser Armut nahmen mich die Leute gastfrei auf und schickten nach dem Nachbardorfe, um dort ein Brot für mich zu borgen bis zur nächsten Ernte. Nirgends als in der Mark habe ich in dürren Sommern Häuser und Ställe ohne Dächer gefunden. Das Stroh der Dächer war abgedeckt worden, um mit demselben das Vieh zu füttern und es mit dieser kärglichen Kost vor dem Hungertode zu schützen, bis der Acker wieder einen Ertrag lieferte. Obgleich sie so arm sind, oder vielleicht eben weil sie so arm sind, geben sie gern. Als unter Friedrich Wilhelm III. ein großes Lustlager bei Charlottenburg stattfand, war dazu auch ein schlesisches Kavallerieregiment ... kommandiert; da erzählten mir die Soldaten, solange sie durch Schlesien marschierten, wurden sie von den Bauern unentgeltlich bewirtet, keiner nahm von ihnen die fünf Silbergroschen, die jeder Bursche als tägliche Marschzulage bekam; als sie zu den armen Landleuten in der Mark kamen, erbaten sich diese die Hälfte jener Zulage, damit sie ihnen Fleisch kaufen könnten, was sie oft selbst seit Monaten, vielleicht seit Jahren nicht genossen hatten. (Fußnote: Ich kenne Rittergüter in der Lausitz, zum Beispiel bei Guben, wo das Gesinde nur dreimal im Jahre Fleisch erhält, zu Weihnachten, zu Ostern, zu Pfingsten, also einmal weniger

als die Bewohner unserer Zuchthäuser, die außer an jenen hohen Festtagen doch noch am Königs-Geburtstage Fleisch erhalten.) Sobald die Kürassiere aber bei den wohlhabenden Bauern in der Nähe Berlins ins Quartier kamen, mußten sie nicht nur für eine schlechte Bewirtung ihre *ganze* Marschzulage hergeben, sondern bekamen auch täglich zu hören, daß es unmöglich sei, sie dafür zu beköstigen.«
Soweit der Baron von Scld. Fontanes Ballade aber, die 1897 zuerst erschien und die eine andere Welt zu beschreiben scheint, geht so:

Die Geschichte vom kleinen Ei
(Märkisches)

Die Gräfin und ihr fünfzehnjähriger Sohn,
Auch zwei Komtessen halb erwachsen schon,
Sie sollen fort, bis Capri, bis Sorrent,
Und wenn zu heiß es dann vom Himmel brennt,
Dann rasch zurück nach Schweiz und Interlaken,
Denn mit poor Alfred hat es einen Haken:
Er hustet – und so viel hängt an dem Jungen,
Und wenn's das Herz nicht ist, so sind's die Lungen.

An fährt die Kutsche. Vor dem Erdgeschoß
Stehn sieben Koffer, einer ein Koloß,
Und was vom Hausgesind' das Schloß umfängt,
Es hat voll Eifer sich herangedrängt.
ein alter Diener (Erbstück) in Gamaschen
Bringt immer neue Plaids und Reisetaschen,
Die Kammerjungfer schluchzt, der Kandidat
Gibt für Verona seinen Reiserat
Und mahnt ein wenig schelmisch die Komtessen,
Das ›Grab der Julia‹ ja nicht zu vergessen.

Ernst aber steht am Schlag der alte Graf –
Ob ihn der Abschied allzu schmerzlich traf?
Er hält nicht viel von Bahn- und Gasthofstreiben,
Ich glaube fast, ihm paßt's, zu Haus zu bleiben;
Daneben aber tut er, was er muß:
Er spart nicht Händedruck, nicht Abschiedskuß,
Klappt in die Höh der Kutsche Lederdach,
»A rivederci!« ruft er ihnen nach, –

Er hatte sich sprachlustig mitbeschäftigt,
Als sich die Damen für Sorrent gekräftigt.

Nun sind sie fort. Im Vorflur ist es warm,
Der Graf ergreift des Kandidaten Arm
Und sagt, in heitrem Auf- und Niederschreiten:
»Ja, lieber Porst, nun kommen schlimme Zeiten,
Der Doktor hat von Ende Herbst gesprochen,
Das gibt für Sie sehr lange Ferienwochen;
Vielleicht zu lang'; ich muß im Reichstag sein
Dann sitzen Sie hier mutterwindallein;
Ich weiß nicht, ob Stillsitzen Ihnen paßt,
Dreivierteljahr, die Länge hat die Last;
Ich für mein Teil, ich hätte nichts dagegen,
Wenn Sie sich ausruhn woll'n und etwas pflegen.
Vielleicht zu Haus in Vaters Försterei
Mit Stadt- und Kloster-Lindow dicht dabei.«

»Verzeihn, Herr Graf, indessen steht's bei *mir*
Trotz Elternhaus, ich bleib' am liebsten hier;
Hier hab' ich meine Bücher, meine Sachen,
Will, wenn es sein kann, meinen Doktor machen;
Hab' auch Verkehr hier, alt' und junge Leute,
Den Pastor morgen und den Lehrer heute,
Kann mit dem Gärtner pflanzen und begießen,
Kann mit dem Jäger einen Hasen schießen,
Und kommt's zum Schlimmsten, geh' ich in den Krug,
Bestell' ein Seidel mir und rede klug,
Wie man's so tut, von Rüben und von Raps, –
Der Krüger freilich ist halb Taps, half Flaps,
Allein die Frau, die geht, die kann ich leiden,
Ist jedenfalls die Klügre von den beiden,
Ein bißchen *nach* sich, sparsam und genau,
Doch immerhin 'ne nette märk'sche Frau.«

»Nun, lieber Porst, mir recht. Und's wird schon gehn –
Nur immer'n bißchen nach dem Rechten sehn;
Und wenn im Reichstag mal ein Ruhtag ist,
So komm' ich, und wir haben unsern Whist;
Man muß sich schließlich auch einmal was gönnen,
Und unser Dritter – nu, der wird schon können.«

Und so kam Mai. Der Fink im Walde schlug,
Porst ging spazieren oder saß im Krug,
Meist plaudernd mit des Krügers muntrer Frau
Von Margarine, Butter, Mastviehschau,
Von Wollmarkt und wie gut der Roggen stünde, –
Das ew'ge Klagen sei doch fast 'ne Sünde.
»Das find' ich auch und sag' es jeden Morgen;
Die Wirtschaft, ach, ich hab' ganz andre Sorgen,
Die Jungen wachsen 'ran, die richt'gen Rangen,
Mit unsrem Willem is nichts anzufangen:
Der Jung' is faul, für gar nichts hat er Sinn,
Ganz wie sein Vater dröhmt er bloß so hin,
Und's Rechnen wird ihm alle Tage schwerer –
Ich habe schon gedacht ... vielleicht der Lehrer?«

»Wohl möglich, Frau; doch wie's damit auch sei,
Da hilft sich's schon ohn' große Hexerei,
Latein, Geschichte, werd' *ich* mit ihm treiben, –
Kann er denn schon 'nen deutschen Aufsatz schreiben?
Und wenn auch nicht, so viel versprech' ich Ihnen,
Er soll, zum mind'sten, nicht drei Jahre dienen.«

Und wie versprochen, gleich am andern Tag
Tritt Porst ins Zimmer, mit dem Glockenschlag;
Und weiter so, – nie läßt er lange warten –
Er kommt mit Zumpt, mit Lexikon und Karten,
Und was das Best' (im Busen wird es helle),
Der Junge kommt auch wirklich von der Stelle!
Lernt »Tabakspfeife«, »Bürgschaft«, Gellerts Fabeln,
Unregelmäß'ge Verben und Vokabeln,
Lernt piper und papaver und auf is
Was masculini generis.

Und eines Tages, nicht mehr allzu früh,
(... »er bleibt *zu* lange, gibt sich *zu* viel Müh«)
Erscheint beim Unterricht die Krügerin
Und stellt vor Porst 'nen Eierbecher hin,
'nen Eierbecher, drin ein kleines Ei,
Ganz klein, die dünne Schale schon entzwei.
Porst lächelt, nimmt's und ißt's in guter Ruh;
Die Krüg'rin lächelt auch und sieht ihm zu.

Vergangen sind an zweiundzwanzig Jahr.
Der Kandidat Konsistorialrat war,
Hofprediger, Generalsup'rintendent,
Ein großer Stern am preuß'schen Firnament.
Und heut vom Königsschloß her, klar und munter
Kommt er den breiten Opernplatz herunter,
Und an der Neuen Wache, glau und schlau,
Wer will an ihm vorbei? – die Krügersfrau.

Die Schritte hemmt er. »Ei, Frau Krüg'rin ei,
Hübsch stillgestanden, nicht so stolz vorbei!
Was macht der Mann? Was ist im Schlosse los?
Der Graf, ich weiß, war letzthin in Davos;
Und Willem; wenn nicht avanciert er ist,
Der ist nun wohl schon lange Reservist?«

»Gott, Gott! mir zittern ordentlich die Knie,
Herr Kandidat, jetzt erst erkenn' ich Sie,
Sonst war Ihr Rock so weit und so bequem,
Sie sind nicht mehr so spillrig wie vordem.
Und was mein Mann, mit *dem* wird's immer schlimmer,
Er sitzt so rum und raucht und schläft noch immer;
Uns' Willem aber, *dem* geht's gut genug,
Wir sind im Altenteil, *er* hat den Krug;
Vorm Haus die Linde hat er eingeschient,
Und hat auch wirklich nur *ein* Jahr gedient.
Gott, manchmal denk' ich noch an all die Sachen,
'mußt' Ihnen doch 'ne rechte Freude machen;
Die Gräfin kam ja Neujahr erst zurück,
Da war das mit dem Willem doch ein Glück,
Und gab ein bißchen doch für Sie zu tun,
Statt so den ganzen Tag sich auszuruhn.
Und einmal, als die Stunde schon vorbei …
Sie nicken … ach, Sie wissen schon … das Ei.«

216 **konfessionellen … Kontroverse:** Gemeint ist der Streit zwischen Lutheranern und Reformierten im 17. Jahrhundert, der von Fontane ausführlich in der »Grafschaft Ruppin«, im Kapitel »Andreas Fromm« dargestellt wurde.
217 **Refugiés:** Als in Frankreich die im Edikt von Nantes gewährte Religionsfreiheit aufgehoben und der Kalvinismus verfolgt wurde, kamen auf Grund des Edikts von Potsdam zahlreiche reformierte Franzosen in die Mark.

217 **Jordan:** Karl Stephan (1700–1745), Vertrauter Friedrichs II., Vize-Präsident der Akademie der Wissenschaften.
Erman, Jean Pierre (1735–1814), Historiker.
Fouqué: Heinrich August Baron de la Motte (1698–1774), General.
Forcade: Jean Ouerin de (gest. 1729), Offizier, Kommandant von Berlin, Direktor der französischen Kolonie.
Ancillon: Charles (1659–1715), Historiker und Jurist.
Gontard: Karl von (1731–1791), Architekt.
der jüngere Fouqué: Friedrich Baron de la Motte (1777–1843), Dichter, Enkel des Generals.
218 **Kolonisten:** Fontane gehörte ja selbst zur französischen Kolonie, hat immer Verbindung mit ihr gehalten und liegt auch auf dem Friedhof der Französisch-Reformierten Gemeinde begraben.
Konfirmandenbank: Am 20. Mai 1836 wurde Fontane vom Pastor August Fournier (1800–1874), der ihn später auch traute, konfirmiert.
Faucher: Julius (1820–1878), Ökonom und Publizist. »Nur sehr wenige sind mir in meinem langen Leben begegnet, die reicher beanlagt gewesen wären, und keinen habe ich kennengelernt, an dem man das, was man damals ein »Genie« nannte, so wundervoll hätte demonstrieren können wie an ihm« (Fontane: »Von Zwanzig bis Dreißig«, 2. Kapitel von »Berlin 1840«).
St. Paul: Wilhelm Le Tanneux und Saint Paul (1807–1852), preußischer Offizier, später Lektor und Zensor, der aber immer Schwierigkeiten mit der Obrigkeit hatte. Fontane schildert ihn in »Christian Friedrich Scherenberg«, im 14. Kapitel.
Stöcker: Adolf (1835–1909), seit 1874 Hof- und Domprediger, auch politisch tätig; berüchtigt durch seinen Antisemitismus.
Kögel: Rudolf (1829–1896), seit 1863 Hof- und Domprediger.
219 **Kolbe-Wartenbergsche Haus:** Johann Kasimir von Kolbe Graf zu Wartenberg (1643–1712), war Minister unter Friedrich I., berüchtigt durch Korruption und Mißwirtschaft; wurde durch den Kronprinzen Friedrich Wilhelm (I.) gestürzt.
220 **Falstaff:** der komische Lebemann aus Shakespeares »Heinrich IV.« und den »Lustigen Weibern von Windsor«.
Polonius: der gewissenlose Höfling aus »Hamlet«.

Kent: der Getreue im »König Lear«.
Faßmann: David (1683–1744), Gelehrter und Schriftsteller.
Gundling: Jakob Paul Freiherr von (1673–1731), Historiker, Präsident der Akademie der Wissenschaften; diente Friedrich Wilhelm I., dem nur Soldaten etwas galten, als viel geschundener Hofnarr. Die Farce seiner Bestattung schildert Fontane im Kapitel »Bornstedt« des »Havelland«.
Grumbkow: Friedrich Wilhelm von (1678–1739), Minister Friedrich Wilhelms I.
Pannewitz: preußischer Generalleutnant.
Leopold von Dessau: der »Alte Dessauer«, (1693–1747), Fürst von Anhalt-Dessau und preußischer Feldmarschall.
Fiat justitia et pereat mundus: Die Gerechtigkeit muß bestehen, und sollte die Welt darüber zugrunde gehen.
221 **Pontacnasen:** Der Bordeaux-Wein wurde früher Pontac genannt.
222 **Voltaire:** François Marie Arouet (1694–1778); Gast des Königs in Potsdam und Berlin war er 1750–52.
»bon sens«: gesunder Menschenverstand, Mutterwitz.
»practical jokes«: handgreiflicher Schabernack, derbe Scherze.
Reparti: schlagende Erwiderung.
223 **Hubertusburger Plünderung:** Die schlagfertige Antwort dieser Anekdote wird Karl Guichard (genannt Quintus Icilius) zugeschrieben; Fontane erzählt sie auch im »Spreeland«, im Kapitel »Gröben .und Siethen«, doch ist das geplünderte Schloß dort nicht Hubertusburg, sondern Pförten in der Lausitz.
»Kanton«: So hießen in Preußen die Rekrutenaushebungskreise, in die das ganze Land unterteilt war. Jedes Regiment bezog seine Soldaten aus einem bestimmten Kanton. Daneben wurde auch Werbung im Ausland betrieben. »Kantonfrei« waren größere Städte und Industriegebiete.
225 **»Nathan«:** Lessings »Nathan der Weise« erschien 1779.
226 **Rahel Levin:** später Varnhagen, 1771–1833) und **Alexander von der Marwitz** (1787–1814) hatten in den Jahren 1809–1814 einen Briefwechsel geführt, den Karl Varnhagen von Ense später herausgab. Über Alexander von der Marwitz hat Fontane im »Oderland«, im Kapitel »Schloß Friedersdorf«, ausführlich geschrieben.
Strauß, David Friedrich (1808–1874), Theologischer Schriftsteller; sein Hauptwerk, »Das Leben Jesu«, erschien 1835.

227 **nach Jena:** nach der Niederlage Preußens gegen Napoleon bei Jena und Auerstedt 1806.

General von der Marwitz, Friedrich August Ludwig (1777–1837), Offizier der Befreiungskriege und konservativer Politiker, dessen Gestalt Willibald Alexis (»Isegrim«) und Fontane (»Vor dem Sturm«) als dichterisches Vorbild benutzten. Im »Oderland«, Kapitel »Schloß Friedersdorf«, hat Fontane ausführlich über ihn geschrieben.

228 **Opferung Isaaks:** Abraham, im Alten Testament (1. Mose, 22) war bereit, seinen Sohn Isaak zu opfern; Friedrich Wilhelm I. forderte für seinen Sohn Friedrich (II.) nach dessen Fluchtversuch die Todesstrafe, die aber vom Kriegsgericht nicht gefällt wurde.

»Willem, der vons Gerüst gefallen«: Richtig: »Willem, du bist vons Gerüste gefallen«. Zitat aus Louis Angelys (1788–1835) Volksstück »Fest der Handwerker« (1828).

229 **Eckensteher Nante:** Populär gewordene literarische Gestalt von Adolf Glasbrenner (1810–1876).

»... darum keene Feindschaft nich«: Richtig: »Dadrum keene ...«. Zitat aus Angelys »Fest der Handwerker«.

»Wiener in Berlin«: Posse von Karl von Holtei (1798–1880).

»Reise auf gemeinschaftliche Kosten«: Lustspiel von Louis Angely (1834).

Liesens: Restaurant im Berliner Norden, an der heutigen Liesenstraße – wo Fontane begraben liegt. Von Liesens erzählt Fontane in »Von Zwanzig bis Dreißig«, im Abschnitt »Mein Leipzig lob ich mir«, 6. Kapitel.

Wollankscher Weinberg: Im Norden, vor dem Rosenthaler Tor, wo damals Ausflugslokale standen. Heute ist dort der Volkspark am Weinbergsweg.

quand même: trotz alledem.

230 **Beckmann**, Friedrich (1803–1866), Schauspieler am Königsstädtischen Theater am Alexanderplatz, das von 1824–1851 existierte. Er glänzte besonders in den komischen Rollen der Lokalpossen.

David Kalisch (1820–1872), Schriftsteller, Herausgeber, Begründer der Zeitschrift »Kladderadatsch«. Seine größten Possen-Erfolge waren: »100 000 Taler« und »Berlin bei Nacht«.

nolens volens: Man mag wollen oder nicht.

die Märker ... zu Berlinern zu machen: Die von Fontane gesehene Entwicklung hat sich im 20. Jahrhundert fortgesetzt – was unter anderem auch daran zu erkennen ist, daß die märkischen Dialekte so gut wie ausgestorben sind: die Märker berlinern heute.

Schlußwort

Es wurde im Oktober und November 1881 geschrieben und erschien zuerst im vierten »Wanderungs«-Band, dem »Spreeland« (1882).

232 **Abschied vom Leser:** Nicht für lange; denn 1888 erschien der Band »Fünf Schlösser«, der, wenn auch in anderer Form, die »Wanderungen« fortsetzte.
»Sieh, das Gute«: Aus Goethes Gedicht »Erinnerung« (1778).
»Wustrau«: Das 1. Kapitel der »Grafschaft Ruppin«.
233 **Zieten,** Hans Joachim von (1699–1786), Reitergeneral Friedrichs II. Im 5. Kapitel von »Meine Kinderjahre« nennt ihn Fontane seinen »Lieblingshelden«. **Zieten aus dem Busch** wurde er seiner Überraschungsangriffe wegen genannt; Fontane verwendete diesen Spitznamen auch in seiner Ballade »Der alte Zieten« (1847). **Auf dem Wilhelmplatz** stand sein von Schadow geschaffenes Denkmal in Marmor, das sich heute im Bode-Museum befindet. König Friedrichs Worte **»Zieten, setz er sich«,** beziehen sich auf eine in einem bekannten Kupfer Chodowieckis festgehaltene Anekdote, in der der alte König den noch älteren Zieten, während er selbst steht, zum Sitzen nötigt. Bei **Torgau** (1760) konnte Zieten die schon verloren geglaubte Schlacht noch siegreich machen – was sich in Fontanes Ballade dann so anhört:

»Bei Torgau, Tag der Ehre,
Ritt selbst der Fritz nach Haus,
Doch Zieten sprach: Ich kehre
Erst noch mein Schlachtfeld aus.«

Scherenberg: Friedrich (1798–1881), über den Fontane später ein Buch schrieb (1885), hatte den **Zieten-Ritt** in seinem Epos »Hohenfriedberg« (1869) besungen.
Steeplechase: heißt Hindernisrennen; aber ob mit Steeplechase-Versen nun galoppierende gemeint sind oder holpernde, wage ich nicht zu entscheiden.

233 **Herrenhaus ... Park ... Kirche ... Grab:** Bis auf die Bilder existieren die Zietengedenkstätten in Wustrau noch.
234 **Rheinsberg**: dargestellt in »Grafschaft Ruppin«.
Küstrin: dargestellt im »Oderland«.
Fehrbellin: Ein Kapitel darüber gab es in den ersten beiden Ausgaben der »Grafschaft Ruppin«, aus der es Fontane später herausnahm.
Tamsel, Alt-Möglin, Friedersdorf, Friedland: Dargestellt im »Oderland«.
235 **Prachtfront der großen Grenadiere:** Im 18. Jahrhundert (nicht nur bei Friedrich Wilhelm I. mit seiner närrischen Vorliebe für die »langen Kerls«, die Leibgrenadiere, die Fontane hier meint) galten großgewachsene Soldaten als die schönsten und besten; für Rekruten war ein Mindestmaß vorgeschrieben.
236 **Großcordons:** Groß-Ordensritter.
Contour: Umriß.
237 **non possumus:** Wir können nicht.
laisser passer: Durchgehen lassen, nicht bemerken.
238 **jeu d'esprit**: Spiel des Verstandes.
etwas Esprit-fort-haftes: etwas Freigeistiges.
239 **introduziert:** eingeführt.
Assekuranz-Agent: Versicherungsagent.
240 **a hair-breadth's escape:** ein Entkommen um Haaresbreite.
Vicar of Wakefield: Roman von Oliver Goldsmith: Der Landprediger von Wakefield (1766).
241 **ex cathedra:** vom Lehrstuhl herab.
Roi Henri: König Heinrich – wohl der IV. von Frankreich.
Dauphin: Kronprinz.
l'opinion publique: die öffentliche Meinung.
Ära Mühler oder Ära Falk: Preußische Kultusminister. Heinrich von Mühler (1813–1874), der streng konservativ und konfessionell war, wurde im Bismarckschen »Kulturkampf« 1872 durch den liberalen Adalbert Falk (1827–1900) ersetzt.
242 **der Sanspareil:** »der Ohnegleichen«, der Unvergleichliche.
»Malchow«: aus dem »Spreeland«.
»Klopfet an«: Zitat aus dem Neuen Testament, Matthäus 7, Vers 7.
Garnisonschullehrer Wagener in Potsdam: Heinrich Theodor Wagener (1832–1894) war gebürtiger Potsdamer;

dort und in Köpenick besuchte er das Lehrerseminar und war von 1852 bis 1876 Lehrer an der Potsdamer Garnisonschule, nach deren Auflösung an der städtischen Charlottenschule. Er war Mitglied der Vereine »für die Geschichte Berlins« und »für die Geschichte Potsdams« und veröffentlichte heimatkundliche Beiträge in der Zeitschrift »Der Bär«.

243 **Bornstedt, Sacrow ...:** Alle hier aufgezählten Kapitel stehen im Band »Havelland«.

ausgebauten Häusern: außerhalb des Dorfes gebaute Häuser, sogenannte Ausbauten.

Wo wir ... auf einer ... Graswalze zu rasten ... pflegten: Fontane knüpft hier an das »Havelland«-Kapitel »Neu-Geltow« an, wo es heißt: »Während wir über dies und ähnliches sprachen, hatten wir die letzten Häuser von Neu-Geltow erreicht, und müde vom Marschieren, dazu trocken in der Kehle, setzten wir uns auf eine am Ackerrand liegende Walze, um hier aus freier Hand ein etwas verspätetes Vesperbrot einzunehmen. Ich richtete dabei allerhand Fragen an meinen Gefährten, der ... diese Territorien zwischen Havel und Schwielow-See wie seine zweite Heimat kannte.«

Exerzierplatz: in Potsdam; der ehemalige Lustgarten vor dem Stadtschloß, wo heute das Interhotel steht.

Brücke: Die Lange Brücke, über die man aus der Stadt zum Bahnhof kam.

Günter de Bruyn: Zum Beispiel Kossenblatt

247 **Brief Fontanes aus Steinhöfel vom 3. Mai 1862:** In: Fontanes Briefe (Erler), Bd. 1, S. 295–296

249 **Journalist und Schriftsteller zu sein:** Am 26. 5. 1889 schreibt Fontane an seine Tochter Mete: »Dabei ist das Schriftstellermetier und der Zweck, zu dem man kommt, mehr oder weniger verdächtig. ›Was will er eigentlich? Da steckt gewiß was dahinter. Solch Berliner Scriblifax kann sich doch nicht für unsere Schafställe interessieren. Kunst? Bilderinschriften? Kunst gibt es hier nicht, und um das Bild von Tante Rosalie mit ihrer weißen Tüllhaube kann er doch unmöglich kommen.‹ Die märkischen Edelleute sind sehr gute Menschen, aber sie haben den allgemein märkischen Zug des Argwohns, der Nüchternheit und des Nichtbegreifenkönnens eines reinlichen, über den äußerlichsten Ge-

winn und Vorteil hinausgehenden Wollens.« In: Fontanes Briefe (Erler), Bd. 2, S. 224

Ruinen von Kloster Chorin: Siehe »Havelland«, Kapitel »Kloster Chorin wie es ist«

Landpartien fideler Berliner: Siehe »Havelland«, Kapitel »Caputh«

Teupitz: Siehe »Spreeland«, Kapitel »Teupitz«

Wustrauer Luch: Siehe »Grafschaft Ruppin«, Kapitel »Das Wustrauer Luch«

Werder ... Glindow: Siehe »Havelland«, die Kapitel »Die Werderschen« und »Glindow«

252 »hübsche Dorfgassen-Linie«: Notizbuch A13, Blatt 8 (Rückseite)

Kirchen-Protocoll: Der vollständige Titel lautet: »Kirchen-Protocoll in Cossenblad worin gefunden werden allerley Nachrichten von sonderlichen Begebenheiten, die diese Güther, Kirchen-, Pfarr- und Schul-Gemeinde angehen und sich alhier begeben haben, wie auch die landes Herrlichen Verordnungen und andere Sachen so durch die Currende bekand gemacht worden sind, ingleichen die hiesigen Kirchen-Matricula und einige Differentien. Alles zu ersehen aus dem am Ende angehängten Catalogo, auffgerichtet nach dem Vorschlag des Herrn Consistorial-Raths und Probstes zu St. Nicolai in Berlin, Herrn Johann Porst in der Evangelischen Kirchen-Visitation, cum consense & Approbation des Herrn Inspections loci zu Beeskow Herrn Johann Friedrich Grust.

Von Friedrich Schönholz V.D.M.-Cossenblad

Anno 1724, October

B. Das Papier ist genommen aus dem alten Kirchen-Buche, und der band von der hiesigen Kirche bezahlet.«

254 kaschiert oder verschweigt: Nicht grundlos, aber überspitzt, hat Arno Schmidt Fontane deshalb einen »notorischen Leisetreter in Adelssachen« genannt. (A. Schmidt: Fouqué und einige seiner Zeitgenossen. 2. Aufl. von 1960. Frankfurt a. M.: Zweitausendeins 1975. S. 33)

Brief an Mathilde von Rohr: vom 26. 3. 1874. In: Fontanes Briefe (Erler), Bd. 1, S. 394–397

Stellung zum Judentum: Eine schlimme anti-jüdische Äußerung, die uns heute schaudern läßt, steht in einem Brief an Mathilde von Rohr vom 1. 12. 1880: »Nichts von den großen Dingen, nicht einmal von der ›Judenfrage‹, so sehr mich diese bewegt und geradezu aufregt. Nur so viel: ich bin von Kindesbeinen an ein Judenfreund gewesen und habe persönlich nur Gutes von den Juden erfahren, dennoch hab ich so sehr das Gefühl ihrer Schuld, ihres grenzenlosen Uebermuths, daß ich ihnen eine ernste Niederlage nicht blos gönne, sondern wünsche. Und das steht mir fest, wenn sie sie jetzt *nicht* erleiden und sich auch nicht ändern, so bricht in Zeiten, die wir beide freilich nicht mehr erleben werden, eine schwere Heimsuchung über sie herein.« In: Fontane: Briefe III. Briefe an Mathilde von Rohr. (Schreinert), S. 96

262 **Wo Eiserne Kreuze Sofakissen:** Siehe Fontanes Autobiographie »Von Zwanzig bis Dreißig«, Kapitel »George Hesekiel«

im Auftrag der Kreuz-Zeitungs-Partei: Siehe Briefe Fontanes an Hertz vom 6. und 8.12.1861. In: Fontanes Briefe (Erler), Bd. 1, S. 293–294

263 **an Paul Heyse geschrieben:** Am 28.6.1860. In: Fontanes Briefe (Erler), Bd. 1, S. 293–294. Daß sich Fontane 1862 von der Konservativen Partei in seinem Berliner Urwahlbezirk als Wahlmanns-Kandidat hat aufstellen lassen, ohne freilich (wie später sein alter Stechlin) gewählt zu werden, wurde erst kürzlich bekannt. (Siehe: Fontane-Blätter 1987 H. 1, S. 511)

seinem Verleger gegenüber: Siehe Fontanes Brief an Wilhelm Hertz vom 24.11.1878. In: Fontanes Briefe (Erler), Bd. 1, S. 462.

blaue Kornblume: Am 11. 6. 1879 schreibt Fontane an seine Frau: »Heute läuft alles mit ›Kornblumen‹ im Knopfloch herum. Es ist eine lederne Blume, *bloß* blau, ohne Duft, ohne Schönheit, ohne Poesie. So recht wie geschaffen für uns; irgendwo müßte sie noch einen rothen Hosenstreifen haben.« In: Fontanes Briefe (Erler), Bd. 2, S. 8

264 **Außerdem sind Sie Friederikus-Rex-Mann:** Im »Stechlin«, Kapitel 38

vielzitierte Wort vom Alten: Im »Stechlin«, Kapitel 29, gesprochen von Gräfin Melusine

»Ländchen Friesack«: In: Fontane: Werke, Schriften und Briefe, Abt. II: Wanderungen, Bd. 3, S. 665–797. Die folgenden Zitate auf S. 665 und 745

265 **wer den Adel abschaffen wollte:** Brief an die Mutter vom 28.5.1860. In: Fontanes Briefe (Erler), Bd. 1, S. 284–285

267 Trinkspruch: »Es lebe ...«: Siehe »Grafschaft Ruppin«, Kapitel »Kronprinz Friedrich in Ruppin«
268 Gräfin Melusine im »Stechlin«: Im Kapitel 29
270 veröffentlichte ... einen Roman: Hans-Georg Buchholtz: Der Große Zapfenstreich. Schicksal einer Offiziersfamilie. Königsberg (Pr.) 1938.
271 »üppiges Labsal«: Notizbuch A13, Blatt 8 (Rückseite)
So dumm war ich nicht: Brief Fontanes an seine Frau vom 12. 8. 1882. In: Fontanes Briefe (Erler), Bd. 2, S. 70
Popelinski-Charakter ... Kiefer und Kaserne: Brief Fontanes an seinen Sohn Friedrich vom 6. 6. 1885. In Fontanes Reisebriefe (Erler), S. 257
272 eingebildet ... beschränkt: Brief Fontanes an seine Frau vom 12. 8. 1882. In: Fontanes Briefe (Erler), Bd. 2, S. 69
zu seinen »alten Göttern«: In: Werke, Schriften und Briefe, Abt. II: Wanderungen, Bd. 3, S. 1181
Überschlage ich meine eigene Reiserei: Brief vom 4. 5. 1894. In: Fontanes Reisebriefe (Erler), S. 316

Bibliographie

Die wichtigsten Ausgaben der »Wanderungen«

Wanderungen durch die Mark Brandenburg. Berlin: Hertz 1862. Erst in der 2. umgearbeiteten Auflage von 1864 erhielt dieser Band die Bezeichnung Erster Teil und den Band-Titel: *Die Grafschaft Ruppin*

Wanderungen ... Zweiter Teil: *Das Oderland. Barnim. Lebus.* Berlin: Hertz 1863

Wanderungen ... Dritter Teil: *Ost-Havelland. Die Landschaft um Spandau, Potsdam, Brandenburg.* Berlin: Hertz 1873

Wanderungen ... Vierter Teil: *Spreeland. Beeskow-Storkow und Barnim-Teltow.* Berlin: Hertz 1882

Fünf Schlösser. Altes und Neues aus Mark Brandenburg. Berlin: Hertz 1889

* * *

Wanderungen durch die Mark Brandenburg. Band 1–4 und Ergänzungsband: *Fünf Schlösser.* Stuttgart, Berlin: Cotta 1906–1920

Sämtliche Werke. II. Abteilung: *Wanderungen durch die Mark Brandenburg.* (Unter Mitwirkung von KURT SCHREINERT herausgegeben von EDGAR GROSS.) Band 9–13. München: Nymphenburger 1960

Werke, Schriften, Briefe. Abteilung II. *Wanderungen durch die Mark Brandenburg.* Band 1–3. (Herausgegeben von WALTER KEITEL und HELMUTH NÜRNBERGER. Anmerkungen von JUTTA NEUENDORFF-FÜRSTENAU). München: Hanser 1966–1968. (2. revidierte Auflage 1977)

Wanderungen durch die Mark Brandenburg. Band 1–4. (Herausgegeben von GOTTHARD ERLER und RUDOLF MINGAU). Berlin: Aufbau 1976–1979

Von Fontane benutzte Literatur

(Bezieht sich nur auf die in diesem Band abgedruckten »Wanderungs«-Kapitel)

BARFUS-FALKENBERG, FRANZ WILHELM VON: *H. A. Graf von Barfus, königlich preußischer General-Feldmarschall.* Berlin 1854

BEKMANN, JOHANN CHRISTOPH: *Historische Beschreibung der*

Kur und Mark Brandenburg ... ergänzet, fortgesetzet und herausgegeben von BERNHARD LUDWIG BEKMANN. Band 1–2. Berlin 1751

BERGHAUS, HEINRICH: *Landbuch der Mark Brandenburg und des Markgrafenthums Niederlausitz in der Mitte des 19. Jahrhunderts oder geographisch-historisch-statistische Beschreibung der Provins Brandenburg. Band 1–3. Brandenburg 1854–1856*

BIELFELD, FREIHERR VON: *Friedrich der Große und sein Hof oder: So war es vor 100 Jahren. In vertrauten Briefen* ... Band 1–2. Breslau 1838

FIDICIN, ERNST: *Die Territorien der Mark Brandenburg oder Geschichte der einzelnen Kreise, Rittergüter, Stiftungen und Dörfer in derselben* ... Band 1–4. Berlin 1857–1864

FÖRSTER, FRIEDRICH: *Friedrich Wilhelm I., König von Preußen.* Band 1–3. Potsdam 1834–1835

KNESCHKE, ERNST HEINRICH: *Neues allgemeines deutsches Adelslexikon.* Band 1–9. Leipzig 1859–1870

PAULI, CARL FRIEDRICH: *Leben großer Helden des gegenwärtigen Krieges.* Band 1–9. Halle 1758–1766

RIEHL, WILHELM und J. SCHEU: *Berlin und die Mark Brandenburg mit dem Markgrafentum Niederlausitz.* Berlin 1861

SALPIUS, F. VON: *Paul von Fuchs, ein brandenburgisch-preußischer Staatsmann vor 200 Jahren.* Leipzig 1877

SCHNEIDER, LOUIS: *Die Schwanenfütterung bei Potsdam.* In: Mitteilungen des Vereins für die Geschichte Potsdams. Teil 1, 1864, Nr. 31; unter dem Titel: *Eine Schwanenfütterung,* auch in: Neue Preußische Zeitung 1857, Nr 27

WILHELMINE, MARKGRÄFIN VON BAYREUTH: *Memoires* ... Braunschweig 1810

WOHLBRÜCK, SIGMUND WILHELM: *Geschichte des ehemaligen Bistums Lebus und des Landes seines Namens.* Band 1–3. Berlin 1829–1832

Bibliographie zum Nachwort und zu den Anmerkungen

(Die in den vorigen Abschnitten der Bibliographie aufgeführten Werke werden hier nicht wiederholt)

Fontanes Notizbuch A13. (Im Fontane-Archiv der Deutschen Staatsbibliothek in Potsdam)

FONTANE, THEODOR: *Romane und Erzählungen in acht Bänden.* Herausgegeben von PETER GOLDAMMER, GOTTHARD ER-

LER, ANITA GOLZ und JÜRGEN JAHN. 3. Auflage. Berlin, Weimar: Aufbau 1984

FONTANE, THEODOR: *Autobiographische Schriften.* Band 1–4. Herausgegeben von GOTTHARD ERLER, PETER GOLDAMMER und JOACHIM KRUEGER. Berlin, Weimar: Aufbau 1982

FONTANE, THEODOR: *Der junge Fontane.* Dichtung, Briefe, Publizistik. Herausgegeben von HELMUT RICHTER. Berlin, Weimar: Aufbau 1962

FONTANE, THEODOR: *Briefe an die Freunde.* Letzte Auslese. Herausgegeben von FRIEDRICH FONTANE und HERMANN FRICKE. Band 1–2. Berlin: Grote 1943

FONTANE, THEODOR: *Fontanes Briefe in zwei Bänden.* Ausgewählt und erläutert von GOTTHARD ERLER. Berlin, Weimar: Aufbau 1968. (Bibliothek Deutscher Klassiker)

FONTANE, THEODOR: *Briefe.* Herausgegeben von KURT SCHREINERT. Zu Ende geführt und mit einem Nachwort versehen von CHARLOTTE JOLLES. Erste wort- und buchstabengetreue Edition nach den Handschriften. Band 1–4. Berlin: Propyläen 1968–1972. (I. *Briefe an den Vater, die Mutter und die Frau.* II. *Briefe an die Tochter und an die Schwester.* III. *Briefe an Mathilde von Rohr.* IV. *Briefe an Karl und Emilie Zöllner und andere Freunde.*)

FONTANE, THEODOR: *Briefe an Wilhelm und Hans Hertz.* 1859–1898. Herausgegeben von KURT SCHREINERT, vollendet und mit einer Einführung versehen von GERHARD HAY. Stuttgart 1972. (Veröffentlichungen der Deutschen Schillergesellschaft. Band 29)

FONTANE, THEODOR: *Jenseits von Havel und Spree. Reisebriefe.* Herausgegeben von GOTTHARD ERLER. Berlin: Rütten und Loening 1984

* * *

REUTER, HANS-HEINRICH: *Fontane.* Band 1–2. Berlin: Nation 1968

REUTER, HANS-HEINRICH: *Dichters Lande im Reich der Geschichte.* Aufsätze zur deutschen Literatur des 18. und 19. Jahrhunderts. Berlin, Weimar: Aufbau 1983

SCHOLZ, HANS: *Theodor Fontane.* München: Kindler 1978

NÜRNBERGER, HELMUTH: *Der frühe Fontane.* Politik, Poesie, Geschichte 1840–1860. München: Hanser 1971

JOLLES, CHARLOTTE: *Fontane und die Politik.* Ein Beitrag zur Wesensbestimmung Theodor Fontanes. Berlin, Weimar: Aufbau 1983

ATTWOOD, KENNETH: *Fontane und das Preußentum.* Berlin: Haude und Spender 1970

THEODOR FONTANE. *Dichtung und Wirklichkeit.* (Ausstellungskatalog, herausgegeben vom) Verein zur Erforschung und Darstellung der Geschichte Kreuzbergs und (vom) Kunstamt Kreuzberg. Berlin 1981

FÜRSTENAU, JUTTA: *Fontane und die märkische Heimat.* Berlin: Ebering 1941. (Germanische Studien, Heft 232)

FRICKE, HERMANN: *Theodor Fontanes Wanderungen durch die Mark Brandenburg als Vorstufe seiner epischen Dichtungen.* In: Jahrbuch für Brandenburgische Landesgeschichte. Band 13, Berlin 1962, S. 119–135

ROST, WOLFGANG E.: *Örtlichkeit und Schauplatz in Fontanes Werken.* Berlin: de Gruyter 1931. (Germanisch und Deutsch. Studien zur Sprache und Kultur. 6. Heft)

* * *

SCHRECKENBACH, HANS-JOACHIM: *Bibliographie zur Geschichte der Mark Brandenburg.* Band 1–4. Weimar 1970–1974

Historisches Ortslexikon für Brandenburg. Teil II. *Ruppin.* Bearbeitet von LIESELOTTE ENDERS. Weimar 1970 Teil IV. *Teltow.* Bearbeitet von LIESELOTTE ENDERS und MARGOT BECK. Weimar 1976 Teil VI. *Barnim.* Bearbeitet von LIESELOTTE ENDERS und MARGOT BECK. Weimar 1980 Teil VII. *Lebus.* Bearbeitet von PETER P. ROHRLACH. Weimar 1983

SCHLIMMPERT, GERHARD: *Brandenburgisches Namenbuch.* Teil 3. *Die Ortsnamen des Teltow.* Weimar 1972

Die Bau- und Kunstdenkmale in der DDR. Herausgegeben vom Institut für Denkmalpflege. Bezirk Potsdam. Berlin 1979. Bezirk Frankfurt/Oder. Berlin 1980

DEHIO: *Handbuch der deutschen Kunstdenkmäler.* Bezirke Berlin/DDR und Potsdam. Berlin 1983

Evangelisches Pfarrerbuch für die Mark Brandenburg seit der Reformation. Bearbeitet von OTTO FISCHER. Band 1–3. Berlin 1941

SPATZ, WILLY: *Der Teltow.* Band 1–3. Berlin 1912

* * *

Ruppiner Land. Ergebnisse der heimatkundlichen Bestandsaufnahme ... Von einem Autorenkollektiv, bearbeit. von DIETRICH ZÜHLKE. Berlin 1981 (Werte unserer Heimat. Band 37)

STROMEYER, ARTHUR: *Binenwalde bei Rheinsberg.* In: Der Bär. 20. Jahrgang, 1894, S. 143–145, 155–157
KRAUSCH, HANS-DIETER: *Die natürliche Umwelt in Fontanes Stechlin.* Dichtung und Wirklichkeit. In: Fontane-Blätter 1968, Band 1, Heft 7
KRAUSCH, HANS-DIETER: *Die Menzer Heide.* In: *Jahrbuch für Brandenburgische Landesgeschichte.* 13. Band. Berlin 1962. S. 96–118
KLÖDEN, KARL FRIEDRICH: *Beiträge zur mineralogischen und geognostischen Kenntnis der Mark Brandenburg.* Teil 5. Berlin 1835
KÜRTEN, H.: *Die Berliner Pferdebahnen.* In: Der Bär. 5. Jahrgang, 1879, Nr. 28 (Extrabeilage)
BACHMANN, J. F.: *Zur Geschichte der Berliner Gesangbücher.* Berlin 1856
Die Randbemerkungen Friedrichs des Großen. Band 1–2. Herausgegeben von GEORG BORCHARDT. Potsdam 1941
LÜBKE, WILHELM: *Lebenserinnerungen.* Berlin 1891
Burger und Lübbenauer Spreewald. Ergebnisse der heimatkundlichen Bestandsaufnahme ... Von einem Autorenkollektiv, bearbeitet im Zusammenwirken mit HEINZ-DIETER KRAUSCH. Berlin 1981 (Werte unserer Heimat. Band 36)
Die Kirchenbücher von Kossenblatt
Die Kirchen-Chronik von Kossenblatt
MÜLLER, KURT: *Ein Stadtarchivar auf Fontanes Spuren in der Stadt Beeskow.* In: Fontane-Blätter 1973, Band 3, Heft 1 (Heft 17 in der Gesamtreihe)
BRÜCKNER: *Die St. Marienkirche zu Beeskow.* In: Kreiskalender für den Kreis Beeskow-Storkow 1914. S. 88–95
WINTER: *Die drei Treuer* [in Beeskow]. In: Kreiskalender für den Kreis Beeskow-Storkow 1928. S. 22–26
SCHNEIDER, LOUIS: *Das Jagdschloß Königs-Wusterhausen.* In: Mitteilungen des Vereins für die Geschichte Potsdams. Teil IV. Potsdam 1869. S. 268–274
R. SCH.: *Der 66-Ender.* In: Brandenburg. 8. Jahrgang, 1930. S. 386
Kirchenbuch von Neuzittau
HOHMANN, KARL: *Das Berliner Fischerdorf Schmöckwitz im Wandel der Zeiten.* In: Jahrbuch für Brandenburgische Landesgeschichte, Band 11. Berlin 1960. S. 57–84
(KITZLER, GEORG EUGEN): *Insel Seddin-Wall.* In: Die Mark. 3. Jahrgang, 1906, Nr. 9

Kiekebusch, Albert: *Die Ausgrabungen auf der Insel Seddinwall.* In: Die Mark. 6. Jahrgang, 1909/1910, Nr. 1
Holz, Paul: *Theodor Fontane und sein Fuhrherr Moll aus Fürstenwalde.* In: Jahrbuch für Brandenburgische Landesgeschichte. 16. Band. Berlin 1965. S. 74–77
Feiler, Manfred: *Zur Ausbreitung des Höckerschwanes in Brandenburg.* In: Märkische Heimat, 1960, Jahrgang 4. S. 201
Sembdner, Helmut: *Heinrich von Kleists Lebensspuren.* Dokumente und Berichte der Zeitgenossen. (Erweiterte Ausgabe) München 1969. (DTV)
Seld, Albrecht von: *Wunderliche Reisen.* Bruchstücke aus dem Leben. Halle 1864

Lebensdaten

1819 Am 30. Dezember wird Fontane als Sohn eines Apothekers in Neuruppin geboren.

1827 Umzug der Familie nach Swinemünde.

1832 Besuch des Gymnasiums in Neuruppin.

1833–1836 Besuch der Berliner Gewerbeschule, die von Karl Friedrich Klöden geleitet wird.

1836–1840 Apothekerlehrzeit.

1839 Erste Veröffentlichung: die Novelle »Geschwisterliebe«.

1840–1844 Als Apothekergehilfe in Burg bei Magdeburg, Leipzig, Dresden und Letschin.

1844–1845 Einjähriger Militärdienst. Erste England-Reise. Verlobung.

1847 Apotheker-Staatsexamen in Berlin.

1848 Beteiligung an den revolutionären Kämpfen in Berlin. Demokratische Publizistik.

1848–1849 Als pharmazeutischer Ausbilder am Krankenhaus Bethanien.

1850 Die ersten Bücher erscheinen: »Männer und Helden. Acht Preußenlieder« und »Von der schönen Rosamunde«. Heirat mit Emilie Rouanet-Kummer.

1852 Zweite England-Reise.

1855–1858 Als Korrespondent in London.

1856 Im Tagebuch erste Erwähnung des Plans der »Wanderungen«.

1859 Die ersten »Wanderungs«-Kapitel (Gegend um Neuruppin, Spreewald) entstehen.

1860–1870 Anstellung bei der »Neuen Preußischen Zeitung« (Kreuzzeitung).

1862 Der erste Band der »Wanderungen durch die Mark Brandenburg« erscheint.

1863 Der zweite Band der »Wanderungen« erscheint.

1870–1871 Als Kriegsberichterstatter in Frankreich.

1873 Der dritte Band der »Wanderungen« erscheint.

1876 Kurzzeitige Anstellung als Erster Sekretär der Akademie der Künste in Berlin.

1878 Der Roman »Vor dem Sturm« erscheint.

1880–1896 Es erscheinen die Romane »Grete Minde«, »L'Adultera«, »Schach von Wuthenow«, »Graf Petöfy«,

»Unterm Birnbaum«, »Cécile«, »Irrungen, Wirrungen«, »Stine«, »Quitt«, »Unwiederbringlich«, »Frau Jenny Treibel«, »Effi Briest«, »Die Poggenpuhls« und die Autobiographie »Meine Kinderjahre«.

1882 Der vierte Band der »Wanderungen« erscheint.

1889 »Fünf Schlösser« erscheint. Die Vorarbeiten für »Das Ländchen Friesack«, das nie abgeschlossen wird, beginnen.

1898 Die Autobiographie »Von Zwanzig bis Dreißig« erscheint. Am 20. September stirbt Fontane in seiner Wohnung in der Potsdamer Straße 134c. Am 24. September wird er auf dem Friedhof der Französischen Reformierten Gemeinde in der Liesenstraße begraben. Im Oktober erscheint (mit der Jahreszahl 1899) »Der Stechlin«.

Zum Text und zu den Bildern

Der Gedanke, in dieser Auswahl nicht, wie allgemein üblich, die letzten vom Autor erarbeiteten Fassungen, sondern soweit vorhanden, die manchmal abweichenden Erstdrucke zu bringen, entstand durch die Festellung, daß Fontanes Überarbeitungen oft in erster Linie Kürzungen waren, denen manches interessante Inhaltliche zum Opfer fiel. Oft ließ er einzelne Sätze, manchmal ganze Absätze weg. Am stärksten griff er in die Beschreibung seiner Spreewaldfahrt ein, vor der nach der Überarbeitung nur eine Art Skelett übrigblieb, das zwar an sprachlicher Eleganz gewonnen, aber an Aussagekraft und Lebendigkeit verloren hatte. – Manche formalen Schwächen, die Fontane später erkannt und getilgt hat, nimmt man mit der Edition der Erstfassungen freilich in Kauf; doch sind die nicht derart, daß sie den inhaltlichen Gewinn aufwiegen oder die Freude an der Lektüre stören könnten.

Aus welchen Büchern, Zeitschriften oder Zeitungen die Texte entnommen wurden, geht aus den Anmerkungen hervor.

Rechtschreibung und Zeichensetzung wurden den heutigen Regeln vorsichtig angepaßt; der Lautstand aber und die besonderen Eigenarten Fontanes (wie die Anführungszeichen bei indirekter Rede) wurden dabei bewahrt. Ortsnamen wurden in die heutige Form gebracht; Ausnahmen von dieser Regel wurden in den Anmerkungen erklärt.

Für die Anmerkungen wurden mit großer Dankbarkeit die von Jutta Neuendorff-Fürstenau (Fontane: Werke, Schriften und Briefe. Hrsg. v. Walter Keitel und Helmuth Nürnberger. Abt. II. München: Hanser 1977, 2. Aufl.) und die von Gotthard Erler und Rudolf Mingau (Fontane: Wanderungen. Bd. 1–4. Berlin: Aufbau 1976–1979) benutzt.

Die Abbildung auf dem Schutzumschlag zeigt das Fontane-Denkmal in Neuruppin. Die hier erstmalig veröffentlichten Faksimiles zeigen in fortlaufender Folge die Bleistift-Aufzeichnungen Fontanes zum Kapitel »Schloß Kossenblatt«. Sie stammen aus Fontanes »Wanderungs«-Notizbuch A13. Für die Überlassung der Bilder, für die Genehmigung zur

Wiedergabe der Notizen sowie für freundliche und sachkundige Beratung sei hiermit Herrn Dr. Otfried Keiler und seinen Mitarbeitern im Fontane-Archiv der Deutschen Staatsbibliothek in Potsdam herzlich gedankt.

Personen- und Ortsregister

zum Text Fontanes [Seitenzahlen kursiv], zum Nachwort und zu den Anmerkungen [Seitenzahlen geradstehend]; erfaßt sind auch Flüsse, Seen, Schlösser, Förstereien usw., nicht aber Länder, Landschaften, Kreise usw.; die geographischen Begriffe sind in heutiger Schreibweise wiedergegeben.

Inhaltsverzeichnis

Anhang

ISBN 3-371-00139-3

1. Auflage
Lizenznummer: 48-48/12/88
LSV 7103
Gestaltung: Jochen Busch
Printed in the German Democratic Republic
Lichtsatz: INTERDRUCK Graphischer Großbetrieb
Leipzig – III/18/97
Druck und buchbinderische Weiterverarbeitung:
Druckhaus Aufwärts, Leipzig III/18/20-403/88
Bestellnummer: 695 686 8
01480